地域福祉・介護福祉の実践知

家庭奉仕員・初期ホームヘルパーの証言

中嶌 洋 著

現代書館

まえがき

信頼性・妥当性が高く、なおかつ客観性・科学性に優れた研究とはいったいどのようなものか。二〇〇五（平成十七）年以降、ホームヘルプ事業史研究を一〇年以上継続するなかで筆者が常に自問自答を繰り返してきた命題である。とりわけ、歴史資料や聞き取り調査結果などの質的データを扱うことが多い思想史研究や人物史研究などでは、「とかく自己の恣意的解釈に流れがちである」（吉田 一九九四：一〇）とされ、せっかく収集した史料や聞き取りデータに対し、どうすれば有益な示唆が得られるかということばかりに拘泥するあまり、適切な分析方法のあり方が見失われることが多かった。

近年では、そうした問題点を是正すべく、質的データを計量的手法で分析するテキストマイニングや、データを複眼的視点から捉えることで信頼性・妥当性を担保しようとするトライアンギュレーション（三角測量的方法、方法論的複眼）などが流行するようになってきた。確かに、全体像を把握したり、数値で検討する上でこの上ない方法ではあるが、反面、こうした包括的な手法の弊害として、質的データ特有の文脈・文意を損失するという大きなリスクを背負わなければならないことも屡であった。

筆者が行ってきたホームヘルプ事業史研究の成果は、①ホームヘルプ事業の先覚者である原崎秀司（長野県社会部厚生課長、当時）の思想及び実践の解明、②日本初の組織的なホームヘルプ事業である家庭養護婦派遣事業（長野県上田市中心）の実態解明、③家庭養護婦派遣事業草創期を支えたキーパーソン（一〇人）の実践及び人生訓の究明、④家庭養護婦派遣事業を担った初期家庭養護婦（一〇人）へのアプローチ、⑤家庭奉仕員制度の全国展開の諸相の解明、⑥長野県上田市以外のホームヘルプ事業先進地域（京都市、大阪市、名古屋市、神戸市、秩父市、東京都）における事業の実態解明の六点に集約できる。なかでも、①、③、④では、各々のキーパーソンの理念・哲学にある程度迫ることはできたものの、文脈・文意から教訓・人生訓を十分に学び得る段階までには至っていなかった。また、⑥では全国調査を実施しながらも、調査結果を一括りにすることで、多くの質的データが埋没するなどの課題が残されていた。質的データの全貌を捉え直し、丹念な分析・検証を通して得られた知見・知恵こそ貴重なものであり、現在や将来を見据える道標となり得るものと考える。

こうした問題を乗り越えるべく、本書は、歴史編、証言編、実践訓編、考察編、資料編という五本柱を設けた。証言編では調査協力が得られた全国の家庭奉仕員・初期ホームヘルパー九人の方々の声を余すところなく収録した。さらに、資料編には付録として作成した戦後日本のホームヘルプ事業史と関係法制年表（一九四五～一九九四年）を収録し、国内の政策動向や調査・研究の成果のみならず、国連や国際ホームヘルプサービス協会の動きにまで視野を広げ、体系的理解を促した。第一部の歴史編から順々に読んでいただいても構わないが、特に第二部の証言編を熟読され、読者自身の視点に基づき、多くのヒントや新知見を得ていただきたい。

歴史は古くて新しい。一人でも多くの研究者、教育者、実践家、学生たちが本書を手にされ、「温故知新」を体現されることを願って止まない。

中嶌　洋

二〇一六年六月

地域福祉・介護福祉の実践知

＊目次

第一部　歴史編

第二部　証言編　125

図表一覧

【図】

【表】

参考資料　表4　大都市における家庭奉仕員事業（一九六九年十二月現在）

序章　本書のねらい

一　本書の研究視角と方法

地域福祉・介護福祉実践の質や専門職性について、包括的概念で捉えるのは難しい。なぜなら、福祉実践とは生活者の日常生活に根ざしたものであり、人々の日常生活そのものが各々の時代背景や社会情勢に左右されながら、流動・変化し続けるからであり、そこには絶対的独自性を求め難いからである。吉田（一九六六：二）は、「相対的独自性こそ社会事業の性格だ」とし、「社会的視点を基本としながら、社会に規定された個別的状況への認識が重要だ」（吉田　一九六六：四 - 五）と言及する。つまり、一律に規定するのではなく、福祉実践が複雑多岐である以上、研究者自身の問題意識によってフォーカスを定めながらアプローチする史観のようなものが求められるという。

とりわけ、地域福祉・介護福祉領域の歴史研究では、理論史、制度史、思想史、政治史、経済史、実践史、技術史、人物史など多くのアプローチが見られ、従来、制度史や実践史などに関する研究成果が比較的多かった。確かに、こうした地道な研究の蓄積により、地域福祉・介護福祉分野が学術的発展を遂げてきたと言っても過言ではない。反面、従前の研究の多くが、理論史であれば理論のみ、制度史であれば制度のみというように、きわめて断片的・限定的な研究に終始してきたことも否めない。たとえ制度史であっても、それは社会問題・生活課題の変遷の裏返しであるため、処遇・実践の次元にまで下がり、いかに国民生活に役立ったのかを射程に入れるものでなくては、地域福祉・介護福祉実践及び関連事項を主対象とした研究とは言い難いであろう。

一番ヶ瀬（一九九八：一一八）は、「人権、とりわけ生活権を具体的な日常生活にどう生かすか、一人ひとりが具体的な生活の主体者、主権者になるか」という点を強調し、そのためには「生活者の視点さらにそのインフォーマルな在り方などを明確にし、視座をひろげながら付け足していく。あるいは社会福祉学を補完していく」（一番ヶ瀬 一九九八：一二〇）必要性を述べる。すなわち、原理・原則や法律・制度の範疇内のみでの議論では型通りのものとなり、実態や真実を捉え損ねるきらいがあるということである。第二義的とされやすい例外事項や法制度の対象外となる事柄への注視もまた重要であり、そうした細やかな視点や眼差しから史実・真相をていねいに掬い上げていく努力が私たち現代人に求められる所作であると言えよう。

地域福祉・介護福祉に関わる高齢利用者や援助者のなかには、日本の古い歴史・伝統・風習を背負う人が多く、こうした近現代に連なる思想や生活をありのままに現代から捉え返さなければならない時期に来ていると筆者は考える。「日常生活の質を高め、介護を人権保障の総仕上げとして実践していく」（一番ヶ瀬 二〇〇三：一二）ためには、そうした実践をひたむきに行ってきた先駆者たちから、私たちは謙虚に学ばなくてはならない。

そこで、本書の構成としては、第一部を史実を文献・資料から整理した歴史編とし、第二部を家庭奉仕員・初期ホームヘルパーの語りをまとめた証言編とし、これらを受けて、そこから学び得る教訓・人生訓・実践訓を四〇訓に厳選した第三部を設け、最後に現在のホームヘルプ事業史研究の到達点、課題、学術的意義を考察した第四部を設定した。付録として、ホームヘルプ事業に関する国内外の動向を年表にしてまとめた。研究方法としては、いずれも質的データを扱うが、第一・三・四部では、第一次資料及び関連第二次資料を用いた史料解題・文献研究を中心とし、第二部では全国の家庭奉仕員・初期ホームヘルパー九人を対象とした聞き取り調査を行い、上記の記録物などに明記されることが少ない当事者の証言として、逸話・挿話などをも可能な限り盛り込みながら整理した。既述の通り、地域福祉・介護福祉実践の質や専門職性の規定は容易ではなく、その解釈や認知にも広がりが見られるが、少なくともホームヘルプという生活者にもっとも身近な切り口から、地域福祉・介護福祉実践の本質・アイデンティティというものを、史料及び聞き取り調査結果という質的データの分析・考察を通して探りたいという目的で本書を著している。

二　先行研究

日本のホームヘルプ事業史の研究は始まってから半世紀ほどになるが、その研究史は大体次の五つに分類できるように思う。①は、ホームヘルプ事業の起源を長野県の家庭養護婦派遣事業に求めた発祥に関する研究であり、実際に欧米諸国を視察した池川（一九七一：一九七三：五八）、森（一九七四）、竹内（一九七四：五一-六九）を皮切りに、上村（一九九七：二四七-二五七）、山田（二〇〇五：一七八-一九八）、中嶌（二〇〇八a：五五-六六、二〇〇八b：八三-九八）、荏原（二〇〇八：一-一二）など、近年、その真相が究明されつつある。②は、全国のホームヘルプ事業の拡張・普及過程を調べたものであり、代表的なものとしては西浦（二〇〇七：四一-四九、二〇一一：七九-九四、二〇一四：一〇一-一一〇）や中嶌（二〇一一b：一三七-一四六、二〇一三c：一三九-一五〇、二〇一四：七六-八八）がある。③は、特定地域（埼玉県）のホームヘルプ事業の拡張過程を精査したものであり、嶋田（二〇〇七：二一-二九）や中嶌（二〇〇八c：五八-六八）がある。④は、家庭奉仕員制度の成立を担い手側から捉えようとしたものであり、渋谷（二〇〇九：三三-四一、二〇一〇：二四一-二五一、二〇一二：三一-四一）、中嶌（二〇一四c：三一-四五）が主なものとして挙げられる。そして最後に、⑤は、東京の初期ホームヘルパーに対し順次、聞き取り調査を行ったものがシリーズ化されているものであり、例えば、細川・森山（二〇〇五：一六-一九）、秋山（二〇〇五：一八-二二、二二一-二二七）、田中（二〇〇五：二九-三三）、野辺（二〇〇六：一三-一五、四二一-四七）、沼田・森山（二〇〇六：二八-三七）、木下・森山（二〇〇七：三九-四四）ほか多数ある。

上記のものはいずれも、第一次資料の収集・分析や当事者（当時の関係者）への聞き取り調査などの骨の折れる作業の末に導き出された成果であり、歴史研究者によってさらに研磨されなければならない業績でもある。また、それ自体、時間的経過とともに存在価値が増すものとして、後進の道標となるものである。但し、①や③は、長野県や埼玉県に特化したものであり、他地域との比較検討が十分ではない。④は、担い手側からの考察という視点は新しいものの、やはり、東京都や長野県など、地域限定の研究である感は否めない。②については、ホームヘルプ事業の全国展開を射程に入れているものの、計量分析などの手法を用い、類型化・分類することにより、貴重な質的データが抜け落ちている。逆に、⑤では、東京の初期ホームヘルパーの方々への聞き取り調査を行い、質的データを多用することで、文脈・文意がある程度保たれているものの、ここでも東京都に限定したものとなっており、全国を視野に入れながら伝承されているとは言えない。

こうした地域限定性や質的データの欠落といった先行研究の限界を埋めるべく、まとめられたものが本書である。本書では、全国の九人の家庭奉仕員・初期ホームヘルパーの方々の証言を可及的に網羅しながら、そこから教訓を抽出する作業へとつなげ、今後の地域福祉・介護福祉の実践に寄与する知見を見出していく。

三　予備調査と本調査の概要

二〇〇八（平成二十）年四月〜七月にかけて筆者が行った「わが国のホームヘルプ事業の発祥に関する全国調査」の結果を表序-1に掲げた。池川（一九七一）や森（一九七四）らの言及通り、上田市、京都市、大阪市などが先駆地域であり、老人福祉法成立前後から一気に全国展開していった様相が見て取れる。但し、今回の聞き取り調査の過程で、滋賀県ではすでに一九六三（昭和三十八）年八月二十五日に、大津市で二人のヘルパーを派遣していた事実が浮かび上がり、若干の修正をした（表序-1参照）。この結果を踏まえ、本書では、ホームヘルプ事業を対象とした実践活動の展開を整理し、協力が得られた自治体における取り組みの内容を可及的に遡って考察することを通じ、将来につながる点を明らかにすることを目的とする。調査対象のサンプリング法は、まず、四七都道府県の社会福祉協議会あるいはホームヘルパー協議会・ホームヘルパー協会宛に調査依頼書を郵送した。その結果、九道県から「回答可」とのお返事をいただいた（郵送調査回収率八一・二％、回答可能都道府県割合一九・一％）。そこで、九道県の担当者にさらに詳細かつ具体的な研究・調査の内容及び方法を説明し、戦後日本のホームヘルプ事業史を語れる方を適宜紹介していただく形をとった。そして、紹介していただいた九人の方々に対し、改めて書面及び電話で調査・研究の目的・内容・方法を伝え、個別面接形式による半構造化面接を行った。その際、事前に準備した質問項目（一〇項目）以外、証言内容は自由であること、発言は適宜拒否できること、プライバシー及び個人情報は保護されること、回答により不利益が生じた場合の責任は調査者にあることなどを丁寧に説明し、了承を得た。なお、調査当日には、「日本社会福祉学会研究倫理指針」・「日本介護福祉学会研究倫理指針」に基づき、①匿名性の確保（インタビュー回答者以外の人が特定されないように配慮すること）、②回答結果の引用の承諾（公表前には対象者に内容を見ていただき、文書により承諾を得ること）、③手続きの明確化（調査研究のプロセスと責任の所在を明らかにすること）、④調査結果のオリジナリティの確保（捏造、改ざん、恣意的な削除などをしないこと）を確約した。そして、今回、九人の家庭奉仕員・初期ホームヘルパーの方々から得られた質的データを分析する（巻末の表序-1及び2を参照）。

四　分析枠組

本書全体の分析枠組としては、第一段階として、全国のホームヘルプ事業の発祥に関する予備調査及び著者がこれまで解明してきたホームヘルプ事業史について再整理し、質的データの欠損や地域限定性という課題を析出する（第一部）。第二段階として、今回の家庭奉仕員・初期ホームヘルパーへの聞き取り調査結果を把捉し、さらにテキストマイニングによる計量分析を行い、全体像の把握に努めた（第二部）。これらを基に、国民生活への貢献やニーズ充足をより確かなものにするために、第三部で教訓・実践訓を四〇訓抽出し、第四部で考察を加える。最後に、第五部で、国内外のホームヘルプ事業史の動向を年表形式［「戦後ホームヘルプ事業史と関連法制年表（一九四五〜一九九四年）」］にまとめ、後続の研究の進捗のための手がかりを示唆する。

五　時期区分

本書では、ホームヘルプ事業史研究の時期区分として、次の四期に区分する。まず、Ⅰ期は、「ホームヘルプ事業の萌芽期（一九五六年～一九六二年）」であり、長野県で始動した家庭養護婦派遣事業の創設から、その後幾つかの先進地域で事業が始まっていた老人福祉法制定直前期までである。Ⅱ期は、「ホームヘルプ事業の展開期（一九六三年～一九七〇年）」であり、家庭奉仕員制度が法律で定められた老人福祉法成立から多くの地域で事業が実施されていた七〇年代までである。Ⅲ期は、「介護福祉専門職養成試行期（一九七一年～一九八六年）」であり、介護職の量的確保とともに質的向上が目ざされ、幾つかの先駆地域でケアワーカーの養成が行われた八〇年代半ばまでである。Ⅳ期は、「介護福祉専門職養成期（一九八七年～一九九九年）」であり、社会福祉・介護福祉分野に初めて国家資格が誕生した社会福祉士及び介護福祉士法成立から介護保険制度実施直前期の九〇年代までである。この時期区分は、中嶌（二〇一三c：二九）を基に再考したものであり、本書では、家庭奉仕員・初期ホームヘルパーの思想と実践に迫ることに主眼を置いているため、とりわけⅠ期・Ⅱ期に焦点化する。

第一部

歴史編

第一章　長崎県社会事業協会による「社会事業費共同募金運動」の背景

――長崎県知事、赤星典太の思想へのアプローチを中心に――

一　背景

共同募金の起源には諸説があり、例えば、瑞国の山村の牧師が路傍に木箱を設置したこと（年月日不詳）[注1]や、英国のリバプールで度重なる寄付金の申込みを避けようと積立金を立てたこと（一八七三年）、米国コロラド州デンヴァで四人の宗教家が共同で募金を始めたこと（一八八七年）などが、青木（一九五二：四・五）により指摘される。わが国の場合では、一九二一（大正十）年十月二十日～十一月二日までの一四日間、長崎県社会事業協会により「社会事業費共同募金運動」が実施されたのが最初とされ、戦後はＧＨＱ（連合国軍総司令部）の指導と旧厚生省の援助により、米国の事例を見本に、共同募金運動が始動し、今日に至っているとされる（http://shakyo.or.jp/anniversary/history/index.htm 二〇一五年二月十八日取得）。しかしながら、戦前のわが国では何故、長崎県でこうした取り組みが始まったのか、諸外国の先例をどのように摂取しようとしていたのか、中心人物として誰がどのような役割を果たしていたのか、同実践における特徴や留意点は何であったのかなど、未解明な課題も少なくない。

そこで、ここでは、幾つかの研究課題のなかから、その出発点となった長崎県社会事業協会の実践の起源に着目する。「社会事業費共同募金運動」誕生の背景にあった思想、先例、社会問題と、実際の活動成果、主な担い手、生成された問題点など、実態に即しながらアプローチする。歴史の裏側を探索するという試みは、この取り組みへの期待や関係者の思惑を考察することにつながり、ひいてはこの活動の本質を検討する手がかりを得ることになる。

二　先行研究及び研究方法

共同募金運動の歴史に関する先行研究の特徴としては、その起点をどこに置くかで二分でき、次いで通史なのか、それともある理念や事例に特化したものなのかによってさらに区分けできる。戦後、一九四七（昭和二十二）年十一月二十五日に実施された「第一回国民たすけあい共同募金運動」を出発点としたものには、木村（一九六八：一五）、栃本（一九九六：一八‐二三、二〇〇六：二四‐三二）[2]、石井（二〇〇八：五‐一六）、増子（二〇一三：二〇三‐二一〇）、渡辺（二〇一三：三三‐四六）などがあり、石井（二〇〇八：五‐一六）は、「国民たすけあい」理念の変遷過程に特化し、歴史的アプローチを基に明らかにしている。その際、中央共同募金会（一九九七）などの年史を用いている。しかしながら、これらの研究は、戦前にみられた長崎県社会事業協会による「社会事業費共同募金運動」をわが国初の共同募金と位置づける本章とは視点が異なる。次に、長崎県社会事業協会の実践に注視した研究としては、青木（一九五二：四‐五）、野口（二〇一〇：八八）、杉山（二〇一四：二五）などがある。とりわけ、中央共同募金委員会事務局長兼中央社会福祉協議会副会長を歴任した青木は、『社会事業講座　第五巻』（福祉春秋社、一九五二年、一‐三〇頁）のなかで、「共同募金運動概説」と題し、その沿革から運動実施要領や実績に至るまで精緻に報告しており、意義深い。彼はその沿革を「我が国の共同募金運動は前述の如く戦後の運動として全国的に展開されたのであるが、社会事業資金獲得の方法として共同の組織による募金の着意は相当以前に之を見ることができる。即ち一九二一年長崎市に於いては長崎縣社会事業協会が主催となって十月二十日から二週間に亘って三萬七千三百円を募金し、市内一〇団体に配分したのであるが、一年で絶えた事は遺憾なことであった。」（青木　一九五二：六）として指摘する。その一方、青木（一九五二：四‐五）は、わが国の共同募金運動はそもそも米国の先例を模範にしていたとし、それは英国に起源を有するものであると言及している。

但し、英国などを先例としながらも、いったい誰がどのようにして日本社会にその理念や体系を導入したのかということは不詳のままである。一番ヶ瀬ら（一九六八a：二八-三六、一九六八b：三四-三七）、雀部（一九六八：二三-二八）、坂田（一九七九：五七-六三）、大橋（二〇〇六：一一-一七）などの研究でも、この取り組みが集団・組織による共同事業であるためか、特定のキーパーソンに着目した人物史研究の手法を用いた研究はあまりなされてこなかった(3)。

そこで、ここでは、長崎県社会事業協会主催で「社会事業費共同募金運動」が開催された一九二一年十月～十一月当時、長崎県知事として在任し、辣腕を振るったとされる赤星典太（一八六八年十月二十二日～一九五八年六月十三日、以下、赤星）に着目し、彼が受けた思想的・教育的影響や当該取り組みへの思いなどを第一次資料及び関連第二次資料に基づき明らかにする(4)。この課題の解明により、わが国初の共同募金運動誕生の背景にあった思想並びに実践を実証的に明らかにし、何故、長崎県から始まったのかの理由を究明することを目的とする。

研究方法としては、第一次資料の分析を基本とし、『福岡日日新聞』（一九二一年一月六日）に掲載された赤星による「社会事業と共同募金運動」という記事及び内務省社会局『社会事業共同募金と其の効果』（一九二三年）に収録されている赤星の言説を中心に分析する。また、資料の行間を埋めるために、『大阪日日新聞』（一九二二年九月六日～八日）記事や、長崎県議会『長崎県事績 上巻・下巻』などを援用する。倫理的配慮としては、資料の出典元を明記することに加え、史実をできる限り忠実に捉え直すべく、私情を排斥するように努めた。また、著作権については五〇年以上前の資料が多く、歴史資料と位置づけられるため(5)、前後関係やつながりをていねいに追いながら、論考する。

三　長崎県知事、赤星典太の思想的背景

（一）赤星の家庭環境と教育的影響

赤星は、一八六八年十月二十二日（慶應四年九月七日）、肥後国熊本城下手取本町（現熊本市）に、熊本藩士であった父・晋作の長男として誕生する。文武両道の厳格な家庭で育ち、日に日に逞しく育った彼は、第五高等学校（現、熊本大学）を卒業する。彼の成長過程で忘れてはならない人物が一人いた。のちに「東西文化の架け橋」と称された明治の文豪ラフカディオ・ハーン（一八五〇年六月二十七日～一九〇四年九月二十六日、本名・Patrick Lafcadio Hearn、日本名・小泉八雲、以下、ハーン）である。ギリシャ出身のハーンは、一八九〇（明治二十三）年四月、ジャーナリズムの仕事の関係で米国から来日する（横浜港に到着）。当初、ハーンは島根県松江市に英語教師として赴任し、同市の士族の娘であった小泉節と結婚するも、その後、熊本に転任する。但し、当時の熊本市は、一八七七（明治十）年の西南戦争で焼き尽くされ、復興に力を入れ始めた状態であり、一八八九（明治二十二）年に漸く約四万三千人の熊本市が誕生したばかりであった。一八九一（明治二十四）年十一月十九日に春日駅（現、熊本駅）に到着したハーンは、時の第五高等学校第三代校長の嘉納治五郎の歓迎を受ける。そして、熊本市下通りにあった旅館「不知火館」に六連泊した後、同市手取本町の赤星宅の一角に借家住まいすることになる。これは赤星の父・晋作の好意によるものであった。ハーンがこの家で暮らした三年間というのは、赤星自身が五高卒業ののち、帝国大学法科大学へ入学する前後の時期にあたり（卒業は一八九六年、赤星二八歳時）、彼が入学するまでの一八九一～一八九二年頃の約二年間、赤星はハーンの教えを受けていたと考えられる。[6]学生時代の赤星がハーンから受けた教育的影響の全貌は不詳だが、それを推察させるものとして、一八九四（明治二十七）年一月、第五高等学校全校生徒の前でハーンが行った「極東の将来」という演題の講演がある。その内容の一端は、「生活様式の素朴さと生活の誠実さは、古くから熊本の美徳だったと聞いている。もしそうであるなら、日本の偉大な将来は、生活の中で簡易、善良、素朴なものを愛し、不必要な贅沢と浪費を慎む、あの九州スピリットとか熊本スピリットといったものをこれからも大切に守っていけるかどうかによる。」（熊本空港ビル総務課 二〇一一：一）と記され、二〇一六（平成二十八）年現在も熊本大学内に記念碑「極東の将来」として残されている。

これによれば、「簡易」「善良」「素朴」が重要であり、「不必要な贅沢」「浪費」を慎むことが「九州スピリット」であり「熊本スピリット」とされ、質素倹約を旨とし、地道で堅実な生活を送ることこそ尊いとしている。このようなスピリットを赤星も折に触れ、自宅内でハーンから教授されていたと考えられる。一般的に、ハーンの熊本時代は『夏の日の夢』『停車場で』『柔術』『九州の学生とともに』『石仏』『願望成就』『橋の上』などの労作が著名だが、その一方で、赤星もハーンから少なからぬ教育的影響を受けていたことは注目に値する。(7)

このような家庭環境で育ち、開化的な教育の影響を受けていた赤星は、帝国大学法科大学卒業後、一八九六年十二月に文官高等試験行政科試験に合格し、大蔵省主税局に入省する。その後も、一八九七年に司税官・金沢税務管理局に勤務し、以降、根室税務管理局長、札幌税務管理局長、会計検査官補、司法省参事官兼司法書記官、同書記官、総務局会計課長、農商務書記官、行政裁判所認定官などを歴任する。こうした経験を経て、熊本県知事（一九一三年六月～）、山口県知事（一九一四年四月～）、長野県知事（一九一五年六月～）など、地方自治を統括する職責を果たし、一九二二年十月に休職（その後、一九二三年二月十日退官）する直前の一九二一年五月～一九二二年九月の約一年四カ月間、最後の職務となる長崎県知事を拝命するのである。そして、長崎県知事在任中に、わが国初の「社会事業費共同募金運動」を展開していくことになる。

（二）赤星が受けた思想的影響①——慈善事業と社会事業との差異

では、こうした共同募金運動につながる赤星の思想的背景として、いったいどのような観念や理念の影響を彼は受けていたのであろうか。数少ない残存資料のなかから、彼自身による言葉が地元新聞記事内に残されている。まず、赤星はわが国の社会事業史を仏教思想の側面から歴史的に捉え直し、聖徳太子や光明皇后の実践に着目している。(8)

一方、こうした宗教的な教えの影響は何も仏教に限られたものではなく、基督教思想の影響もあったと指摘し、

「博愛」や「共進共栄」をキーワードとしながら、慈善事業時代から社会事業時代への転換を論じている。但し、こうした考え方には単なる抽象論や観念論ではなく、これを裏付ける社会事業の定義や学術的意義が求められた。赤星はこれらを富士川博士及びラスキン・モスリー博士に求め、「富士川博士の如きは社会事業を定義して、社会生活を営む上に於て其所に病的現象を生ずる時は之を保護し、又はこの現象を未然に予防して之より免れしむる事実を称すると云い、又英国のラスキンモスリは社会事業は社会連帯責任の観念を以て社会的弱者を保護し向上せしむると共に更に進んで之が発生を防止せんとする事業を称すと云うて居る。」（赤星　一九二二）と論考している。[9]

なかでも、赤星は後者のラスキン・モスリーの言説に着目し、「連帯責任」「同胞的意識」こそ重要であると認識し、思想を展開させている。当然ながら、こうした先進的な考え方を周知することは、当時の遅れていた日本においては容易なことではなかった。赤星はさらに仏国のレオン・ブルジョア博士の見解を用いて論を展開させ、[10]「然らば社会事業は何故社会成員の連帯責任に基く共同努力なりやと云わば仏国のレオンブルヂョア氏は之を近世科学の研究にかりて説明して一切の有機体に於ては一機関の衰退死滅は其生物全体の衰退死滅となるものにして社会も亦斯くの如く個人の組織的集合体なれば一種の有機的体系と観るを得べく而してその組織的なる目的は個人の幸福の増進を基調とする社会全体の文化発展にあるのである。故にその組織体の成員は各自の福祉増進の為め社会文化発展のため皆各特別の職能を有し而もその各自は他に対し皆隷属的関係に於て存立し居れば社会の一部に落伍者たる貧困者弱者の如き保護を要するものあらば社会の強者は之を保護し救助すべきことは理の当然と云うべきである」（赤星　一九二二、傍点筆者）と論じる。単なる「連帯」や「同胞」からさらに一歩踏み出し、弱者を強者が救済するのは当然の理と言及しており（傍点箇所参照）、ここに共同募金運動につながる赤星への思想的影響の一端を看取できる。

（三）　赤星が受けた思想的影響②——先進的な成功事例

一方、こうした思想的影響のみならず、実践面においても赤星は大きな刺激を受けた先例が幾つかあった。それは、クリーブランド市の実践やモット博士による募金運動の展開であり、「而してこの募金運動の史的沿革は古くはクリーブランドに於て行われたりと云うも近くは米国に於ける世界の精神運動社会運動の権威者と敬仰せられ居るモット博士が欧洲大戦の際十数個の軍隊慰問に従事せし団体の委員長として募金運動を挙行し大成功を収めて以来のことであると思う。爾来は欧米の各地に於てこの運動を社会事業資金調達のために行われるようになって而も非常に大成功であると云うことである。」（赤星 一九二二）と記される。[11]

こうした先例の成功という事実は、この運動の一つの道標になっていた。さらに、内務省社会局『社会事業共同募金と其の効果』（一九二二年）を紐解くと、「近来時世の進運に伴ひ社会生活の実状は幾多社会事業の必要を誘致したるより本縣に於ても殊に當長崎市に於ては其の数漸く増加し各経営者は何れも所期の実績を収めんとして奮闘力行するも動もすれば財政困難の為め折角の新興の事業も萎靡して振はざるものあり、或は萎靡せざるまでも其の経営の主脳者等は事業資金調達の為め東奔西走自己の事業に没頭すること能はずと云ふも敢て過言にあらざる程なり。さればさなきだに世人の誤解を招き易き社会事業が財政窮迫の為めに貴き使命を傷けらるるは遺憾の極みなるより之が救済策として本縣社会事業協会は後記関係書（a、b）の如き趣意書と（c）の如き方法書とを発表して社会事業費共同募金週を設け長崎市民の斯道に対する理解と同情とに訴へることとした」（内務省社会局 一九二二：一〇‐一一）と記述される。このような直接的動機により、「社会事業費共同募金運動」は始動することになった。

加えて、赤星自身も「この意味に於て過般本県が当長崎市に於て試みたる社会事業費共同募金運動の如きは最もその当を得たものと云わなければならぬ。即ちこの共同募金は各人の幸福社会文化発展のために設けられ又設けられんとする社会事業の資金を社会成員の同情と理解とに訴え応分の醵金をなさしめ斯道の発展を図ろうと云うのである。されば従来この種の事業が多く特志家《ママ》又は宗教家の手に依て経営せられその資金は主として富豪及び特志家の醸出に俟つの外なかりしに反し共同募金は上述の如く此事業資金を連帯負担たらしめ極めて任意にその目的の完成を期するものである。…（中略）…本県に於ても将来此運動を年中行事の一として毎年行う積であるが之を要するに社会事業の根本精神はこの共同募金運動に依て現実化して徹底せらるるものなれば我国の内地に於ても将来社会事業の進展に伴って此種の運動が盛に行われんことを新年の劈頭に於て希望する次第である。」（赤星 一九二二、傍点筆者）と言明する。共同募金運動を「年中行事」として日本人の正式行事の一つに育てようとしているところに、[12] 赤星のこの取り組みに対する意欲と使命感を看て取れる。

四 長崎県社会事業協会による「社会事業費共同募金運動」の実際

（一）方法

一方、実際の募金方法は内務省社会局『社会事業共同募金と其の効果』（一九二三年）を紐解くと、①大口寄附を請ふべき市内屈指の富豪数十名を豫て協会評議員に嘱託し置き募金開始の翌日即ち十月二十一日縣應議事院に於て評議員会を開催し会長より関係書（j）の如き挨拶を為したる後、重ねて募金に就て懇談し諒解を求め募金臺帳に金高及記名調印を求めたり。②会社及銀行としての寄附を申受くる為に各社の代表者を豫て之又協会の評議員に嘱託し、同じく評議員会の席上に於て懇談を為し後日協会役員往訪し金額の決定を求めたり。③各戸寄附の席上に就ては豫め関係書（k）の如き寄附金申込書（l）の如き寄附金領収書（m）の如き募金章（寄附済者に対し重複勧誘を防ぐ為にレッテル様のものを門口に貼付せしむ）等を各町委員に配布し置きたれば委員は之を以て自分等の受持町の各戸を訪問し先づ寄附の申込を受け置き後日改めて集金と云ふ順序を採ることとしたり。④社会事業デーは十月二十二日、二十三日、二十四日の三日間に亘り市内各婦人団体の手を煩して挙行したり之より曩婦人団体にては豫て募金委員に嘱託せられたる代表者が度々会合し協議の結果運動は団体個別とせず市内に十箇所の事務所を設け其の附近の人は所属団体の如何を問はず最寄の事務所に集合し一致協力して協会より分配する約三萬個の造花の徽章を籠に入れて市街路上に立ち一般往来者の同情に訴へ拾銭以上の醵金をなしたる者には其の造花の徽章を贈呈し社会奉仕を為したる印として三日間胸に佩用を請ひたり、のように記される（内務省社会局一九二二：一四-一五）。

さらに、「関係書（j）」には、赤星の評議員への挨拶文が掲載されており、「此度は又我が國に於ける最初の試みである最も新しく且つ最も理想的なる運動を行うことと致しました。かかる新奇《ママ》の事業に対して相當御了解ある我が長崎市民にあらざれば到底試みることの出来ざる社会事業費共同募金運動を昨廿日より来月二日迄二週間に亘り此長崎市に於て開催することと致しました。此運動に対しては特に各位の温き御同情に基く御援助を仰ぎたいので御座います。而して此の共同労金と云ふことは将来本会が縣下の実情に徴して新しく企図計画する社会事業の資金及既成各事業団体が従来随時随所に於て富豪又は特志家《ママ》に寄附を強要致して居りました事業資金を本会が各事業団体に代り、一年に一回市民全体の同情心と連帯責任の観念とに訴へて御寄附を仰ぎ収め得たる金は本会役員より成る審査会の査定により最も必要にして且つ優秀なる事業団体に之を配給しやうと云ふ考で御座います。されば将来各位は随時随所の寄附強要の煩を避けらるると共に、社会事業団体に対する一切の寄附は本会を経て一年一回せらるるならば本会の公認する市内の各事業団体に寄附せられたることとなり、従来の如く真相怪しき似而非社会事業に金を捨つる憂なきのみならず、却って之を自然消滅に導くなど幾多の利益を伴ふ運動である故に充分御了解の上特別の御援助を仰ぎたいので御座います。」とされる（内務省社会局一九二二：三四）。

すなわち、ここから、共同募金運動の起源には、これまでの募金という行為における限界や課題を踏まえ、従来の富豪や篤志家のみを対象とした不定期の募金活動に対する労力の軽減や、不正な非社会福祉団体への寄付金の贈与といった過ちを回避するための秘策が考えられていたと把捉できる。それは単なる活動の拡大に留まらず、不正行為の自然消滅や社会事業思想の普及を促すという意味からも社会的意義の高いものと認識されていた。赤星の「同情心と連帯責任の観念」との言説からは、彼がかつて英国のラスキン・モスリー博士から学んだ「社会連帯責任」の思想を反映しているのが分かる。他方、共同募金委員委嘱状交付時には、「本縣が初めての試みをするのでありまして、他府縣は此の理想的運動を夙に聞き傳へて如何なる結果を収めるかを斎しく刮目して居ります。故に此の運動の成否如何はやがて他府県に対して手本を示すこととなり之と併せて長崎市民の文化の程度を他府県に周知せしむる証拠となりますから、充分の御援助を希望いたしたい」と述べており（内務省社会局一九二二：三二）、当該事業の先駆性のみならず長崎市内の文化的成熟を全国各地に知らしめようとしている。このような意図から、「同胞的意識」の喚起に躍起になっていた赤星は、評議員をはじめ共同募金委員、役員、関係者など身近な人々から意識改革を進めていくことを目ざしていたのであった。

（二）成果と特徴

上記のような趣旨の下、計画的に実施された「社会事業費共同募金運動」の募金総額は、一九二一（大正十）年十二月末日現在で、三萬七千三百拾九圓参銭であり、その内訳は、①社会事業デェー収入（弐千弐百九拾四圓参拾八銭）、②会費及銀行より醵金（六千百五拾圓）、③市内弐百弐拾弐町壹四、七八弐人外諸団体醵金（弐萬八千八百七拾四圓六拾五銭）であった（内務省社会局一九二二：一五-一六）。因みに、そのうち街頭募金は二、二〇〇円であった。なお、会社及び銀行からの醵金は所謂会社及び銀行よりの醵金にして、使用人の醵金ではなかったことも付記されている（同）。さらに募金の配分先としては、淳心園、大善婦人会幼児保育園、長崎孤児院、長崎盲唖学校、長崎開成学園、長崎キリスト教青年会社会事業部、長崎啓成会、長崎市方面委員（一二方面）、長崎県社会事業協会の九団体であった（内務省社会局一九二二：一六-一八）[13]。

この運動の成果は、「従来社会事業と云へば特志家富豪の為す所のものと思ひ一般は吾れ関せず焉の状態なりしも共同募金運動により市民の大部分が應分の醵金を為し而も宣伝により此の貴き使命を有する事業を或特殊の人にのみ委ぬべきにあらずして各自にも幾分の責任あることを自覚したるより従来の如く他人の物視せず寧ろ我物として親しむに至りてより勢ひ事業家に対し監督の眼を放つこと厳しく随って従来兎角の非難のあり勝ちなりし事業家を益々真面目に導くに至れり。並に於て協会も関係書類（p）の如き共同募金加入団体監督規定なるものを制定し其の定むる所により監督指導に徹底を期する方針なり。」と総括され（内務省社会局一九二二：一八-

一九、傍点筆者)、「共感」や「自主性」を重視したことがうかがい知れる。

五　「社会事業費共同募金運動」に対する赤星の見解とその後の経緯

当該共同募金運動締切に際し、赤星は、「初めの計画は十月二十日から本月二日までの二週間であったが寄附金のことはそう単純にゆかぬもので、締切も多少延期して本月二十日となった……」と言及している(内務省社会局 一九二二:二九)。ここから、野口(二〇一〇:八八)が指摘した約一週間ではなく、実際のところは一カ月間近く実施されていたことが明かされた。そして、「頂上を越す(オーバー・ザ・トップ)」と赤星自身称するように、大成功を収めたとしている。(14) その際に赤星は、「併しこの運動は最も新しい理想的運動で我が國では初めての試みであるから成否や如何にと随分初めの中は心配したが兎に角斯の如く大成功をしたことは募金委員各位の熱心なる努力と婦人団体の熱誠をこめての活動と各新聞社の懇篤なる援助とに依ることは勿論なるも亦市民諸君の社会事業に対する理解と同情との賜物であると深く信じ且つ感謝する次第である。之は甚だ越権な考へかは知らぬどもかかる新しき未だ他府縣で試みられていない理想的運動は獨り我が長崎市に於てのみ初めて成功するものであらうと云ふ當初の市民諸君に対する信頼が空に帰せざる結果を見て欣快の情に堪へないのである。」と述べている(内務省社会局 一九二二:二九-三〇)。良い意味で市民を裏切ったことを伝えると同時に、それほどに、空前の快挙であったということを強調したかったのだろう。

反面、せっかくのこの運動は存続することなく、一回限りで消滅してしまう。この消滅理由には幾つか考えられるが、赤星がこの募金運動の翌年(一九二三年)の十月から休職していることから、この運動のリーダー不在状況が大きく響いたと考えられる。こうした後継者なき状態での失脚は赤星にとっても苦渋の決断であったと推察される。また、青木(一九五二:七)は、社会事業費共同募金運動が継続しなかった理由として、①国民の社会事業に対する理解が少なく社会事業に対する援助協力の念が薄かったこと、(15) ②社会事業家が相互に提携協力する気風に乏しく或いは排他的であったこと、(16)③民間社会事業家に対しては皇室の御下賜金、政府、地方公共団体からの補助金助成金があり又民間からの特定の大口寄附もあったこと、④民間社会事業団体には相當の基金又は特定の支持者があり一般の寄附に依存する必要度が少なかったこと、⑤戦争突入と共に国防献金等に民間の資金が動員され社会事業部門へ資金が廻らなかったことの五点を指摘している。①②④については、赤星と正反対の見解であり、③については事実だが、それがこの運動の存続にどれほど影響したのかは判然としない。しかしながら、⑤のように、一九一八(大正七)年に第一次世界大戦が終結したといえども、世界大恐慌(一九二〇)ののち、ワシントン会議において、日英同盟の廃棄(一九二一)、海軍軍備制限条約(主力艦船・航空母艦の所有制限など、一九二二)、九か国条約調印(一九二二)などが立て続けに決議された時代背景のなかでは、国防献金等は当時重要な資金源とされていたと考えられ、共同募金運動の継続は困難を極めていたと言える。

注

1　瑞国(スイス)起源説については、東京府社會事業協會(一九二九:六二)が「チェストの起り」として次のように指摘し、それは、「慈善箱」の意味であったとしている。「昔し山の麓の近くの小さいスイスの村にあはれな旅人より多くの助けを要求して居った、人のよい牧師があった。彼は道の上に多くの有福《(マヽ)》な人々を見た時、『なぜ此等の多く持てるものが何物も持たないものを助けないのか』と思った。久しく礼拝し祈祷し熟考の後、牧師は道傍の木の幹に堅い樫の箱を結びつけた。そしてその箱の上にさまよへる村人及通行の旅人が『あたへよ、とれよ』の語が能く読める様にサインした。この奇らしき事柄の報知ははしなく広がり、金を持てる旅人はこの箱に金を入れ、明日のパンを如何にせんとさまよへる人はその箱より金を引き出した。」

2　栃本(一九九六:一八-二三)は、共同募金会が寄付金控除制度を含め、まだまだその特徴を生かしきっていない部分があると述べる。また栃本ら(二〇〇六:三〇)は、共同募金の第三者的審査会として、市民による〝一〇〇人委員会〟の設置を提唱し、「お任せ」にせず間口を広げておくことが肝要と指摘している。

3　「社会福祉は人物である」、「福祉は人なり」などと言われるが、社会福祉の人物史というジャンルに挑戦しているものに、室田（二〇〇六）、大阪ソーシャルワーカー協会（二〇一三）、中嶌（二〇一四ａ：二〇一四ｂ）などがある。また、シリーズ化している大空社の『シリーズ福祉に生きる』もその部類であろう。

4　赤星研究の代表作としては、山口白陽（一九四六）『赤星典太先生』があるが、共同募金の創始者としての切り口からは十分には捉えられていない。

5　著作権の保護期間は、文学的及び美術的著作物の保護に関するベルヌ条約第七条第一項に、通常、「著作者の生存期間及び著作者の死後五〇年」と定められているため、著作権は著作物の創作と同時に発生し、著作者の死後五〇年までは存続するものと言える。

6　ラフカディオ・ハーン（一九五一）、築島（一九六四）、小泉（一九七〇）などにも、赤星とハーンとの直接的な関わりについての明確な言及は見られない。唯一、西川（二〇〇四：四）が「……その息子の赤星典太氏はハーンの教え子である」と記述しており、これを手がかりにし、本節では両者の関係や影響について思想的にアプローチする。

7　但し、築島（一九六四：六六‐八四）によれば、熊本に対する嫌悪感を示したハーン自身の手紙文が引用され、「熊本は……日本で最も醜く最も不愉快な都会です」とか「私共は一同、熊本が厭になりました」などと記述される。さらに、「熊本は地震があるし、盗人が居るし、大雷雨があるので、地獄の底の牢屋を私は実現した処であります」とまで言及している（築島一九六四：八三）。彼がどうしてここまでの心境に至ったのかを解明することも課題の一つである。

8　聖徳太子や光明皇后の実践をとり上げた研究としては、吉田（一九六六：四二‐五九）がある。但し、吉田（一九六六：四二）は、聖徳太子の慈善救済は仏教的慈善というよりは摂政太子としての政治家的立場が優先していたと推察している。

9　富士川博士とは、医学者、医学史家であった富士川游（旧姓・藤川、一八六五年六月四日〜一九四〇年十一月六日）のことである。彼は一九二一年に、日本女子大学とともに日本の社会事業教育の草分けであった東洋大学社会事業科初代科長に就任しており、彼の多くの著作は京都大学に「富士川文庫」として残されている。

10　レオン・ブルジョアは、ユダヤ系フランス人政治家であり、大人のための初等教育コースを整備したり、人権差別撤廃に賛同したりした。また、第一次世界大戦後、国際連盟の創設に加わり、初代総会議長を務めるなどし、一九二〇年にノーベル平和賞を受賞した。

11　東京ＹＭＣＡ第三代会館のチャペルは「モット博士記念礼拝堂」と称される。それはその創設がモット博士が指導した北米の募金に拠るところが大きかったためである。さらに、一九九七年三月には東京ＹＭＣＡ総合研究機構により、『Ｊ・Ｒ・

モット研究』誌（A４判、全七〇頁）が刊行された。このように、モット博士の募金活動はわが国の社会福祉実践・研究に少なからぬ影響を与えている。

12　香川・三浦編著（二〇〇二：一九）は「日本人の生涯は、人生儀礼と年中行事の組み合わせによって意識されていると思われる」と言及し、個人の人生の節目ごとに語られるのが年中行事であると重視する。

13　青木（一九五二：六）や野口（二〇一〇：八八）は、配分先を一〇社会事業団体としているが、内務省社会局（一九二二：一六・一八）を紐解くと、実際には、九社会事業施設であったことが分かる。

14　赤星によれば、「初めの予定額を超過すること六千九百十九圓八十三銭」と指摘される（内務省社会局　一九二二：二九）。

15　国民一人ひとりの理解が重要とした一例として、「本県に於ける社会的施設の状況は大略以上の如く、其の県市町村に於ける予算総計は約二百五十五萬圓に達するところであり、将来益完全に庶幾からんことを期するのであるが乍併真の社会事業は之を社会の各個人の自覚に基く共同の努力に拠らずしては到底敢然なる発達を遂ぐることは出来ないのである。社会事業の意義及び価値に就ては識者の斉しく認識しつつあるところであるが、吾人は将来に於て万人の個人的自覚に基く社会共同の精神が高潮され、一切の社会問題が社会連帯の事業施設によりて解決され得べき事を信じたいのである」と大橋（一九二二：九、六・八）は指摘する。

16　吉田（一九七九：四九三・四九四）は、「私設社会事業はそれぞれの基金を持ち、社会事業相互の協力が乏しく、皇室からの寄附もあって、日本人に自発的なボランタリズムが形成しにくいことに相まって、共同募金は発展しなかった」と述べる。一方、共同募金方法第三条の規定によれば、「長崎市内の社会事業者にして本協會より資金を受くるものは単独に寄附金募集を為すことを得ず」（内務省社会局　一九二二：一六）と指摘され、施設・事業者側にも相当の行動制限が強いられていたことから、ここでは単純に連携・協力不足とか、排他的・独占的とは言い切れない事由が見て取れる。

第二章　方面事業の成り立ちと小河滋次郎

一　小河の生い立ちと留学

外来の共同募金に対し、日本独自のサービスの一つに方面事業がある。同事業創設のキーマンの一人であった小河は、方面委員制度（民生委員制度）を全国に先駆けて生み出した人物として著名である。一八六三（文久三）年十二月三日に上田藩奥医師・金子宗元の次男として上田市に生まれ、のちに小諸藩士・小河直行の養子となり、兄は上田慈善会を創立、甥も医業に携わるなど、人を大切にする家系に生まれ育った。小河は、東京専門学校（早稲田大学の前身）、東京帝国大学法科に学び、卒業後ドイツに留学した。一八八六（明治十九）年内務省属として警保局に入り、各地の典獄を務め、司法省監獄事務官、監獄局事務課長を歴任した。その間、東京帝国大学に監獄学を講じ、監獄学の理論体系を構築した。一九〇〇年感化法、〇八年監獄法制定などに参画。〇六年法学博士（東京帝国大学）。司法省退官後、一三年大阪府救済事業指導嘱託に就任、救済事業研究会、一八年大阪府方面委員制度創設など社会事業方面で活躍、のちのホームヘルプ事業（家庭養護婦派遣事業）の祖型ともいえる訪問型システムを考案。二四年、府嘱託を辞任、日本生命済生会理事就任。一九二五年四月二日、死去。小河を称える石碑が上田城公園内にある。そこには氏を偲ぶ像とともに林市蔵の撰并書が刻まれている。これは、岡山県知事の笠井信一の済世顧問制度を起点とし、大阪府知事の林の尽力によって創設された方面委員制度に、小河がいかに重要な役割を果たしていたのかを証左するものであろう。監獄学や救済事業の組織化を目ざしながらも、方面委員制度の基礎作りに貢献した小河の足跡は、後進たちに大きな影響を与えることになった。

二　済世顧問制度と方面委員制度の構想

一九四八（昭和二十三）年の民生委員法（旧法）制定以来、生活保護の課題として、より地域密着型の救貧政策が志向されるに伴い、民生委員は地域における社会福祉実践の担い手としての中心的役割をとるようになった。そもそも、同法の基盤となった先駆的実践は、岡山県や大阪府においてみられた取り組みであった。とりわけ、岡山県における済世顧問制度創設の発端は、「その直接のきっかけになったのは、大正五年五月十八日、宮中で開催された地方長官会議に際し、大正天皇が笠井信一岡山県知事に対して、「県下の貧民は如何に暮らせる乎」との御下問があったことによると言われている。大正三年七月に勃発した第一次世界大戦による好景気のなかで、予期せぬ御下問を受けた笠井知事は、ただちに調査したところ、『県民の一割は極貧』であった。その実態の悲惨さに愕然とし、『御下問に依り我県民の状態を考査して実に責任の重大なるを痛感した』（『方面事業大鑑』）のである。」と記され（松本市民生委員・児童委員協議会編集・発行　一九九八：四）、皇室の影響があったと伝えられる。

岡山県知事であった笠井は、内務部長の道岡秀彦に参考事項の調査を命じ、一方では、共同救護社を経営する藤井静一から実践面の業績を聴取するなどの自己研鑽を積みながら、防貧制度大綱の作成に努めた。一九一七（大正六）年二月二十六日、各郡市長並びに警察署長会議において、笠井は「済世顧問ハ本県ニ於ケル防貧事業ノ新シキ試ミデアルガ故ニ、一応ノ説明ヲナシ実行ト成功トニ付諸君ノ熱心ナル助力ヲ得タイト思ウ。」と訓辞し、さらに、「社会ハ共進スベキモノデ、強者独リ進ムモ劣者多ク落伍スルトキハ社会ハ決シテ健全デナイ。不健全ノ社会ニ生存スル事ハ廻リ来リテ強者ノ不幸トナル。ケレドモ、今ノ経済組織ハ富メル者、益々富ミ、貧シキモノハ愈々窮スル様ニ仕組マレテ居ル。」と分析した（松本市民生委員・児童委員協議会編集・発行　一九九八：六 - 七）。

こうした経過を経て、『済世顧問制度概要』が印刷され、通牒が出されるに至った。

このような笠井の努力は、「済世顧問設置規程」（岡山県訓令第一〇号）及び「済世委員設置規程」（岡山県告示第五八九号）という形で結実し、済世顧問による直接的・個別的救済から各種組織結成の下、組織を通じて住民を救済するという立場に変容していった。その後、これらが起点となり、大阪府知事の林市蔵と当時の社会事業の権威とされた小河滋次郎によって、一九一八（大正七）年十月、「大阪府方面委員規定」（大阪府告示第二五五号）が作成され、大阪方面委員制度が実施された。因みに、同規定に記載されている「方面委員」という呼称は、「一定の方面、小地域を担当する者」という意味合いから林が考案したと伝えられ、一方、上田市出身の小河も、「少なくとも露骨なる而も其の本質を言ひ現はすに不適当なる救済委員と言ふが如き名称を付するに比して、方面委員なる名を用ふるの頗る穏健且快なるに如かずと堅く信ずる所である」（松本市民生委員・児童委員協議会編集・発行 一九九八：一二三）と言及している。小河は方面委員の要件として、①深き同情心、②微細なる注意性、③鋭き視察力、④正しき批判力、⑤当該地に永住し、土地の者と絶えず交際し、能く人に知られて相互の諒解に便なる自然的関係を具備することの五点を挙げている（谷川 一九五一：七‐八）。

では、その後の方面委員制度はどのように展開していったのであろうか。とりわけ、長野県下の場合、一九二三（大正十二）年四月十一日付の『信濃毎日新聞』夕刊によると、「社会改善委員 五月に任命の筈」との小見出しのもと、「本県方面委員制度の規程は、県社会課において起草中であったが、近く脱稿して知事の決裁を仰ぎ、五月中に委員の任をみるため、県では各郡市長に命じて、その地方の人物の選考を進めさせている。委員の数は市部十人、町村名一人宛が大体決定している。五月中に任命し、六月に入って方面委員会を開催する意向であるが、県としても第一回の委員会はなるべく農繁期を避けて、各自の業務の便宜を考慮して、或いは五月任命と共に開催することになるかもしれない。」と記される。

ここからは、草案は直接的には同県社会課で作成されたものの、そのためにどのような働きかけがなされたのかといったことや、他府県との関連性などの詳細については十分には読み取れない。そこで、「年次別方面委員制度の普及状況」を紐解くと、長野県は全国的にみて一九番目に方面委員制度を創設したことが分かり、なかには岡山県、東京都、兵庫県、神奈川県、長崎県、広島県、青森県、新潟県、富山県、香川県などのように、一度ならず二度、方面委員を設置している都県があったことが示される。

一方、委員の呼称に関しても、全国的には「方面委員」が多かったものの、その他のものとしては、例えば「済世顧問・済世委員」（岡山県）、「救済委員」（東京府慈善協会）、「福利委員」（埼玉共済会）、「共済委員」（福島県・青森県・鳥取県）、「保導委員」（滋賀県・北海道・鹿児島県）、「奉仕委員」（岐阜県・富山県）、「社会改良委員」（石川県）、「方面調査員」（高岡市）、「輔導委員」（栃木県）、「指導委員」（広島県）、「社会匡済員」（和歌山県）、「方面監察員」（盛岡市）、「社会委員」（神奈川県）など多様な名称が存在した。これらは、一九二七（昭和二）年十月に開催された第一回全国方面委員会議（於 東京都）において、方面委員に関する法制定を建議したことが一つの契機となって、大部分は、一九二八（昭和三）年頃までは、「方面委員」と改称され、足並みを揃えていくことになった（松本市民生委員・児童委員協議会編集・発行 一九九八：一六）。

三　小河の社会事業思想

方面委員制度の創設は、一九一八（大正七）年八月、米騒動が大きな要因となっていた。同年十月、大阪府方面委員制度が公布され、その趣意書には「我々委員は社会のため人道のため弱き人や不仕合せな人達の味方となってできるだけ犬馬の労を惜しまぬ覚悟」とあり、貧しい人々、苦しんでいる人に適した救済方法を与えることを目的としていた。小河はこの制度について「其の仕事は全く掛け値なしの捨石的犠牲であり、縁の下の力持ち」と述べ、また、「住民の家計状態の調査や救済指導を行うには男子より婦人が適任である。もし婦人の力を加えることができたら今以上立派な成績を修めることができるであろう。婦人の力の加わらない社会事業はあたかも塩気のない料理のごときもの」などと社会福祉への女性の進出に期待を寄せた。社会事業の進展における女性の積極的活用という視点が小河の主眼の一つでもあったと言えよう。

第三章　方面事業とホームヘルプ事業の先覚者との関連

――全日本方面委員連盟書記としての原崎秀司の思想的特徴の探究――

一　研究の視点と課題

方面委員制度の意義を理解したり、小河博士胸像除幕式にも参加するなど、前章の小河滋次郎から影響を受けた人物がいた。その一人が、ホームヘルプ事業の先覚者とされる原崎秀司（一九〇三〜一九六七年、以下、原崎）である。法政大学文学部哲学科を卒業した原崎は、全日本方面委員連盟書記、長野県社会事業主事補、茨城県社会事業主事、西筑摩地方事務所長、長野県渉外課長などの職歴を重ねたのち、長野県社会部厚生課長時の一九五三（昭和二十八）年九月から一九五四（昭和二十九）年五月の約七カ月間、欧米社会福祉視察研修（以下、欧米視察）を行った。この研修は、「創造的進化の社会」の実現を目ざした原崎が、英国のホームヘルプ制度をわが国に導入する契機となったものであり、これが社会福祉制度・事業を進める一つの要因となったとされる（中嶌二〇一一a：二八-三九、二〇一三a：一六-二八など）。

一九五六（昭和三十一）年四月九日、長野県告示「家庭養護婦の派遣事業について」（三一厚第二三五号）により創設・通知されたものが、わが国初の組織的なホームヘルプ事業とされる家庭養護婦派遣事業であり、（注1）「〝県単〟事業で英国の養護婦制度を参考にスタート」したと長野県（一九五六：七〇）は指摘する。確かに、欧米視察を通じ、その草案を構想したのが原崎であり、彼の功績は少なくない。反面、諸外国の養護婦制度以外に彼が参照したものはなかったのだろうか。大正期のわが国に既に存在していた派出婦制度や方面委員制度などの類似事例との関わりは見られなかったのだろうか。英国のホームヘルプ制度に倣ったことを鍵要因とする森（一九七四）、竹内（一九七四：五一‐六九）、介護福祉学研究会編（二〇〇二）らの主要な先行研究では、単眼的・直線的な見方により、周辺事情の見落としが懸念される。

こうした問題意識の下、原崎秀司に関する先行研究を方面事業との関連から論じたものはなく、その範囲を「ホームヘルプ事業」に拡大し、NDL‐OPACやCiNii論文情報ナビゲータなどで検索すると、五一件の論文・書籍がある。このうちでホームヘルプ事業の先覚者としての原崎をとり上げた研究は、中嶌（二〇一一、二〇一二b、二〇一三a・b）の四件のみである。一連の論稿では、①欧米視察の行程に着目したもの（中嶌二〇一一a：二八‐三九）、②その行程を解き明かすための原資料の発掘のプロセスを詳解したもの（中嶌二〇一三b：二八九‐三〇四）、③欧米視察以前の原崎の哲学思考・生活実態を解明したもの（中嶌二〇一二a：一一‐一九、二〇一三a：一六‐二八）に区分できるが、上記③でさえ、彼が四二歳まで勤務した旧厚生省時代から西筑摩地方事務所長時代に関するものは見当たらず、全容解明しているとは言い難い。つまり、従来のホームヘルプ事業史研究では、英国からの一方的な導入経緯が注目されるあまり、日本国内における変動や影響が十分に言及されておらず、とりわけ方面事業との関わりが精査されるに至っていない。こうした訪問型の類似事例のていねいな比較・検討こそが、史実を正確に記す上で重要であり、キーパーソンの立ち位置や役割を明確にすることにつながると考える。そこで、ここでは、ホームヘルプ事業の先覚者である原崎の思想及び実践に着目し、彼が方面事業とどのように関わっていたのかを探究することに主眼を置き、欧米視察以前の彼の果たした役割を具体的に明確にすることを目的とする[2]。

一方、対象時期は、原崎が初めて勤務した旧厚生省時代（一九三八年〜）から西筑摩地方事務所長時代（〜一九四八年）までとし、なかでもその間に、全日本方面委員連盟書記として彼がいかなる思想に基づき、どのような役割を果たし得ていたのかを実証的に明らかにする。こうした究明は、原崎がホームヘルプ制度導入を思考した背景をより客観的に分析することになろう。

二　方面事業普及のための雑誌メディアの活用

一九一七（大正六）年の済世顧問制度創設を嚆矢として、[3] 翌年大阪府に設置された方面委員制度は、一九三六（昭和十一）年の方面委員令制定・公布により、全国的な活動が目ざされ、民生委員令（一九四六）、民生委員法（一九四八）などの制度化が進んだ。制度創設九十周年を迎える二〇一三（平成二十五）年現在、二三万人を超す民生・児童委員が委嘱されている。ここに至るまでの発展過程は、新聞・雑誌などのメディアを通じ、その一端を垣間見ることができる。社会福祉領域の雑誌は、明治期に刊行され始めた『慈善』（一九〇九年、のちに『社会と救済』『社会事業』と改題）を皮切りに、『融和』『社会事業彙報』など、中央社会事業協会を中心にメディア活用が進む。一方、厚生省設置が閣議決定された一九三七（昭和十二）年には、盧溝橋事件、日中戦争が相次いで勃発し、社会不安が高まった。時勢に呼応し、戦時下の社会事業の役割として、軍事援護の働きが方面委員を含む多くの人々に期待されていた。

池田・池本（二〇〇八：一五五）は、方面委員の役割を「名誉職であるが道徳的教化ではなく、専門職的な形にもとらわれず、地域住民に密着した援助の形は、全国に拡大していく要因となった」と概括的に捉える。一方、右田・高澤・古川（二〇〇八：二八八）は、救済委員的体質が国民から反発を買い、「軍事援護関係でも方面委員制度はひんしゅくを招きまた影をうすくしていた」とさえ述べる。ここから、戦時下の方面委員の苦難が汲み取れる。また、遠藤（一九七六：二九）は「戦時体制のもとで、強力に国策適合姿勢をとらされたことが、そのまま民間的自立活動の芽を奪いとる作用を示すことにもなった」と時代背景の影響の強さを指摘する。[4] こうしたなか、方面事業に特化した雑誌『方面時報』が各地の民間事例を報じていたことは注目に値する。

同誌は、全日本方面委員連盟によって一九三三（昭和八）年三月から刊行され、[5] その編集を担当した一人が原崎であった。[6] 原崎は、軍事扶助法に基づき「滅私奉公」が求められた当時、「社會事業機構の第一線に立つ方面委員の奮闘こそ皇軍将士への慰藉である」（原崎 一九三七ａ：四）と記し、軍事援護を擁護する論陣を張っている。「社會事業機構の第一線」という文言から、彼の方面委員に寄せる期待の大きさをうかがわせる。

他方、政治的・経済的変革が求められた一九三七（昭和十二）年には、「我が方面事業が此の過ぐる一年の重大時局に対處して如何に活躍し、其の國策の線に沿ふ重要なる役割を果して来たかを顧みるならば、其の事績には國家社會的に重大なる躍進の跡が印されてゐる」と言明する（原崎 一九三七e：四）。但し、一時的かつ局所的な進展でなく、継続的な躍進のためには、その原動力となる仕掛けが必要であった。その一つが雑誌刊行であった。物質難の戦時下では、誌面上の各欄の有効活用の他、世論に迎合しない堅固な思想・制度の進展が希求された。ここでは、編集者としての原崎の力量や機転が発揮される場ともなる。

三 『方面時報』誌上における原崎の危惧

国民健康保険法や社会事業法などが公布された一九三八（昭和十三）年の展望として、原崎は、「益々重大且深刻を加へ國民ひとしく非常の覚悟を要する時、吾々も亦一層心をひきしめて方面事業界の時報として精進すべきことを誓ひ、年頭の辞といたします」と決意する（原崎 一九三八a：四）。反面、急速な政策展開に対し、「我が國自由主義の發展はあまりに急激であったが為に其の長所に溺れ過ぎ、其の欽陥に対する対策が比較的疎んじられ、各種社會法制の整備が等閑に附されて居たのである。然るに自由主義の推移に伴ひ、経済的には貧富の差甚しく、思想的にも幾多の問題を惹起するに至った」と危惧する（原崎 一九三七e：四）。

すなわち、欧米に倣った自由主義の急速的普及の一方で、その弊害として貧富の差や思想的な遅れを捉えている。加えて、「茲に注意すべきは我が方面事業が地方的に特殊な發達を遂げた制度に対して、之を画一化したるにも拘らず、地方的事情に適應した融通性ある制度運用の妙を失ふことなく、之を統制し、所謂醇風美俗を法制化したことである」と述べる。ここから単なる格差是正でなく、国内での地域性や融通性にも目を向けているところに彼の慧眼がうかがえる（原崎 一九三七e：四）[7]。日本社会の発展のための一方策として原崎が注目したのが『方面時報』の刊行・普及であり、彼はいっそう任務に邁進する。

四　「全国方面動静」欄及び原崎の実践

毎号に漏れなく掲載された「連盟日誌」欄と、各地の動向をとり上げた「各地方面委員大会」「方面事業座談会」「方面事業懇談会」などの「全国方面動静」欄は、上記課題に対する解決への試みの一つであった。前者では、例えば同誌第八号第四面（一九三八年十一月）には、「廿九日　人口問題研究會に柴田主事、土屋、原崎書記出席」という記事がみられる。後者では、婦人方面委員の増員を示唆した長野県の記事や同県総会の様子が、「國民精神総動員運動とタイアップして――各地方面委員の活動　長野縣」と題しとり上げられた（全日本方面委員連盟 一九三七：四）。こうした地方の動静を把捉し、雑誌を通じ事業展開に反映させようとする意図は特徴的といえたが、原崎が雑誌編集という事務作業のみならず、現地に赴き、各地の実情をていねいに把握していたことは見過ごせない。一九三九（昭和十四）年十月三十日に編集作業を後任に引き継ぐまでの詳細を日誌から紐解くと、例えば、「埼玉県方面委員座談会（原常務理事の代理、一九三八年十二月十四日）」、「常務理事会議のため上京（一九三九年二月十二日）」、「丸子町方面委員下村氏の葬式に会葬（一九三九年五月九日）」などと記される（原崎 一九三八。以下、日誌：一九三八年十二月十四日～一九三九年十月三十日）。

五　東京陸軍病院への見舞いと銃後生活の展望

こうした省内外の奮闘の一方で、戦局の激化は免れ得ず、原崎自身、「戦争は自分にとっては直接であり、暗いものでもあった。落着かない生活の中に僕のリーべは続いた。従ってそれは煮え切れない躊躇の中に停滞してゐた。そして、対者にとって迷惑なものであったと想ふ」と吐露する（日誌：一九三八年十二月三十一日）。さらに、「東京陸軍病院」と題する同誌第六巻第八号第二面（一九三七年十一月）記事には、林少佐とともに重症兵の病室を見舞ったことが記されている。そこから原崎は、戦争被害の凄惨さを感じつつも単に感傷的気分に浸っていたわけではなく、戦争で疲弊した人々に対し心から激励し、戦時下における方面委員としての任務を林少佐の所作を通じ再認識していたことが分かる。彼自身、「國民として日本人にとって兵役は至高の名譽であり、崇高の義務である。しかし人として肉體的に亦延いては精神的にも直接國家の犠牲となって傷ついた之等人々に対して胸のつまるのを覚えた。そしてこの全的な犠牲に対して國家としての感謝と國民としての尊敬の具體的表象如何は國家社會構成上の重要なる問題であり、社會事業の實踐上にも戦後長く此の方面への躍進が必要である」と論じ（原崎 一九三七d：一二）、戦争犠牲者に対し畏敬の念を示すとともに、銃後生活の強化のための方面事業の振興をいっそう念願している。

その具体的方法だが、「近代戦争の要諦は武力のみならず、政治、経済、思想等の銃後の體制が強固でなければ其の目的を達成し得ない。然るに社會行政の強化如何は直接に國民生活、思想等に影響するが故に社會行政の補助機關としての方面委員制度も、斯る戦時體制下に於ては積極的躍進が要請さるるに至った」との記述から（原崎 一九三七e：四）、原崎は、戦争の勝敗を決する武力の増強だけでは不十分であり、真に強い国民性を育むためには政治・経済・思想の強化こそが重要であると認識している。それだけ彼が長期的視野に立っていたと把捉できる。

すなわち、「戦時体制のもとで、強力に国策適合姿勢をとらされた」方面事業であった（遠藤 一九七六：二九）、一方で、行政責任能力の低下が私的救済機能を存続させた面があったとされ、原崎は方面委員ならではの役割を政治・経済・思想の強化から考究しようとしている。そしてその手がかりを彼は「調査」に求める。原崎は、「吾々の任務は擔當区域内の保護指導であり、其の職務の第一は調査である。調査が基となって軍事援護及び一般銃後諸問題の所置が講じ得る」と言及する（原崎 一九三八b：六）。当時の調査がどこまで科学的といえるかは疑義が残るが[8]、データを重んじた原崎は、方面事業の普及や理解促進のために、実態に即した調査結果に基づいた雑誌の刊行の意義を認識していた。

六　「編輯後記」欄の活用とその限界

編集者の一人として「編輯後記」欄を手掛けた原崎には、ある思想的特徴がみられた。同誌第六巻第六号（一九三七年九月）を紐解くと、「軍事援護と方面委員」欄の特設を予告し、同七号（同年十月）では、「國民精神といふ言葉もこの時に即して理解することに依って新らしく強い意味が認められ、焦眉の問題となった」と社会的情勢を踏まえている。一方、同九号（同年十二月）では、「近年我が方面委員大會成果の如實なるは誠に感慨無量なるものがある」と関係者の奮闘を讃え、他方、寄稿のうち、「……本號に青木博士、生江孀託、三澤泰太郎氏、村松義郎氏の玉稿を戴いたが、紙面の都合で掲載し得なかった」と結ぶなど（原崎 一九三七c：六）、掲載原稿の取捨選択にも携わっていた。ここから原崎は方面事業の推進のため、「編輯後記」欄を活用しようとしていたことがうかがえる。

方面事業は「その多くは地方の性格に根ざし発生したが、漸次全国的統一の統合傾向を示した」と吉田（一九七九：一三三 - 四）は地域性や漸進性を指摘するが、こうした実践的な考えが「全国方面動静」欄や「編輯後記」欄を通じ、原崎ら関係者の意図も含みつつ、全国と地方との情報共有を促していた点が重要である。こうした小欄の活用こそ、大きな記事とはならないまでも、実際的かつ、より身近な情報を発信する源となっていた。『方面時報』はのちに、『民生時報』、『厚生時報』、『厚生』へと名称変更され、徐々に色彩も変化していったが[9]、少なくともその出発点となった『方面時報』では、「編輯後記」欄が原崎にとって、自己の公式見解を示す一つの場となっていた。但し、雑誌メディアの場合、読み手が購読者などに限定されるほか、文字・活字だけでは十分に伝え切れないといった課題が残された。そこで、読者の量的拡大に加え、伝達手段の多様化が求められた。こうした時機に全日本方面委員連盟は、映画という当時としては画期的な映像メディアに可能性を見出していくことになる。

七　方面事業推進のための映像メディアの活用

（一）『方面動員』の製作過程と原崎の役割

一九三八（昭和十三）年～一九三九（昭和十四）年にかけて、勤労動員や日本軍の武漢三鎮占領が進み、国内でも闇取引の横行や「ぜいたくは敵だ」などの立て看板がみられた。旧来の政策体系から大幅に変更すべく、個々の国民に是非を問い、自覚を促そうという風潮のなか、映画という映像メディアが着目され始めた。一般に、一九二〇年代から三〇年代は報道写真黄金期の幕開け期といわれるが、社会福祉分野の映像メディアはまだまだ希少の部類に入り、一九三九年当時、方面事業に関する映画が製作されたこと自体、注目される。同映画は通称〝方面映画〟といい、『方面時報』第七巻第一〇号第四面には、「此の映画は、在来の架空物語劇とはちがって、戦時下に於けるカード階級・小売業者・農家等を生き生きと活写し、そこに活動する方面委員の寧日なき涙ぐましい奮闘ぶりを虚飾なく力強く描く「文化映画風な劇映画」といふ特徴あるものである。完成の暁は、方面映画にエポックを画するものと、目下各地からさかんな声援を寄せられてゐる。乞ふ、御期待を！」（全日本方面委員連盟一九三九a：四）と概説されている。

また、原崎直筆の日誌『遠保栄我記（新正堂版）』には、「方面映画作製打合会を開催（一九三八年七月二十一日）、方面映画製作研究会を開催（同年十二月八日、同二十日、於本連盟会議室）、芸術映画社より本田氏脚本を持って来る。打合会（一九三九年一月六日）、方面映画ロケーション・ハンチングに亀戸砂町方面のスラム及び方面館、託児所等を視察（同十日）、板橋の岩の坂にてロケーション・ハンチング。谷田部の託児所を見て、深川の賛育会産院を視察（同十一日）、シナリオ決済、統計図表校了（同十二日）、方面映画作製準備完成（同十三日、大日本印刷、済生会、ロケーション・ハンチング）、『方面時報』第七巻第一〇号第四面に方面映画の予告を掲載（同十五日）、富士に方面映画ロケーション連絡に三島に出張（同二十四日）、銃後慰安映画会視察出張（同年十月十六日、諏訪郡宮川村）。」

と記され（日誌：一九三八年七月二十一日～一九三九年十月十六日）、人々の生活ぶりを直視し、実態把握に努めようとする彼の姿勢がうかがえる。

（二）『方面動員』の上映とその反響

上記から、原崎は、映画の原作づくりの他、脚本の摺り合わせ、ロケーション現場の選定、映画予告の方法の考案など、方面事業拡充のための土台形成に深く関わっていたことが分かる。そして、一九三九（昭和十四）年二月二十一日、映画『方面動員』完成という形で結実する。同映画の構成は「方面映画（トーキー）（仮題）方面動員（三巻）監輯　財団法人 全日本方面委員聯盟　製作　芸術映画社　全長　二四〇〇　二月中旬完成・発売」とされ、「この映画物語『方面動員』は全三巻に亘る同映画内容紹介の為、読み物風に書き更めたものである」と解説される。続いて、「この映画は、長く赤子愛憼の聖旨を奉戴して、大正六年創設された方面事業がわけても長期建設下の銃後にあって、如何に適切に、如何に広く行はれつつあるかを示し兼ねて方面事業そのものの周知をはかり、事業の円滑なる遂行の為に、総ての人々の協力を獲んとするところに製作の指標」があったとその主眼が示された（全日本方面委員連盟 一九三九b：四）。

主な登場人物は「矢口方面委員（都會）（五〇）、工藤方面委員（農村）（四五、六）、岩田老人（六〇）、岩田上等兵（三八、九）、岩田細君（三四、五）、岩田　力（一四）、浅沼（三七、八）、浅沼細君（三五、六）、浅沼の女の子（七）、浅沼の男の子（四）」である（全日本方面委員連盟 一九三九a：四）。具体的な内容は、同誌上で四回に分けて連載された（同誌第七巻第一一号第四面、同第一二号第六面、同誌第八巻第一号第四面、同第二号第四面）。結婚問題という繊細な内容を扱った同映画では、大都市と地方都市の方面委員間の連携を示す内容を披見でき、方面委員の涙ぐましい活躍が家庭内のきわめて困難な問題に対し、いかに効果的であるかが示唆されてた。と同時に、「精神的自立的処遇が重んじられ、家庭改良が重視された」という同事業の趣旨を（吉田 一九七九：一三二）、映像メディアを通じ立体的に伝達する重要な役割も担っていた。同誌第七巻第一二号第六面《試写室》（一九三九年三月）でも「美しい芸術作品」と評されている。[10] さらに、同映画の場合、一過性の評価に終始せず、積極的活用策が講じられたことは注目される。つまりその後、同映画は全国の関係諸機関に遍く貸与され、[11] 原崎ら関係者は方面事業の勃興を大いに期待したことであろう。「社会事業全体の運営に、物的給付のみでなく要救護者の人格向上の要求が強くなってきた」当時（吉田 一九七九：二三九）、生活者の実像や課題解決を映像メディアという拠り所を介し大勢の人々に伝播しようとしたところに、当時の全日本方面委員連盟関係者の意図がうかがい知れる。[12]

すなわち、原崎にとって、一九三七年八月から一九三九年一月までの全日本方面委員連盟書記時代は、①雑誌や映画などのメディア媒体を駆使し、方面委員の使命や目的を明確に伝えようとしたこと、②映画上映を通して地域差を軽減しようとしたこと、③雑誌各欄の活用を通じ、全国と地方との連絡強化を目ざしたことの三点が注目される。換言すれば、当時から原崎は、方面事業に相当精通しており、この時すでに訪問型の事業・実践の意義を認識していたと考えられる。

（三）地方勤務と実地把握

一九三八（昭和十三）年十二月三十一日、原崎は、故郷の長野県への転出問題を懸念し、その後の日常生活を想起している。そして、一九三九年一月三十日付で全日本方面委員連盟書記を退職した彼は、恩賜財団軍人援護会長野県支部主事を同年十一月三日に辞し、長野県社会事業主事補に任命されている。かつて全日本方面委員連盟に約一年半所属していた原崎が、改めて日誌内で「差当って方面事業に関係する法規類は勿論、方面事業に関する常識を向上しなければならない」と言及しており（日誌：一九三九年十一月五日）、基本を重視している。他方、この頃の彼は、けっして長野の地に留まっておらず、全日本方面委員連盟にも度々足を運んでいることが『方面時報』《本連盟来訪者》欄からうかがえる。さらに、一九四一（昭和十六）年三月七日付で原崎は茨城県庁に転勤するなど、地方の実地を身を以て学んでいる。

その一方、原崎は、一九四一年十二月八日を「歴史的なる日」と位置づけ、日米戦に思いを馳せている。[13] 時下の日本社会で彼は、こうした様々な経験を積み重ね、やがて念願であった長野県社会部厚生課長へと昇進し、欧米社会福祉視察研修に臨んでいくことになる。

注

1　家庭養護婦派遣事業関連の第一次資料を収録した中嶌（二〇一四e・f）を参照されたい。

2　柴田（一九六四）、遠藤（一九七六：一五‐四二）、吉田（一九七九）、池田・池本（二〇〇八）などの先行研究でも、方面事業とホームヘルプ事業との関わりは指摘されておらず、孝橋（二〇〇九：二八六）は、方面事業が「名誉職による社会事業労力の提供として戦前の社会事業界に大きな役割をはたしてきた」と述べるに留まっているため、両事業の関連にアプローチした。

3　典拠は菅沼（二〇〇五b：六七）。また、済世顧問制度創設に関し、大正天皇から岡山県民の窮状を尋ねられた笠井信一による発案とする室田（二〇〇六：一六〇）や北場（二〇〇九：三二）らの言及に対し、菅沼（二〇〇五a：二五三）は「方面委員制度の母体は大阪府であったが、各種の方面委員史において、大正天皇の御下問によって設置されたとされる岡山県の済世顧問を方面委員の『濫觴』であると言及している点は無視できない」と述べる。

4　方面事業関連の雑誌メディアの変遷に関し、「『民生時報』は『方面時報』と比べると、経験交流的要素が少なく、教育的文書という感が強い」と菅沼（二〇〇五a：二五三）はその質的変容を指摘する。

5　同誌の出版体制は、「毎月一回十五日発行　定価一部五銭　編輯兼発行人　柴田敬次郎　印刷人　杉山退助　印刷所　大日本印刷株式會社（東京都麹町区内幸町二ノ二）　財團法人　全日本方面委員聯盟」となっている（全日本方面委員連盟一九三七：奥付）。なお、菅沼（二〇〇五a：二二〇‐二二六）は、機関誌『民生時報』をもとに、方面精神の伝統や天皇制との関係を焦点化しながら、方面委員と民生委員の活動の連続性を検証しており意義深いが、『方面時報』をメディアの役割という観点から追究するところに研究の余地があった。

6　小笠原（二〇一三：二四八）は、「夕刊売り母子の挿話」から方面委員制度が発足したと取れる書き方の例証として、『方面時報』（一九三八：四）を引用しているが、同誌編集者という立場や原崎思想との関連からの分析は未着手の状態にあった。

7　「大阪府では方面委員をあくまでも中心とし、東京市方面委員のあり方を批判した」（吉田　一九七九：二四一）との指摘の如く、初期の方面事業には地域差が少なくなかった。

8　「全日本方面委員連盟の主唱で、一五年十一月から翌一六年十月の一年間にわたり軍人家族・遺家族の生活指導上の資料とするために、軍人家族、遺族の家庭生活実態調査が行われたが、……科学的調査とはいえなかった」と吉田（一九七九：三八七）は指摘する。また、今井（二〇一〇：二七）は、「生活調査や援護課題の拡大と軍事援護事業への対応の双方の職務を期待され、町内部落会との結合によって地域統制支配の末端機能を併せ持つようになる」と多機能を担った方面委員の実情を論じている。

9　例えば、一九四七（昭和二十二）年一月に刊行された『民生時報』は、『方面時報』からの連続性を意識したものであり、「方面精神」の注入に重点が置かれていたと指摘される（菅沼二〇〇五a：二二一）。

10　この映画の試写会の様子は同誌第七巻第一二号第六面に記され、試写会終了後に開催された映画批判懇談會では、「先ず原常務理事より映画脚本決定に至るまでの苦心談の一席あり、続いて製作者の営利を離れてこの映画に全力を尽した方面精神の発露とも云ふべき美しい製作上の挿話があって後、大久保副會長、生江評議員、其の他各方面の人々より讃辞やら、批判、忠言等を続出しなごやかな雰囲気の内に閉會した」とされる。

11　方面映画『方面動員』の試写会・貸与先は次の通り。「映画『方面動員』試写会（一九三九年三月四日、於 大阪ビル）、映画『方面動員』批評懇談会東日会館に開催（一九三九年三月十四日）、『方面動員』の試写会（一九三九年三月十五日、於 東日会館）、東京市喜多見方面事務所にて映画『方面動員』映写会開催（一九三九年三月二十五日）、亀戸方面館軍人遺家族慰安会に映画『方面動員』貸与（一九三九年四月十五日）、荒川区役所主催 軍人遺家族慰安会に連盟映画『方面動員』を貸与（一九三九年五月六日）、東京市で映画『方面動員』上映、好評を博す（一九三九年七月）、映画『方面動員』板橋区大泉方面事務所へ貸与（一九三九年八月十五日）、千葉県大会にフィルム『方面動員』貸与（一九三九年九月二十一日）、フィルム『方面動員』を奈良県社会課宛貸与（一九三九年十月五日）。」

12　北場（二〇〇九：三三）は、「一九三一（昭和六）年には全日本方面委員連盟が結成され、民間社会事業団体として大きな役割を果たした」と述べるに留まっていたが、本章ではその具体的な役割の一端について、メディア活用の視点から捉え直した。

13　このような心情を抱きながら新年を迎えた原崎は、一九四二年一月二十二日、「小河滋次郎博士の会」（長野県上田市）に出張している。その詳細は判然としないが、『上田郷友会月報』や『長野県厚生時報』などから、小河博士の胸像を拝す会であったと推察される。

第四章　昭和二十年代の『信州民報』が報じた未亡人問題とその打開策

一　問題意識と研究課題

社会福祉・介護福祉の実践は、人々の日常的な問題や生活課題から派生する。その意味で、時代背景や社会の動き、人々の生活様式等が社会福祉・介護福祉領域に与える影響は少なくない。このことは、戦後日本のホームヘルプ事業創設にも当てはまり、本章では同事業化を促進した長野県民の生活実態を追ってみたい。同事業の創設にあたって、様々な生活困難を抱える未亡人たちと訪問奉仕などを行っていた篤志家・教会婦人会員らを複合的に擦り合わせる視点を重視した歴史研究は、昭和二十年代当時の関係者における果敢な取り組みを意味するのみではなく、彼女らを正しく捉え切れていなかった当時の社会のあり方に対する問題提起を伴っている。第二次世界大戦終戦直後には要援護者数が八〇〇万人と推算されたが（吉田 一九七〇：二九五）、歴史研究では、「データや史料の作業は、単なる外面的な旅行者的蒐集ではなく、対象との共感の目を通した、きめ細かいものでなくてはならない」（吉田 一九七〇：一二）とされるように、対象となる当事者の特定の視点からのアプローチが重要である。そこで、本章では、戦後復興を果たし得ていなかった昭和二十年代の未亡人問題に着目する。従来、未亡人の暮らしぶりという観点からみた場合、彼女らの苦悩・困窮が憐憫の対象として表象的レベルで捉えられるきらいがあり、ホームヘルプ事業に関する構想や実践が生まれた経緯との関連においても必ずしも全容解明しているとは言い難い。

戦後日本最初の組織的なホームヘルプ事業である家庭養護婦派遣事業の創設経緯についての研究は、その前兆となった「家庭養護ボランティア支援事業」への着目も含めて、竹内（一九七四：五一‐六九）、須加（一九九六：八七‐一二二）、上村（一九九七：二四七‐二五七）、山田（二〇〇五：一七八‐一九八）、西浦（二〇〇七：四一‐四九、二〇一一：七九‐九三）、荏原（二〇〇八：一‐一二）、中嶌（二〇〇八a：五五‐六六、二〇〇八b：八三‐九八）、渋谷（二〇一〇：二四一‐二五一）など幾つかあるものの、ボランティア的な活動があったと漠然と捉えられるに留まっている。なかでも、中嶌（二〇一二b、二〇一三、二〇一四a）が指摘した「Kさんモデル説の棄却」を認めながらも、Kさん以外の人々における類似したボランティア的な活動や風土が上田市にあったのではないかと主張するのが山田（二〇一四：一三九‐一四六）である。[1] 山田自身は、二〇〇五（平成十七）年の大正大学紀要論文執筆時点では、Kさんモデル説を肯定しつつ、同事業を「家事奉仕職業は未亡人にもっとも適した職業」（山田 二〇〇五：一九八）などと位置づけている。さらに、この論文を手がかりにし、機関誌『社会事業史研究』第四六号（社会事業史学会、二〇一四年九月）誌上で、拙著（『日本における在宅介護福祉職形成史研究』みらい、二〇一三年九月）に対し、書評論文を書いている。

しかし、山田の論点には幾つかの疑問点がある。まず、詳細を検討せず、教会関係者によるボランティア活動ありきの家庭養護婦派遣事業と定置している点であり、さらに、著者がすでに論じている上田聖ミカエル及諸天使教会会員による活動を見落としている点である。もっとも、こうした友愛訪問、助け合い、ボランティア的な活動が重要なことは言うまでもないが、何故そうした活動が必要であったのか、その前提として、当時の人々においていかなる苦悩や生活課題があったのかを具体化することも残された研究課題といえよう。これらの解明なしに、わが国初の組織的なホームヘルプ事業誕生の背景を詳らかにはできまい。

二　昭和二十年代の未亡人の生活困難——未亡人座談会を手がかりに

昭和二十年代の地元新聞紙『信州民報』（以下、民報）の号数は、一〇年間分で約七、三〇〇号ある。[2] このうち、【座談会】形式で未亡人の生活困難を大々的にとり上げた記事は、昭和二十年代では少なくとも二つあり、一九四六（昭和二十一）年十二月四日（第四八号、第二面）と、一九四九（昭和二十四）年四月二十七日（第二一七号、第二面）が挙げられる。前者は、稲垣みずほ（上田市民生児童委員）[3]を含む七人の未亡人の参会の下、「もっと社会の同情と理解が欲しい」と主張する戦争未亡人が中心となっており、後者は、婦人週間の特集記事として、関東軍教育補佐官エリノア・リー女史の講評付きのものであり[4]、「如何にして婦人の地位を向上せしむべきか」に主眼が置かれている。いずれも、一地域に特化した局所的な記事内容ではあるものの、その当時の未亡人生活の実情や苦悩を推し量るうえで看過できないものである。

吉田（二〇〇三：三三〇）は「戦勝軍人とは逆に、戦争未亡人や戦争孤児の悲惨な実状」を捉える重要性を述べるが、こうした一文のみではその実態が見えてこない。そこで、当時の未亡人の具体的な生活困難を民報のなかから抽出してみると、「タンスを買った未亡人だったが『お金を払えなければ妾になれ』と横車を押されたこと」（民報 一九四六・一二・四（二））、「亡き夫の洋服を生活のために売却したが、『こんなのは良くないから他の品物をもう少しつけてくれ』とつけこまれたこと」（同）、「未亡人の家に自動車が止まっていたとか、男の下駄があったとかいうことからとやかくデマをふりまく女の人がいる」（同）、「就職を希望する未亡人が多いが、託児所がなくて難しい」（同）、「再婚には相手が必要であり、どうしても相手と先夫とを比較してしまい、先夫のほうが良く見える」（同）、「未亡人が夫の家を出たいといふのに夫の家では強制的にひきとめている例が多い」（同）などを見出せる。当事者の側からみると、戦後未亡人たちがどのような運命を辿ったのかが想起され、〝男親不在〟という弱みに付け込んだものや古い慣習や価値観への固執、さらに、生活権や人権への配慮の欠如がみられた。

一方、敗戦後の社会的激変は売春婦の激増をみ、集散娼を合して五〇万人に達したと指摘されるなど（吉田 一九七〇：二九八）、社会福祉領域のなかでも母子福祉の分野での対策が急がれていた。低迷していた女性の地位向上に関しては、記事（民報 一九四九・四・二七（二））のなかに、未亡人たちの疑問や不満が吐露されている[5]。但し、この段階では未亡人問題の積極的意義や具体的方策が十分に練られていない。吉田（二〇〇三：二九七）は「真の家族生活指導は国民としての人間の尊厳性と、その構成の複雑性と発展性とを充分考慮に入れた、活きた人間の科学的認識に即した技術として存するものである」と述べ、未亡人の生活や立場を向上するためには、この問題の実態をさらに明らかにしていくなかで科学的にも検討する必要があるとする。裏を返せば、彼女らの生活困窮・窮乏そのものがその導火線となり、関東軍教育補佐官らによる指導を受けながら生活改善を模索し始めていたと考えられる。他方で、従来の方面事業に加え、社会福祉協議会などの各種事業が始動するのもこの頃からであった。(6)

三 『信州民報』が報じた未亡人問題の打開策

(一) 民生委員会の取り組みと社会福祉協議会の創設

未亡人問題は、戦後に突発したのではなく、戦前からも長らく問題視されていた懸案であった。親戚・近隣住民などの援護が重要なことは言うまでもないが、その一方で、婦人方面委員(のちの民生委員)らの活躍がみられた。(7)この動きは、未亡人会を郡の婦人民生委員会が応援するという形でとられた対策が未亡人問題解決を進展させていることを示していた。一九四九(昭和二十四)年十月十四日(午前九時~午後四時まで)に、市公民館で開催された「小縣婦人民生委員会議」では、①婦人民生委員としては新しく引揚げて来た人々の要援護者の援護の徹底、②未亡人会の斡旋役的な立場を取り、郡下各町村に未亡人会(現在、七、八ヶ村が結成済)を結成し、郡及び縣との提携を良くし未亡人更生の一助とすることが決議された。こうした連合会を創り、横の連携の強化に打開策を見出そうとしていた。(8)

一方、当時、講習会や研修大会といった学習活動や集会活動も重視された。一九五〇(昭和二十五)年三月十七日~十八日には、「西島式洋裁講習会」が行われ、一九五二(昭和二十七)年九月十二日~十三日には、上田市福祉事務所で民生委員研修大会が開催された。とりわけ、後者では、福祉三法(当時)を中心として法規の再認識のために県民生部厚生課長外三名の係員による法規講習が重点的に行われ、民生委員の事業の徹底を期することを通じて未亡人問題の打開策を構想していた（民報 一九五二・九・一二）[9]。

他方、さらにそれを実効性あるものにするには、地域の中核組織として生活課題や福祉問題に応対する必要があった。郡下民生委員会で幾度か協議された結果、地域の社会福祉の増進を目ざし、結成されることになったのが「社会福祉協議会」であった。一九五三（昭和二十八）年五月十七日の『信州民報』（第一三五二号、第一面）には、「上田市に初めて『社会福祉協議会』が発足することになり、去る一四日団体が結成された」と見出しに文字が並び、地域住民の理解促進が図られようとした。

加えて、一九五三年十一月十九日には、上田市社会福祉協議会史上初の理事会が開かれた。ここでは、「組織の強化」、「協議会の予算」、「常任理事の選任」などが検討された。とりわけ組織の運営については、①協議会が赤い羽根共同募金のための組織としてだけ利用されることを避けたい、②社会保障制度の充実のための推進話を促進したい、③上田市の社会福祉活動を再検討して市民の福祉増進をはかりたいなどの意見が強調された[10]。

（二）実践面からのアプローチ

未亡人問題への対応策として、改めて昭和二十年代の『信州民報』記事を紐解くと、実践面・思想面の双方に特徴がみられる。実践的な方策としては、「再婚」「内職（就職斡旋）」「自営業」「婦人生活協同体」「教会婦人会の奉仕」などがキーワードとして挙げられ、思想面では「自由大学思想」「映画鑑賞による教化」「生活改良普及員」「婦人専門相談員」「模範未亡人の表彰」などが要点であったと考えられ、これらにより、未亡人問題の解決の端緒を得ようとしたことが汲み取れる。以下、各々を記事内容に基づきながら整理し、その要点を明らかにしていく。

①再婚希望者

まず、未亡人問題の解決策の一つとして、〝婦人の再婚〟が検討されたことは、いち早い生活の安定やその回復を勘案しても容易に理解できる。一九五〇（昭和二十五）年当時の未亡人の再婚希望者は一割程度（約一五〇名）であり（民報　一九五〇・三・一四（二）、一九五二・一・三〇（一））[11]、郡未亡人会が盛んに斡旋していたが、その一方、「甘言の再婚に失敗――引揚未亡人涙の行状記」（一九五〇・五・二四（二））や、未亡人に対する無理解などから生じる問題も少なくなかった。その背景には、未亡人に対するあまりにも厳しい世評があった。地方事務所長の中村厚生課長（当時）は、「未亡人が、只未亡人と言う名目のみでなく〝一女性〟として経済的に豊かな理解ある男性と再婚を希望している事実から縣、国の母子福祉対策として、税金、育児、生業等の逼迫、隘路を重点的に取上げて解決し未亡人の社会生活に安定した住み場所を与えるべきだと思う。」と述べ（民報　一九五〇・三・一四（二））、その問題解決を模索する。

つまり、これまでの経緯から為政者たちも未亡人問題には注目せざるを得なくなっていたものの、その一方で「誠実な相談相手の不足」という問題があった。一九五〇年五月二十四日の『信州民報』（第四三七号、第二面）には、「旧套を破って東奔西走――未亡人の手足稲垣さんに期待」という見出しが躍り、ある一人の女性の活躍が期待されている。それは、上田市内の未亡人福祉指導員として、「巡廻未亡人指導」という重要な役割を担っていた稲垣みずほであった。彼女は家庭養護婦派遣事業創設以降にも、家庭養護婦としてではなく民生委員として未亡人問題や生活問題に尽力した人物であった。稲垣自身、未亡人であったが、女性民生委員として果たしていた役割は激賞された[12]。

再婚希望率一割という比率は決して高くはないものの、実際のところ、再婚の有無は彼女らの経済的事情を大きく左右するものであった。再婚して生活再建をなし得た女性もいたが、すべての女性が再婚可能というわけではなく、残された女性たちは自活の道を模索せざるを得なかった[13]。ここに、就職斡旋という次なる手立てが検討されることになる。

②内職希望者と就職斡旋

当時の日本社会では、男女平等や女性の社会進出が十分に進んでおらず、女性の社会的自立は決して容易なことではなかった。そうしたなか、女性ならではの仕事として、「内職」が流布しており、[14]「内職希望者激増――鼻緒作りは日当十五圓位」（民報 一九四七・一二・一三（一））、「未亡人會で製作――母の日を待つ胸飾り」（民報 一九五〇・四・九（二））、「輸出造花未亡人拒否――理由は納期に応じないため」（民報 一九五〇・七・二（二））など報じられた。その背景には、一九五〇年一月十九日の『信州民報』（第三二九号、第一面）記事内の「家庭婦人の求職漸増――男性以上の生活苦の深刻さで」に見られるように、未亡人をはじめとした女性の苦しい生活実態があった。このような状態は、一九五〇年八月二日の『信州民報』（第四九八号、第二面）で「未亡人の生計何処へ行く――内職も不振で根本対策に切望」と報じられ、未亡人会の結成が、彼女らの生活を支える重要な存在と認識されていたことがうかがえる。

その他、行き悩む授産所が上田小県地方六カ所で連合会を結成したり、友の会が主催となって「家計講習会」を開いたりして、自らの技能向上を図ることが第一歩と捉えられていた。[15]さらに、一九五四（昭和二十九）年十月には、上田市福祉事務所主催で困窮家庭の就職斡旋を行ったことや、子女の就職を容易にすることを目的とした「母子家庭児童就職促進協議会」を設立したことは特筆すべきことであった。

③自営業と婦人生活協同体

他方、昭和二十年代の『信州民報』記事を紐解けば、自営業が盛んであったことがうかがえる。それは一九四九（昭和二十四）年頃から活発にとり上げられており、例えば、「未亡人會喫茶店――丸子恵比寿講に開く」（民報 一九四九・一一・二三（一））、「立上った未亡人――煙草工場にも二十人」（民報 一九四九・一一・二三（二））、「喫茶で一万余圓――澤田未亡人會が稼ぐ」（民報 一九四九・一一・二四（一））、「夜市に〝未亡人の店〟――二、七の大門町 十二日から」（民報 一九五一・六・六（一））などに象徴される。未亡人の逞しい姿を強調するだけではなく、「派出婦映画館の前売り」などの職業もとり上げることで、[16]当時の関係者の創意工夫がうかがえた。

なお、上記派出婦に関しては、派出看護婦に対し、[17]一日百グラムの加配米の許可が下りるなどの配慮もなされている（民報 一九五一・七・五（二））。その他の未亡人対策事業としては、「給食婦の縣費増額を陳情――未亡人対策事業として市で本腰」（民報 一九五二・四・二〇（二））、「未亡人年金など――郡連合で数項目要望」（民報 一九五〇・三・二三（二））、「婦人の生活共同体を形成――参考になる金沢市のモデル会館」（民報 一九五二・一一・四（二））、「授産所と成人学級――会館内で洋裁士の養成」（同）などが挙げられる。なかでも、昭和二十年代当時、専任の学校給食婦を未亡人から採用し、この流れを強化しようとする動きが読み取れた。[18]

一方、給食婦、派出婦などの他にも、授産所での内職も推奨されたが、[19]需給関係の不均衡や待遇・条件面で不十分であった感は否めなかった。そうしたなか、会館内で「洋裁士」を養成するという目的で、授産所と成人学級を組み合わせるという斬新な試みもみられた。これは蚕糸の産地である長野県という地域社会の特質を熟知してのことであったろう。

④婦人会結成とキリスト教会婦人会員の実践――上田聖ミカエル及諸天使教会を中心に

他方、敗戦後いまだ虚脱状態にあった日本社会に、突如沸き起こった婦人の参政権、封建性の打破、生活の安定、婦人の地位向上など、各婦人に課せられた重要課題への対応が講じられるなか、戦後の婦人会は誕生する。とりわけ、長野県内では、占領軍長野軍政部のリー女史の指導などにより、既存にない新しい立場の婦人会が設立され、民主主義の一員としての自覚と修養のための活動が続けられた。一九四五（昭和二十）年十月には地域婦人会、翌一九四六（昭和二十一）年四月八日には小県郡連合婦人会、さらには一九四八（昭和二十三）年七月二十三日には上田市連合婦人会などの結成が相次いだ（上田小県誌刊行会編 一九六八：一一〇三）。なかでも、上田市連合婦人会が創設から一九五五（昭和三十）年頃までに挙げた事業実績のなかに社会福祉事業が含まれていた。ここにも一九五六（昭和三十一）年四月から始動する家庭養護婦派遣事業の伏線があったと考えられる。[20]

もっとも、婦人会の組織は、こうした一般のものだけでなく、キリスト教などの宗教組織内でもみられた。特に上田市内に限定した場合でも、カナダメソヂスト上田教会（現、日本基督教団上田新参町教会）、日本聖公会上田聖ミカエル及諸天使教会、上田カトリック教会、日本ホーリネス上田教会、救世軍上田小隊、丸子町福音伝道教会などがあり、明治期以降、布教活動が続いていた。こうしたキリスト教事業の日本における功績の一つに幼児教育と女子のための諸学校の創設を指摘できる。例えば、カナダメソヂスト上田教会では「保母伝習所の開設」が行われた。その開設の前にはすでにハーグレーブとランプレーの尽力により梅花幼稚園が設立されていた。

のちに、上田市社会福祉協議会初代事務局長を歴任した竹内（一九七四：五一‐六九）の論稿内で、ホームヘルパーのモデルとしてとり上げられたクリスチャン未亡人Kさんが卒園したのが同園であり、彼女には本格的な幼児教育を受けた経験があったことが分かる。Kさんは保母（現、保育士）ではなく保険外交員であったが、こうした幼少期の教育的土壌が彼女のボランティア精神を育む一因になっていたと考えられる。但し、結婚を機に上京したKさんは、一九五八（昭和三十三）年十一月に夫を亡くし未亡人となり、翌一九五九（昭和三十四）年に、子ども三人（女・男・男）を連れて上田市内の実家（鮨屋「武蔵野」（店主、金子呑風））に帰郷した際に頼りにしたのが、日本聖公会上田聖ミカエル及諸天使教会であった[21]。何故日本聖公会であったかというと、それは彼女が一九四六年十月五日に、同教会ですでに洗礼を受けていたことによる[22]。Kさんがその後もほぼ日曜日毎に訪れていた上田聖ミカエル及諸天使教会とは、日本人の気風を大切にした和装の教会であり、ここに日本人らしさを重視した信仰のあり方を看取できる[23]。

（三）思想面からのアプローチ

①上田自由大学

では、上記に対し、思想面から婦人を中心とした人々の生活問題やその対策を考えるとどうなるのであろうか。とりわけ、大正末期から昭和初期にかけて、「信濃自由大学（のちの上田自由大学）」の実践が注目され、この大学は、社会教育の一つの理想的形態として、労働しつつ学ぶという、学習者自らの大学を構想していた土田杏村を始祖とするものであった。(24) 彼のよき相談役には、金井正、山越脩蔵、猪坂直一らがおり、一九二一(大正十)年に上田市に創られた信濃自由大学(25)はやがて県内各地に伝播し、一九二三(大正十二)年には飯田に南信濃自由大学が誕生し、松本、岡谷のほか、県外では前橋にも拡がっていった(上田小県誌刊行会編 一九六八：一一〇六)。同大学は文化科学の学習機関として約一〇年間にわたり講座が開講され、社会教育推進の力になっただけではなく、上田市民大学(一九二六年〜)、信濃夏期大学、信濃同仁会(一九二〇年〜)などとともに、市民の教養や生き方・考え方を改革したところにも意義があった。なお、同大学の取り組みは『信州民報』(一九四五・一二・一六)でも伝えられ、(25) 市民のごく一部の参加によるものであったが、こうした動きが当時の一部の市民の学習ニーズの高さを表していたといえよう。

②映画上映と生活改良普及員の奨励

このような教育的風土のなかで、未亡人対策の取り組みも、上田市などの地方都市にふさわしい形に再設計されていく必要があった。それは、未亡人一人ひとりの意識や考え方を変革する必要性を重視するものであり、「『静態的』発想は、日本のような変転きわまりない状況の中でそこに『生活不安』を背負う民衆の生活が余り見えてこない」(吉田 一九九五：一六二)とされるように、人々を動態的に描写する映画上映のほか、学級や修養会といった学び合いに活路を見出そうとしていた。「社会に役立つ婦人――偉業を知る映画と懇談会」(民報 一九五二・九・二(二))などにみられた映画を通じた社会的意識の喚起に加え、「婦人学級――婦人層から運営委員上げ」(民報 一九五二・一二・一二(二))、「未亡人修養會　盛會に終る」(民報 一九五四・三・二一(二))などの記述もある。これらは学習活動を介し、彼女らの問題意識を高めたり、その主体的解決の姿勢を涵養するものであり、他力本願ではなく、未亡人たち自身による自助・自立のあり方を考案する際、〝セルフ・ヘルプ(self-help)〟の考え方に依拠せざるを得なくなる。そこで、未亡人を中心とした新職業として、一九五〇(昭和二十五)年一月に設けられたものが、「生活改良普及員」であった。この生活改良普及員という役割は、未亡人が他の未亡人を激励することに加え、未亡人が生活上必要な知識を習得できること、新職業の待遇が県職員並に安定していること、未亡人が自分の人生キャリアを開拓できることなど、旨みの多い方策として喧伝され、こうした柔軟な発想により、悲観されていた未亡人生活に新たな光を差し込もうとしていた。

③婦人専門相談員の設置と模範未亡人の表彰

就職斡旋や内職の組織化、婦人生活協同体などの協働は、個々の未亡人にとって確かに意味深いものであったが、反面、それでも未だに残された課題があった。それは、女性ならではの悩みや同性でなければ共感し難い苦悩など、同じ女性目線で傾聴できる人々の不在であった。とりわけ、約三割の未亡人が生活扶助を受けていたとされる小縣地方では深刻な状況であり、他方、丸子未亡人会でも婦人の生活権を保障すべく綱領を設けたりした。こうしたなか、一九四七（昭和二十二）年九月には、婦人相談所が設置され、一九五一（昭和二十六）年八月には、同所を廃止した上で婦人専門委員が設けられた。[26] さらに、翌一九五二（昭和二十七）年二月には上田市遺族会内に未亡人部が誕生するなど、未亡人らの組織化が一層強化された。

吉田（一九九五：一六五）は、「人間の最低生活を維持するだけでは不十分で、何等かの意味で自立独立の可能性を持っているので、その可能性を発展・助長・育成して、能力にふさわしい状態で社会生活に適応できることである」と「可能性の発展」を重視するが、人々の生活状況が厳しければ厳しいほど、そうした生活苦にもめげない強く責任感のある立派な母親像の構築が希求されていた。そこで、一九五三（昭和二十八）年頃から盛んに行われたのが模範未亡人の表彰であった。この表彰は受賞時のみならず内申時にも報道されるなど、大々的に報じられ多くの衆目を惹くものであった。具体的には、「四人の子供をかかえ率先供米　篤農の未亡人の表彰内申——中塩田　和田あいさん農相賞候補」（民報　一九五三・三・一三（一））、「三未亡人を表彰　二五日　小縣郡遺族會で」（民報　一九五三・三・二四（二））、「我が子頼りに生き抜く　生活扶助も返上　表彰未亡人の苦斗譜」（民報　一九五三・三・二五（二））、「夫なきあと四児抱えて率先供米　和田あいさんに農林大臣賞」（民報　一九五三・四・

一五(二))[27]、「表彰の横澤さん模範未亡人　一女は嫁し病子を守る」（民報 一九五五・三・二九（二））などにみられた。
このような多くの記事から、模範未亡人の表彰は単なる同情を誘うだけのものではなく、生活苦のなかで懸命に生き、社会にも貢献し得る人物像の理想的モデルを未亡人たちに理解させ、追従を促すものであったと考えられる。孤軍奮闘している未亡人はたくさんいたが、このように頑張れば社会的評価を得られることを伝えた先例の数々を通し、生きる希望や女性の自立心を育む基盤となることが志向されていた。

注

1　放送大学教授の山田は、埼玉県立大学、大正大学などで教鞭をとる一方、大都市高齢者の貧困問題を主テーマとする研究を続け、その過程で、長野県上田市でみられた家庭養護婦派遣事業の成り立ちについて二〇〇五年に言及している。第一次資料なども引用しているが、同事業の創設のきっかけになった未亡人の生活実態・生活困難の変容やキーパーソンの思想を十分に捉え切れていないため、本章では、昭和二十年代に限定しつつ、その推移を追った。

2　上田市立図書館郷土資料コーナーには、『信州民報』創刊号（一九四五年十二月）～二〇一五（平成二十七）年までの記事が保存され、このうち一九九〇（平成二）年十二月までの分はマイクロフィルム化されている。縮刷版は存在しないものの、長野県域全体を対象とした『信濃毎日新聞』に比べ、上田市などの北信地方を中心とした記事内容を含む同紙に、市民の生活性を汲み取れる。

3　この座談会の出席者には、稲垣みずほの他、土屋幸子、諸深武代、成澤薫子、中村綾夫、三原田許江、村上信子ら六人が顔を合わせた。なお、上田市社会福祉協議会（年月日不詳）『家庭養護婦書類綴』内には、一九六一（昭和三十六）年五月十五日付で、稲垣民生児童委員による利用者状況報告がなされ、世帯主が脳出血で身体障害者となったことを理由に、養護婦派遣を強く希望していることから、稲垣も家庭養護婦派遣事業を側面的に推し進めた一人と言えよう（中嶌監修 二〇一四e：三一五‐三一七参照）。

4　特別臨席したリー女史は、教育補佐官として指導的立場にあり、ここでは論評を述べている。この会合そのものは井上柳梧が開会の辞を述べ、花岡みよし、清水澄子らを含む一四人の未亡人たちが座談し、成澤新穂が閉会の辞を述べ、終了するといった形式をとっている。

5　かつて、上田市内にも花街・色街などが存在したが、明治・大正時代には名古屋を中心とする尾濃伊（尾張・美濃・伊勢）と、新潟を中心とする北越地方が芸妓の産地と言われ、東京では美妓・名妓と呼ばれる多くがそれらの出身者だったとされる（権田　一九二三）。

6　中之条に在住し、上田市社会福祉協議会の家庭養護婦として勤務していた久保田鶴恵は、一九六五（昭和四十）年一月末、急に具合の悪くなった女子高生を自宅で介抱し、健康回復を促したため、東京の「小さな親切」運動本部より「実行章」を送られたと記される（久保田　一九六五：三）。

7　上田市編（一九七四：九八八－一〇〇三）には、「上田市方面委員會及方面事業助成會」と題し、詳解されている。八方面に分け、一九三五（昭和十）年では二一三件の相談指導が行われており、人事相談（七二件）、家政相談（五二件）、教育相談（一五件）、負債相談（一二件）などが上位を占めている。

8　竹内（一九七四：五六）も「共に低所得にあえぎながら業務に苦闘する彼女たちなればこそ、批判されるような労働条件のなかでも、ことさら構えなく、対象とする貧困に飛び込み、貧困のなかから相互に自覚を呼び起こし、相互の意欲をかきたててきた」と婦人同士の助け合いについて論じている。

9　一方で、民生・児童委員たちも指導訓練を受けたり、調査研究を行うなどの努力をしていたことがうかがえる（全国社会福祉協議会　一九六八：一六二－一九二）。

10　上田市社会福祉協議会は、一九五三（昭和二十八）年の創設時に、初代会長の関澤らが地域を回って趣旨説明を行い、住民への訪問調査を行っていたという。その結果、「本県の県民所得は、他府県に比較して低いと云われている。特に総世帯の四〇万世帯の中、その半数の二〇万余世帯が生活不安層であると推定され、県民の防貧対策が一昨年強く要望されている」ことが明かされた（長野県　一九五五：三五）。

11　国立社会保障人口問題研究所によれば、日本人の再婚率は、〇・三三六％（一九三〇年）、〇・一八七％（一九五〇年）、〇・一四七％（一九七〇年）、〇・一四七％（一九九〇年）、〇・一八八％（二〇一〇年）と推移しており、一九三〇年は高いものの、一九五〇年と二〇一〇年では大差ないことが分かる。

12　上田市城下地区（三好町）の民生・児童委員として、稲垣は一九六五（昭和四十）年十二月一日～一九六八（昭和四十三）年十一月三十日まで改選され、同地区の他の七名の民生・児童委員たちとともに尽力している（上田市社会福祉協議会　一九六六：五）。

13　長野県議会事務局（一九五四：七〇一）によれば、「大体失業対策事業に従事しておるいわゆる資格を持っておる者、四千人の中から七百から八百というものは未亡人であります」と指摘され、未亡人問題は数量的にも再婚のみでは対応し切れない問題であったことがうかがい知れる。

14　但し、日本国憲法第二五条「生存権」の趣旨に基づき、一九五九（昭和三十四）年四月十五日に最低賃金法（法律第一三七号）が制定された当時ですら、日給二〇〇円未満のケースが四割強であったとされる。また、名古屋市の調査では、一九五八（昭和三十三）年当時の内職工賃平均が一四円と安価であったことが示され、あまりに安い工賃のため内職のやり手に事欠く状況があったとされる（「昭和三十六年度 年次経済報告 成長経済の課題」www5.cao.go.jp/keizai3/keizaiwp/wp…/wp - je61 - 030202html　二〇一五年六月九日取得）。なお、のちに上田市を中心に内職の斡旋や巡回指導をする長野県内職公共職業補導所の実践がみられたことは注目される（上田市社会福祉協議会 一九五八a：一）。

15　因みに、一九五〇（昭和二十五）年一月十九日の『信州民報』（第三二九号、第一面）に報じられた家計講習会の詳細は次の通りであった。

【家計講習会　友の会主催】

金づまりに四苦八苦のお台所財政を如何に運営して行くか――深刻な主婦の悩みと闘って上田市内家庭婦人の集い「友の会」では会員相互の体験から研究し合い、最近は理想的家計簿を作り上げ、注目されていたが、今度市文教課の後援を得て会員外の婦人層に呼びかけ「家計の講習会」を左の通り開催することとなった。

日時　二十一日（土）午后一時／場所　市役所階上桑の間／講師　長野縣友の会指導者　倉島日露子女史／会費　二十円

16　なお、同日付けの同紙には、「ナトコ映画　映画会日取」と題し、「上田市に於ける民事部貸与『ナトコ』移動映写会は二十四日夜六時半より鷹匠町公会堂　二十六日西脇公会堂、二十八日諏訪公会堂、二十九日中之条公会堂、上映映画はＣＩＥ映画『フォスター名曲集』『ニューヨーク港』、日本映画『戦争と平和』」と記される。

17　派出看護婦の歴史については、看護史研究会（一九八三）などの幾つかの先行研究がある。

18　未亡人会は、第一回の会員名簿をつくるとともに、県連の強力な運動で実施した知識層未亡人の学校給食婦へのあっせんに力を注ぎ、七日には一六人が決まった。東小に益子依子、小林ふくい、林きみ子、西小に西川いち、森みよし、南小に田中文、宮坂政子、柳沢りつ、城下小に中沢より子、山岸雪子、北小に野村千春、湯田富、宮下栄子、中央小に小宮山富子、竹内房子、竹内富美子らが割り当てられている（小崎 一九七三：七六）。

19　ホームヘルプ事業の先覚者である原崎秀司の後妻、末子も社会福祉事業に熱心であり、一九五六（昭和三十一）年十一月三十日、厚生大臣の認可を得た上で、授産施設「更科会」（代表 原崎末子）を開設している。

20　山田（二〇一四：一四二）は、「家庭養護婦派遣事業が始まるための前提の条件として教会の活動を視野に入れる必要があるのではないか。上田明照会の仏教の影響もあるとはいえ、キリスト教の影響について、さらに探求の必要を感じる。……」と述べ、宗教的影響をより掘り下げる必要性を指摘し、この点は共感できる。但し、同事業の前提はそうした宗教のような無形のものだけだったと断定する根拠がない。より多角的検討が必要であるため、様々な取り組みが見られたという視点に立ち、具体的な先例や方針などを新聞記事から抽出することを本章の主課題とした。

21　一般人のKさんはあまり記録物を残していない。しかし、高齢者学園卒業文集に収録された「何が大切」（一九八五）及び「私の人生」（一九八六）と題したKさん自身の文章は、彼女の思想や経緯を知る上で貴重な手掛かりとなる第一次資料である（中嶌監修二〇一五a：一〇九六‐一〇九七）。

22　著者は、二〇〇七（平成十九）年八月十六日以降、上田市在住のKさん及び娘さんに延一三回聞き取り調査を行い、上田市民の暮らし、聖公会会員としての姿勢、ホームヘルプ事業の草創などに関する貴重な証言を賜った。残念ながら、Kさんは二〇一四（平成二十六）年四月十二日に、老衰により逝去された（享年九四）。Kさんをはじめ多くの方々への聞き取り調査の経験から、中嶌（二〇一五b）を上梓することができた。

23　日本聖公会は安政六（一八五九）年米国監督教会ジョン・リギンスが長崎に来て伝道したのに始まり、明治になって英国教会宣教教会、福音宣布教会カナダ聖公会からもそれぞれ日本宣教に渡来し、明治二十年二月に合同して日本聖公会を結成した。明治三十四年聖職R・Hマギニス・伝道師野元田多が上田伝道を開始し、馬場町に講義所をおき、三十五年には英語会などを開いた。当初の会員は一〇名、信徒は一四名であったが、三十六年には浦里と上田原に説教所を開き、三十七年には上田聖公会を設立した。四十一年には長野からウォーラーが来任し、翌四十二年に鷹匠町に居を構えた。昭和六年には子息W・W・ウォーラーが父の後を継ぎ、昭和七年に礼拝堂を新築し、九月に聖列式を行った。
　礼拝堂は総檜造りで、全国でも奈良と彦根についでの純日本建築で、ウォーラーがキリスト教が日本の風土に定着するようとくに配慮して設計されたものである。ウォーラーは、上田に生れ上田に育ちキリスト教の日本化に努力した。すなわち外国の宗教を日本人におしつけるのではなく、キリスト教は日本人にとっても真理であるので、日本人の上にある牧師でなく、日本人と共にある牧師でなくてはならないとし、教団の主教も日本人を任命するよう主張した。昭和初期に日本人主教が実現したのも、師の力が大きかったといわれている。（上田小県誌刊行会 一九六八：一二一三‐一二一四）

24　信濃自由大学（のちの上田自由大学）の草創に関しては猪坂（一九六七）に詳しい。また、自由大学運動とホームヘルプ事業との接点へのアプローチを試みたのが中嶌（二〇一四a：二三‐四〇）である。

25　「『上田自由大學』生る　東大教授大内兵衛氏、評論家平野義太郎氏、作家高倉テル氏等二十四名の大学教授および中央の名士を講師とする『上田自由大学』が創設された。二十五日から開講、第一回は平野義太郎氏の『民主主義思想史』で、受講者は男女年齢を不問、約二百名、夜六時から八時で一日二時間で一講座三日間、講座の選択は自由である」と。

26　同委員は、水野鼎蔵上田市長（当時）により新設されたものであり、市長の諮問機関を設け、婦人の向上、発展、各種相談を切り上げることをねらいとしたとされる（信州民報社　一九四七：『信州民報』（八八）、一）。

27　未亡人であり、なおかつ初期の家庭養護婦として活躍した女性で、のちに表彰された人としては、山本なつい（厚生大臣表彰、県知事表彰、社会福祉事業功労者）、久保田鶴恵（県知事表彰、社会福祉事業功労者）などが挙げられる（上田市社会福祉協議会　一九七三：三）。

第五章　原崎秀司による欧米社会福祉視察研修（一九五三〜一九五四年）

一　問題意識と目的

原崎秀司（一九〇三年八月〜一九六七年五月、以下、原崎）は、戦後日本の社会福祉に貢献した人物のなかでもとりわけ、ホームヘルプ事業の重要性を認識し、その啓蒙に尽力した人物とされる。原崎は、一九四九（昭和二十四）年三月から一九五六（昭和三一）年三月までの七年間、長野県社会部厚生課長を勤め、同課長在任時の約七カ月間に国際連合社会福祉奨学生として、欧米社会福祉視察研修に専念した。彼は、進んだ諸外国の社会福祉実践やホームヘルプ制度を見聞し、その合理性や先進性に驚嘆したという。そして、帰国後、約二年間の熟慮検討を重ね、「家庭養護婦派遣要綱」を作成の上、一九五六年四月九日、長野県告示「家庭養護婦の派遣事業について」（三一厚第二三五号）を通知し、日本最初の組織的なホームヘルプ事業の創設に大きく貢献した。この経過のなか、原崎は食糧不足、生活保護など日常生活上の基本的課題への危機意識や、県下で展開されていた新生活運動などの影響を受けていた。

まず先行研究であるが、原崎の存在を簡潔にとり上げた研究は幾つかみられ、なかでも、上田市社会福祉協議会初代事務局長（当時）を歴任した竹内吉正の論考は注目される。竹内は「当時、県社会部厚生課長原崎秀司は、欧米での研修視察を終え、民間社会福祉のあり方に感激まだ覚めず、ことにロンドンで見たホームヘルプ・サービスに感銘していた。そして上田市におけるこの一連の動きに注目した課長は、県的規模で制度化することに全精力を注ぎ、……」（竹内 一九七四：五九、一九九一：一六）と指摘し、池川（一九七一：三九）、森（一九七四：三）、上村（一九九七：二四七 - 二五七）、山田（二〇〇五：一九六）らも竹内に依拠しながら同様の指摘をしている。また、原崎のイギリス視察から社会福祉事業のヒントを得たとする明山・野川（一九七三：一〇一）や、原崎のアイディアが家庭養護婦派遣事業の出発点であったとする介護福祉学研究会編（二〇〇二：三五）の見解も見られる。但し、原崎が勤務していた長野県社会部ですら、「県関係者が欧米社会事業調査のさい、進んだ英国の制度のよさをとり入れたのが本県のこの事業（家庭養護婦派遣事業）である。」（長野県社会部 一九六一：二〇一）と述べるに留まり、彼の欧米社会福祉視察研修の過程や成果が十分に掘り下げられているとは言い難い。これら以外にも、亀山（一九九一：八一 - 六）、須加（一九九六：八七 - 一二二）、西村（二〇〇五：三〇 - 四〇）では、原崎の視察研修の記録や関連史料が入手困難であるために、これまで施設収容から在宅福祉へと大きな転換を果たす契機となった一九五〇年代前半の原崎の実績の詳細な検討を抜きにして、その全体像が概括的に語られる傾向にあった。

こうしてみると、日本のホームヘルプ事業の黎明に関し、同事業を導入したキーパーソンとして原崎が取り上げられることはあっても、視察研修に臨んだ原崎の思想的背景や内面までは明かされていない。例えば、当時の原崎がいかなる問題意識をもちながらどのような視察行程を消化していったのか、また様々な視察研修体験のなかから彼は何故ホームヘルプの事業化を志向したのか、さらに、将来の日本社会や日本人の生活様式として、彼はどのような理想像を思い描いていたのかなどについて不鮮明なままとなっている。原崎の思想や視察が今日の在宅福祉（ホームヘルプ）実践に与えた意味は少なくない。

以上のような問題意識の下、本章では、戦後日本にホームヘルプ事業をもたらした先駆的人物として原崎を位置づけ、その導入経緯を彼の思想及び取り組みの視点から明確にすることを目的とする。研究方法は、視察当時の手記『歌稿 第一輯』（一九五三年九月十九日～一九五四年五月一日、以下、日誌(注1)）の記述及び先行研究で分析されていない機関誌『信州自治』（信州自治研究会）(2)に掲載された彼の論稿など可能な限り第一次資料に依拠するものとする。(3)なお、一九五〇年代前半当時は、ホームヘルプという用語の使用方法が定まっておらず、家庭養護婦派遣事業、ホームヘルプ制度、ホームヘルプ事業、ホームヘルプ・サービスなど、原資料に記載されている文言をそのまま引用するが、同一内容を表している。

二　視察研修前の原崎による日常生活問題の認識

（一）事前的・予防的視点から

一九五〇年代の日本の社会情勢として、まず一九五〇（昭和二十五）年十月、社会保障制度審議会は、「社会保障制度に関する勧告」のなかで、「社会福祉事業の趣旨を規定し、援護、育成または更生の措置を要するものにたいし、その独立心をそこなうことなく、正常な社会人として生活できるように援助すること」を強調し、民間社会福祉事業に自主性をあたえ、公共性を高めようとした（木村 一九五五：二四 - 七）。一方、思想的には、吉田・岡田（二〇〇〇：二七一 - 五）が言うように、竹中勝男の社会主義化の発展段階的特質論や竹内愛二の社会事業技術論のほか、岡村重夫は生活者に核を置き、生活の社会性、現実性、全体性、主体性の四つの原理から社会学的アプローチを提起した。こうした生活者に生活苦をもたらす直接的要因として、原崎は、「懇請も思はしからず谷々の灯は咽ぶがに見ゆ糧はやつきぬ」（原崎 一九五〇a：二七）と詠み、食糧不足を重視し、食糧難を生活難の根源と捉えている。何故なら、こうした栄養不足などの不健全な生活の継続が、単なる地域社会の一時的な問題に留まらず、ひいては将来の日本社会を担う子どもたちの成長・発達の低迷にもつながる大きな課題と認識していたからであった。

しかし、原崎は、食糧難という人命に直結する生活危機が、連合軍の温情という、他力によって救済されたことに深い危惧の念を抱いていた。すなわち、慈悲や恩恵だけではなく、恒常的かつ自立的な生活改善のための主体的行動の必要性が認識された。具体的には、農業経営態勢の見直し、法的根拠（日本国憲法第二五条の生存権など）、要保護者の実態把握、生活指導・生業援護などによる生活向上を志向していた（原崎 一九五〇a：二八 - 二九）。農業経営態勢については、「開墾を先づ完成して、その上に牧畜や果樹や木工業等をとり入れた、立地的多角的経営を研究して、デンマークにも負けない様な立派な農業経営態勢」(原崎 一九五〇a：二九)を理想とし、西欧諸国を意識している。

他方、生活指導・生業援護に関しては、「事前的・豫防的見地からも、特にこの點に留意し運営のよろしき期さねばならないと思ふ。……生活指導面に、特に重要な意義を認めて、その生活指導と生業援護には最善の工夫と努力とが拂はれなければならないのである」(原崎 一九五〇a：三〇)とする。このように原崎は、日常生活問題への対応こそが将来の日本社会の進展の布石になると考え、生活困窮や社会転落は誰の身にも起こり得るものであるため、事前的・予防的対策の必要性を認識したと考えられる。そのためには、社会立法や生業援護といった社会的・組織的救済が不可欠であり、このような理解の下、原崎の厚生行政官としての役割意識が徐々に形成されていく。

(二) 内在的・自立的視点から

戦後間もない一九五〇年代は、生活保護法や自立概念が注目され、人間は今後いかに生きるべきかが考えられた。原崎も生活保護を厚生行政の中心としていたが反面、生活保護の安易な享受に留まらない、各人の「最善の工夫と努力」という自助・自立を強調する。そして、「単に困窮するものの最低生活の保障と維持になるのではなく、進んでその者が自立更生をはかることにあることは、国の道義的責務と共に被保護者の国民としての道義でなければならない。……」(原崎 一九五〇b：九-一〇)と述べ、生活維持のためのあらゆる努力ののちの最後の砦が生活保護だとしている。原崎は生活保護の受給を慎しみ、自立更生を図り、自活の道を探ることが、国民としての道義や責任を果たすことになるとしている。

原崎は、「人たるに値する生活」(原崎 一九五一：一六)において「自立更生」を重視し、地方自治の下、「『自立の助長』という言葉によって、これが社会福祉の制度として、この制度(社会保障制度)により保護を受ける個人個人を社会生活に適応させる様にして行くことを念願して居るのであります。従って生活保護法は、『人をして人たるに値する存在』たらしめるには、単にその最低生活を維持させるだけでは充分ではなく、人が自分の中に内在的可能性として持っている自主独立性を助長育成し、その能力に相応しい状態に於て社会生活に適応させること」（原崎 一九五一：一六）を強調している。

吉田は、「社会的歴史的で主体的創造的な実践的人間」（吉田 一九七九：五七四）という人間像を希求するが、原崎も「人をして人たるに値する存在」を創造するには、生活保護などの形式的な公的支援のみならず、人々の内面や内在的可能性への注目が肝要とする。しかしながら実際、このような意識が当時の地域住民側にいったいどれほどあったろうか。「残念ながら恐らくそのようなはっきりした意識と理念とが一般には充分でないといえるのである。即ち社会福祉事業のよって立つ一般国民の社会福祉理念が稀薄であるところに、我が国社会福祉事業の若さがあり問題があるのだ。」（原崎 一九五三：一四）と原崎は憂いている。つまり、原崎のなかでは、視察前の日本社会は思想面でも生活面でも窮乏しており、自立精神が脆弱な実情を改変しなければならないと考えていたと推察できよう。

（三）福祉的・実践的視点から

前述したように、原崎の内在的可能性を基盤にした自主独立性の精神は、社会福祉事業の方向性や実践方法という観点からさらに具体化する。その実践例として、「現在不幸な環境におかれている人達を収容する施設――養老院、授産所、保育所などをつくり、これを管理し、又は運営すること。或いは困窮する人達を保護し、自主独立の方向に導くこと。」（原崎 一九五三：一四）などを挙げている。日本社会の将来的進展に主眼を置いた場合、原崎は生活保護のみでは十全でなく、①防貧的施策、②自立の道、③私的社会福祉事業、の三つの実践化が重要であると認識している（原崎 一九五三：一四 - 五）。なかでも、②については、「……一般民間の社会事業家や有志など広範な人々の参加を求めて、日本の現状に即した長野県の事情にマッチした社会福祉事業の方向を私達はいま探索している。」（原崎 一九五三：一五）と述べ、③に関しては、「社会福祉事業に携る人達が積極的な意欲をもって、一般の理解を深めてゆくように努力しなければならない。」（同上）と思考している。もっとも原崎自身も、そうした地方行政を担う人間の一人として、より一層研究や勉強が必要であると痛感している。

このことを象徴するかのように、彼は長野県庁に奉職してから間もなく、県庁内に組織されていた信州自治研究会に所属している。視察直前の一九五三（昭和二十八）年に開催された同会では、特集「社会福祉を語る」と題して、座談会が催され、その内容が『信州自治』（第六巻第九号、一九五三年、一八‐二一頁）に掲載された。その特集記事を紐解くと、当日の出席者は、司会の原崎秀司（長野県社会部厚生課長）の他、溝口亮一（信州大学教授）、下島亮二（社会事業家）、萱谷茂（民生委員）、藤沢一（社会福祉主事）など、県下の福祉問題を深く捉えていた五人の面々であったことが分かる（信州自治研究会【座談会】一九五三：一八‐二一）。ここで原崎は、「日本の社会保障制度は完全なものではないんで、国で保障する場合も、被保護者が自立更生できる生活までは保障していないんですね。社会的な保障という考え方から生れる生活保護法の最低基準の問題も、地域社会の人と同程度に保障することが、自立更生させるためには望ましいんですが、それがまだどうも。」と吐露し（信州自治研究会【座談会】一九五三：一九‐二一）、日本の社会保障制度や行政施策の課題を示唆している。

すなわち、視察直前の原崎は、当時の日本の社会保障制度の不完全さや自立更生の必要性を自覚していたと考えられる。日本人の生活水準向上のために行政に依存し過ぎない自立した人材育成を念頭に置いていた原崎は一方で、自らの厚生行政が十分でないことも自認していた。こうしたなか、原崎は視察研修の出発を迎える。但し、一度の研修成果をもって日本の社会福祉を取り巻く環境をどの程度改変できるかは未知数である。故に、原崎は限られた異国での学びに貪欲になろうとしたと考えられる。そこで、次節では、欧米社会福祉視察研修の過程、ホームヘルプへの着想をはじめとした視察研修の成果、福祉国家形成に向けての原崎の思考に着目する。

三　原崎における欧米社会福祉視察研修の行程と展開

（一）スイス視察の目的と成果

一九五三（昭和二十八）年九月十九日、羽田を発った原崎は、異国の地で社会保障や基本的人権の実現のあり方をまざまざと実感することになる。森や竹内らの先行研究でも、原崎のスイス視察は言及されていない。そもそも彼がスイスに立ち寄った理由は、一週間、国際連合欧州事務局で奨学生の基礎訓練コースを受講するためであった（原崎　一九五五ａ：二三）。当該視察は、日誌の記述から、一九五三年九月二十二日～十月二日に行われ、主な視察地は、国際連合欧州事務局（一九五三年九月二十二日～十月二日）、児童福祉施設（保育所、九月二十二日）、首都ベルン（九月二十九日）であったことが分かる。原崎はスイスの雰囲気を戦前日本のそれと類似のものと感じながら、「実に礼儀正しく愛想よく、柔和で、余裕があるため、人々に対して実に親切である。我々のように十数年の間体験した貧苦欠亡《ママ》からくる人間感情のにがい後味を全くもたないという人々である。この美しい感情は二十年程前の日本人の生活にもあったが、戦争でそんな感情をもち続けることが許されなくなって、いつともなく消えて行った生活感情である。忘れかけていた過去の想い出がこの国に来て想い出されてなつかしい回顧的な雰囲気に包まれた。」と述べる（原崎　一九五五ａ：二三）。

こうした平和で安定したスイス人の生活を、「国民の道徳の程度が高いお蔭である」（原崎　一九五五ａ：二四）としている。一方、ここでの研修内容は、「二十五日から十月二日迄ときまり、第一日は社会局長のモーリス・ミルホード《ママ》氏の歓迎の辞に初《ママ》まり館内の案内、第二日は各国からのフェローの自国に於ける仕事の報告がある。印度三、シリア一、ブラジル一、アイスランド一、パキスタン二、セイロン一、イラク一、ノルウェー一、オーストリア一、朝鮮二と日本から私と他に遅れて参加した国警本部からのスカラ（留学生）関沢君の十六人である。其の後は種々の専門機関の説明や視察討議等が続く。」（同上）というものであった。一九五三（昭和二八）年九月二十九日に首都ベルンの高等工業学校を視察した原崎は、工匠的技術について、「これは長野県によく似て、燃料や原料資源に乏しいこの国が探求した水力エネルギー源の利用であり、もう一つは我が長野県にないところの、この国のどの地方にも伝統として研究と工夫を永く続けて来た工匠的技術の活用に起因するのであるという。このことは私を非常に羨ましがらせ、私に最も深い感銘を残している。」（同上）と記している。

さらに、同校視察後の原崎は、「ここの高等工業学校もこの国に特に発達した高等科学に基礎をおくことは勿論であるが、一方には、教務主任が説明するように、職人上りの先生がその体得した技術を学生達に伝承するシステム等があって、スイス独特の応用的、実践的な訓練が全体として感じられる。また一方学生の実習態度をみると、その注意深さ、一瞬も仕事から眼を離さぬ実習に対する熱意等工業に対する青年の真摯さ、研究心の強さがうかがわれた。」（原崎 一九五五a：二四‐五）と述べる。

つまり、原崎はスイス人の技術水準の高さのみならず、優れた技術の伝承方法や学習者の誠実な態度を看取している。「幾世紀にわたる倹約により蓄積された資力は戦争に荒らされなかったし、逃避地を求めて来た外国資本の流入によって、資本はますます増大した。」（原崎 一九五五a：二五）とスイスを捉え、「労働者、従事者の良心的な勤労、どんな細密をも嫌わない勤労があり、その辛抱強さ、注意深さがある。そしてこれと共に経営者達の原料と賃金との節約による経営の合理化がある。」（同上）とその豊かさの要因を探究する。

また、アール川湖畔にある保育所を見学し、「工場も保育所もよしこの国の人すべて喜び働くごとし」（日誌：一九五三年九月二十二日）と詠み、「社会福祉事業の方向も自から他と異なった面に発達していて、勤労者に対する福利施設等がよく完備している。保育所の如きもその衛生、育児設備など清潔で明るく、よく訓練された十分の数の従事者、収容乳幼児の栄養、健康等、我々の児童福祉事業の将来の理想として学ぶべきものが多い。……戦争で消耗しつくし、貧乏になった我々の眼にはこの国の物質的にも従って又国民道徳の高さでも全く羨ましい限りである。」（原崎 一九五五a：二五）と述べている。明山・野川（一九七三：一〇一）は、原崎がイギリスの福祉サービスを見てヒントを得たとしているが、上記から、スイスの国民性や地域特性、社会福祉実践も日本の社会福祉事業の理想像のヒントになっていたと考える。

一方、「東洋の孤島日本の五十年百年後を目標とした我が国独特の産業振興の構想とその復興の途上において、……日本の将来にこの国の国民生活のような幸福さを平和裡にもたらす為には英国の社会保障制度も知らなければならない。」（原崎 一九五五a：二五、傍線は原文のまま）と、イギリスの社会保障制度にも大きな期待を寄せている。原崎は、スイス人の国民性にふれたのち、社会改良や生活向上の模範としてイギリスの制度や事業を摂取しようとすることで、現代的社会福祉の体制づくりを構想していたと考えられる。

（二） イギリス視察の目的と成果

①新しい講義方法との出会い

一九五三（昭和二十八）年十月三日に、「社会保障を六カ月勉強します」（原崎 一九五五b：三二）という明確な目標をもってロンドン入りした原崎は、ケンシング《ママ》トン・ガーデンの傍のホテル・エリザベスを宿泊場とし、視察研修に専念する。ここで改めて彼の日誌を紐解くと、イギリス視察は一九五三年十月三日～一九五四（昭和二十九）年四月二十七日の間に行われており、彼が視察・見学した主要な場所・施策は、「子供の園（Drバーナード・ホームズ、一九五三年秋）、文化振興会（一九五四年一月一日）、イーストエンドの七階建アパート（一九五四年一月）、ブリストル市内の社会福祉施設（一九五四年一月二十五日）、ブリストル市内のホームヘルプ制度（一九五四年一月～二月）、バース町内（一九五四年二月七日）、グロスター市内（一九五四年二月十五日～二十六日）、大英博物館図書室（一九五四年二～三月）、ロンドン大学（一九五四年三月）、ケンブリッジ大学（一九五四年四月）、イートン・カレッジ（一九五四年四月）、マンチェスターの福祉事務所（一九五四年四月二十二日）、ブレストン（一九五四年四月）など。」であったことが分かる（日誌：一九五三年十月三日～一九五四年四月二十七日）。ここから、その視察内容は必ずしもホームヘルプに限定したものではなかったことがうかがえる。

原崎は、「滞英期間の短かいことの焦燥や英語力の不自由さなど、ロンドンに着いて感じられた心細さのなかで、十月五日から、この国の政治、経済、教育、社会福祉などの一般に就いて、訓練コースが始まった。」（原崎一九五五b：三二 - 三三）と述べ、特に、Ｄｒバーナード・ホームズでの体験から、「ロンドンで三百人程の児童を収容しているドクター・バアナード《ママ》の施設を見たが驚いたことには、収容児童の大半に希望を持たせて植民地に送り出す組織を持っているのであった。これに比ぶれば日本の大陸政策はいかに時機遅れであり、且つ無謀に終ったことか。」（原崎　一九五五c：一六）と嘆いている。他方、原崎は文化振興会の講義を「特殊な講義方法」と感じ、社会保障制度や社会福祉事業の仕組みを学んでいる。加えて、学び方や深め方からも大きな影響を受けていた。

②ホームヘルプ制度への着想

このように原崎は、イギリスの講義形式においてさえ、人々の主体性を見出していた。それは、「この国の青年や労働者の教養の高さと、公共生活の訓練の良さを表していて、大衆の文化水準の高さに感銘した。」（原崎　一九五五b：三三）と記すほどであり、文化・教養の向上により、豊かな逞しい人間を創造するという方向性の認識でもあった。一方、この研修には、講義・討論の他に制度や施設の実地視察が週二回の割合であったという。「それは見知らぬ国へ着いた好奇心と不安との交錯した妙な気持であった。」（同上）と原崎は回想しているが、熱心に行った実地視察では、①イーストエンドの貧民窟、②市立図書館、③ブリストル市内のホームヘルプ、④児童福祉施設の四箇所での成果が大きかったことが日誌からうかがい知れる。例えば、①については、「有名なイーストエンドの貧民窟の住生活さへも、合理的で、衛生的であり、セツルメントを始め、公共設備等は、今日でも英国の住生活は、とても吾々のそれとは比較にならないものである。」（原崎　一九五五b：三四）とし、④については、「市役所のゆるやかに流れる川をはさんで、日比谷公園程もある、一面の芝生と榭の木に囲まれた公園の一角に、邸宅風の児童福祉施設があり、そこの児童の生活は、全く上等なホテル暮しといった処遇である。これはかつての地方貴族の荘園がそのまま公園となり、児童福祉施設となったものなのである。」（原崎　一九五五b：三五）と羨望の念をもって述べる。介護福祉学研究会編（二〇〇二：三五）が指摘している原崎のアイディアの源泉が、こうした体験のなかにも包含されていると思われる。

他方、③については、日誌内の「ブリストルの雪」の章のなかで、興味深い短歌が見られる。それは「感深し国に帰りて始めんと我をゆさぶるいたれる制度（ホーム・ヘルプ）」（日誌：一九五四年一月二五日、括弧内原文のまま）である。森（一九七四：三）や山田（二〇〇五：一九六）らは、原崎がロンドン市内のホームヘルプ事業に倣ったとしているが、ここから必ずしもロンドンに限定されたものではなく、むしろ正確にはブリストル市内のホームヘルプ制度を参照したと考えられる。但し残念ながら、日誌の記述に、その具体的な骨子や規程までは見られない。しかし少なくとも、ホームヘルプが原崎の心の内奥を揺さぶるほど素晴らしいものと看取され、原崎によって日本が摂取すべきホームヘルプという対象が一九五四（昭和二十九）年一月二十五日に初めて意識されたことは、その後の展開をみても、それは歴史的第一歩といえた。日誌欄外に目を移すと、前出の短歌の「いたれる制度」の傍に、「よきホームヘルプ」と付け加えられているのがうかがえる。ここにも、原崎のホームヘルプ制度に対する期待や思いを解読できる。原崎は、イギリスのホームヘルプ制度のみならず、児童福祉施設や貧民街など幅広く見聞し、それらの体験を総合しながら、日本で実践・普及させるための方法を考えたと推察できる。

そもそもイギリスは収容施設サービスが急速に拡大する一方、国家による在宅サービスが禁止されたビクトリア期などの史的背景を擁し、歴代政府ですらホームヘルパー研修費補助に消極的であったとされる（Margaret Dexter and Wally Harbert, 1983:1-15）[4]。公共保健法（Public Health Act, 1936）に基づく地方公共団体への家庭奉仕員の設置も任意であり、地方ごとのやり方に委ねられる部分が大きかったと言われる（同上）。原崎もこうしたなかで、ホームヘルプ制度の実態を見聞し、地域的影響を受けた。そしてそれが、帰国後、県庁内での議論を経て、前述の通知に先立ち、地元新聞紙である『信濃毎日新聞』（第二六六〇八号、一九五六年三月二八日、第二面）を介して周知徹底が図られようとしていた。具体的には、「県下にこの制度が広くいきわたったらもっと社会がよくなるだろう。……この制度（ホームヘルプ制度）は利用する側と、養護婦になって働こうとする人との二つに分けられる。生活困窮者のなかで、乳幼児をかかえているため働きに出られない未亡人、また一家の働き手が急病で入院したまま家族の世話をみる人がいないとか、病気になった身寄りのない老人などの家庭に出向く。今までこうした場合がおきても（県厚生課調べでは六〇〇世帯ある）たよる親戚知人もいないという家庭が多く、全くみじめな生活に陥り子どもが義務教育も受けられないという場合が多かった。今後はこうした家庭から援助して欲しいという申請があれば、養護婦が家事奉仕にのり出すことになる。」と論及している（信濃毎日新聞社 一九五六：一二）。

さらに、担い手や業務内容については、「『家事の処理のできる範囲の常識、経験を持つ女性』ということで未亡人などは最適任者。……この仕事に熱意を持っている人が望まれる。つまり〝母親代り〟なのだから愛情、知識、経験などは豊富でなくてはならず、いままでの家政婦とは全く違った勉強が要求される。仕事は『家の整頓、食事の世話、洗濯、つくろいもの、買物、育児』など。派出期間は六か月を限度としているが、家庭の事情によっては一年、二年とつづくことも考えられる。農村にありがちな意地や遠慮をすて、困窮家庭が『無料奉仕』の申請をどしどししてくれるようにと望んでいる。」（同上）と記される。竹内（一九七四：五九）らは原崎がロンドンのホームヘルプ・サービスに共鳴していたと指摘するが、原崎は進んだ他国のみを凝視していたのではなく、むしろ遅れていた自国にも目を向け、日本人の日常生活改善をホームヘルプ導入により希求していたと考えられる。

③福祉国家形成に向けての原崎の提言

このような経過のなか、「この国の歴史の古さと、制度の複雑性は、私のような短期間の訪問者には容易く理解され得るものではないらしい。」（原崎 一九五五b：三五）と原崎はイギリス視察中に限界を感じていた。彼は「ホームヘルプ・オーガナイザー研修所」が結成された一九五四年時に視察をしていたが、『信州自治』（信州自治研究会、一九五五）に掲載された彼の論稿から視察研修の成果の要点が、以下の三点であったと考えられる。

第一に、「福祉国家の気魄」である。「ともかくロンドンにおいても、地方へ出ても、全体として私に感知されるものは、多くの英人《ママ》のまさに堅実そのものの生活であり、悠々と流れて止まず、厳粛のうちに『福祉国家』の理想を実現しようとする努力と忍耐の気魄であった。」（原崎 一九五五b：三五）と原崎は述べる。つまり、スイス視察時と同様、福祉国家の土台形成として人々の堅実な生活や暮らしを重視している。第二に、「実学精神」が挙げられる。「……協同組合運動やセツルメント事業、労働組合の発達と社会主義（産業の国有化政策や完全な社会保障制度の実行）、世界語としての英語や教育制度からスポーツに至るまで、吾々のように唱えながら身につかない借物ではなく、正真正銘のこの国民が自然に工夫し、創り出した身についた実学であり、制度であり、思想や主義であるのだ。」（同上）と指摘し、物事を自ら創造する意義を指摘する。第三に、「英国人はその保守性と進歩性との調和した国家的な物の考え方と、実践の態度をよく持して居て、極端がなく、常にバランスを持った均衡の世界に生きる事ができるのである。」（同上）と偏狭しない態度や柔軟性を感知し、日本人の模範と見ている。原崎は、「どんな場合にも右往左往する事なく、世界の日本人としての精神の核心を有ち、心のより所を有って、英国人のように、のっそりと根気よく歩み続け得る信念を何処に求めればよいのか?」（同上）と思索し、イギリスと日本との間に大きな懸隔を汲み取っている。このようなイギリスの実学志向の諸サービスを参考に、ホームヘルプ事業の展開と日本型社会福祉実践の興隆を原崎は待望していた。但し、原崎はイギリス社会の盲目的な模倣というよりは、日本人としての自主独立性をもち、内在的可能性を最大限伸長することで、日本人を「人をして人たるに値する存在」にすることを重視していたと考えられる。上村（一九九七：二四九）は、イギリスのホームヘルプ・サービスに啓発された原崎が上田市の事例を参照しつつ制度化したと述べるが、「社会保障は新しき国興す基なりといつしか我が考え方を支配す」（日誌：一九五四年四月二十二日）という彼の短歌から、原崎はもっと大きな視野の下に視察研修を行い、その実践方法を諸外国の生活様式や社会福祉実践から摂取しようとしたと考えられる。

以上、本章では原崎の欧米社会福祉視察研修の過程をみてきた。原崎は、スイスやイギリスでの視察研修を実り多きものにするため、その後、「欧米社会福祉視察研修報告書」の作成に奮闘し、「呼吸凍る日々夜更けまで精を出す英文報告書われには苦渋」（日誌：一九五四年二月二十六日）、「けならべてタイプも打ちぬ期間ぎりぎりの報告書なるを積みて茶を飲む」（同）などと詠んでいる。イギリス視察後、フランス、アメリカを見学した原崎は、一九五四（昭和二十九）年五月一日、七カ月余りの視察研修を終え、帰国の途についたのであった。

注

1　日誌は、原崎の長男の原崎修一氏から、二〇〇九（平成二十一）年八月三日に入手した。倫理的配慮として、研究の範囲内での史料活用を確約することで使用許可を得た。また、同氏への聞き取り調査は、二〇〇九（平成二十一）年一月三日～二〇一〇（平成二十二）年三月十四日に延五回行い、原崎を巡る背景事情や私的事項をご教授いただいた。明山・野川（一九七三：一〇一）や山田（二〇〇五：一九六）らが指摘した、一九五四（昭和二十九）年における原崎のイギリス視察は、日誌の記述から正しくは一九五三（昭和二十八）年十月～一九五四年四月であったようである。

2　国立国会図書館ＮＤＬ‐ＯＰＡＣやＣｉＮｉｉ論文情報ナビゲータなどの公的な検索機能では、「家庭養護婦派遣事業」をキーワードとした場合、六件が得られたが、「原崎秀司」をキーワード検索しても選出されなかったため、二〇一〇（平成二十二）年三月六日、筆者は『信州自治』（一九五〇‐一九五六）に掲載された原崎の論稿を県立長野図書館で収集した。

3　戦後日本のホームヘルプ事業史の出発点となった実践を牽引した原崎の思想展開を明確にしなければ、その黎明期の形成過程を掘り下げることはできまい。その際の分析視角として、学生時代、視察研修時、厚生課長退任後などに分けて検討する必要があると思われるが、本章ではまず、彼がもっとも資質を発揮したと考えられる視察研修時の思想や取り組みに焦点をあてて論考した。

4　武川（一九九三：二二三）は、イギリスではコミュニティ・ケアの考え方が精神障害者福祉の分野で萌芽したとしているが、本章では、イギリス側からではなく、日本側からイギリスのそうした思想がどのように摂取されようとしたのかにアプローチした。

第六章　草創期における家庭養護婦派遣事業と家庭養護婦

――担い手の背景と実践的課題の検証を中心に――

一　問題意識と目的

原崎の欧米視察を起点とした家庭養護婦派遣事業（以下、派遣事業）は、長野県において一九五六（昭和三十一）年四月九日に公布されたわが国初の組織的なホームヘルプ事業である。県下のなかでも、上田市社会福祉協議会（以下、市社協）の取り組みを中心に徐々に普及・浸透し、「本會が家庭養護婦を雇用し、不時の疾傷害その他により処理をする者がその処理に困難となった家庭（以下「家庭」という）に対してこれを派遣し、親戚近隣等の協力とともに積極的な援助を与えることによって社會福祉の増進をはかること」を目的として行われたものである。同事業実施にあたり、竹内（一九七四：五二）は、「社協は自治体と委託契約を結び、自治体は金額無料派遣家庭に派遣された養護婦賃金を基礎とした金額の二分の一を県から補助されることになった」と述べ、彼は市社協初代事務局長としての実体験を踏まえ、この他にも幾つかの論稿で一連の史実を整理している。

派遣事業の主な先行研究であるが、保健福祉地区組織育成中央協議会編（一九五九：一七）は、同市内の地域住民による奉仕活動や当時の県社会部厚生課長であった原崎秀司の欧米社会福祉視察研修を鍵とし、法外援護金など予算面からその成り立ちを裏付けたものである。これに追随したものが、竹内（一九七四：五一 - 六九）である。竹内は、ホームヘルプ事業の発足経緯のみならず、その周辺として年度別活動状況、家庭奉仕員制度への移行に伴う問題、将来の同事業の展望を同市社協に残存する第一次資料を基に計量的に整理し、その初期形態を概観している。同事業の成り立ちから展開に至るまでを記した竹内は、一九七四（昭和四十九）年、「老人福祉文献賞（入選）」（全社協・全国老人福祉事業会議）を受賞する。この竹内論文を基盤に論じたものが、上村（一九九七：二四七-二五七）、介護福祉学研究会編（二〇〇二）、山田（二〇〇五：一七八-一九八）、荏原（二〇〇八：一-一二）などの研究である。後続の研究でもこの論稿が多用されていることから、竹内（一九七四：五一-六九）を主要な先行研究と位置づけられる。

但し、上記に挙げたものはすべて、県・市町村などの公的な立場や市町村社協など制度・事業を運営・指導する側からの考察となっている。吉田・岡田（二〇〇〇：五）は、「社会福祉は歴史的社会的に生じる矛盾や課題を生活者として背負い、一生懸命に悪戦苦闘する生きた人間を対象とする」と指摘し、直接的な担い手や生活者への眼差しを重視する。同事業の展開でも、家庭養護婦採用において優先雇用されていた「未亡人」の存在があり、竹内（一九七四：五六）が「この事業が定着するには、これらの人々のなみなみならぬ忍耐と努力が必要であった」と指摘するほどに、彼女らの果たし得た役割や存在意義は少なくない。にもかかわらず、既存の研究では草創期に採用された家庭養護婦の思想的背景や生活実態が必ずしも明確にされておらず、家庭養護婦と利用者との関係性や実践的効果についても十分に明かされていない。事業・制度に携わった人々や生活課題に直面していた生活者の立場からの考察こそが、今日的な立場からその教訓を学び得るためにも重要であり、物事の本質に迫る一つのアプローチと言える。

そこで、本章では、派遣事業の概要と制度に託された関係者の思いを踏まえつつ、個々の家庭養護婦の背景及び活動実践事例を分析し、草創期における家庭養護婦の役割と実践的課題を考察することを目的とする。

ここでは、市社協に現存する草創期に関するものとして『自昭和三十一年度　家庭養護婦派遣事業計画及精算書綴』（以下、資料Ⅰ）、『自昭和三十一年度　家庭養護婦派遣事業実施状況報告書綴』（以下、資料Ⅱ）、『家庭養護婦勤務表』（以下、資料Ⅲ）、『家庭養護婦勤務表』（以下、資料Ⅳ）、『昭和三十六年度　家庭養護婦派遣申請書綴』（以下、資料Ⅴ）の五種類の資料を分析し（いずれも上田市社協蔵）、草創期における家庭養護婦の背景や役割を考察する。（注1）

二　家庭養護婦派遣事業実施要綱及び民生委員の役割

既述の如く、一九五六（昭和三十一）年四月九日、長野県告示「家庭養護婦の派遣事業について」（三一厚第二三三五号）により、わが国のホームヘルプ事業は始動する。その上位目標として、「身心ともに健全であって家事の処理に必要な知識と経験を有し適切にこれを援助できる者」（資料Ⅰ、頁数不詳）を職業婦人として雇用し、彼女たちを力づけるという目的があった。しかし、その業務範囲のすべてが彼女らの自由裁量によるものであったわけではなく、全一五条から成る「家庭養護婦派遣事業実施要綱」に基づき、一定の制約下で行われていた。[2] それは、「家庭養護婦の雇用期間中の勤務が適当でないと認めたときは期間終了前であっても解雇するものとする。……（中略）……結核その他伝染性疾患の患者または家庭養護婦がその職務の遂行上著しい障害があると認められた家庭には派遣しないものとする。」（資料Ⅰ、頁数不詳）という文言からも看取できる。

これによると、同事業の実施の可否は担い手である家庭養護婦の適性や能力という要因のみならず、利用者の身体状況や生活実態までもが考慮の範疇とされ、生活ニーズの把握を重視していたことがうかがえる。つまり、担い手と利用者の双方の条件を照合させながら事業形成を目論んでいたことになる。この文脈から、市社協が思索する派遣事業とは、看護・医療分野ではなく、生活支援という社会福祉分野のなかでの援助活動のことであり、担い手の堅実な勤務態度や職務実績を基盤としながら、ある一定の活動成果を希求するものであったと認識できる。次に、家庭養護婦の採用・配置であるが、「（市社協）會長は、家庭養護婦として適格者を選定し雇用条件を示した雇用通知書により通知し、その被よう（ママ）者の承認を得て臨時雇用する。但し必要により常勤の家庭養護婦をおくことができる」（資料Ⅰ、頁数不詳）とされ、当初は必ずしも各地に常勤職員を配置することが志向されていなかった。しかしながら、臨時雇用であっても、当時の派遣対象家庭の多くが無料世帯であり、無料の条件が「家庭の処理する者のほか、乳幼児、義務教育終了前の児童、介護を要する老人、身体障害者及び傷病者だけの家庭で他から援助を受けまたは費用を負担することができない家庭」（資料Ⅰ、頁数不詳）というように、緊急性・継続性を要していた。このことから、職務内容的には、後述するように常勤化が望まれていたといえる。

派遣に至るまでの具体的な手順は、①民生委員・公共職業安定所から市社協への紹介、②家庭から市社協への申請書提出、③市社協から家庭への派遣決定通知書の送付、④家庭から市社協への承諾書の提出、⑤市社協から家庭養護婦への雇用通知書の送付、⑥家庭養護婦から市社協への都合の可否、⑦家庭への家庭養護婦の派遣、⑧家庭養護婦から市社協への勤務状況報告書の提出、となっている（資料Ⅲ、頁数不詳）。

このような家庭養護婦の派遣をシステム化しようとした際、ある予想外の出来事が生じる。それは未亡人会（さつき会）並びに民生委員会婦人部会からの強い反発であった。前者については、「八、〇〇〇円の補正ではあったが、市社協の事業助成団体である未亡人会と協議、その配当金を本事業に充当することとし、養護婦採用にあたっては、未亡人会員をなるべく優先雇用しその運営にも未亡人会代表を参画《ママ》してもらうこと」で対応し（竹内 一九七四：五二）、後者については、「『この働きは、婦人民生委員の本務であり、その領域を侵す考え方である』という反発であった。その主張が当時の有力な婦人S民生委員であったので反響もあった」ことから（竹内 一九七四：五二）、上記①でみたように、派遣対象家庭の開拓において、民生委員の働きを加味することで折り合っている。資料Ⅲ及び資料Ⅴを紐解き作成した表1-6-1（巻末資料）からも、民生委員の一定の役割が見て取れる。ここでは、生活困難に陥ったプロセスの重視という捉え方をしており、例えば、永野民生委員の場合は派遣希望日数及び負担可能金額などの具体的な報告をし、アドボケート機能を果たしている。一方、稲垣民生委員の場合では当該家庭の困窮を生活者の視点に立ち述べていることから、クライエント中心アプローチを実践していたと言える。

三　服務心得と草創期家庭養護婦の生活課題

草創期家庭養護婦が従事した業務内容は、概ね実施要綱内の附則であった「家庭養護婦服務心得」（資料Ⅲ、頁数不詳）に基づいたものであり、山田（二〇〇五：一八一‐一八二）らも指摘するように、以下の一一点にまとめられている。

一　家庭養護婦は、その業務を行うに当って〇〇〇市町村社会福祉協議会家庭養護婦派遣事業実施要綱に定めるところによるほか、この心得に従って勤務しなければならない。

二　家庭養護婦は、担当家庭の立場を理解し、健全な心構をもっていかなる家庭にも順応できるようにするとともに、熱意をもって使命の達成に努めなければならない。

三　家庭養護婦は、担当家庭の個人的事件や秘密に関する事を他にもらし、又はこれに介入してはならない。ただし、担当家庭の生活を維持するうえに特に重大な問題があった場合は、担当家庭の了解を得て、民生委員に連絡することができる。

四　家庭養護婦は、常に身のまわりを清潔にしておかなければならない。

五　家庭養護婦は、担当家庭から正当な理由なく金品を受け取ってはならない。

六　家庭養護婦は、担当家庭においてその家庭の要請に基づき、次のような職務を行うものとする。1　乳幼児の世話、2　医師看護婦の指図に基づく病人の世話、3　産じょくの手伝、4　炊事、5　裁縫、6　洗濯、7　掃じ《（ママ）》、8　その他

七　家庭養護婦は、次の職務に従事してはならない。
1　伝染病人の世話、2　担当家庭の家業に関すること

八　家庭養護婦は、指定された職務時間を守らなければならない。

九　家庭養護婦は、病気又は事故により遅刻又は欠勤しようとするときは、事前に会長に届け出なければならない。
十　家庭養護婦が伝染病にかかり、又は自分の家に伝染病患者が発生した場合は、直ちに勤務を中止して、その旨を会長に届け出なければならない。
十一　家庭養護婦は、担当家庭ごとに勤務状況報告書を作成し、その家庭での勤務が終わったとき、または勤務が一〇日以上に及ぶ場合は一〇日ごとに会長に提出しなければならない。

以上を整理すると、一～五を義務（使命）、六～七を業務内容（含 禁止事項）、八～十一を義務（時間・報告）と分類することができる。

（一）義務（使命）

一では実施要綱や服務心得という一定の規則に基づく取り組み、すなわち自発的意思や主体的行動が求められるものの、それは決して秩序のない勝手気儘な実践ではなく、体系化の志向を目的としている。次いで、三では守秘義務、連絡・相談義務、四では清潔・美化、五では金品の授受の注意など具体的な細目が示されている。そして、これらを包含したものが二の心身の健全と使命の達成である。

竹内（一九七四：五六）や山田（二〇〇五：一八八）らの研究では、家庭養護婦自身の生活課題の実状が依然として浮き彫りにされていないため、資料Ⅰ～Ⅲを基に表1-6-2を作成した。

同表から解読できることとして、まず一〇人のうち、⑧は「農協への入所勤務決定」のため、一旦登録されたものの派遣されていないことが分かる。つまり、分析対象を⑧を除く九人とする必要がある。その上で、登録家庭養護婦を見た場合、最年少二六歳、最年長六〇歳、平均年齢四五・三歳、「未亡人」率四四・四％（九人中四人）、一人暮らし高齢者一人となる。紹介者の四四・四％が民生委員であり、希望勤務時間帯は「八：〇〇～一七：〇〇」が圧倒的に多い。さらに、担当家庭養護婦の「生活状況・課題」を具体的にみると、①⑨は多子家庭（子ども四人）、②③は成人した子供が一人いるものの「未亡人」であり、未成年の子どもが各々（二人、三人）いるといったように、子どもの養育問題が中心である。一方、④⑤は一人暮らし世帯であり、とりわけ④は六〇歳と高齢「未亡人」の単独世帯であることが危惧されている。他方、⑥⑦⑩は各々配偶者が生存しているものの、病身、無職、日雇い労務など不安定な上に子どもが二～三人ずついることから、生計維持困難が問題であったと想定される。なかでも、⑩については、蚕種社員として働く長女（二三歳）がいるものの、日雇い労働者で病身である夫（五七歳）をはじめ、障害をもつ医療単給の次女（二〇歳）、三女（一一歳）に加え、義弟（日雇い労働者、二四歳）など、複雑な家庭環境が見受けられ、少なからぬ生活困難を生成していたことが推測できる。つまり、ここから家庭養護婦として派遣された人々の生活実態を第一次資料より精査してみると、その派遣対象としても十分に該当するほどの生活実態レベルに彼女らの日常があったことが確認できる[3]（巻末の表1－6－1及び2を参照）。

（二）業務内容（含 禁止事項）

服務心得の六より、家庭養護婦の主要な業務内容は七種類（乳幼児の世話、病人の世話、産じょくの手伝、炊事、裁縫、洗濯、掃除）であり、一方で、七では禁止事項として、伝染病人の世話及び家業の手伝が挙げられている。竹内（一九七四：五四）は、一九五六（昭和三十一）年～一九六二（昭和三十七）年までの上田市における家庭養護婦派遣事業の年度別活動状況を計量的にとりまとめ、必ずしも母子家庭や老人家庭のみならず、「その他の家庭」のニーズの高さを示唆し、山田（二〇〇五：一九〇）は一九五六（昭和三十一）年十一月四日～一九五七（昭和三十二）年十月七日までの家庭養護婦の派遣期間を整理している。しかしながら、家庭養護婦の役割を捉え直すためには、活動実践の数量化に留まらず、各世帯の種別ごとにどのような実践が展開されていたのかを質的に捉え直す必要があろう。そこで、「長野県家庭養護婦派遣事業補助要綱」（昭和三十一年長野県告示第百五十六号）が廃止され、一九六〇（昭和三十五）年七月十四日新たに通知された長野県告示「家庭養護婦派遣事業補助金交付要綱」（昭和三十一年長野県告示第三百八十号）の前後の実践活動の質的側面にアプローチした[4]（巻末の表1－6－3参照）。

表1－6－3は、A～Dまでの四タイプの派遣対象家庭の詳細を整理したものである。「派遣を必要とする理由」、「家庭の状況」、「家計」などは様々であるが、Bを除いては無料派遣であり、約一カ月間の派遣であったことが示唆される。この四家庭と派遣家庭養護婦（表1－6－2の①～⑩、但し⑧は除く）の家庭状況との類似性を同表右欄で検討した。まず、A（父子家庭）・D（母子家庭）のような一人親家庭は②③④⑥⑨の五人（五五・六％）が該当する。次いで、B（障害家庭）のような多子家庭（子ども四人以上）は①②の二人（二二・二％）が当てはまる。その他、D（母子家庭）のような「未亡人」世帯は②③④⑨の四人（四四・四％）が該当し、⑩に至ってはどのタイプの家庭においても共通ニーズが見出せる状況にあることが分かる。つまり、家庭養護婦と利用者との類似性から、それが同事業の要点であったと言える。

（三）義務（時間・報告）

上述では、家庭養護婦が遵守すべき義務及び業務内容を検討してきた。そこで見出されたのは家庭養護婦と利用者との共感であり、ソーシャルワーク実践の要となる信頼関係の構築であった。この関係性維持のために求められたものが、時間厳守と報告義務であった。前者は職業人として必須事項だが、同事業の場合、後者が徹底されていたと考究できる。その裏付けの一つとして、例えば、表1－6－2中の家庭養護婦②は、一九五六（昭和三十一）年十月四日に同市内初の派遣家庭養護婦として注目され、幾度か新聞報道された家庭養護婦Sさんである〔信濃毎日新聞社 一九五六・一〇・五（八）〕。

表1－6－3の「主な職務内容」に示されたように、②をはじめとした家庭養護婦たちは家事全般に関わる業務に従事しており、さらに上記から日誌を認めていたことがうかがえる。これは「服務心得」十一の「勤務状況報告書」とは別の私的な記録物と考えられる。こうした私的資料の発掘・分析もこのテーマにおける今後のさらなる研究課題である。反面、同事業は順風満帆ではなく、「せっかく登録した養護婦が他へ就職してしまい、Sさんだけという現状で人不足に悩んでいる。しかし予算はすでにもう一万余円は支払われている勘定で、県から

は金は来ないし、残る金額はタッタ一万五千円という少額でせっかく乗りかけた家庭養護婦派遣事業もこんご続けられるかどうかと心配されている」と報じられるなど〔信濃毎日新聞社 一九五六・一一・二六（八）〕、開始早々から暗影を投じていた。

つまり、同事業は開始初年度から金銭面や人材面に大きな不安要素を抱いていた。小倉（一九八八：iii）は、「生きた人々がいかに異なっているかだけではなく歴史の時空を人間の生を共有して生きていったか、その人と人の絆の重さである」と言及し、固有性のみならず、共通認識や共感にアプローチする重要性を示唆する。家庭養護婦派遣事業の場合、そうした共通理解の深化をいかにして図ろうとしたのであろうか。以下、家庭養護婦の実践的効果を検討した二つの研究集会の内容を掘り下げながら、主要な問題や特徴を述べる。

四　家庭養護婦派遣事業における諸問題への対応策の検討

（一）家庭養護婦派遣事業運営研究集会（一九五八年四月十六日〜十七日）

一九五八（昭和三十三）年四月十六・十七日、派遣事業を実施している市町村における社協事務担当者、民生委員、家庭養護婦らの参会の下、「家庭養護婦派遣事業運営研究集会」が上田市点字図書館で開催された。主な研究議題は、「養護婦派遣事業の効果と隘路について」と「養護婦の活動分野について」の二点であった。当時の議事録には、「常勤である様に取計われたいこと」（養護婦）や「固定給として要望したい」（母子相談員）などの同事業の運営上の問題点が十点、列挙されている。ここでは家庭養護婦自らが実務経験を通じた上で「常勤要望」を強く主張している点が注目される。

これらに対し、全社協の小林参事は所見を述べ、「関係者への広報と、一般大衆へのＰＲが必要である」「ＰＲは文字より写真であり、一〇〇発一中の努力が望ましい」「養護婦は社会福祉指導者であり、責任者であり、単なる労働賃金者ではない」「大いに事業を拡大されたい」などと提言する。常勤化を切望する家庭養護婦の一方で、賃金確保のみに奔走しないように留意した県・全社協の見解を考え併せると、実際問題として、当該派遣事業のみでは担い手の生活自立に直結することは困難であったと想起され[5]、限界を孕んでいた。

他方、同集会で得られた積極的対策及び収穫は表1‐6‐4に示した通りである。家庭養護婦と利用者との好ましい対人関係づくりに加え、家庭養護婦の教養やコミュニケーション能力の向上など、家庭養護婦自らの人格や人間性を高めるのに寄与していたことが見て取れる。加えて、被保護世帯への派遣が世帯主の安心感・労働意欲の高まりへとつながり、生活変化をもたらすなどの成果が挙げられる。こうした既存の法制度とのリンクがみられた点は意義深い。では、こうした議論の内容が実践にいかに反映されたかを見ていこう。

(二) 家庭養護婦派遣事業研究会 (一九六二年六月十八日)

家庭養護婦たちによる「勤務状況報告書」の提出は在勤中続けられたが、上記運営研究集会から約四年後の一九六二(昭和三十七)年六月十八日には、松本市県会議場において、県厚生課課長補佐外一四名の参会者の下、「家庭養護婦派遣事業研究会」が開催されるに至っている。ここでは、a 実施地区の実情、b 研究事項、c 県の要望の三つが中心的に検討された。まず、aであるが、「現在三名で低賃金のため養護婦の確保に困難する」(諏訪市)、「専任は置かない。近所の人を利用している」(東筑摩郡)、「開拓地で利用されている」(諏訪郡原町)、「PRがきかず利用者が少ない。将来会社等へ働きかける」(塩尻市)、「本年廃止。低賃金のためなり手がなく、利用者も少ない」(塩田町)、「本年から実施したい。主として老人家庭に派遣する」(小諸市)など、小諸市を除いては、担い手不足による存続の危機が論じられている。bでは、家庭養護婦の条件面の向上が主であり、「事務費、交通費も補助の対象にせよ」「賃金についてはその地域の特殊性を考え二本建に考えてはどうか、補助率も同様に」「養護婦の研修等も行へ」「企業体等へも働きかけよ[6]」「補助金交付手続きを簡便にせよ」などと論議されている。cでは、「折角のよい制度であるが、この制度があまり利用されず、年間の予算もあまる状態であるので積極的活動を是非願いたい。人員の確保についても常に心がけてもらいたい」と呼びかけられている。

ここで同研究会による所見が議論内に留まらなかった点に注目する必要がある。この結果は「家庭養護婦派遣審査委員会設置」と「中央職業安定審議会委員視察」という形で展開する。前者は、一九六一（昭和三十六）年四月から市社協民生委員部会内に設置され、派遣申請のある度に開催されることになった。社協常任理事、福祉事務所保護係長、ケースワーカー、派遣申請地区担当民生委員、社協事務局長で委員構成され、実施要綱八〜十一と、服務心得六〜七を主務とすることとされた。一方、後者は、一九六一年四月十九日、審議会委員（内訳は福祉事務所長、社会部係長、社協会長、社協事務局長）と旧労働省保官（一名）が「家庭養護婦派遣状況視察」をするものであり、その後福祉事務所内で懇談会まで開催している。

以上、二つの研究集会を総合すると、中央職業安定審議会委員視察により、旧労働省保官が現場視察に来るほど、同市のホームヘルプサービス業務の重要性は認識されつつあった。その反面、実際には担い手の人手不足や利用者の理解不足から、決してうまく事業運営が進んでいたとは言い難かった。ＰＲが効かないと悩む塩尻市や廃止に踏み切った塩田町などから苦戦の跡が読み取れる。加えて、常勤や固定給を望む家庭養護婦に対し、県では予算が余っていると発言されるなど、需給関係や給与体系が未整備であった感は否めない。未成熟であったこうした制度を少しでも前に推し進めるために重視されたのが実施要綱や服務心得であった。業務内容や禁止事項の徹底化を中心に、ホームヘルプによる支援を具現化する方策が、不振や苦慮とともに構想されていた。

注

1　なお、本文中に登場する「未亡人」という表現は適切ではないが、原資料に基づき、資料内ではそのまま引用し、資料以外の箇所では「　」を付して表記した。

2　同実施要綱は市町村社協による原案の段階では一一条であったが、派遣実施直前の一九五六（昭和三十一）年十月一日には、「十二 変更」、「十三 災害の補償」、「十四 実施細則」、「十五 実施期日」の四条が付け加えられている。

3　「もはや戦後ではない」を標榜し、太陽族の流行、初の『厚生白書』刊行、第一回老人大会開催などの動きがみられた一九五六年であったが、人口高齢化、離別の増加、再婚難など、とりわけ母子家庭の生活問題が日本社会全体のゆがみとして指摘された（福祉文化学会編 一九九五：二四‐五）。

4 資料Ⅱ及びⅢには様々な活動報告が綴られているが、ここから家庭養護婦の派遣先は母子家庭に留まらず、多様であることが判明した。また、同資料には一九六〇（昭和三十五）年度の報告事例が一三（内訳：父子一、障害一、単身三、母子四、生保四）あるが、生活保護費が得られる生保世帯（四世帯）を除いた九世帯に援助の緊急性がみられた。さらにこの九世帯のうち、無収入世帯、収入から支出を引いた差額がマイナスになった世帯であるA（父子家庭）、C（老齢・単身・盲人家庭）、D（母子家庭）が家庭養護婦の優先的な派遣先と考えられ、一方、B（障害世帯）のように、収入の差額がマイナスでなくとも、妻病臥、子ども四人（うち、一人は障害児）など、多問題をかかえる家庭もその優先派遣先となっていたため、この四事例を同年度における典型例と位置づけた。

5 なお、同集会議事録の別紙に記載された「家庭養護婦の身分保障」でも、記録者の手書きにより、「最低限の就労可能である様に養護婦に取計わねばならぬこと（月二〇日間位は勤務したい希望）。現状では内職にも養護婦としても一定の生計を立て得ない」と記され、その一端を垣間見れる。

6 事業内ホームヘルプ制度は、制度運営の技術面を習得することを目的に、石川島重工業株式会社をモデル事業場として、一九五九（昭和三十四）年十二月二十九日から、旧労働省婦人少年局主導の下に実施されるに至っている（労務行政研究所編 一九六一：二‐一七）。

第七章　老人福祉法成立以降におけるホームヘルプ事業の地域的拡張

――全国調査（二〇〇八）の結果分析を基に――

一　研究の背景と目的

前章まで見てきたように、戦後わが国のホームヘルプ事業史は、長野県を起点とし、京都市、大阪市、埼玉県（秩父市が県内初）、名古屋市、神戸市、東京都、横浜市、釧路市、島根県、（県内一八市町村）などを早発地域としながら、徐々に全国的に拡張していった。そして、この一連の動きが、老人家庭奉仕事業の国庫補助事業化（一九六二年、二五〇人分の活動費を予算化）や老人福祉法公布（一九六三年、法律第一三三号、施行は八月一日）を後押しした。ところで、この老人福祉法は、そもそも一九四八（昭和二十三）年に開催された第一回全国養老事業大会で組織的に検討され始め、全国老人福祉関係者会議、社会党、自民党から一九六一（昭和三十六）年に試案が提出された後、社会福祉審議会中間報告を経て、厚生省（当時）によって法案大綱がまとめられたものであった（日本福祉文化学会監修　一九九五：三八）(注1)。同法成立以降から一九七〇年代前半までに、高齢化社会の到来を見据え、次代の日本社会を支える専門職の創設・拡充が徐々に国民的関心事となるべきであるという風潮が見られるようになる。この時期は国内的に見ても、急速な経済成長に付随する形でシルバーサービスの将来像が検討され始め、介護を巡る問題や介護を見据え、二十一世紀日本社会を予測する方策の検討が焦眉の課題となっていた。現代社会における福祉観の形成や福祉実践方法の考案と相俟って、社会的あるいは予防的性格を持った開拓的な新規事業として速やかな広がりが期待された(2)。

政府指導による福祉実践の一方で、その一典型的事業であるホームヘルプ事業は、各地域社会において、土着の地域特性の影響を受けながら、独自の拡張の様相を見せるようになる。さらに一九八〇年代には、社会福祉士法制定試案（一九七一年）の検討過程を教訓にし、一九八七（昭和六十二）年五月二十六日に社会福祉士及び介護福祉士法（法律第九〇号）が成立したことを契機に、こうした着実な法整備の進展に刺戟されたかのように、ホームヘルプ事業も全国的展開を加速化させていった。(3)

研究領域においては、これまでホームヘルプ事業の草創期における実践形態や特定地域の取り組みに限定的な関心が払われる傾向があり、その後の同事業の発展過程や各地域における事業化の特色が体系的に詳らかにされていないという課題を指摘できよう。(4)この一因として、全国規模でホームヘルプ事業の発祥に関する歴史的資料を収集することが困難なことや、何をもって同事業の開始とするかが不鮮明なこと、各地における同事業の起源に関する残存資料が希少なこと、個人情報保護の観点の尊重などの理由が挙げられよう。

本章では、このようなホームヘルプ事業の歴史的概要及び当該テーマに関する研究上の特徴を認識した上で、特に、老人福祉法成立以降の同事業の発展経路を、全国という視野から捉え直し、「地域的拡張」という観点から、その広がりの様相を実証的に検証する。

二　本調査の概要

本調査は、二〇〇八（平成二十）年四月から七月にかけて二段階で行われた。第一段階では、全国の四七公立図書館郷土資料室宛に「わが国のホームヘルプ事業の発祥に関する全国調査」と題した質問紙を郵送し、配送後一カ月以内を締切期限として、同紙を返送していただくという自記式郵送調査を実施した。その結果、四七公立図書館のうち、三九の機関から返信があり、明確な回答を得た（回答率は八一・二%）。また、質問紙の調査項目としては、①ホームヘルプ事業実施自治体名、②ホームヘルプ事業開始年（月日）、③ホームヘルプ事業の内容（事業概要)、④記事の出典・出所、⑤その他(備考)の五つであり、各々自由解答欄を設け記入していただく形をとった。なかには、参考資料として、該当箇所を示す資料(複写物)を同封していただいた機関も幾つかあった。(5)

三　ホームヘルプ事業の展開と拡張

(一) 老人福祉法成立~一九六三年末まで

前述の如く、一九六三(昭和三十八)年という年は、わが国の老人福祉史において重要な起点を画したにもかかわらず、マスコミや高齢者自身に強烈なインパクトを与えるまでには至っていなかったのが実情であった。同年十月にみられた新三菱重工業、三菱日本重工業、三菱造船三社の合併は、欧米諸国による日本の経済開放への対抗策でもあり、経済の国際化の一方で、国内における国民生活の安定化も看過できない重要課題と認識する動きが少しずつ見られるようになる。ことに、老人福祉行政は一本化を志向する傾向があり、例えば、老人福祉センター、老人家庭奉仕員、老人クラブ、軽費老人ホーム事業などの体系化が目ざされた。そして、老人福祉法施行によって、高齢者の人権をはじめ、生活権や就労権といった本来的に尊重されなければならない諸権利が見直され、一方、国、地方公共団体、老人福祉事業当事者の各責任の明確化が進むことになった。

こうした一九六三年の老人福祉法成立直後からホームヘルプ事業が開始され、その年月が判明した自治体は全国調査(二〇〇八)によれば、青森県、群馬県、静岡県、徳島県の四県であった。

まず、青森県のホームヘルプ事業については、一九六三年八月に、弘前市(奉仕員数五人)、十和田市(奉仕員数一人)、三沢市(奉仕員数一人)、陸奥市(奉仕員数一人)の合計八人が配置されていたことが明らかになった(青森県民生労働部 一九六五:六八)。(6)

次いで、同年十月から開始されたと記されるのが、群馬県と静岡県の両県であった。前者においては、「老人家庭奉仕事業は、老衰その他の事由により独立で生活を営むことの困難な老人世帯に対し、奉仕員を派遣し、老人に健全で安らかな生活を営ませることを目的とし、一九六三年十月から前橋、高崎、桐生の三市に各二名の奉仕員を設置し、二四〇、〇〇〇円の補助金を交付した。」（群馬県衛生民生部 一九六四：一〇‐一一）と論及される。[7]さらに、同県ではその後、「昭和四一年度には、前記の三市で一〇人に増員した」などの動きが見られた（群馬県県民生活部厚生課 一九七三：七三：前橋市社会福祉協議会 一九八六：六八）。[8]

一方、静岡県のホームヘルプ事業に関しては、静岡市社会福祉協議会事務局（二〇〇二：二六‐九）によって史的側面が端的に整理されており、加えて、同県下派遣第一号の老人家庭奉仕員、稲葉とら氏（四八、当時）の回顧録が収録されている。[9]同資料によれば、「昭和三十八年十月には、国の事業として制度化された老人家庭奉仕員派遣制度も、静岡市で実施されることとなった。当時、この家庭奉仕員派遣事業の実施にあたっては、行政が直接実施する方法と、住民地域福祉活動の中心であった市町村社会福祉協議会に委託する方法が認められ、静岡市においては、事業当初から本会がこれを受託し、昭和三十八年十月の開始時には、老人家庭奉仕員二人を配置してサービスを開始した」（静岡市社会福祉協議会事務局 二〇〇二：二六）と言及される。[10]そして、制度発足時は、被生活保護世帯や生活困窮世帯に限定されていたこともあり、訪問世帯は独居老人や高齢夫婦世帯が主であり、「買い物や食事の世話、衣類の洗濯・裁縫、住居等の掃除、整理整頓などの家事援助」（同上）が中心的に行われていたと記述される。

他方、同市では奉仕員一人あたりの担当世帯数は概ね六世帯であり、一世帯に週一回以上の訪問を行うことが決められていた。しかしながら、他の自治体同様、同市でも「他人が自宅に来て身の回りの世話を行うことを嫌う閉鎖的な考えも少なくなく、利用者の掘り起こしに苦慮した」（同上書：二七）面があり、こうしたことから、当時の奉仕員が自ら対象世帯を一軒ずつ訪問し、サービス利用のための普及・宣伝活動に努める必要があった。基本的には、定期的な訪問を行い、各世帯の抱えている生活問題をいち早く捉えて、生活保護のケースワーカーや担当民生委員と協力しながら、予防と早期解決を志向し、高齢者の在宅生活基盤づくりに貢献したことが記述される。

さらに、身体障害者福祉法の改正に伴い、身体障害者家庭奉仕員派遣制度が発足した一九六七（昭和四十二）年には、同市社協では老人・身体障害者各家庭奉仕員併せて四人の奉仕員が配置され、市内を自転車で巡回し、在宅で待つ要援護者世帯を訪問し、サービス提供を行うなどの展開がみられた（静岡市社会福祉協議会事務局二〇〇二：一七）[11]。とりわけ、同県下初の老人家庭奉仕員、稲葉とら氏（元、静岡市社会福祉協議会）は、「私自身、市内はもとより、県下ではじめての家庭奉仕員でしたから、福祉事務所の担当ケースワーカーや民生委員の方々の協力を得て、各世帯を訪問させていただき、制度の紹介や利用方法などを説明しながら、一軒一軒派遣世帯を開拓していきました。開始当時のお宅では、帰り際に「今日はありがとうございました。おいくらでしょうか。」と尋ねるお年寄りも少なくありませんでした。県民生部の方々と沼津市や掛川市などへ訪問し、これから始める家庭奉仕員の方々に、仕事の内容や心構えなどをお話させていただいたことを今でも覚えています。」（静岡市社会福祉協議会事務局二〇〇二：一八）と振り返る。

さらに、稲葉氏は自身の当時のホームヘルプ活動の内容面についても、「洗濯ひとつでも、ポンプで水を汲み上げ、洗濯板と石鹸で行っていましたし、入浴のお世話をするにも、釜に薪を焼べなければなりませんでした。当然、電子レンジやミシン、掃除機などといった電化製品もありませんでしたから、一つひとつに時間と手間をかけなければなりませんでした。しかし、こうした時間があったからこそ、生活状況も把握できましたし、お話する時間にも恵まれ、身寄りの少ないお年寄りの心の支えとなることができたような気がしています。……（中略）……当時、静岡市社協の事務所は、旧市役所本館の地下で、福祉事務所と同じところにありましたから、必要に応じて随時、担当ケースワーカーに世帯の様子を報告することができましたし、地域においても、地元担当民生委員の方々のご協力をいただきながら、問題の早期発見に努めることができました」（静岡市社会福祉協議会事務局二〇〇二：二八 - 九）と回想している。

上記のように、静岡県では「老後を（県民の）みんなで考えよう」という標榜の下に、「身体に障害があり、寝たきり老人でその家族が低所得で、老人のお世話をする人がいない」場合、速やかに老人家庭奉仕員を派遣する体制が整備された。一九六三（昭和三十八）年度に九人で開始した当該制度が、一〇年後の一九七三（昭和四十八）年度には一六〇人（うち、社協職員一二六人、市町村職員三四人）へと急速な拡大の様相を呈している（静岡県一九七三：一九）[12]。

次に、一九六三年十二月には、徳島県でホームヘルプ事業が始動したとされる。徳島県社会福祉協議会（一九九二：二四五）及び徳島市史編纂室（二〇〇三：三〇一）によれば、「一九六三年十二月から徳島市（奉仕員数二人）で実施し、他三市にも一人ずつ配置」と記録されている[13]。

このような各自治体に対し、一九六三年度のホームヘルプ事業の創設状況について、事業開始月日が不明なものとしては、栃木県、茨城県、神奈川県、三重県、山口県、宮崎県、鹿児島県の七県が挙げられる。

（二）一九六四年度におけるホームヘルプ事業の拡張

一九六三（昭和三十八）年度（老人福祉法成立以降）におけるホームヘルプ事業の発祥を巡る動向は、同法条文上に「老人家庭奉仕員」という文言が規定されたことから、各地で活発にみられ始めたことを資料解読を通して改めて認識し得た。そして、翌一九六四（昭和三十九）年は、東京オリンピックが開催された記念の年であり、鐘淵紡績の男子五五歳定年廃止やブリヂストンタイヤの定年後六〇歳までの再雇用に象徴されるように、「定年延長」が現実化し始めた躍動の年でもあった。厚生省（当時）も高齢化社会の到来に備えて社会局に老人福祉課を新設し、家庭奉仕員派遣事業及び老人クラブ助成事業を都の直営事業に位置づけるなどの動きを見せた。しかし、このようなオリンピック景気や政策展開にもかかわらず、当初、在宅高齢者から好評を得ていた家庭奉仕員制度は、全国的に見ても、この年までに実施市町村一三二、家庭奉仕員数五三〇人程度と思いの外低迷していた。その要因として幾つか考えられるが、その主要なものとして、低賃金（月給一万二〇〇〇円）で時にはシモの世話や相手の愚痴を聞かねばならず、なかなかなり手がないといった現実問題が挙げられた（日本福祉文化学会監修一九九五：四〇 - 四一）。

一九六四年度に同事業を創始した都道府県は、本調査の結果によれば、岩手県、岡山県、福岡県の三県であった。このうち、岡山市では、「昭和三十九年五月から事業が開始され、五人の家庭奉仕員が従事し、一人当り一〇世帯ほど担当した。岡山県では昭和五一年度から身体障害奉仕員も兼ねることになる。デイサービス事業は昭和四〇年代以降から始められた。」と概説される。

(三) 一九六五年～一九六六年までにおけるホームヘルプ事業の展開

一九六五（昭和四十）～一九六六（昭和四十一）年の間には、理学療法士及び作業療法士法公布（一九六五年六月二十九日）によって、リハビリテーション分野の専門職が創設され、国民の祝日として「敬老の日」が位置づけられるなど、高齢者を取り巻く生活環境の見直しや高齢者福祉への関心と理解の広がりが志向された画期的な年であった（日本福祉文化学会監修 一九九五：四一）。この背景には、多年に亘る社会功労者としての高齢者に対する敬老思想の強化という目的があり、この思想的基盤となったのが、老人福祉法第二条の「老人は多年にわたり社会の進展に寄与してきた者として敬愛され、かつ、健全で安らかな生活を保障されるものとする」という文言であった。(14)

まず、一九六五年にホームヘルプ事業を始動させたのは、新潟県、長崎県、大分県の三県であった。とりわけ、佐世保市については、「昭和四十年四月一日、老人福祉法による老人家庭奉仕事業の実施要綱が決まり、本市（佐世保市）においても老人家庭奉仕員を二名配置した。老人家庭奉仕員の派遣対象は、老衰、心身の障害・傷病等で日常生活を営むのに支障がある老人の居る低所得の家庭で、その家族が老人の養護を行えないような身体的・精神的な状況にある場合とされた。奉仕員は週一～二回対象家庭を訪れ、主として食事の世話・衣類の洗濯・補修、住居の掃除、整理整頓、身の回りの世話、および生活身上に関する相談助言等を行った。……（中略）……対象者の家には水道設備はもち論、井戸もない所が多い。従って、奉仕員は水溜り場の水を使って洗濯し、一〇〇メートルも離れた隣家の水道から飲料水を貰い、寝たきり老人の全身の清拭、大小便のあとしまつ、洗濯など、奉仕員の仕事は容易ではない。」と、当時の具体的状況が記される（長崎県 一九九七：三〇二）[15]。

一九六六年度には、ホームヘルプ事業のさらなる拡張が見られた。それは、山形県、福島県、香川県において顕著に見られた。このうち、事業開始月日の記載が見られたのは山形県のみであった。同県では、「昭和四十一年、山形市に県下初の老人家庭奉仕員二名が、在宅で起居不自由な老人の身辺の世話をする目的で配置された。これは『特殊寝台の貸与』とともに、単身老人や老人夫婦世帯などから高い評価が得られた。昭和四十四年、県社協では市町村社協と一緒になって、家庭奉仕員設置促進運動を展開し、米沢市、鶴岡市、酒田市など二〇市町村に三〇名の家庭奉仕員配置を実現。昭和六十三年には、四四全ての市町村に二〇八名が配置されるに至った。」（山形県社会福祉協議会 二〇〇二：一八九‐九〇）ことが記述される[16]。

（四）一九六七年〜一九六八年までにおけるホームヘルプ事業の発展

一九六七（昭和四十二）〜一九六八年における特徴的な動きとして、一九六七年九月に第一回高齢者集会（総評主催、於 九段会館、参加者一五〇〇人）が開催され、国民年金法における福祉年金引き上げに反発する動きが見られるようになったことである。また、東京都社会福祉協議会（東社協）が全国初の「寝たきり老人の実態調査」を実施し、「七五歳以上で五・六％の六、六一七人が床につききり、三割が診察を受けず、家計を大きく圧迫している」実態を明かすなど、高齢者福祉を巡る課題の捉え直しとその対応策の検討が佳境に入っていく時期であった（日本福祉文化学会監修 一九九五：四六‐四九）。

このような一九六七（昭和四十二）年にホームヘルプ事業を始動させていたのが宮城県、和歌山県、高知県、鳥取県、沖縄県の五県であった。宮城県においては、宮城県民生部（一九六八）『宮城のふくし』、宮城県社会福祉協議会（一九八三：一〇八）などによれば、「一九六七年に家庭奉仕員派遣制度が実施され、一九六八年に仙台市（奉仕員数一〇人）、塩釜市（奉仕員数二人）、気仙沼市（奉仕員数二人）が活躍」と記されている。したがって、初年度（一九六七年度）の実施自治体や奉仕員数は不明なままとなっている[17]。

一方、高知県では高知市及び宿毛市において一九六七（昭和四十二）年四月から事業が開始されており、「高知市に三名、宿毛市に二名の家庭奉仕員を派遣。一世帯週二回程度訪問。昭和四十三年には須崎市、中村市、土佐清水市も加わり、計一〇名派遣。その後、昭和四六年四月末には四四市町村七〇名、担当世帯四〇三、昭和四九年八月末に五三市町村（全市町村）一一三名、七九七世帯に拡充。昭和五一年度からは身体障害児（者）家庭奉仕委員と一体的運営を行うといった拡がりをみせていた」[18]。加えて、高知県（一九六七：二二）の実践を象徴づけるものとして、「模範老人の表彰」がある。「満七〇歳以上の老人で、常に正しい意志と信念をもって誠実な生活を営み、地域社会の福祉増進につとめ、人格円満で現在もなお世人から尊敬と信望の厚い模範的な老人一五名を知事表彰し、記念品を贈呈した。」との如く[19]、老人のあるべき姿の追求と自助自立に向けての働きかけが積極的に図られていた。

また、沖縄県のホームヘルプ事業については、一九六七年度に初めて平良市に一人の家庭奉仕員が設置され、以来増え続け、一九八七（昭和六十二）年度では、五一市町村に一六三人の奉仕員が配置されることで始動し、市町村における奉仕員設置率は九六・二％であったとされる。なお、平良市の名称は、平成の大合併により、現在、宮古島市となっている[20]。

（五）一九七〇年代～一九八〇年代におけるホームヘルプ事業の全国展開

わが国は一九七〇（昭和四十五）年に老年人口比率が七・一％（約七三〇万人）となり、高齢化社会に進む。そして、一九七〇年代前半には、「老人医療費の軽減、ホームヘルパー・保健婦の大幅増員」を提言した「老人問題に関する総合的諸施策」（社会福祉審議会老人福祉専門分科会、一九七〇年）のほか、老人福祉法改正法公布（一九七二年）、独居老人給食サービス開始（一九七二年、武蔵野市、保谷市）、寝たきり老人訪問ドクター制開始（一九七三年、三鷹市）など、政策のみならず各地域独自の事業展開が見られる。一方、一九七〇年代後半においては、貧弱な在宅福祉政策の強化がクローズアップされ始め、その対応策として、一九七〇年代から一九八〇年代にかけて、全国社会福祉協議会在宅福祉サービス研究会の提言（一九七七年）、老人訪問看護制度実施（一九七九年、都内一四区、一〇市）、福祉契約制度創設（一九八一年、武蔵野市福祉公社）、老人保健法制定（一九八二年）、コープくらしの助け合い活動発足（一九八三年、灘神戸生協）、長寿社会対策関係閣僚会議設置（一九八五年）、全国ホームヘルプ研究会発足（一九八六年、東京）などの諸施策が実施されるに至った。このような福祉業界の動向のなかで、やがて社会福祉士及び介護福祉士法成立という形で、社会福祉領域における専門職化を志向した動きが現実化された（一九八七年）。

『奈良県資料』（年月日不詳、奈良県庁所蔵）に基づくと、「同県のホームヘルプ事業は、家庭奉仕員派遣事業と称され、一九八七（昭和六十二）年から、一二三人の家庭奉仕員が就業していることが記録されている。そして、その際、四四市町村が当該事業を実施している」と記され、(21) さらに、四四市町村のうち主要なものとして、「奈良市、大和高田市、大和郡山市、天理市、橿原《かしはら》市、桜井市、五条市、御所市、生駒市、月ヶ瀬村、宮祁《つげ》村、山添村、平群《へぐり》町……」などが挙げられている。

注

1　日本福祉文化学会監修（一九九五：三八）。なお、同法成立過程や条文の詳細については、大山（一九六四）や森（一九六二：三二 - 三五）を参照のこと。
2　同上。
3　因みに、社会福祉士法制定試案（一九七一年）と社会福祉士及び介護福祉士法案（一九八七年）の比較・検討については、中嶌（二〇〇六：一一九 - 一三五）に詳しい。
4　特定地域としては、長野県上田市をはじめ、大阪市、名古屋市、千葉県、京都市、高槻市などが挙げられる。
5　「わが国のホームヘルプ事業の発祥に関する全国調査」の実施手順は、まず事前に電話で本研究の目的・主旨を説明した上で、調査依頼書及び調査票（回答用紙）を郵送し、配票後、一カ月以内を回答期限とし、調査票を回収した。
6　青森県民生労働部（一九六五：六八）。
7　群馬県衛生民生部（一九六四：一〇 - 一一）。

8　群馬県県民生活部厚生課（一九七三：七三）。前橋市社会福祉協議会（一九八六：六八）。
9　静岡市社会福祉協議会事務局（二〇〇二：二八）。
10　同上書、二六頁。
11　同上書、二七頁。
12　静岡県（一九七三：一九）。なお、同書には「家庭奉仕員」の説明が次の如くなされている。
「一人暮しの老人や、おとしよりの面倒を見てあげる人手がなく、しかも比較的所得の低い家庭を訪問して、身の回りのお世話をするのが老人家庭奉仕員です。家庭奉仕員の訪問を待っているのは特に一人暮しの老人で、一人ポツンと家の中にいる味気なさから解放されて、奉仕員と話すことを何よりのたのしみにしているのです。『おばあちゃんきょうお布団を干しましょうネ』。『福祉年金は私がもらって来てあげますよ』。『すみませんが東京の娘に手紙を書いてくれませんか』。『食事の用意ができました。一緒にお昼ご飯を頂きましょう』。家庭奉仕員は家族の一員となって細かいところに気を配ってお世話します。『あの家には家庭奉仕員を派遣してもらえないだろうか？』もしご近所にそんなお宅がありましたら、お近くの民生委員さんに相談されるか、社会福祉協議会にご相談ください。社会福祉協議会では身体障害者家庭の奉仕もしております」（静岡県社会福祉協議会事務局二〇〇二：二九）。
13　徳島県社会福祉協議会（一九九二：二四五）。徳島市史編纂室（二〇〇三：三〇一）。徳島県社会福祉協議会（一九六四：一五）。
14　老人福祉法はのちに一部改正され、これまで各条で規定されていた在宅福祉サービス（ホームヘルプ、デイサービス、ショートステイ）を総合的かつ一括して規定し、事業の開始、休廃止等に関する手続規定が設けられ、その積極的実施が志向されることになった。あわせて、在宅福祉サービスは法律上、「居宅生活支援事業」と定義づけられた（厚生省社会・援護局企画課一九九三：二七‐二八）。
15　長崎県（一九九七：三〇二）。
16　山形県社会福祉協議会（二〇〇二：一八九‐一九〇）。
17　宮城県民生部（一九六八）。宮城県社会福祉協議会（一九八三：一〇八）。
18　高知県立図書館利用サービスグループの尾形千晶氏の回答は、二〇〇八（平成二十）年六月十一日付となっている。
19　高知県（一九六七：二二）。

20　沖縄県高齢者福祉介護課在宅福祉班の具志堅宗明氏による二〇〇八（平成二十）年六月三十日付のＦＡＸ回答書（「沖縄県における老人家庭奉仕員派遣事業について（情報提供）」）に添書きいただいた内容を参照した。

21　奈良県『奈良県資料』（年月日不詳、奈良県庁所蔵）。

第八章　その他の在宅介護福祉実践の先例

一　女中

『諸家奥女中袖鏡』（安政五年刊）を紐解くと、五種類の奉公人が記されている。その第一は、「親の家、貧しくて養育もなりがたく、是非なく奉公するなり、是は親のため、我が身のための奉公なれば、よくよく物事に堪へしのびて辛抱し、後々親を養ふに至らねば、子たちの道あらず、親々に苦労をかけぬやう勤め申すべく候はば、後々に天道の加護あるべし」（三田村・朝倉 一九九八：二七）である。この種の御殿奉公は、貧乏な旗本・御家人の娘がすることが多く、武士の家に生まれた場合、高級な女中になれた。但し、低級な女中はお暇を願って下がることができたものの、高級女中では正確な一生奉公で、真に病気でも養生を命ぜられて、容易にはお暇とはならず、女中自身も引退の意向など終始なかったのだという。

こうした御殿女中に対し、一般人においては丁稚奉公のほうが親しみ深い。「丁稚階級は大阪の社会組織の重要な位置を占めるもの」（丸山・今村・京都市社会課編著 一九九八：二）とされ、その理由として、「丁稚が単純なる使用人、労働者にあらざればなり。丁稚なるものの目的は之によって賃銀を得、之によって生活せんが為にあらずして、之によって商業的知識と経験とを、心読体得して一人前の商人にならんがための修業なり。即ち、一種の商業実習教育の制度に外ならず」と述べられる。「過去に適したる制度なりとて、現在に適すべきやは疑ふべし」（丸山・今村・京都市社会課編著 一九九八：四）という考えは存在したようだが、こうした丁稚奉公や御殿女中の仕組みが、時代を経てやがて派出事業や在宅介護実践へとつながっていった過程をさらに検証しなければならない。

二　派出看護婦・病院付添婦

一九一一（明治四十四）年に、大関和により『派出看護婦心得 第四版』が刊行され、派出看護は方向づけられた。派出看護婦は、入院患者または家庭における患者の求めに応じ、その看護の任に就くものであるとされ、従来、派出看護婦会による派出の事業として行われてきた。しかしながら、一九四七（昭和二十二）年十二月一日に施行された職業安定法によって禁止され、その後は、公共職業安定所の紹介、労働大臣の許可を受けた私営紹介所による有料紹介（職業安定法第三十二条）及び労働組合による労働者供給事業（職業安定法第四十五条）の三形態によって行われるようになる。これら三種の派遣方法には、各々の利害得失があり、なおかつ派出看護婦はいわゆる家事使用人として労働基準法の保護の枠外に置かれており（労働基準法第八条）、また派出看護の特殊性から、その労働条件は一般的には悪いとされた。石谷（一九八六：一〇〇）も「賃金は高いが不安定」と不満を吐露している一九八〇年代当時の課題としては、保険制度の確立、労働時間の制限、休日、技術向上のための再教育などがあげられた。

一方、病院付添婦に関しては、明確な統計資料がないとされるが（須田・萩原・宮城 一九七五：七一八）、大部分が家政婦看護婦紹介所を経由することから、労働者の職業安定業務統計を基に概算すると、およそ六万人（一九七五年時）と推定される。さらに、病院付添にはこれに数倍の家族付添が加わるため、約三二万人の病院看護職員（一九七三年）の数からみても、それは決して無視できる存在ではないという。但し、従来、病院付添婦は高額な付添料を患者に自己負担させるため、経済的問題が指摘されてきた。他方、付添婦の労働条件についても劣悪とされ（須田・萩原・宮城 一九七五：七二九）、訓練や養成も放置されていると言及される。病院付添婦は、先行研究の少ない職種でもあるため、今後、ある程度の規模の実態調査を行う必要があると考える。

三　専任給食婦

戦後、学校給食婦という婦人の新しい職種が誕生し、その一〇年後の一九五八（昭和三十三）年には全国約五万人の給食婦が働いていたと推定される（糸谷 一九五八：一二）。北海道の学校給食婦の生活実態を調べた糸谷（一九五八：一一-一二〇）は、「これらの婦人は、児童・生徒の健康増進の一端を担い、きわめて地味に陰の貢献者として努力していますが、〝給食のおばさん〟と、子どもたちから愛称されているこの人たちは、一般に、身分が不安定・低賃金であり、また、子どもをかかえた未亡人が多いという点からも、いろいろの問題をもっているようです」と総括している。

このことは、ホームヘルプ事業の発祥地となった長野県内でも同様の実態がうかがえる。地元新聞記事には、「郡部に専任給食婦を——各地で県費補助要望の声」（『信濃毎日新聞』一九五四年七月九日、第三面）、「〝給食婦には未亡人を〟——東信地区母子福祉研究集会開く」（『信濃毎日新聞』一九五六年三月五日、第四面）、「学校給食婦に未亡人を採用——東信地区母子福祉研究会」（『北信毎日新聞』一九五六年三月六日、第三面）などのタイトルがみられる。一九五六（昭和三十一）年三月四日に上田市公会堂で開催された第一回東信地区母子福祉研究集会（参加者約五百人）では、女性の住まいのほか、労働や役割が論議され、「学校給食婦は未亡人の職業として適職であるから、県失業対策のほか、母子福祉対策として県下市町村に設置し、その待遇改善をはかられたい」。「母子家庭の福祉増進のため、婦人民生・児童委員を増員するとともに、未亡人の適格者を婦人民生・児童委員に委嘱されたい」などが強く要望された。このように、未亡人会を中心に、自立した女性像への模索がなされ、こうした活動が女性労働の形成へとつながっていった。こののち、間もなく創設されることになった家庭養護婦派遣事業についても、こうした先駆活動が一つの伏線になっていたことは看過できない。

四　保健婦駐在制（高知市）

『高知新聞』（一九六一年十二月十六日、第二〇一三〇号、第四面）記事には、「全国にも少ない地区駐在制――発足当時はいばらの道　上村聖恵」と題して、初期の保健婦活動の実態と課題が掲載されている。一九四八（昭和二十三）年十二月に保健婦駐在制を初めて採用した県として高知県は名高い。同記事のなかで上村は発足当初の苦労を、「『ごめんください、保健婦ですが』とおそるおそる家庭訪問で『保険？　なんの保険ですか。保険料はもう納めているはずですが』といわれ、『保健婦とは！　保健婦とは』と学校で教わったことを一生懸命に話し、やっと迎え入れられたのが高知県に初めて保健婦制度ができた昭和一六年当時のことでした。……第二次大戦に引き続き、終戦、日本の歴史が大きく転換したと同様に、私たち高知県の保健婦も郷土の健康の奉仕者としてともに苦しんできたのです。高知市が強い弾攻撃にさらされたとき。わずか数人の保健婦で患者の救護はもちろんのこと、看護や炊き出しを昼夜の別なく行ったり、あるいはまた終戦直後の社会的経済的な混乱と同時に海外伝染病の流行は、毎日毎日が防疫活動の明け暮れであった。」と述懐している。

このことを裏付けるように、木村（二〇一二：六〇）は、「保健婦駐在制実施に当たっては、高知県衛生部長（当時）であった聖成稔の片腕として活動した上村聖恵の存在が大きい」と言及している。また、一九五九（昭和三十四）年に開催された座談会「高知の保健婦駐在制をめぐって」（出席者：片岡静子、浜田静、長尾寿美、上村聖恵、所沢綾子）でも、初期の関係者らによる苦労、思い出、実態が語られ、上村は「保健婦さんがしっかりしていたと思う」（『保健婦雑誌』第一五巻第四号、一九五九年、二二頁）と自負している。高知県という一地方都市で実施されていた制度は、やがて全国模範の駐在制度への飛躍していくことになる。『高知新聞』（一九五四年九月十六日、第一七五〇七号、第三面）記事は、「映画『保健婦の手記』――本県でロケーション」と題し、「ロケ地に本県が選ばれたのは、全国唯一の「保健婦町村駐在制」を本県が実施し、本年度の保健文化賞（厚生大臣賞、懸賞二〇万円）を受けるという輝かしい業績を挙げているため。」と報じている。

映画という映像メディアによるPR活動は、国内に遍く周知される一契機になったが、この制度はやがてアメリカの保健婦（一九六一年一月）や東南アジア九カ国（一九八二年四月）など、海外からの視察をも受けるようになり、その影響の大きさは増大していった。しかしながら、時代が昭和から平成へと移った一九九七（平成九）年四月には、地域保健の再編・強化を目的とし、「総合拠点的な保健所」と「その他の保健所」に再編されるという新システムの導入とともに、保健婦駐在制は四九年間の歴史とともに閉幕するに至った。

五　巡回入浴事業（宇都宮市、水戸市）

巡回浴槽車による巡回入浴事業は、嶋田（二〇一四：二七 - 三四）によれば、宇都宮市や水戸市が先駆けであったと指摘される。一九七〇（昭和四十五）年八月十七日、宇都宮市では、単身で入浴が困難な重度の身体障害者（心身障害児を含む）または寝たきり高齢者で常時の介護を要する者を対象に巡回サービスが開始された。巡回は一世帯につき月二回（平日は午前九時から午後四時三十分の間、土曜日は午前九時から正午まで）であった。一九七二（昭和四十七）年には県費補助により、二号車が運行し始めたが、一九七〇年八月十七日から一九七二年三月末までの派遣対象者は、累計一二〇三人（うち、入浴者九五七人、清拭者二四六人）であった。

一方、水戸市でも、一九七二年六月一日から巡回入浴事業が実施されるに至っている。「水戸市における巡回入浴車は宇都宮方式とは違い、湯沸かし器、水タンク、ポンプ等を備え、搬送式の簡易浴槽を車載した入浴車であり、簡易浴槽を利用者宅に運び込んで入浴してもらう方法であった」（嶋田 二〇一四：二八）という。派遣対象は宇都宮市同様、寝たきり高齢者、身体障害者などであり、実施要項に基づき、三人のホームヘルパーが入浴介助を行っていた。一日に三人、週一回のペースで巡回し、一九七三（昭和四十八）年には、水戸式の巡回入浴車による事業が、甲府市、大曲市、若美町、海道市、伊勢崎市、藤岡市、川越市、鴨川市、長野市、松山市、石川県ほか、一三の地方自治体でも実施されるようになった。このように、人間における最低限度の生活を維持する入浴の必要性から、宇都宮方式→水戸方式→他の地方自治体という地域的拡張をみせた巡回入浴事業も、ホームヘルプの要の一つであり、現在及び今後の在宅介護実践に何らかの示唆を与えるものと考え得る。

序章及び第一部文献一覧

青木秀夫「共同募金運動の展望」『社会事業』第三一巻第一〇号、一九四八年、二 - 三頁。

青木秀夫「共同募金運動概説」『社会事業講座 第五巻』福祉春秋社、一九五二年、一 - 三〇頁。

青木秀夫「共同募金の理念」『社会事業』第三九巻第一〇号、一九五六年、三 - 九頁。

青木秀夫「共同募金運動のはじめの頃」『厚生』第二一巻第九号、一九六六年、八 - 九頁。

青森県民生労働部『民生行政の概要』一九六五年。

赤星典太「社会事業と共同募金運動」『福岡日日新聞』一九二二年一月六日。

赤星俊一『やさしいホームヘルパー入門』みらい、一九九七年。

明山和夫・野川照夫「老人家庭奉仕員制度」『ジュリスト』第五四三号、一九七三年、一〇一 - 一一一頁。

秋山保志子「東京のホームヘルパー（第六回）聞き取り」『東京』第二五六号、二〇〇五年、一八 - 二一頁。

秋山保志子「東京のホームヘルパー（第七回）聞き取り」『東京』第二五八号、二〇〇五年、二二 - 二七頁。

阿部志郎『福祉の哲学』誠信書房、一九九七年。

Audrey Hunt. *The Home Help Services in England and Wales*, 1970, pp.1-28.

池川清「外国におけるホームヘルプについて」『社会事業』第四三巻第七号、一九六〇年、一九 - 二八頁。

池川清『家庭奉仕員制度』大阪市社会福祉協議会、一九七一年。

池川 清「大阪市に家庭奉仕員が誕生するまで」『月刊福祉』第五六巻第三号、一九七三年、五九頁。

池田敬正・池本美和子『日本福祉史講義』高菅出版、二〇〇八年。

猪坂直一『回想・枯れた二枝　信濃黎明会と上田自由大学』上田市民文化懇話会、一九六七年。

石井洗二「共同募金運動における『国民たすけあい』理念――その歴史的考察」『社会福祉学』第四九巻第三号、二〇〇八年、五 - 一六頁。

石谷閑子「派出看護婦、家政婦の立場から見た老人介護と労働者派遣法問題」『婦人労働』第十一号、一九八六年、九五‐一〇二頁。

一番ヶ瀬康子・平野千里・村岡末広他「座談会 転機にたつ共同募金運動」『月刊福祉』第四九巻第九号、一九六八a年、二八‐三六頁。

一番ヶ瀬康子・平野千里・村岡末広他「座談会 転機にたつ共同募金運動（二）」『月刊福祉』第四九巻第一〇号、一九六八b年、三四‐三七頁。

一番ヶ瀬康子『生活福祉の成立』ドメス出版、一九九八年。

一番ヶ瀬康子『介護福祉学の探究』有斐閣、二〇〇三年。

一番ヶ瀬康子・河畠修・小林博・薗田碩哉編『福祉文化論』有斐閣、一九九七年。

糸谷　浩「学校給食婦の生活実態」『北海道労働研究』第九巻第一号、一九五八年、一一‐二〇頁。

井上千津子『ヘルパー奮戦の記――お年寄りとともに』ミネルヴァ書房、一九八一年。

井上千津子『わたしのホームヘルパー宣言！』インデックス出版、一九九八年。

井上千津子・尾台安子・高垣節子・上之園佳子『介護福祉総論』第一法規、二〇〇五年。

茨城県民生部『民生行政のあゆみ―伸びゆく県政と社会福祉　昭和四〇年度』一九六六年。

今井小の実「戦前日本の救貧制度と家族の変容――方面委員制度を通して」『比較家族史研究』第二五巻、二〇一〇年、七‐三一頁。

岩田正美・小林良二・中谷陽明・稲葉昭英編『社会福祉研究法――現実世界に迫る14レッスン』有斐閣、二〇〇六年。

岩手県社会福祉協議会『岩手県ホームヘルパー協議会成立二十周年記念誌』一九九二年。

岩橋成子編『新版　介護福祉概論　第三版』建帛社、二〇〇六年。

岩見ヒサ『吾が住み処ここより外になし　田野畑村元開拓保健婦のあゆみ』萌文社、二〇一〇年。

上田市社会福祉協議会『自昭和三十一年度 家庭養護婦派遣事業計画及精算書綴』一九五六年（上田市社会福祉協議会蔵）。

上田市社会福祉協議会『自昭和三十一年度 家庭養護婦派遣事業実施状況報告書綴』一九五六年（上田市社会福祉協議会蔵）。

上田市社会福祉協議会「『内職』について　長野県内職公共職業補導所」『社協ニュース』第三号、一九五八a年、第一面。

上田市社会福祉協議会「注目される家庭養護婦派遣事業」『社協ニュース』第六号、一九五八b年、第一面。

上田市社会福祉協議会『昭和三十六年度 家庭養護婦派遣申請書綴』一九六〇年（上田市社会福祉協議会蔵）。

上田市社会福祉協議会「みなさんの相談相手 民生・児童委員が改選されました」『社協ニュース』第三四号、一九六六年、第五面。

上田市社会福祉協議会「本年度表彰に輝く人々」『社協ニュース』第五七号、一九七三年、第三面。

上田市社会福祉協議会『家庭養護婦勤務表』年月日不詳（上田市社会福祉協議会蔵）。

上田市社会福祉協議会『家庭養護婦書類綴』年月日不詳（上田市社会福祉協議会蔵）。

上田市編『上田市史　下巻』信毎書籍、一九七四年。

上田小県誌刊行会編『上田小県誌　第三巻 社会篇』信毎書籍、一九六八年。

上田小県誌刊行会編『上田小県誌　第五巻補遺―資料編（一）社会歴史』信毎書籍、一九七三年。

右田紀久恵・井岡 勉編著『地域福祉 いま問われているもの』ミネルヴァ書房、一九八四年。

右田紀久恵・高澤武司・古川孝順『社会福祉の歴史［新版］』有斐閣、二〇〇八年。

宇都榮子『社会福祉実践史の総合的分析』出版社不詳、一九八九年。

荏原順子「ホームヘルプサービス事業揺籃期の研究――長野県上田市における『家庭訪問ボランティア支援事業』の背景」『純心福祉文化研究』第六号、二〇〇八年、一 - 一一頁。

海老沢有造・大内三郎『日本キリスト教史』日本キリスト教団出版局、一九七〇年。

遠藤興一「戦時下方面委員活動の性格と特徴」『社会事業史研究』第四号、一九七六年、一五 - 四一頁。

遠藤興一『史料でつづる社会福祉のあゆみ』不昧堂出版、一九九九年。

大分県厚生部社会課『大分県の社会福祉』一九六五年。

大分県厚生部社会課『大分県の社会福祉』一九六七年。

大阪ソーシャルワーカー協会編『大阪の誇り 福祉の先駆者たち』晃洋書房、二〇一三年。

大島巌・平 直子・岡上和雄編著『精神障害者のホームヘルプサービス――そのニーズ展望』中央法規出版、二〇〇一年。

太田貞司編著『新版 高齢者福祉論』光生館、二〇〇七年。

大友信勝『公的扶助の展開』旬報社、二〇〇〇年。

大橋謙策「博愛の精神に基づく寄附の文化の醸成」『月刊福祉』第八九巻第一二号、二〇〇六年、一二 - 一七頁。

大橋松平「長崎縣に於ける社會施設（下）」『大阪朝日新聞　九州版』一九二二年九月六日。

大山　正『老人福祉法の解説』全国社会福祉協議会、一九六四年。

小笠原慶彰『林市蔵の研究』関西学院大学出版会、二〇一三年。

岡本民夫・井上千津子編『介護福祉入門』有斐閣、一九九九年。

岡山県『民生労働行政の概要』一九六七年。

岡山県発行『岡山県政史』一九八八年。

岡山縣民生委員連盟『岡山縣社会福祉読本』中國印刷、一九四九年。

小河滋次郎『社会問題 救恤十訓』北文館、一九一二年。

小河滋次郎『社会事業と方面委員制度』巌松堂、一九二四年。

沖縄県生活福祉部『昭和六三年版 生活福祉行政の概要』一九八八年。

小倉襄二「〝方法〟としての歴史――比較ということ」『社会事業史研究』第一六号、一九八八年、ii - iii頁。

介護福祉学研究会編『介護福祉学』中央法規出版、二〇〇二年。

香川県厚生部社会課『福祉と援護 昭和四〇年度』一九六七年。

香川県厚生部編『民生行政――昭和四三年六月』一九六八年。

香川正弘・三浦嘉久編著『生涯学習の展開』ミネルヴァ書房、二〇〇二年。

鹿児島県『資料集 鹿児島県資料』年月日不詳(鹿児島県社協地域福祉部、池下真也氏提供)。

神奈川県民生部『民生行政のあらまし 一九六四年版』一九六四年。

神奈川県民生部『民生統計 昭和四五年版』一九七一年。

金子光一『社会福祉のあゆみ――社会福祉思想の軌跡』有斐閣、二〇〇五年。

上村久壽彦編『ひとすじに生きる 上村聖恵追悼集』保健同人社、一九八八年。

上村富江「上田市のホームヘルプサービスを担った女性たち」『社会福祉のなかのジェンダー――福祉の現場のフェミニスト実践を求めて』ミネルヴァ書房、一九九七年、二四七 - 二五七頁。

亀山幸吉「介護における実践と理論の史的展開と課題」『社会福祉研究』第五一号、一九九一年、八一 - 八六頁。

看護史研究会『派出看護婦の歴史』勁草書房、一九八三年。

菊池正治・清水教恵・田中和男・永岡正己・室田保夫編著『日本社会福祉の歴史 付・史料――制度・実践・思想』ミネルヴァ書房、二〇〇三年。

北九州市社会福祉協議会『北九州市社会福祉協議会四十年史』二〇〇五年。

北場勉「大正期における方面委員制度誕生の社会的背景と意味に関する一考察」『日本社会事業大学研究紀要』第五五号、二〇〇九年、三-三七頁。

木下安子・森山千賀子「東京のホームヘルパー（第一六回）聞き取り」『東京』第二八三号、二〇〇七年、三九-四四頁。

木村忠二郎『社会福祉事業法の解説』時事通信社、一九五五年。

木村忠二郎「共同募金運動の将来私見」『厚生』第二一巻第九号、一九六六年、二-六頁。

木村忠二郎「共同募金運動についての二、三の問題」『月刊福祉』第五一巻第一号、一九六八年、一五-二一頁。

木村哲也『駐在保健婦の時代　一九四二-一九九七』医学書院、二〇一二年。

久保田鶴恵「『小さな親切』運動　実行章を贈られた」『社協ニュース』第三一号、一九六五年、第三面。

熊本空港ビル総務課『きなっせ熊本二〇一二』二〇一一年。

栗木黛編著『市民ヘルパーの泣き笑い』神奈川県ホームヘルプ協会、近代出版、一九九七年。

群馬県衛生民生部『群馬の社会福祉　昭和三八年度』一九六四年。

群馬県県民生活部厚生課『戦後の社会福祉行政』一九七三年。

県社協三十年史編さん委員会編『鳥取県社協三十年史』一九八三年。

小泉八雲著・上田和夫訳『小泉八雲集』新潮社、一九七〇年。

厚生省社会・援護局企画課『社会福祉の動向・九三』全国社会福祉協議会、一九九三年。

厚生省社会局施設課『老人福祉（二）──老人家庭奉仕員制度について』一九六一年。

高知県『高知県の福祉　高知県社会福祉事業概要　一九六七年度版』一九六七年。

高知県『高知県の福祉　高知県社会福祉事業概要　一九六九年度版』一九六九年。

高知県『高知県の福祉　高知県社会福祉事業概要　一九七一年度版』一九七一年。

高知県『高知県の福祉　高知県社会福祉事業概要　一九七四年度版』一九七四年。

高知県『高知県の福祉　高知県社会福祉事業概要　一九七六年度版』一九七六年。

高知新聞社「映画『保健婦の手記』本県でロケーション」『高知新聞』第一七五〇七号、一九五四年九月十六日、第三面。

高知新聞社「駐在制度を視察──アメリカの保健婦さんふたりが来高」『高知新聞』第一九七九九号、一九六一年一月一七日、第三面。

高知新聞社「全国にも少ない地区駐在制――発足当時はいばらの道　上村聖恵」『高知新聞』第二〇一三〇号、一九六一年十二月十六日、第四面。

高知新聞社「本県の駐在保健婦制度を学びたい――東南アジアなど九ヶ国から」『高知新聞』第四九二号、一九八二年四月二十日、第一四面。

高知新聞社「一〇保健所制は維持――駐在保健婦は来春廃止」『高知新聞』第三二四九三号、一九九六年三月二十六日、第一面。

孝橋正一『全訂 社会事業の基本問題』ミネルヴァ書房、二〇〇九年。

甲府市役所『甲府市史　別編Ⅳ』一九九三年。

小崎軍司『戦後の上田女性史』信毎書籍、一九七三年。

権田保之助『娯楽業者の群――社会研究』実業之日本社、一九二三年。

西伯町役場『西伯町五〇周年記念要覧』二〇〇四年。

坂田周一「共同募金運動の構造分析」『月刊福祉』第六二巻第一〇号、一九七九年、五七‐六三頁。

雀部猛利「世論と共募・社協をめぐって――行管の勧告と社協の任務」『月刊福祉』第五一巻第一号、一九六八年、二三‐二八頁。

【座談会】「高知の保健婦駐在制をめぐって」『保健婦雑誌』第一五巻第四号、一九五九年、一八‐二四頁。

猿田南海雄・石西　伸・児玉　泰・国武栄三郎・天ヶ瀬六三郎・土肥愛子「小学校給食婦の疲労と労働時間」『医学研究』第三三巻第二号、一九六三年、六九‐九〇頁。

滋賀県社会福祉協議会『滋賀県社会福祉協議会四十年史』一九九二年。

静岡県『老後をみんなで考えよう』一九七三年。

静岡市社会福祉協議会事務局『静岡市社会福祉協議会創立五〇周年記念誌』二〇〇二年。

信濃教育会編著『信濃教育会百二十年史――百十年史後の十年』二〇〇七年。

信濃毎日新聞社「ホームヘルプ制が実施されたら」『信濃毎日新聞』第二六六〇八号、一九五六年、第二面。

柴田善守『小河滋次郎の社会事業思想』日本生命済生会、一九六四年。

澁谷正男『上田の古寺めぐり』風景社、一九九六年。

渋谷光美「老人の生活問題に対する社会福祉としての家庭奉仕員制度創設」『京都女子大学生活福祉学科紀要』第五号、二〇〇九年、三三‐四一頁。

渋谷光美「在宅介護福祉労働としての家庭奉仕員制度創設と、その担い手政策に関する考察」『Core Ethics』第六号、二〇一〇年、二四一‐二五一頁。

渋谷光美『家庭奉仕員・ホームヘルパーの現代史』生活書院、二〇一四年。

渋谷光美「問い直されたホームヘルプ労働のあり方（一九七〇年代〜一九九〇年代）」『羽衣国際大学人間生活学部研究紀要』二〇一二年、第七号、三一‐四一頁。

嶋田芳男「地域における巡回入浴事業の萌芽とその後の展開――宇都宮市、水戸市などにおける取り組みに焦点を当て」『介護福祉学』第二一巻第一号、二〇一四年、二七‐三四頁。

島津淳『介護保険制度と政策形成過程』久美、二〇〇八年。

清水隆則『ソーシャルワーカー論研究――人間学的考察』川島書店、二〇一二年。

白旗希実子『介護職の誕生――日本における社会福祉系専門職の形成過程』東北大学出版会、二〇一一年。

信州自治研究会「【座談会】社会福祉を語る」『信州自治』第六巻第九号、一九五三年、一八‐二二頁。

信州民報社『信州民報』第三号‐第一九二二号、一九四五年十二月十六日〜一九五五年三月二十九日。

信陽新聞社「仲間入り初の記念日　原崎さんにきく」『信陽新聞』第一三〇七二号、一九五七年十月二十五日、第四面。

須加美明「日本のホームヘルプにおける介護福祉の歴史」『社会関係研究』第二巻第一号、一九九六年a、八七‐一二三頁。

須加美明「介護福祉の歴史的展開」古川孝順・佐藤豊道・奥田いさよ『介護概論』有斐閣、一九九六年b、四九頁。

菅沼隆『被占領期社会福祉分析』ミネルヴァ書房、二〇〇五a年。

菅沼　隆「方面委員制度の存立根拠――日本型奉仕の特質」『福祉社会の歴史――伝統と変容』ミネルヴァ書房、二〇〇五b年、六五‐八八頁。

杉村春三『ホームヘルプ』全国社会福祉協議会、一九七五年。

杉山博昭「戦前における共同募金をめぐる議論――谷川貞夫の共同募金論を中心に」『福祉研究』第一〇七号、二〇一四年、二二三‐二三二頁。

須田和子・萩原康子・宮城洋子「病院付添婦の雇用と労働条件」『労働科学』第五一巻第一二号、一九七五年、七一七‐七三〇頁。

住谷磬・右田紀久恵編『現代の地域福祉』法律文化社、一九七三年。

瀬戸山計佐儀編著『都城北諸県社会福祉史』一九七一年。

全国社会福祉協議会編『栄誉に輝く人々』全国社会福祉協議会、一九五九年。

全国社会福祉協議会『民生委員制度四十年史』一九六四年。

全国社会福祉協議会『民生委員制度五十年史』全国社会福祉協議会、一九六八年。

全国社会福祉事業大会事務局『全国社会福祉事業大会要綱――共同募金運動十周年記念』一九五六年。

全日本方面委員連盟「国民精神総動員運動とタイアップ」『方面時報』第六巻第九号、一九三七年、第二面。

全日本方面委員連盟「方面映画（トーキー）（仮題）方面動員（三巻）」『方面時報』第七巻第一〇号、一九三九a年、第四面。

全日本方面委員連盟「方面映画（トーキー）方面動員（第一回）」『方面時報』第七巻第一一号、一九三九b年、第四面。

全日本方面委員連盟「方面映画（トーキー）方面動員（第二回）」『方面時報』第七巻第一二号、一九三九c年、第六面。

全日本方面委員連盟「《試写室》方面映画 方面動員を讃ふ」『方面時報』第七巻第一二号、一九三九d年、第六面。

全日本方面委員連盟「方面映画（トーキー）方面動員（第三回）」『方面時報』第八巻第一号、一九三九e年、第四面。

全日本方面委員連盟「方面映画（トーキー）方面動員（第四回）」『方面時報』第八巻第二号、一九三九f年、第四面。

全日本方面委員連盟「叙勲」『方面時報』第九巻第八号、一九四〇a年、第一面。

全日本方面委員連盟「方面會館建設委員會役員氏名」『方面時報』第一〇巻第五号、一九四〇b年、第四面。

園木喜代子「神奈川県の有料ホームヘルプ活動の歴史」『ソーシャルワーク研究』一一（四）、一九八六年、一〇九頁。

竹内吉正「ホームヘルプ制度の沿革・現状とその展望――長野県の場合を中心に」『老人福祉』第四六号、一九七四年、五一-六九頁。

竹内吉正「ホームヘルプ制度発足の周辺」『長野県ホームヘルパー協会二十年のあゆみ』一九九一年、一四-二八頁。

武川正吾「在宅ケアの実情――イギリス」『ジュリスト 増刊』一九九三年、二二二-二二七頁。

田代国次郎『社会福祉学とは何か――現代社会福祉学批判』本の泉社、二〇一一年。

田中啓子「東京のホームヘルパー（第八回）聞き取り」『東京』第二六一号、二〇〇五年、二九-三三頁。

田中由紀子『ホームヘルプの要点 改訂版』一橋出版、一九九六年。

中央共同募金委員会『共同募金年報 第二（昭和二三年版）』中央共同募金委員会、一九四九年。

中央共同募金委員会事務局『赤い羽の奉仕と社会（米国の共同募金に関する資料 第一號）』一九四九年。

中央共同募金会『米国クリーブランド市における共同募金のあらまし』一九六二年。

中央共同募金会『入選論文集――第一回共同募金の強化改善についての論文コンテスト一九六四』一九六四年。

中央共同募金会『共同募金の基礎知識』コロニー印刷、一九八三年。

中央共同募金会『みんな一緒に生きていく――共同募金運動五〇年史』一九九七年。

中央共同募金会『母ちゃんバス――中央共同募金制作映画企画シナリオ』産経映画社、年月日不詳。

築島謙三『ラフカディオ・ハーンの日本観――その正しい理解への試み』勁草書房、一九六四年。

寺脇隆夫編『戦後創設期／社会福祉制度・援護制度史資料集成（マイクロフィルム版）木村忠二郎文書資料　第I期』柏書房、二〇一〇年。

寺脇隆夫編『戦後処理・遺家族援護・婦人保護基本資料　婦人保護・売春』柏書房、二〇一五年。

土井洋一・遠藤興一編『小河滋次郎集』鳳書院、一九八〇年。

東京府社會事業協會編『共同募金調査』一九二九年。

東京YMCA総合研究機構『J・R・モット研究』一九九七年。

徳島県社会福祉協議会『とくしま　福祉広報』第三五号、一九六四年一月二十日、一五頁。

徳島県社会福祉協議会『支えあう明日―徳島県社会福祉協議会四〇年の歩み』一九九二年。

徳島市史編纂室『徳島市史　第五巻　民生編、保健衛生編』二〇〇三年。

栃木県衛生民生部編『保健福祉のあゆみ』一九六七年。

栃本一三郎「共同募金運動五〇周年を迎えて」『厚生』第五一巻第一〇号、一九九六年、一八 - 二三頁。

栃本一三郎・坂口和隆・吉実正博他「座談会 地域をつくる市民を応援する共同募金をめざして」『月刊福祉』第八九巻第一二号、二〇〇六年、一二四 - 一三一頁。

内務省社會局『社會事業共同募金と其の効果』一九二三年。

長崎縣『長崎縣議會報』第二巻第二号 - 第三巻第一号、一九四九年五月三十一日 - 一九五〇年一月三十一日。

長崎県『長崎県福祉のあゆみ』一九九七年。

長崎県議会『長崎県事績 上巻・下巻』一九一二年。

長崎県社会福祉事業史編集委員会『長崎県福祉のあゆみ』長崎県、一九九七年。

中嶌 洋「介護福祉士資格の創設・改革過程に関する一検討――雑誌『月刊福祉』（一九六〇 - 二〇〇五年）を中心とする関係

資料の分析」『介護福祉学』第一三巻第二号、二〇〇六年、一一九‐一三五頁。

中嶌洋「戦後日本のホームヘルプ事業の起源」『帝京平成大学紀要』第一九巻、二〇〇八a年、五五‐六六頁。

中嶌洋「ボランティア活動の実践からホームヘルプ事業化への道すじ――長野県上田市における事例を中心にして」『上智大学教育学論集』第四二号、二〇〇八b年、八三‐九八頁。

中嶌洋「老人家庭巡回奉仕員派遣事業の成立にみる学習ニーズの拡充」『日本学習社会学会年報』第四号、二〇〇八c年、五八‐六八頁。

中嶌洋「ホームヘルプ事業の黎明としての原崎秀司の欧米社会福祉視察研修（一九五三‐一九五四）――問題関心の所在と視察行程の検証を中心に」『社会福祉学』第五二巻第三号、二〇一一年、一一八‐一三九頁。

中嶌洋「戦後日本におけるホームヘルプ事業の全国展開の諸相――全国調査（二〇〇八）に基づいた拡張過程の解明」『日本獣医生命科学大学研究報告』第六〇号、二〇一一b年、一三七‐一四六頁。

中嶌洋「ホームヘルプ事業誕生における教育的地盤の基礎形成」『国際医療福祉大学学会誌』第一七巻第二号、二〇一二a年、一一‐一九頁。

中嶌洋「長野県上田市における家庭養護婦派遣事業のモデルに関する仮説検証」『学苑』第八六二号、二〇一二b年、二四‐四三頁。

中嶌洋「ホームヘルプ事業の先覚者における思想展開とハウスキーパー構想――戦間期から終戦直後までの原崎秀司の苦悩体験と理想像」『社会福祉学』第五三巻第四号、二〇一三a年、一六‐二八頁。

中嶌洋「社会福祉研究における歴史的アプローチの特徴と課題」『帝京平成大学紀要』第二四巻第二号、二〇一三b年、二八九‐三〇四頁。

中嶌洋『日本における在宅介護福祉職形成史研究』みらい、二〇一三c年。

中嶌洋『ホームヘルプ事業草創期を支えた人びと――思想・実践・哲学・生涯』久美、二〇一四a年。

中嶌洋「女性労働問題とホームヘルプ事業創設との関連――通知・通達・議事録などの長野県公文書の分析を中心に」『学苑』第八八八号、二〇一四b年、一‐一二頁。

中嶌洋「草創期における家庭養護婦派遣事業と家庭養護婦――担い手の背景と実践的課題の検証を中心に」『社会事業史研究』第四五号、二〇一四c年、三一‐四五頁。

中嶌 洋「生活変化及び信仰を通して考える歴史的アプローチの構造——ホームヘルパーのモデルとされたクリスチャン未亡人Kさんを中心事例として」『帝京平成大学紀要』第二五巻、二〇一四d年、六九‐七八頁。

中嶌 洋監修『現代日本の在宅介護福祉職成立過程資料集 第三巻——家庭養護婦派遣事業：長野県上田市資料①』近現代資料刊行会、二〇一四e年。

中嶌 洋監修『現代日本の在宅介護福祉職成立過程資料集 第四巻——家庭養護婦派遣事業：長野県上田市資料②』近現代資料刊行会、二〇一四f年。

中嶌 洋『シリーズ福祉に生きる六七 原崎秀司』大空社、二〇一四g年。

中嶌 洋監修『現代日本の在宅介護福祉職成立過程資料集 第一巻——家庭養護婦派遣事業を支えた人々』近現代資料刊行会、二〇一五a年。

中嶌 洋『初学者のための質的研究二六の教え』医学書院、二〇一五b年。

仲村優一・三浦文夫・阿部志郎編『社会福祉教室』有斐閣、一九七七年。

長野県『長野県福祉だより』第三五号、一九五五年。

長野県『家庭養護事業のしおり』一九五六年（上田市社会福祉協議会蔵）。

長野県「家庭養護婦派遣事業——注目ひく極貧対策」『県民の福祉』第七〇号、一九五八年。

長野県議会事務局『第百十四回長野県議会（定例会）会議録』一九五四年。

長野県議会事務局『長野県議会議事録』一九五四年、七〇一頁。

長野県社会福祉協議会編『長野県ボランティア名簿 一九七七年三月』長野県社会奉仕活動指導センター、一九七七年。

長野県社会部『民生労働行政の現況と問題点』一九六一年。

長野県社会福祉協議会五〇年のあゆみ編纂委員会編『長野県社会福祉協議会五〇年のあゆみ』ほおずき書房、二〇〇三年。

長野県新生活建設運動推進委員会『郷土を築く歩み 新生活運動事例集（シリーズ四）』一九六二年。

長野県姓氏歴史人物大辞典編纂委員会『長野県姓氏歴史人物大辞典』角川書店、一九九六年。

「長野県の歴代知事」（http://www.pref.nagano.lg.jp/hisho/kensei/gaiyo/chiji/rekidai.html 二〇一五年二月十八日取得）。

長野大学編『上田自由大学とその周辺』郷土出版社、二〇〇六年。

奈良県『奈良県資料』（年月日不詳、奈良県庁所蔵）。

新潟県ホームヘルパー協会『新潟県ホームヘルパー協議会』（立ち上げ資料）、一九七一年。

西浦功「日本における在宅福祉政策の源流」『人間福祉研究』第一〇号、二〇〇七年、四一－四九頁。

西浦功「日本のホームヘルプ制度の波及に関する予備的研究」『人間福祉研究』第一四号、二〇一一年、七九－九三頁。

西浦功「老人家庭奉仕員制度の導入と伝播」『札幌大谷大学紀要』第四四号、二〇一四年、一〇一－一一〇頁。

西川盛雄「二〇〇三年熊本大学ハーン展示会・講演会のこと」『熊本大学附属図書館報』第三八号、二〇〇四年、三－四頁。

西村洋子『介護福祉論』誠信書房、二〇〇五年。

西村洋子・太田貞司編著『介護福祉教育の展望――カリキュラム改正に臨み』光生館、二〇〇八年。

日本社会事業短期大学編『社会福祉辞典』福祉春秋社、一九五二年。

日本社会福祉学会事典編集委員会編『社会福祉学事典』丸善出版、二〇一四年。

日本赤十字社『人道――その歩み 日本赤十字社百年史』日本赤十字社、一九七九年。

日本赤十字社長野県支部編『百年を迎えて』一九九一年。

日本福祉文化学会監修、河畠修・厚美薫・島村節子著『増補 高齢者生活年表 一九二五－二〇〇〇年』日本エディタースクール出版部、一九九五年。

沼田初枝・森山治「東京のホームヘルパー（第十一回）聞き取り」『東京』第二七二号、二〇〇六年、二八－三三頁。

沼田初枝・森山治「東京のホームヘルパー（第十二回）聞き取り」『東京』第二七四号、二〇〇六年、二九－三七頁。

野口武悟「一九五〇年前後の共同募金学習指導の推進――その背景とねらいを中心に」『東京社会福祉史研究』第四号、二〇一〇年、八七－一一五頁。

野辺英子「東京のホームヘルパー（第九回）聞き取り」『東京』第二六七・二六八号、二〇〇六年、四二－四七頁。

野辺英子「東京のホームヘルパー（第十回）聞き取り」『東京』第二七〇号、二〇〇六年、二三－二五頁。

延岡市史編さん委員会編『延岡市史 上巻』一九八三年。

原崎秀司「編輯後記」『方面時報』第六巻第五号、一九三七a年、第四面。

原崎秀司「編輯後記」『方面時報』第六巻第六号、一九三七b年、第四面。

原崎秀司「編輯後記」『方面時報』第六巻第七号、一九三七c年、第六面。

原崎秀司「東京陸軍病院」『方面時報』第六巻第八号、一九三七d年、第二面。

原崎秀司「[展望台] 昭和拾二年の方面事業」『方面時報』第六巻第九号、一九三七e年、第四面。

原崎秀司「編輯後記」『方面時報』第六巻第一〇号、一九三八a年、第四面。

原崎秀司「編輯後記」『方面時報』第七巻第六号、一九三八b年、第六面。

原崎秀司『遠保栄我記（新正堂版）』一九三八年‐一九四九年（原崎修一氏蔵）。

原崎秀司『母子日記』一九四二年一月‐一九四二年七月（原崎修一氏蔵）。

原崎秀司「蘇峡 雑記」『木曾』一九五〇a年、二七‐三二頁。

原崎秀司「新しい生活保護法」『信州自治』第三巻第六号、一九五〇b年、八‐一〇頁。

原崎秀司「福祉事務所の發足」『信州自治』第四巻第一一号、一九五一年、一三‐一七頁。

原崎秀司「社会福祉事業はどう推進されているか」『信州自治』第六巻第九号、一九五三年、一四‐一五頁。

原崎秀司『歌稿 第一輯』一九五三年‐一九五四年（原崎修一氏蔵）。

原崎秀司「欧米とところどころ（一）スイス」『信州自治』第八巻第二号、一九五五a年、二二‐二五頁。

原崎秀司「欧米とところどころ（二）イギリス点描」『信州自治』第八巻第四号、一九五五b年、三二‐三五頁。

原崎秀司「人口問題断想」出典不詳、一九五五c年、一五‐一七頁。

原崎秀司「社会保障と新生活運動の進展」『信州自治』第九巻第一号、一九五六年、二二頁。

原崎秀司「社会型の断想」出典不詳、一九六一年、一頁。

原崎秀司「随筆 農村保健」出典不詳、年月日不詳、二八‐二九頁。

福岡市「福岡市老人家庭奉仕員派遣実施要綱」（年月日不詳）。

福祉士養成講座編集委員会『新版 介護福祉士養成講座⑪介護概論』中央法規出版、二〇〇一年。

福祉新聞社「日本の社会福祉を進めた一〇〇人」『福祉新聞』第四一八号、一九六五年、第五面。

福祉文化学会編『高齢者生活年表 一九二五‐一九九三』日本エディタースクール出版部、一九九五年。

福島県厚生部編『福祉事務所　一五年の歩み』一九六七年。

福島県社会福祉史編集委員会編『福島県社会福祉史』一九八三年。

福島民報社『福島民報』一九六六年。

富士川 游『日本医学史綱要』平凡社、一九七四年。

婦人少年局「派出看護婦の実態」『労働時報』第五巻第二号、一九五二年、三六‐三七頁。

保健福祉地区組織育成中央協議会編『健康で豊かな生活を築くために』一九五九年。
J.Moss, C.B.E. *Hadden's Health and Welfare Service Handbook*, 1948.
細川智子・森山千賀子「東京のホームヘルパー（第五回）聞き取り」『東京』第二五四号、二〇〇五年、一六‐一九頁。

北海道社会福祉協議会『北海道社会福祉要覧　昭和二八年度』一九五四年。

本田久市「福島県における老人家庭奉仕員事業の発足――二本松市の事例と資料を中心に」『東北介護福祉研究』第二号、一九九九年、一七‐二三頁。

Margaret Dexter and Wally Harbert. *THE HOME HELP SERVICE*, TAVISTOCK, PUBLICATIONS, London and New York, 1983,pp.1 - 15.
M.Penelope Hall. *The Social Services of Modern England*, 1959.
前橋市社会福祉協議会『創立三十五周年法人化二十年　前橋市社会福祉協議会の歩み』一九八六年。

増子正「地域福祉を支える共同募金改革への市民意識に関する研究」『日本地域政策研究』第一一号、二〇一三年、二〇三‐二一〇頁。

松原日出子『在宅福祉政策と住民参加型サービス団体』御茶の水書房、二〇一一年。

松本市民生委員・児童委員協議会編集・発行『松本市民生児童委員活動のあゆみ』一九九八年。

松本女里「保健婦駐在制度への考察――高知県の経緯から」『高知女子大学看護学会誌』第二九巻第一号、二〇〇四年、一‐六頁。

松本女里「巻頭言　高知女子大学看護学会の役割」『高知女子大学看護学会誌』第三一巻第一号、二〇〇六年、一頁。

丸山侃堂・今村南史・京都市社会課編著『丁稚制度の研究――京都市に於ける女中に関する調査』久山社、一九九八年。

三浦文夫監修・横浜市ホームヘルプ協会編『市民がつくるホームヘルプ　町に生きる』中央法規出版、一九九二年。

三重県発行『民生行政の現状と課題　昭和三七年』一九六二年。

三重県発行『三重県保健福祉計画』一九六四年。

三重県民生部厚生課編集・発行『三重の民生　一九七〇』一九七〇年。

三田村鳶魚・朝倉治彦編『御殿女中』中央公論社、一九九八年。

宮城県社会福祉協議会『宮城県社会福祉協議会三〇年誌』一九八三年。

宮城県民生部『宮城のふくし』一九六八年。

宮崎啓子「小泉八雲と熊本」(http://kumanago.jp/benri/terakoya/?mode=064&pre_page=4 二〇一五年五月六日取得)。

宮崎県『宮崎県の社会福祉』一九七五年。

宮崎県社会福祉協議会宮崎県社会福祉五〇年記念誌編集委員会『みやざきの福祉のあゆみ――宮崎県社会福祉協議会五〇年記念誌』二〇〇三年。

宮崎県民生労働部『社会福祉のあゆみ』一九六六年。

宮崎市史編さん委員会編『宮崎市史 続編(上)』一九七八年。

室田保夫編『人物でよむ 近代日本社会福祉のあゆみ』ミネルヴァ書房、二〇〇六年。

室田保夫「歴史研究方法論の発展――到達点と課題」日本社会福祉学会事典編集委員会編『社会福祉学事典』丸善出版、二〇一四年、六二八-六二九頁。

森 幹郎「老人福祉法と社会教育」『社会教育』第一八巻八月号、一九六三年、三一-三五頁。

森 幹郎「ホームヘルプサービス――歴史・現状・展望」『季刊 社会保障研究』第八巻第二号、一九七二年、三一-三九頁。

森 幹郎『ホームヘルパー』日本生命済生会、一九七四年。

森川美絵『介護はいかにして「労働」となったのか』ミネルヴァ書房、二〇一五年。

守屋 茂監修『現代岡山県社会福祉事業史』同朋舎、一九八三年。

山形県社会福祉協議会『山形の社会福祉五十年』二〇〇二年。

山口県『山口県社会福祉基本計画』一九七一年。

山口市議会事務局『山口市政概要 昭和四八年度版』一九七四年。

山口白陽『赤星典太先生』大日本教育会熊本県支部、一九四六年。

山田太一『日本の面影――ラフカディオ・ハーンの世界』岩波書店、二〇〇二年。

山田知子「わが国のホームヘルプ事業における女性職性に関する研究」『大正大學研究紀要 人間學部・文學部』第九〇輯、二〇〇五年、一七八-一九八頁。

山田知子『大都市高齢者層の貧困・生活問題の創出過程――社会的周縁化の位相』学術出版会、二〇一〇年。

山田知子「書評 中嶌洋著『日本における在宅介護福祉職形成史研究』」『社会事業史研究』第四六号、二〇一四年、一三九-

一四六頁。

山梨県社会福祉協議会『山梨の社会福祉二十年史』一九七一年。

山本なつい「家庭養護婦の立場」『社協ニュース』第二一号、一九六三年、第三面。

横尾英子『在宅介護実践講座』中央法規出版、一九九六年。

吉田久一『日本社会事業の歴史』勁草書房、一九六六年。

吉田久一『改訂 日本社会事業の歴史』勁草書房、一九七〇年。

吉田久一『社会事業理論の歴史』一粒社、一九七四年。

吉田久一『現代社会事業史研究』勁草書房、一九七九年。

吉田久一『日本の貧困』勁草書房、一九九五年。

吉田久一『日本の社会福祉思想』勁草書房、一九九四年。

吉田久一『日本社会福祉理論史』勁草書房、一九九五年。

吉田久一・岡田英己子『社会福祉思想史入門』勁草書房、二〇〇〇年。

吉田久一『社会福祉と日本の宗教思想』勁草書房、二〇〇三年。

四日市市社会福祉協議会発行『四日市市社会福祉事業史』一九六〇年。

ラフカディオ・ハーン著・平井呈一訳『心——日本の内面生活の暗示と影響』岩波書店、一九五一年。

歴代知事編纂会『新編 日本の歴代知事』歴代知事編纂会、一九九一年。

労働省職業安定局失業対策部編『失業対策事業三十年史』雇用問題研究会、一九八〇年。

労務行政研究所編「ホーム・ヘルパー制度の企業内運営事情」『労務時報』第一六三〇号、一九六一年、二一‐一七頁。

和歌山県『和歌山県史 近現代二巻』一九九三年。

和歌山県民生部『和歌山の社会福祉』一九七八年。

渡辺一城「共同募金改革における『当事者性』」『天理大学人権問題研究室紀要』第一六号、二〇一三年、三三‐四六頁。

第二部

証言編

第一章　佐々木眞知子氏（北海道釧路市）の証言

（二〇一五年九月四日、一四：〇〇～一六：三〇　於　釧路市社会福祉協議会）

【略歴】　佐々木眞知子氏……一九八七（昭和六十二）年から、五期生の家庭奉仕員として従事。釧路市社会福祉協議会所属として、約三十年勤務中。過去には銭湯介助を行ったり、二四時間コール端末機を使用しながら、在宅での介護実践の質的向上に奮闘している。気難しい利用者との人間的お付き合いにストレスを感じながらも、介護福祉士や介護支援専門員としての仕事を通して、今の介護現場における息の長い実践の在り方を模索中。定年を間近に、まだまだ現役続行の意向である。

○きっかけとチーム運営方式

佐々木氏　私が（現場に）入ったのが昭和六十二年です。きっかけは子どもが小学校に入りまして、手が空いたというのがあるのと、昔の名称は家庭奉仕員でしたので、今のようなホームヘルパーという名称ではなかったんですね。で、空いている時間に奉仕ができればと。奉仕と言いながらも、お金がいただけるというところで。それから一日にだいたい三時間程度。そんな感じから始まっていましたので。週五日ぐらい、それも午前中だけとか、午後だけとか。午前も午後もというのは初めはあまりなかったですね。一世帯につき三時間費やしてもよかったんですね。今は時間ということが入ってきていますけれど、その頃は市の障害福祉のワーカー、生活保護のワーカー、老人福祉のワーカーが主に私たちの定例会に週に一回、必ず皆さんが集まるんです。それで、一週間の派遣の動向について、世帯の状況報告を行います。うちはチーム運営方式をとっていましたので、今でもそうですけれど。一つのチームを作るんですね。五～六人で一チーム。そのチームで共有する話があるんですね。それをいつも話していて何か問題点があるとワーカーのほうに寄せて、「今週こういうことがあったんですけれど、どうだったでしょうか」ということを。今のケアマネジャーの役目ですよね。そういう形の担い方をしていたんです。だから、一週間に一回集まるというのは楽しみだったんですよ。一週間皆どんな仕事をしてきたのかなあ、ということを知れるので。

それから、今は一軒の世帯に何名も入りますけれども、一軒の世帯を短期間、半年ぐらい受け持つんですよ、一人で。だから、割と濃密にケアをすることもできて、それで班に持ち帰って今週こんな様子だったけれど、こんな問題があったので、じゃあワーカーに聞いておこうとか、そんなような話をしていたんですね。今もそれは継続されているんですけれど、直接ケアマネを呼んでということは、今は時間がなくてできないんですよ。うちの内部のケアマネであれば、二階に事務所も会議室もあって、そこで呼んで直接話ができるんですが、他法人のケアマネさんの世帯になると、サービス提供責任者に一回落として、またそこから電話なり、書面なりで伝えるという形になります。

○記録の重要性

著者　何か、その当時から記録とか、そういうものはあったんですか?

佐々木氏　うちは記録というものをすごく重要視していまして、ずっと引き継いだものですけれど、一世帯に対して、報告書が必ず毎週出てきますので、一日訪問したときの体調がどうだったとか、お掃除をしたならどんな形でやってきたとか、あと、お買い物したならお金をこれだけ預かってこういうふうにお釣を出して受け渡したとか、というようなことを記録として残すんですよね。だから、読むと一週間の動きはほぼ把握できるんですよ。ただ、書くほうにしてみたら、とても大変だということになりますね。事務報告書は、業務報告事務として賃金保障をし、きっちりと業務日誌を出してもらっています。というのはお釣の確認とか、ありますよね。例えば、認知症の方だとお金の管理がきちんとできていなかったり、それから、体調の悪い人の様子が分からなかったり、というのがあるので、その辺のことをきちんと書いておいていただくと。倒れていたり、亡くなっていたりする場合、最後に訪問したのは誰だったのか?　ということになると、だいたいは警察からヘルパーに連絡が来ます。で、こちらのほうが作った食事が冒の中にあったとか、なかったとか、食事を作ったものがまだ食べられていなかったとか。というように、私たちの訪問時間がきちんと記録されていますので、だいたいいつの時間帯かな、ということが分かるんです。そういうことを皆さんが意識して書いてくださいということを伝えていますので、記録は非常に重視していますね。

○仕事の柔軟性

著者　一日三時間で一ケース？　三時間を超えるようなこともありましたか？

佐々木氏　三時間を超えることもありましたね。それはその必要性があればそれで良かったんです。だから、非常にゆったりというか。ただ、今のように車社会ではなかったんですよ、当時は。なので、お買い物は歩きかバスか。そういうようなもので。自転車も使わなかったですね。公共の交通機関。それも世帯から料金をいただいて。で、歩きであれば歩いた時間分のお金はいただいていました。だから、大変重かったんですよ、買い物をするというのは。結構重労働でした。例えば、通院、体調が優れなくて病院に連れて行くために三時間を超えることがありましたが、それについては寛容でしたね（笑）。もし、その必要性があればその報告をきちんとすれば時間はうるさく言われなかったですね。介護保険に入ってからなんですよ、このようにきちっきちっとなってきたのは。その前は必要性があればということで、早く終わる分には早く終わってもいいんです。必要がなければ。それも全部記録ですので、行ったことだけを書くんです。

○仕事の困難さと人材不足

著者　北海道だとものすごい雪とか冬が大変だと思うんですけれど、夏と冬とでは賃金は異なるのですか？

佐々木氏　夏も冬も同じです。冬のほうが大変でも関係ないです。

著者　そういう不満は出ないのですか？

佐々木氏　う～ん。日中に関しては出なかったですね。うちで夜間対応をやるようになってからは、ちょっとハンディがあるよね？　というようなことはありました。要するに、巡回なんですよ。夜に例えば二時間、二時間、二時間で移動して歩きますよね。吹雪、アイスバーン、雪道だと時間が倍かかったり、時間通りに行けないんですよ。で、夜は今二四時間やっているのはうちだけなんですけれども、範囲が広いんです。東西に釧路は長いもんですから。こっちの東の端と西の端だと相当な距離で一時間はかかると思います。この距離の中を順々に回っていくんです。要領よく回ればいいんですけれど、なにせ、相手の求める時間がありますよね。うちは二時、うちは一時、四時と。上手く回れないとなると、そして冬の天候に左右されるんですよ。あと、どうしても吹雪で行けないときがあるんですけれど、でも、今まで十何年やっていて、一～二回だけですけれど、そういうこともありました。さもなくば、日中の人でおうちが近所のヘルパーさん。どうしても今日は行けないので行ってもらえないか？　と頼んで雪をかきかき行ってもらったこともありました。

それもだんだん今人が……。介護職が足りないんですよ。なので、たくさんいた時は、私が入った時は応募者が一三〇名いました。十数人の枠に。それぐらい人気があったんですよね、家庭奉仕員という仕事は。ただ、今は年中募集していますけれど、少数です。在宅というのは施設と違って、一世帯一世帯の家の事情が違うので、それに臨機に対応できる能力が必要なんですよね。それがやはり経験のない人というのは敬遠しますよね。やはり、居住系施設だと、ほぼ一定のサービスを提供できますけれど、うちは本当に多種多様なんですよ。それがやはり難しいのかもしれないですけれど。

ただ、私たちがなった時代というのは、施設に入るというのはよっぽどのことでしたので、余程の場合以外は在宅でということでやってきましたので。本当に石油ストーブではなくて……。釧路というのは石炭鉱業が盛んでしたので、石炭を焚いて身体を温めていたんですよ。ルンペン・ストーブというのがありまして、一つに石炭を詰めて、焚木を詰めて、それを用意しておく。そしてまた灰を捨てて、石炭を詰めて玄関に置いておくとか、家の中に置いておくとか。そういうものがあったんですよ（笑）。もう三十年くらい前になりますけれど……。

○初期の家庭奉仕員たち

著者　佐々木さんが入られたときは家庭奉仕員という名称ですよね。その時、ヘルパーは何人ぐらいいたんですか？

佐々木氏　同期は十数名いましたけれども、その頃ヘルパーさんが六〇名いました。多分、社会福祉協議会に委託されてから一期生となっているんですが、その前は市役所のほうの母子家庭の人が主に、母子家庭の方の職業としてスタートしていたみたいですけれども。私が入った時には五期生といって、五年目だったんですね。で、ここの社協がここに建って委託されて、市役所から出てきたんですね。それでこちらで一期生、二期生、……と進んでいったんですね。最高にいたときには一六七名ぐらいはいましたね。で、今はもう昔に戻りつつ六〇〜七〇名ぐらいになっていますね。

著者　記録の様式は同じとおっしゃっていましたが、何か先輩から受け継いだりとか、教わったりということはあったんですか？

佐々木氏　そうですね。私たちが入った時はまず先輩の方たちがいらっしゃいましたので、その方たちにまず書き方を教わるのとか、それから、利用者さん宅に二～三回同行してもらうんですね。今はもうそんな余裕がなくて、一～二回ぐらいになっていますけれど。私たちの頃は三回ぐらいは同行してくれたと思いますね。一緒に。で、ここのうちはこういう仕事の仕方で、こういう接し方で……というような感じで教わりました。そして、介護保険のようにあまり制約がなかったので、かなり柔軟にやっていました。多分、今だったら全然ダメなこともやっていました。窓を拭いたり、仏壇の花をかえてあげたり。

○六カ月交替制

著者　家庭奉仕員という名称で、〝奉仕〟という言葉が入っていまして、その辺りからなかには利用者の中で誤解される方はいらっしゃったりしたのでしょうか？　慣れてくると要求も上がるとか？

佐々木氏　それはありますね。慣れ合いが駄目なので、それだけは昔も今もあまり変わらないですね。うちって、六カ月に一回交替するんです。慣れ合いを避けるという意味合いもあるし、それから非常に相性が悪いということもありまして、途中で交替はしないということで、六カ月に一回交替していました。今はそれ程の余裕はないので柔軟にやっていますけれど。とても嫌な世帯があっても、難解な世帯があっても、非常に相性の良い世帯であっても、昔は六カ月経ったら交替していました。というのは、利用者さんにしたら、せっかく気心が知れているヘルパーさんが替わるの？　という気持ちもあるんですけれど、ただやはりマンネリ化するのを避けるということもあるし。あと、すごく仕事の量が違うんですよ。お風呂に入れたり、要求が多い人の所にずっと行くというのはやはり苦痛なんですね。給料は同じだから。やはり六カ月で交替なんだということを広く知らしめておくということでやってきました。相性の良い悪いにかかわらず、一応、その期間（六カ月）は付き合ってみて下さい、ということにしていますね。

これはお互いにとって評判が良いんですよ。ヘルパーにとってもやはり、行きたくない家、仕事がきつい家、仕事が簡単な家、……と色々ありますから、平等に。チームも一年に一回替えます。利用者さんは半年に一回、チームは班長さんという方がいますけれど、一年に一回交替します。それは今もずっと変わらずやっています。

○印象深いケース

著者　色々、これまであったと思いますが、特に印象に残っているケースはありますか？

佐々木氏　そうですね。金銭の動きがわからず必要な物品が購入できない利用者さんがおりまして、借家も非常に古くヘルパーが仕事中に水道管が凍結して水が出なくなるようなことがありました。精神的に左右される面が大きく、どうも誰か他人に指図されている様子が分かり、体調もどんどんと悪化してきて、この場所で暮らすのは無理ではないかということで、住居を探し引越をして頂いてからとても状況が良くなり、長く元気で暮らすことができました。施設入所を頑固に拒否、身寄りが無く、ヘルパーを頼りにして長く地域で在宅生活を送り、最後の見取りまで在宅での生活を送ることができた人です。高齢者がアパートを借りることはとてもハードルが高く、きれいに使用してもらえるか、家賃はきちんと払えるか等、しっかりとした身元が無ければ借りられない現状があります。ヘルパーがきちんと訪問をして見守り、生活が安定し維持できるように支援することがわかると、以降は大家さんが快く承諾して下さり、他に数人の方々がその大家さんにお世話になり、同じ場所に居住できることになりました。

実はこの方、最後は末期癌であることが分かり、脳梗塞の後遺症で構音障害があり、言語が不明瞭で意思を理解するには難しい状況でした。そのため入院先でも自分の意思が思うように伝わらず、入院することも治療にも拒否的でした。それで本人が蓄えていたお金を使い、以前ヘルパーで入っていて顔見知りであるヘルパーOBの方に、ボランティアも兼ねながら入院中の食事介助や買物等の支援を受け、本人は穏やかに入院期間を過ごすことができました。それは本人がとてもヘルパーを信頼しており、在宅での生活で金銭管理も含め一緒に協力しながら生活を立て直していった結果だったと思います。最後は自宅での終末期を迎えられた数少ない方となりました。私たちもインフォーマルサービスと色々な方々の連携も含め、良かったと思える介護であったと思っています。

○終末と人生について

著者　まったく逆のケースもあるんですよね？

佐々木氏　こういうお仕事をしているからかも知れませんが、人の生き方、どういうふうに自分が終末に向かっていったら良いか、それを年とってから変えようと思ってもなかなか難しいと思いますけれど。それを私たちが仕事上関わりながら見ていくことで、途中からは変えられない。もっと若いときから徐々にということはよく分かりますね。本当に、八〇過ぎの人に人生変えよ、と言ってもちょっとね、できないと思いますけれど。やはり若い時に何を考え、どういうふうに見てきたかっていうことが、段々と凝縮してくるんですよ。だから、そういう意味で私はこういう仕事をしていることは無駄にはならないから、是非、自分のためにもと思って、ということを新しく入ってきた人によくお話しするんですけれどね。

著者　やめたいなあ～と思ったことはなかったんですか？

佐々木氏　ないですね。一度も。あの～、不思議に。この仕事しかないと（笑）。他の仕事を考えたことはないですね。で、うちは今、六五歳定年になって、六六歳の人が一人、六七歳の人が二人やって下さっているんですけれども、非常にたくさん働いてくれているんですが、他の仕事は今更考えられない。だから、変な話、すごく健康であれば七〇歳でも働けますよ、ということなんですよね。だからまあ、その人その人によりますけれど、自分に合った仕事かなあと思いますね。ただね、とっても忙しくなってくると、休みたいというのはあるんですが、やめたいとは思わないですね。休みが取れない状態があるんですよ。本当に人が足りないということで。調整しながらやっています。

○関連組織との連携

著者　ここは社協のホームヘルプ事業ですよね。ホームヘルパー協議会とは別ですか？

佐々木氏　別ですよね。ホームヘルプ協議会というのは北海道ホームヘルプサービス協議会というのがあります。道内の色々な事業所が入っていて、要するにヘルパー事業をやっていて協会に入っているところが集まっている形なので、社協だけではないですよね。社協もホームヘルプをやっている小樽や函館とか色々ありますけれど、まあ、こちらに視察に来たことがありますけれど、やっぱり、そこそこのやり方がありますね。やっぱりうちとは違うんですよ。なので、皆、それぞれのやり方があるんですよ。

著者　その小樽や函館から来て情報交換みたいなことを研修か何かでされるんですか？

佐々木氏　そうです。情報交換ですね。それでまあ、うちの世帯を一緒に同行訪問したり、というようなことで、二名の方がいらっしゃいましたけれども、やっぱりだいぶ違いますよね。向こうは定例会というものもあまりないようですし、それから一世帯に派遣すると貼り付け、七年でも八年でもOKだそうです。うちは日程表というのがきちんと作られていますので、今日はどこそこのおうちに誰が何時に行っているという日程はすべて把握しています。それに一分でも遅れるときには必ずお電話を入れますので、それが信用ということになりますよね。要するに、あの人なら何時に来るか分からないとか、あの人は十分遅れても来ないとか、そういうことは絶対にしないんですよ。やっぱり一分でも五分でも遅れるときにはどういう理由で遅れるのか、まずすぐに事務所に電話を入れる。（ヘルパー）本人にはさせず、必ず事務所から連絡するんですよ。というのはね、一分でも遅れると大概、利用者さんから電話が来ます。「来ないんだけれど」と。「三〇分経っても来ないんだけれど……」「え～」と。たまたま忘れていたりするんですよね。そうすると、もう少し早く連絡下さると良かったのにと思いますが、それから急ぎ派遣したりしますけれど。

まずはうちのほうからきちんとお電話を入れると、ヘルパーさん自身も働きやすいんですよね。「今、会社からきちんと電話が来ていましたよ」ということで、入って下さいと。ヘルパーも「すみません、遅れまして」と言って入った時に、「会社からきちんと報告が来ていました」ということがあって信用ができますから。それだけはしっかりさせていますね。直接ヘルパーから利用者さんにかけさせないというのがうちの基本なんですよ。それから忘れ物も必ず報告させるんですよ。それで、前は事務所からお返しに上がっていましたけれど、今はそういう時間がありませんから、こちらのほうから事前に電話を入れておいて、「今日のヘルパーさんがお返しにうかがいます」という形にしていますね。例えば、タクシーに一緒に乗って、お釣を（利用者に）返しそびれていただとか、お買い物に行っていて、カードを返し忘れて持って帰ってきたりだとか、その日のうちに処理するというのが基本なので、必ずお電話は入れます。気がついたのが仮に夜だったとしても、お電話一本を入れておくと違いますね。

○鰐淵市長時代

著者　あの～、今日、こちらに来る前に釧路市立図書館に寄りまして、こうした記事ですね。五十年史などに載っている記事をコピーしてきたんですけれど、昭和三十六年五月にホームヘルプを先駆けて、という記事もいくつか入手しました。それともう一つ新聞記事がありまして……。

佐々木氏　前は出発式というのがありまして、四月一日が必ず辞令交付だったんですよ、で、市関係者が全部来て必ずそこで辞令を受けたら、出発するところをテレビでニュースになったり、新聞に載ったりしていたんですよ。市の管轄の時代はね。

著者　それはPRのためですか?

佐々木氏　そうです、そうです。こういうふうにしてヘルパーさんがいますよと。鰐淵市長の時が全盛時で、一番たくさん（ヘルパーが）いましたよね。よく、研修とかも一緒にしたり、市の関係者が多かったりしたので。うちらの行事には必ず（市関係者が）来られていましたよね。で、結構濃密に付き合いをしていましたね。長かったんですよ、鰐淵市政の時代が……。

著者　昭和三十六年の頃なんですが……。

佐々木氏　三十六年というと相当古いですよね。私は全然分からないですね。それから三十年後ですから。

著者　この年代の新聞記事を見つけまして、『釧路新聞』にこういう記事が載っていたんですけれど……。家庭福祉員派遣制度と呼んでいたんですよね。

佐々木氏　そうですね。何かこういう方たちから始まったと聞いていますよ。

著者　当時、山本という市長さんが北欧の三カ国を視察して、社会保障制度がすごく効果的であることを学ばれて、それをとり入れようということになったようですね。

佐々木氏　ここに、Sさんというお名前が出ていますけれど、この方のおうちに私はヘルパーとして入りました。先駆けの方のヘルパーさんのおうちだよ、ということで。この方のおうちに入りましたね。Sさんは「当時はまだ市役所のなかにあってね。結構、赤ちゃんの世話から色々あったんだよ」と言っていましたね。今よりも当時はもっと色々な仕事をしていたと思いますよ。家庭的な内容の話を……。父子家庭に行き、赤ちゃんの世話をしたとか、本当に家庭の困り事をしていたんですね。

著者　当時五人の方が家庭奉仕員としてスタートしたとありますが、ほとんど母子家庭の方だったんですか?

佐々木氏　そうだったようですね。

著者　それは救済の意味があったんですか?

佐々木氏　そのようです。

○超高齢社会と介護保険制度

著者　改めて、この仕事を振り返られ、良かったことや今後の抱負などはありますか?

佐々木氏　そうですね。ただもう時代が変わってきているので、超高齢社会に入ってきているので、介護保険が始まった時はすごい画期的なことだなあと思っていたんですけれど、そこの中でケアマネさんの重要性、昔で言うところのケースワーカーの重要性というものがなかなか大変だと思うんですよ、要するに、「生活を見る」ということ、その人の人生というか、これから先、その人がどういうふうに生きて行くのか、という生き方が決まっていない中でのただの支援というのは、「何が困っていますか?」というと、「掃除」とか「ご飯」とか漠然としているんですよ。それでまあ、将来的に自分はどういうふうに生きて行きたいのか? ということをある程度見据えていないと、サービスを提供していくうえで、行き当たりばったりになるんですよ。要するに、今困っている目先のことが掃除、ご飯であって、そういうことでおうちに入っていくと確かにそれは困っていることかもしれないけれども、困っていないようなことかもしれないんですよ。

それで、もっと基本的なこととしては、将来、自分はどういうふうに生きて行こうとしているのか？　っていうことが、ケアマネさんに伝わって、私たちにも伝わっていないと。できることは自分でしていくんだと。できないことだけを助けてもらいたいんだ、ということが分からないと、支援者もただのお手伝いさんになるんです。そこがね、仕事としてお手伝いさんとヘルパーさんとの区切りが分からなくなるんですよ。そうすると、仕事に張り合いがないとか、生きがいがないとか、ヘルパーの存在の意味が、魅力がない仕事になってしまうんですね。そうすると、やる人が少ないんですよ。お手伝いさんの仕事、あるいはお手伝いさん以下の仕事の場合が私たちにはあるんですよ。

要するに、利用者は自分たちの権利を主張しますよね。やはり「介護保険なので、使えるんだぞ」というのがあるし、「あなたたちはそれをもらって働いているだろ」というものがあって、理解がないから、掃除のおばさん感覚でくる場合もあります。なので、本当に私たちが生活支援者だという視点が薄れてくるときがあるんですね。そういう時に、ヘルパーさん自身の自己がしっかりとしたものでないと、「こんな仕事つまらない」「何、この仕事？」ってなるんです。というのは、うちはものすごいお金持ちの家にも行けば、とても大変な状況の家にも行くんです。すごい落差があるんです。その状況下で、皆同じような支援をしていくんだけれども、違うんです。やはり望んでいるものが。この時にプランというものがきちんとできていないと、ヘルパーさんたちと共有して、この家にはこういう支援が必要で、こういうことを目ざしてやっていこう、というのが基軸になっていないと、ただ一日家に行って掃除して、「きれいにしてね」「あんたたちは掃除が下手」「違う人に替えて」と言われたというような内容で、毎日を繰り返していくことになると、私たちは何のためのヘルパーなんですかね？　というようになるの。プランというものがきちんと出来上がっていて、それに向かって利用者さんとケアマネさんと、関係機関が全部一緒になって、そこへ進んでいこうという視点が連携できて仕事を行う、そこで初めてヘルパーの地位も上がって行くと思います。

まあ、なかなかむずかしいですけれども、ただ今、新しいケアマネさんが来て、「ヘルパーを使いたいんですけれど」と言うので、「ああそうですか。どういうプランの内容ですか」と言うとまず一〇〇パーセント「掃除です」と言いますよね。掃除も千差万別で、ここのおうち掃除要る？という場合もあれば、ここのおうちは汚なすぎてもう何とかして掃除しないといけないという場合もある。絶対させないおうちもあれば、もっともっと掃除してというおうちもある。ここの調整は私たちだけではできないんですね。やっぱりケアマネさんを入れて、ご本人を入れて、「これはやり過ぎですよ」とか「これはまだ自分でやってほしいことですよ」とかいうことを言う場が少ないです。

というのは私たちのほうからケアマネさんに言い過ぎると、ケアマネさんを蔑ろにするし、ケアマネさんから一方的に言ってくると、「そうじゃないですよね？」というのがありますね。その辺のところが、今、ケアマネさんもう～んと若い人がやっていますよね。だから、〝生活〟とはどういうことかという視点が……。言われたことだけをマニュアル通りにやるだけなら、資格は必要ないわけで、その人がどういうふうに生きたいと思っているのか、在宅でどこまでやっていこうと思うのかなあって。本当にできなくなったときにはどうするつもりなのかなあというようなことを、やっぱりケアマネさんとしてケアプランを立てるときに、最初にあの方は家ではとっても無理だと思いますよ、このままでは。土壇場に来てさあどうしよう、じゃあ、施設に入れよう、どこか空いている所、このパターンですよね、ほとんど。だから、自分の自己資産を十分にもっていても自分では使い道が分からない、もっと実のある使い方ができるといいのになあ～と。でも、家にずっといたいのなら、このお金を使ってもっと色々なサービスを入れたら、施設に入らず在宅で住めるのになあ～と。でもそれをするのにはケアマネさんのすごい努力が要りますよね。いろんなことを調整しないといけないから。それが面倒なら、施設が一番楽ですよね。とりあえず、施設に入れておけば安心でしょう、みたいな。それが今多いですね。

○銭湯介助

佐々木氏　在宅で終末期を迎えるというのは、今の時代難しいですよね。希望があったとしてもかなりの調整が必要ですよね。昔は身体介護というのは少なかったんですよ。私が入った頃の身体介護というのはお風呂ぐらいで、ちょっと重度になってくると、施設でのお風呂か、デイサービスのお風呂になりますから。ま、自宅でお風呂に入る場合は、まだ入れる人か、どうしてもよそのお風呂が嫌だという人ですね。でも今は完全にデイサービス。

昔は銭湯に一緒に入っていたんです。それには、最初は抵抗があったんですよ。それで、男湯にも入っていたんですよ。許可をいただいて、要するに、番台に「私共、ヘルパーなんですけれども、どうしてもこの方が自宅にお風呂がなくて、施設のお風呂に行きたくないというので、……」と頼んだり。あと、目の見えない方とか、軽度なんだけれど、一人で入るのは危険な方とか。そういう場合は許可をいただいて、男湯に入っていたんですよ。女の人の場合は当然一緒に中に入るんですけれど、銭湯介助というのがあったんですよ。デイサービスが増えてからは、そのサービスをお使いください、というようになっていったんです。初めのうちは釧路にはなかったんです。だから銭湯介助。で、車が使えないので、バスに乗ったり、歩いて行ったり。私は入った当初は車の免許も持っていなかったので、お風呂に入ってからうちに帰るまで、本当に毛糸の帽子を被って防寒着を着て。自分は温まっていないんですよ、その方を温めてあげて、上がって着替えをさせて、というふうにしていましたので、銭湯介助は結構大変でしたね。つい最近まではあったんですけれど、今は完全になくなりました。どうしても施設のお風呂が嫌だという人がいるんです。利用者の権利のほうが勝ちますからね。その当時、私たちに「嫌だ」とか「できない」という言葉はなかったんです（笑）。

○二四時間コール端末機

佐々木氏　一期生から二十三期生まではずっと四月一日の出発式に一斉にスタートできていたんですね。それが今はもうバラバラ。要するに採用はいつでもと。以前は三月三十一日までに研修（一カ月間）をきちんと終えて、四月一日に辞令をもらってきちっと出発できたんですけれど。期別というか、同期会というのがあって、昔はこうだったよねというように懐かしい話をしますね。今はそれができない。自分の同期は誰？　という感じなので、仲間意識が薄れてきていますよね。ただ、定例会があって、班の仲間、ステーション仲間というのは出来上がっていますよね。昔は色々な行事があったんですよ、旅行や一泊研修などもあって。ただ今うちは二四時間やっていますから、そういうことができないんですよ。昔は賑やかだったんですよ。市の担当職員ら全員で阿寒湖温泉に行ったり、十勝川温泉に行ったりして結構楽しかったんです。今は新年会ですらなかなかという感じです。

今うちは二四時間、コール端末機というものを世帯に置いていて、緊急時に押されると、内容により訪問に行くのです。コールで事務所の待ち受け画面が鳴るんです。そうするとそこのおうちに出向く。これが結構大変です。だいたい転倒を見ながらその人のおうちに行くんです。だいたい転倒とかで転ぶ人は決まっているんですけれど。あと、体調の悪い人もだいたい決まっているので救急車かな、それとも一回見た方がいいかなとか、いう判断が必要ですね。でもこれはある程度の世帯数がないと本当に運営上難しいですよね。本当は二人置きたいけれど、そうできない。ただ定期巡回があるので、その合間に鳴るといいんですけれど、そうじゃない場合は一人要請しないといけないんですよ。だから、こういう仕事をやる人はなかなかいないです。ただ、安心感があると需要が多くなってきているんですよ。今、六八世帯ぐらいあるんですけれど、付いていると安心。ペンダントを首から吊るしてもらっているんですけれど、夜に寝返りをうったとき、たまたま押されて……、で、出ると応答がないんですよ。応答がない場合はこちらから安否確認に行かないといけないんですよね。それで行ってみると、しっかりと寝ているんですよ（笑）。まあでも命の綱ですからね。

○事業所の質

佐々木氏　まあ、うちは歴史が長いので、そこの基礎部分は延々と続いて来ているので、その辺のことはいい部分は受け継いでいっているので、あと責任感ですね。うちのヘルパーはかなり責任感はありますね。具合が悪いとかいつもと様子が違ったということは絶対に報告してきますし、あと薬を飲み忘れたということも気にしますし、これだけ事業所が増えてくると、色々な事業所が複数で入ってくることもありますよね。その時に分かるんですよ、差が。

うちはこの端末機が付いていますので、これが付いている世帯でうちでない事業所さんを使っている人もいっぱいいますよね。そうすると、こないだも脳梗塞で倒れていたんですね。で、ご主人が単身赴任でどうも電話をかけても出ない、おかしいと。で、うちは鍵を持っている場合もあり、ご本人宅に預かりシステムがあるので、入れるんです。それでケアマネさんが鍵を開けて中に入らせてほしいということで、開けて入ってみたら倒れていたと。しかし前日に他の事業所のヘルパーさんが入っているんですよ。で、留守だったと。「お留守でした」というカードを入れて帰っているんですね。その時倒れていたんだと思います。でも、考えてみたらお留守なわけがないんですよ。半身麻痺だし、階段があるので一人でなんか外出できないんですよ。お留守になるなら、ご主人が単身赴任から戻ってきて、通院かなんかで連れ出したとしか考えられないんですよ。でも週三回入っているんですよ。月、水、金と。で、どうして分からないの？　もし居なかったら必ず安否を確かめなさいというのがうちの鉄則ですよね。必ず安否を確かめ切るまでは駄目なんですよ。要するに、そのヘルパーさんには帰らせたとしても、その後を引き継いでケアマネかうちの事業所が分かるまでは何とか居所を確かめる、所在を確かめるんですね。関係機関のどこにでも連絡をして。それで、ああ、たまたまお出掛けしていたんですね、ということであれば良いんですけれど、それをしないということは仕事をしていないということなんですね。うちは緊急コールを付けている世帯なので、たまたま鍵を開けれた。開けて入ったらそうなっていたということだったんですけれど、やはり、普段の生活を把握する必要があるんですよ。そして、留守だったということはあり得ないでしょう?忘れたか何かが起こったかということでしょう?

今、事業所はたくさんあるんですけれど、質は千差万別なんですよ。だから、ヘルパーの質の向上の問題とかあるんですけれど、色々あるんですね。私たちはヘルパーの地位がもう少し上がってほしいよね、とか言うんですけれども、それを言ったところで、やっぱりそういう部分を見たりすると、そこと一緒にはならないだろうなと思うので……。私たちはそういう時に憤慨するんですけれどね。何で「お留守です」というカードを入れて帰るかね~と。初めての訪問なら分からないとしても、ずっと長いお付き合いをしていて週三回入っていて、私たちは端末機を付けているというだけのお付き合いでも分かるのに、どうしてだろう?というのがあるんですね。

○家庭奉仕員の苦労と人間的お付き合い

著者　今日、うかがった内容をどういう形か分かりませんが、引用させていただいてよろしいでしょうか?

佐々木氏　はい。まあ、初期の方たちは色々な苦労をしていたということをよく会議のなかの話では聞いていたんです。要するに、人間なので人間関係がうまくいく、いかないというのが最大に大変なんですね。やっぱり、仕事そのものよりも。今でも私たちも、え~って思うぐらいにひどいおうちにも行かないといけない時があるんですよ。所謂、ゴミ屋敷みたいな所。ただ、そういう所でも人間的にお付き合いできる人、会話のやり取りができる人であれば、私たちは全然構わないんですよ。難しい方。そうじゃなくて、とにかく、人間的にお付き合いするのが難しい方が最大の難問です。今回、新規の利用者が入りましたけれど、お話をうかがっているととっても良い方でした、と言うと、「良かったです」と皆言って、そこだけでね。大丈夫なんですよ。そこが非常に大きい。とても気難しい方で本当にヘルパー泣かせ、というか、ヘルパーもそこのおうちには行きたくないと。実際それで辞めた方もいらっしゃいます。共感ということが難しいんですよ。

私も過去に「そうじゃないですよね」というおうちは三

〜四回ありましたね。で、言わざるを得ない時があるんですよ。要するに、「勘違いしていませんか?」と、どうしても言わないといけない時もあるんですね。ヘルパーを使うにあたっての勘違いの言動などがあるときには、きちんと言わせてもらうときもありますよね。本当の苦労の話はそれです。重いから持ち上げるのが大変とかいうことよりは、人間的なお付き合いのほうが難しいです。

それがクリアできているおうちには喜んで行きます。汚いぐらいは平気。人さえ良ければ、一〇〇パーセントOK。本当にそれで三倍苦労しますね。入る前から緊張しますし、緊張すればミスもしますし、さらにそれが苦情になり文句を言われて。あと潔癖症の人とか、一〇〇パーセント自分の価値観を押しつけてきますから、自分の意のままにヘルパーを動かさないと気が済まない人もいるんですよ。やっぱり、掃除といっても十人十色。ヘルパーも十人十色かもしれませんが、ある程度は統制されています。利用者さんは十色なんです。だから、そこにうまく性格的に合わせられる人と、合わせるのが難しい人とがありますので、その辺がストレスになります。

今、働いている人の権利も強いですから、何でも我慢しなさいでは済まされないですよね。私たちが入った頃は、我慢も美徳だったんです。今はそうならないです。やっぱり、時代とともに働く人の権利も強くなってきたし、でも訪問に行っている利用者さんにその昔の年代の方がいるので、これからはもう少しちょっと変わってくると思いますね。ただ、今の十代、二十代の方たちに私たちが七十、八十になった時に言ったことが通用するかどうかは分かりませんよね(笑)。今の年代は五年ぐらいで非常に価値観が変わるので。何を言っているの? という感じになりますよね。まあ、仕方ない面もありますね……。

第二章　成田時江氏（青森県つがる市）の証言

（二〇一五年七月二十日、一三：〇〇～一四：三〇、於　養護老人ホーム ぎんなん荘）

【略歴】　成田時江氏……二十歳代であった、一九八五（昭和六十）年から、木造町役場の家庭奉仕員として、木造町社会福祉協議会ヘルパー、二〇〇五年町村合併に伴い、つがる市社会福祉協議会、ホームヘルプサービスセンターきづくり、三二年間勤務している。当初は一年雇用（年度更新）で身分の保証もなく、また利用者さんは全世帯無料奉仕の時代。先輩ヘルパーの同行訪問を受け仕事を覚えていく日々を経て、介護福祉士、介護支援専門員を取得し、介護福祉実践を行う。資格取得という形で後輩の育成にも力をいれている。一九七〇（昭和四十五）年から始まった木造町のホームヘルプ現在は、つがる市社会福祉協議会、ホームヘルプ事業の進展のためにＰＲ活動等を通して尽力し、現在、青森県ホームヘルパー連絡協議会会長（三期目）として活躍中。

○きっかけと全世帯無料時代

成田氏　私は県のホームヘルパー連絡協議会の会長をさせていただいて、三期目に入ります。

まず、家庭奉仕員になったきっかけは、近所の世話好きな方に勧められたことでした。家庭奉仕員の仕事内容、家庭奉仕員の存在すら知らずに、飛び込んだようなものでした。仕事をして初めて知った、生活保護世帯で暮している方々、なんて無知だったんだと痛感してます。活動が始まったのが今ではシルバー人材センターの事務所になっています。その頃は、町の管轄で家庭奉仕員という名前だったんです。昭和六十（一九八五）年。一年雇用、というのが不思議な感じで働いていたような気がします。利用者からお金を頂かずに奉仕する時代から、課税世帯から料金が発生するようになり、サービスに入るのに緊張して仕事した記憶があります。先輩ヘルパーさん五人いましたが、車を運転できる人が一人もいなかった。バイク、自転車とか……。

○青森県ホームヘルパー協会歌

成田氏　青森県ヘルパー協会の歌もあったんですよ、集まると皆で歌っていました。結束するためにだったのだと思います。先駆けの方は三年前に亡くなられて、その方に私は全部教えていただきました。最初、仕事の内容がわからず、話相手をしていると、「それでいいのよ」と言ってもらいながら月日が流れました。そうしているうちに、ゴールドプランが始まりヘルパーの研修（A～Cコース）があり、それが過ぎヘルパー三級、二級、一級等が位置付けられ資格の時代が到来、私の受けたBコースはヘルパー一級に該当しますと県から報告をいただく。

○介護保険時代

成田氏　こんな感じで、ホームヘルパー一級、二級が出てきた辺りから、サービス内容が問われ始めた。ただ話し相手ではなくて、介護保険になる前の訪問介護計画というのが出てきた辺りが、私たちが木造町社協に異動した頃。計画書の話が出てきて、県のほうに勉強に行ったりして、計画書の書き方などは中央法規の本などで勉強して。本当に、今の介護保険になってからの時間の区分というか、このサービスは何分でできるかという、怖い状況になっていて、ヘルパーさんたちもそれをきちんと計画書におとして、順序がどうであれ、とりあえずはこの時間でこれだけのことをしてと、小刻みになってきた時代になっている。なので、私のような昔の人間だとついていけない、というか。まあ、もう私は今は現場のほうには出なくなっちゃったほうなので、口ばかりで。こんな感じだとこの区分でどうかなあとか、皆と相談しながら。現場に行く皆さんの意見をとり入れながら。現場に出ていくヘルパーさんにもたくさん怒られて、「現場に行くとそうじゃないよ」とか言ってくれるので。ただ、指示だけではなく、現場に一緒に行ってみて、直接見たりもしていますけれど。本当に時間に追われる。

○テレビ朝日取材班

成田氏　一昨年、朝日放送から取材も来られて。平成二十四年の改正になって、六〇分の生活支援が四五分に刻まれた時の。確か、工藤康平さん（朝日放送、番組名「スーパーJチャンネル」）が来られて、五所川原のエルムのほうのホテルに泊まり込んで。で、タクシーでずっとヘルパーさんを追跡して、一週間いまして。それが、平成二十四年の三月だったんですけれど。その年の、三月は残雪がひどい年で、その方がいらっしゃるうちに、こちらの研修会も隣の稲垣というところ。今はつがる市なんだけれど。そこの研修会もずっと追跡取材していました。ビデオも録画がしてあるんですけれど、全国放送。本所に行くと映像も残っていますけれど。短くなった改正の部分の内容をたくさん話をして。テレビ朝日のニュースのなかの一つの特集で放映されたもの。訪問先のおうちにも一緒にヘルパーさんと行って、事前に許可を取った上で。お店でヘルパーさんが買い物をする様子を撮ったりしました。断られたお店もありましたけれど、宣伝になっていいというお店もあって。まあ、吹雪で、稲垣に行く途中、通行止めになったんですよ。で、そこで問題は、短くされた時間に対して、冬の厳しい地域でのヘルパーさんの仕事と。立川市社協とつがる市社協とを比較した取材。同じパターンで取り上げて、最初は立川市のホームヘルプ、次いでつがる市のホームヘルプという形で。雪とかない地域と大雪の地方との見比べを特集してもらいました。

勿論、立川市のほうにも問題もないわけではないんですが、お掃除、お料理、結局、短くなった時間、何を削るかというと、お料理の材料刻んでお料理する時間がないと。少しぐらいお金がかかっても、近くのコンビニで購入してきて、できたものをお皿に入れて。やはり、ヘルパーさんのサービスの料金も上がっていく。それに加えて、時間が短くなるのに料金は高くなり、利用者さんの負担がすごい大きいというところを。今までは安いスーパーで買ってきたものを調理していたものが、コンビニでできたもの、ほんのちょっとしか入っていないもので済ませる。するとコストがすごいかかっていく。何かにつけて、利用者さんに大変な経済的負担がかかる。でも、国で決まってしまった以上、ヘルパーさんは（決められた時間）それ以上いることができないし。そんな感じで。

その他、こちらのヘルパーさんは四五分のサービスのところに一五分かけて行って（つがる市というのは大きいので、車がないと全然移動ができない）、四五分のサービスをするのに一五分かけて行って、サービスをして。近い所であれば午前中に三軒、四軒訪問してくる。それが国のねらい。短い時間で多くの人の顔を見るというのが国の考え方だとは思うんだけれど。私たちのところは、全然そんな話にもならない。で、今度、冬になると、雪で通行止めになって、また遠回りして、一五分かけて行くところが三〇分かけて行って、その前にうちから何時に出ればいいのかを逆算して。早く出るとスムーズに到着、かといって早く着いたからといって、早く始めて早く帰るわけにもいかない。そのもどかしさ、待っている時間も勿体ない。まあ、皆さんと心が通じ合ってくると、おうちに入る前の時間を玄関の雪かきとかに使ったりとか。雪かきは時間内には入っていませんが、もし火事になったり逃げ場所がないといったときに困るので。とりあえずはヘルパーさんの車には必需品として、スコップと長靴を入れている。あと、防寒具。これがうちらのヘルパーさんと都会のヘルパーさんとの違い。お金のところもね。全部、振込とか。でも、ここは最初から現金でもらっているので、その点は遅れています。

○テレビ放映の反響

著者　テレビ放映後に何か反響とかありましたか？

成田氏　そうですね。その時間が短くされたというのは利用者さん一人ひとりにも歩いて説明しに行っているんだけれど、説明に歩いた後だったので反応はありましたね。「前に説明したことがテレビのあの意味（内容）なのね」って……。なかなか、私たちが歩いて説明したのはね、または苦情。「時間が短くなってやってほしいこともやってくれず帰ってしまう」と。でも、あの放映はちょうどタイミングが良くて、確認できたみたいな。本当に短い時間になったことで、色々なプランは変えましたけれど。午前中一回行っていたものを、朝の時間に洗濯機回して、午後の時間に。六〇分行っていたのを四五分に短くして、朝四五分、十一時四十五分から四五分とか。この時間に洗濯機全自動で回して、干すこともできない人は午後の時間にまた行ってお洗濯を干して、昼食の簡単なものを置いてくるとか。その辺は、時間を短くされた国のやり方に沿って、こちらもいい形を探し当てていくと、今考えればね。その時は夢中で……。利益のこともあるし。利用者さんのことを第一に考えないといけないんだけれど、売り上げのこともトップにいるとちょっとは考えないといけないので。回数とかで今まで入っていたサービスの分。料金が下がっても回数が多くなればいいかなあと。ちょっと単純なんだけれど。必要性のない人は無理できないけれど。朝に一時間やっていた人で、一時間いると時間内に洗濯とか干してくるところまでできるんですけれど、六〇分と四五分とではちょっと差が大きいですね。かといって、移動がさっき話したみたいに、訪問先がすぐ近くにあるというわけではないので、利用者本位の時間というのも必要になってくるし。

著者　そう考えると、地域差への配慮を徹底しないといけないということですね。

成田氏　と思いますね。本当に朝日放送が放映した立川の事例を見て、こんなに違うんだと思いましたね。次に行くための障害がないんですもんね。利用者さんに料金的に負担がかかることと、あと、食材を買いに行ったりと。でも、私たちの場合、その食材を買うにしても事前に今日訪問したら次に何を買う。短くされた時間の中で、多分来週はこれとこれとこれを買っておいたほうがいいよねとか。その仕事もプラスにして、メモって、次の時にはそれを買って訪問してあげる、みたいな。それもサービスの時間に全部入れてしまうと、おうちにいる時間が短くなってしまうので、まあ、行く途中の一〇分ぐらいはこちらの時間（サービス）で買って、時には半々にするなどして。でも、利用者さんとお話ししているときに、途中で出てくるのも難しいらしく。話してさようなら、ではなく、そこから皆さん、もっと話をしたいところ。まあ、信頼はされているんだわ、ヘルパーさんというのは。ケアマネさんよりも。ケアマネさんというのは、お話の仕方もちゃんと決まっているので、割りと。こちらでは方言なので、ケアマネさんが話していることを理解できないまま、でも、理解するのが難しい話をしていると思っているので。今の場合、月一回行く程度なので、（ケアマネの場合）それほど信頼されていないじゃないですか。「明日、いつも来るヘルパーさんが来るので、あの人に聞くわ」と。ま、ヘルパーさんはスーパーマンではないので、昨日来たケアマネさんが何をしゃべったかは分からないし、ま、手探りで、「昨日、どんな話をしていたの？」とか聞くと、そうすると、ちょうど更新時期でいついつ更新なので、「じゃあ、更新の話に来たんだよ。オレンジの袋を持って行かなかった？」と聞くと、「持って行った」と。「じゃあ、それだと、来月の何日で更新になるので、これを持って行ってまた新しい保険証が一カ月ぐらいしたらまた届くと、そういう話をしたんだと思うよ」とヘルパーさんが解読すると。ヘルパーへの信頼は厚いですよね。

〇家庭奉仕員と家政婦

著者　ヘルパーの前には家庭奉仕員と呼ばれていた時代もありますけれど、その時も信頼されていましたか？　当時のまわりの見る目はいかがでしたか？

成田氏　う〜ん。家庭奉仕員の時代を今思い返してみると……。ただ、掃除婦さんが来たというイメージだったと記憶しています。

著者　家政婦さんもいましたか？

成田氏　そうそう。家政婦さんとか掃除婦さんとかいましたよ。そういうイメージで、時々来てもらって、きれいにして帰ってもらう。なので、そういう専門性とかを感じることもなかったし。

著者　なかには、利用者さん宅がものすごく汚れていたり、不衛生なおうちにもうかがわれたわけで、ご家族や周りの方々は何かおっしゃいませんでしたか。

成田氏　う〜ん、そういうのって、どうしても一人暮らししていると、ゴミ屋敷みたいになっちゃってて、でも、利用者さんの気持ちに沿ってやっていかないといけないので。利用者さんの気持ちは長く、少しずつ少しずつ。家族さんも一緒に暮らしていない人もいましたし。利用者さんも（片づけてもらうことが）どこまでも嫌な人もいましたし。「触るな」「なくなった」「どこへやった」と言う人もいました。そんなにおうちに人を入れるということがいやな時代でした。私たち、だんだん訪問先が増えていくということは、本人のまわりに家族さん、関わる人たちが今の世間を知りながら、家庭奉仕員からホームヘルパーという専門性をもった人に替わったというとき、本人は全然知らなくても、まわりの家族たちが「じゃあ、こういう人たち（ヘルパーさんたち）は信頼できるんだ」というふうに変わってきたのかなあと。本人よりも家族さんの見方が変わった。先方からお願いに来たりとか。

○介護福祉士取得と後輩育成

著者　昭和六十（一九八五）年から家庭奉仕員を始められたということですが、社会福祉士及び介護福祉士法ができたのが一九八七年ですから、成田さんが家庭奉仕員をされてから二年後ぐらいに国家資格ができた流れになるんですよね。日本で初めて福祉の国家資格ができたわけですけれど、現場の例えば、家庭奉仕員の連絡協議会が動いたとか、厚生省に対して運動をしたとか、資格化がらみで何か覚えていらっしゃいますか。

成田氏　私もその当時の町の上司、福祉課の課長さんが介護福祉士を取れば給料が上がるんだよ、みたいな話をしてきました。で、意味は分からない感じだったけれど、挑戦して平成七（一九九五）年に介護福祉士を取ったんです。ただ、介護福祉士に関して県とのやり取りとかの記憶は全然ないんですね。私が受け持ってからは介護福祉士の取得を目ざすということで、私の部下には。「もう三年経ったんだよ。来年はあなたとあなたは受けなさいよ」と。手引きを取り寄せて申請したり、もう、介護福祉士の養成所みたいになっている。介護福祉士取って五年後にはケアマネを取って。皆さん、働きながら学んでいる。

　私が初めて今の職場の中で介護福祉士を三年の実務経験で受けて取ったんですね。その時、先輩方も誰ももっている人はいなかったんで。申請の仕方も何も教えてくれなくて、県に問い合わせたり、そこから始めて。自分で苦労したから、部下には何とか取らせてあげようと。もう、うちから三十人ぐらい取っています。受けてみることが自分のためにもなるし、仮に落ちたとしても介護福祉士の受験に向かった人たちのヘルパーとしての心意気は変わりますよね。利用者さんを見る見方が変わります。そこは実感します。やはり、勉強して、介護がどういう形になっているのかとか、実技の声掛けもすごいですよ。普段使わないような言葉掛けをして。舌がもつれてしまって。「これでよろしかったでしょうか」とか「自己選択」とか。来年の一月で実務経験ルートが終わりでしょう。今、人材確保という県が立ち上げた取り組みに参加させてもらっているんですけれど、皆さんやっぱり、介護の仕事から離れるというのが……。何が何だか訳が分からず三十年来ましたけれど。

○ＭＲＳＡ保菌者の介護

著者　私の研究テーマが、ホームヘルプ事業の歴史研究で、全国的には一九五六（昭和三十一）年長野県上田市で始まったということなんですね。なぜ、上田で始まったのかということの起源・原点を僕はずっと調べていまして、やはり人が事業や制度を創りますよね、キーパーソンが。上田市社会福祉協議会初代事務局長の方に直接お話をうかがったりして、ある程度、その要因を明らかにしてきているんですが、上田からやがてこの制度が全国に広がっていったわけですが、どう広がっていったのかということをもう少し詳しく調べたいなあと思いました。長野、大阪、神戸、名古屋、秩父、島根などが比較的早かったんですが、青森もそうですが、他の地域ではどうだったのかということを体系的に調べようとしているんです。

成田氏　私が仕事についた頃には、県社協にヘルパー協事務局が置かれていました。事務的な仕事は長いこと県社協のお世話になってきました。県内の各ヘルパー事業所に最新情報等を発信して頂き、青森県のヘルパーの進展の始まりだったのではないでしょうか。

当初、訪問入浴サービスを担当していた頃のことなのですが、寝たきりの方が自宅へ退院し、訪問入浴サービスを利用していた方のことです。ＭＲＳＡを保菌した状態で退院する患者さんの在宅でのサービスが開始されました。しかし、退院する際、介護する私たちには医療側から説明がないため情報が届かず、一カ月ほどの訪問後に家族から「ＭＲＳＡ」と病院から言われていることを打ちあけられる。ショックでしたが、急遽対策方法マニアルの作成でした。そのお宅で使用した予防衣その他、身に着けていたものはすべて着替え、次の訪問先に持ち込まない、感染症拡大を防止し、ヘルパーが菌の運び屋にならないことを第一にしてきたことは、誇りに思っています。当時はケアマネジャーさんもいない時代でしたから、医療側の専門性のことも、在宅でサービスをすることも、橋渡しの人材がいなかったため、伝えてもらうことができなくて……。

○木造町のホームヘルプ事業

成田氏　木造町は一九七〇（昭和四十五）年より始まって

います。当初私は、昭和六十年町役場に臨時職員の家庭奉仕員として就職しました。制服（ベストスーツ）が支給され新しい装いで訪問する形となり、訪問先へ向かう時は制服、利用者宅に着いてから作業着に着替えをする方法が採られるようになったのです。（その前は、移動、訪問、事務所）着替えるという事がない時代であった。着替えることに利用者さんから「自分の家が汚いから着替えるのか」などの批判の言葉がありましたが、継続しているうちに、「ヘルパーは訪問に来ると着替えするものだ」とようやく着替えの意味を理解して頂けるようになり問題がなくなりました。

○初期家庭奉仕員たちの家庭環境

著者　上田で始まった時には、母子家庭や多子家庭の婦人の生活の自立のために事業が創られ、所謂未亡人たちを優先雇用していったという話もありますが……。木造町ではどうでしたか。

成田氏　そうですね。私もこの仕事に入った直後、「一人身なの?」とか言われた記憶があります。で、家庭奉仕員というのは未亡人、貧困家庭の方がやる仕事という感じの方がいらっしゃいました。私は当時、何だろう?　と思っていましたもんね。家庭奉仕員をやるのは、食べるに困るという場合と、旦那さんがいない場合。まあ、離婚というよりも死別の方々の生活を守るという。ただ単にお金をあげるのではなくて、仕事として一番に見合った仕事だということで。そういう方々を優先的に採用していった感じがありました。私も言われたもん。大体、皆さんそうでした。旦那さんがいる人は二人ぐらいであとの方は皆、旦那さんが亡くなった方々が仕事をしていましたね。

私が入った昭和六十年に、一〇人一気に採用されたんですよ。一〇人。全員では一六～一七人の家庭奉仕員。その時は旦那さんがいる人のほうが上回っていましたけれども、でも三人ぐらいは旦那さんがいない人でした。一人は旦那さんが行方不明、亡くなった方が一人、その他にも亡くなった上に息子さんが精神障害の人が一人。本当に重なって、不幸な生活振りというか。そういう方々を優先していましたね。でも、私たちが入ってからはそうした傾向は徐々に薄くなっていきましたよね。初期に遡ればその傾向が強い。だから、当時の家庭奉仕員というと、言葉は悪いけれど、男の人のところに訪問して、そこに寝なさいと言われれば寝てるんだよ、といういやらしいことを言う人もいた記憶がありますよね。何だろう。当初は、この仕事のリズムも決まっているものもなくて、何時から何時に行う仕事というのがなくて、午前中○○さんのおうちに行って、半日そこにいればいい、というような感じ。で、記録なども、今では状態とか顔色とかきちんと書くことになっているけれども、その当時は何をして何をして、これから○○に行くと言っていた、というように本当にざっくりしたものだった。顔色を見ないといけないという決まりごともない時代だった。他のヘルパーさんは、田んぼに稲の乾き具合を一緒に見に行ったりもしていた。のどかでしょう？　家庭奉仕員が一緒に行けば、外の草むしりを一緒にさせられたりとか。今のように決まりがないので。「何で？　変じゃない？」と思ってもそれを口に出して言えない時代。

○目ざすものが明確でなかった時代

成田氏　何が良くて何がダメだというのがない時代。今思えば、大変いい加減で何でもありの時代だった。訪問先の人の言うことをきくと。慣れてくると横柄にもなってくるし。あの当時はつらかった人はいっぱいいたと思う。仕事といいながら外から見れば簡単じゃないですか。その人のおうちに行ってその時間を過ごして待てば給料をもらえるのよ。こんな簡単な仕事はないんじゃないと思われていたと思うし。本当に決まりができたことによって、自分たちの専門性がどんどん高まってきたこともあるし。かえって、今は良かったんじゃない？　と思うけれども、昔、当初はのんべんだらりと時間を過ごし、その時間になればおうちに帰れると。何も目ざすものがない時代だったのかなあという印象があります。もう最初は、周りに車に乗れる人がいなかったので、自分で車で出勤してくると、大体、皆さんと病院のバスが隣にあって八時頃出発するんですよ。そのヘルパーの方々がこの先にある方向の病院のバスに乗って、患者さんを迎えに行くのに自分たちの目的地まで、そのバスを利用する。町のバスなので使ってもいいということで。朝にバスに乗って、ずっと先のほうに行って、そのバスが患者をまた送っていって、降りたところでまたそれに乗せてもらって、ここに帰ってくるみたいな。なので、そこのお宅には三時間も四時間もいた。バスに乗って戻ってきたら、あとはこの近辺を訪問するみたいな。で、それで一日が終わると、のんびりしている。足がないから。で、私が入職してから、車に何人かのヘルパーさんを乗せて、降ろして……。

○ヘルパー送迎をしていた二十代

成田氏　車の運転ができたのが良かったのか、先輩ヘルパーが訪問するために送迎していました。お蔭さまで、部落名、利用者の家の把握は早く覚えることができましたね、また研修が始まり受講するためにも送迎していたことが懐かしいです。

二八歳だった私は、若いということで上司の課長がとても心配していたことを、あとで知りました。「一週間もつかどうか」と言われていたそうでした。二十歳代での家庭奉仕員が、だいぶ珍しかったんですね（笑）。みなさんの送迎をしながら土地勘が鍛えられたのではないでしょうか。運よく臨時職の期限が切れ、これからどうしようと、ぼんやり考えてはいたのですが、近所の世話好きなおじさんに声をかけてもらい、いまに至っています。

今では、福祉系の専門学校を卒業し、十代でヘルパーの仕事に従事されている方が珍しくありません。こういう時代がやってきたのだと、昔懐かしく思い出されます。本当の志が最初は、外れていたかもしれない。でも自動車免許があったから色々見れた部分がありましたよ。この仕事ついてから、バイク、運転免許取得しヘルパーとして頑張った皆さんを尊敬してます（年齢的には、一回り違いの皆さんは退職されました）。

青森の冬は長い、十二月〜三月まで四カ月、雪が積もり、吹雪もひどい、そんな厳しい冬を乗り越え、頑張ることを約束します。待っていてくれる人のために。

第三章　石川安子氏（秋田県秋田市）の手記

（二〇一五年五月十九日、元秋田市社会福祉協議会所属、元秋田県ホームヘルパー協議会会長、元家庭奉仕員）

【略歴】　石川安子氏……一九三五（昭和十）年生まれ。一九七〇（昭和四十五）年四月から一九九四（平成六）年三月までの二四年間、秋田市社会福祉協議会に所属し、一九六八（昭和四十三）年から始まった秋田市のホームヘルプ事業草創期に活躍。一年更新の嘱託扱いでボランティア的色彩が濃いなかで勤務する。秋田県ホームヘルパー協議会会長時には、全国ホームヘルパー協議会との連携だけでなく、行政、保健所、児童相談所、民生委員会とのつながりを大切にしていた。現在も健康を保持し、長男夫婦、孫と同居する傍ら、ボランティア活動にも精を出している。

○きっかけと経歴

地域福祉のボランティア活動をしていた長姉が一年早くヘルパーになっていて、その話の内容から、社会的に意義のある仕事だと感じました。

秋田市社会福祉協議会　在職期間　昭和四十五年四月～平成六年三月（五八歳定年まで二四年）

昭和十年生まれ（現在、八十一歳）。　幸いに、健康状態もよく、長男夫婦と孫と暮らす。日常的には生活、身体的に支障なく、地域との関わりを大切に生活しています。退職して二二年。平成六年～現在、地域支援センターへ近所の方々と洗濯物整理、ミシン掛け、その他のボランティアを実践中。平成六年～現在、生涯学習セミナーへの参加、平成十年～現在、秋田市保健推進委員、平成二十年～現在、童謡・抒情歌を楽しむ会、平成二十二年～現在、町内老人クラブ参加。参加することに意義を感じ、楽しみつつ、今後、介護保険利用の先延ばしを心掛けて過ごしています。

○昭和四十五年当時の社会状況

昭和四十五年当時、ホームヘルプ制度は一般的に認知されておらず、サービスを受ける側も戸惑いを感じる時代だったよう思われます。設置主体である市町村でもサービス内容が違う等、また研修制度もなく、手探り状態の時代だったと思われました。私自身、重症心身障害児者を五年担当、精神的障害児者本人とその家族ケアには、相談助言等専門性が求められ、行政、保健所、児童相談所、民生委員等の指導・協力を得ながら、手探り状態で業務を行ってきました。研修制度もなく不安でした。

○秋田市におけるホームヘルプ事業の始動

秋田市　昭和四十三年四月、ホームヘルプ事業開始。初年度、四名からスタートし、当初は社会福祉主事と実態調査という形でケース訪問。しばらく続いたと聞いています。昭和四十五年、八名のヘルパーで、老人世帯、身体障害者世帯、重症心身障害児者世帯の担当。秋田市の人口からして、ヘルパーの数は充分とは言えなかったのではないか。活動に対するマニュアルも研修も充分とは言えない時代でした。

勤務時間　午前八時三十分～午後五時　待遇　一年更新の嘱託。当時、ボランティア的色合いが強く、手当として支給されていた。

○二四年間の思い出と学び

二四年間と長い勤務の間、思い出に残るケースは数多く、共に泣き、共に笑い、感動と喜び等々、当時を振り返ると懐かしく思われます。知識不足、経験不足のため、失敗すること数多く、対象者からは学ぶことも多く、私自身、大きな学びの場でもありました。重症心身障害児者、身体障害者、老人世帯と、サービス内容が違い、気持ちを切り替えながら仕事をしたように思います。ただ、全体的に言えることは、ヘルパーが入ることで、生活環境が整えられ、意欲を取り戻し、また、親子関係、近隣との状態がよくなったケース等は大変嬉しく思ったものです。

○秋田県ホームヘルパー協議会会長時代

秋田県ホームヘルパー協議会会長職にあって、他市町村との連携は総会、研究会・研修会の開催。全国ホームヘルパー協議会との連携は総会、研究会、研修会、情報交換会に参加。福祉に関わる機関との連携は、行政、保健所、児童相談所、民生委員会。常に連携をとるように努めた。各県、各市町村のとり組み方によって、サービス内容に格差が生じていること、県、市の検討課題にしたように思われます。

秋田市のホームヘルプサービスの草創期から携わり、昭和四十六年、秋田県ホームヘルパー協議会設立、機関誌発行、全国ホームヘルパー協議会への加入。十カ年戦略策定、福祉関係八法改正、社会福祉士及び介護福祉士法の成立、無料から有料化へ、福祉をめぐる法案がめまぐるしく変化する時代に在職したことに、他職では経験することのできない有意義なことと幸せに感じました。

○今後について

今後のホームヘルプサービスは、予想をはるかに超える高齢化率を考えると、サービスの切り下げ、利用料増の可能性は大いにありきで、私自身、現在の健康を維持し、制度活用なしを目標に生活したいと思っています。

第四章　三沢文子氏（山形県天童市）の証言

（二〇一五年七月十九日、一二：三〇〜一五：三〇、於 三沢文子氏宅）

【略歴】 三沢文子氏……山形県天童市出身。土井たか子（社会党）に傾倒し、政治活動をしてきたが、家庭事情が変わり、四七歳から家庭奉仕員（ホームヘルパー）として約二二年間従事する。山形県家庭奉仕員連絡協議会会長、日本家庭奉仕員連絡協議会会長などの重責を担い、苦労が絶えなかったという。協力者たちと力を合わせ前進し、アメリカ研修、東北ブロック研修会などの学習活動を通して、介護の質的向上を目ざす。一方で、映画に主演したり、『ひとりにしないで』『支えあい』『山形の女』などの記念誌を刊行する。行政評価の低さ、高齢者の性の問題に関心をもち、人間の尊厳や心のあり様が大切であると強調する。

○家庭環境と入職当時

著者　三沢さんは、山形県の家庭奉仕員連絡協議会の会長をされていたわけですけれど、何年ぐらいされていたんですか?

三沢氏　六年?　もっとしたか?　やめるまでしていたんだからね。

著者　四〇歳から家庭奉仕員を二二年ぐらいされたんですか。

三沢氏　はい。

著者　三沢さんのご出身はこの辺りなんですか?

三沢氏　はい。天童です。よく天童生まれではないでしょうと言われるんですけれど。うちの父は技術屋で九三歳で亡くなって、母（看護婦）は九二歳で亡くなりました。うちの父は技術屋で、あの当時、高校を出て重宝がられて、天童の水道を全部したんですよ。

……阿部正俊さんっていう。参議院議員、橋本龍太郎の元秘書官。あの、この方、もうおやめになりました。山形県の生まれなんですよ、小さいときやけどで目を怪我しまして、耳も少し悪くて、ゴソゴソいってあまり聞こえないようです。でも、私らを一生懸命に応援してくださいました。今でも年賀状のやり取りをしています。

○辞令交付式の思い出

著者　ホームヘルパーの制度は、長野（上田）、大阪、神戸、名古屋、秩父などが早かったんですね。

三沢氏　そういう所は、日本家庭奉仕員連絡協議会に入っていなかったんです。やはり、日家協に入っているのは市職員でないところが多かったみたいです。市職員の人は自治労とかに入っていた。

私らが入った所は、ずっと一年更新だったもの。私の辞令交付式の時は、一般の職員と同じで、一番最後に、「ホームヘルパー　三沢文子　月額八万三〇〇〇円」って言ったのね。「あれ?」と思っていたら、市長さん、「違いました。三万八〇〇〇円」と言い直したりしたこともありました。それ以降、あだ名が「三万八〇〇〇円」なんてつけられたりね。安かったなあ。

でも、お金の問題よりもホームヘルパーという職種に興味があったから、できたことだし。自分で考えてしたことだし。これからの人たちのためにもできたんではないかなあと思います。資格制度についても。

○きっかけと関心事

三沢氏　私は結婚が遅くて、結婚する気なかったんですよ（笑）。政治活動をし、土井たか子さんに興味をもちまして、そういうなかで色々事情が変わりまして、それで四七歳からヘルパーになりまして。で、入って驚いたことには、というのがありましてね。それで、学もない、あるのは体重だけなんだけれども（笑）。本当に、県会長の器ではなかったんですけれど、でも誰かがちょっと声を出さないと、これはいけないなと思い、会長を引き受けたのが始まりなんですよ。あの～、井上（千津子）さんのほうが……私たちのほうもこうして全部、県のほうで作ったのがあるんですよ。『ひとりにしないで』とか、『支えあい』とかね。こういうふうに作ったり。

○待遇問題と〝奉仕員〟の意味

三沢氏　入ってみて、もう少し働き甲斐のある職場だと思ったんですけれども。というのは、別の意味なんですけれど、待遇の問題、身分の問題が山形県内でも天童がすごく悪かったんですよ。県内全部を調べましたら、健康保険とか失業保険とか、年齢が五〇歳制限、毎年公募して入れ替える、というふうな制度のところがいっぱいあったんですよ。それではおかしいということが一番大きな考えで、会長になって県に行って声を出したんですよ。そして、高齢化の時代がどんどん押し寄せてくるなかで、もっときちんとしたものをしないとダメでないかなあということで、色々と取り組んだんです。

まず県の会長になって、井上さんのところともお話ししたりして。当時のヘルパーは新聞に載ったり、テレビに出たり、『雪国のヘルパーさん』というフジテレビの三〇分放映になったり、私主演でね。本当に、あの〜、山形県の婦人会の会合とか、色々な所に行って講演を頼まれたり、色々しゃべりましたけれど。その、あまり批判するということもできなかったしね。

でもやっぱり、国家試験のようなきちんとしたものがなければ、これからはホームヘルパーのなり手がなくなると。そして、あったとしても、受ける側も安心できない。私が入ったときはお宅へ行ってお話ししてきたり、料理をしてきたり、洗濯をしてきたり、色々ありました。後で思い出に残るケースをお話ししますけれども。それだけではなく、もっともっと別な意味で家庭奉仕員としてやっていて、上司にちょっと文句を言うと、「おたくの身分は何だっけ？奉仕員？　奉仕員なら奉仕すればいいい。三沢さん分かんねえか？」なんて言われて。そういうふうな目で見られていましたんで。そして、私（奉仕員）が訪問先でしてはならないということはあったんですけれど、そんなこと現場では通らないわけですよ。すると、腰を痛めて、一カ月ぐらい休んだんですよ。そして復職するとき「一カ月も休んでまだ勤めるんか？　あんたの代わりはなんぼでもおるんじゃ、三沢さん」と言われたんです。それが頭にきて、これは絶対ダメだと。すごく係長さんに理解がある人とない人と色々おりまして。私たち、一応、福祉事務所に常勤でお世話になりました。社会福祉協議会には後で（お世話になりました）。それで、その時も夜、忘年会などがあると、「ひらひら（文句ばっかり）言ってると、給料けねよ（あげないよ）」と言われて。県、国、市からだと市からはいらないんだと……。私の後ろ盾に市長やら議員さんや懇意にしている人、今の山形県知事も私のいとこの子どもさんの奥さんなんですよ。だから、そういう私の関係もありまして、これは代弁しなくてはならないと。私がどうなってもいいから後に続く人のために、ということでずっと正職員化ということに声を出して来たのが会長になったんですよ。それで、東京に行くときなんかも旅費なんか出ませんし、正直、ここに（今の家に）来たのも、以前はすごい家があったんですけれど、主人、建築業をやっていまして、独立しまして、ちょっと失敗しまして、何もなくなりまして。私たち、子どもがいないので、お互いに自分の仕事をしようという感じで話し合いまして、私の希望として、一人暮らしで施設に入っても身寄りのない人もいますよね。ああいう人を正月やらお盆に五～六人自分の家に連れてきて、あの～、家族と一緒に三日くらい住むようにして、なんていうことも考えていたもんですから。今のデイサービスのミニみたいな感じで。そういうのをしたいという気持ちに変わりまして、主人もそれを許してくれましたんですけれども、それがパーになりまして、今こんな暮らしをしていますけれども。

私が二二年間勤めてやめるとき、退職金はゼロでした。それで、同じ県内でも良い条件なのは、鶴岡、山形、米沢、高畠、そういう小さい町でも、（介護に）関心のあるところはちゃんといただいて、六〇〇万円とかもらっているんです。私の場合は、こんな小さなラジオをいただきましたけれど。でも、私が今一番喜んでいるのは、ちょうどやめる前々年から介護福祉士制度、つまり国家資格者養成という陳情書を厚生省に出しました。のこのこと出て行って、歴代の厚生大臣に陳情したり色々しました。でも、日本ホームヘルパー協会というところが、厚生省のＯＢですよね、皆。天下りが多いので、それもある意味では良いタイミングでした。それから、山形県の福祉課の課長さんが厚生省からの天下りで三年とか来ている人でしたので、すごく助かりました。理解していただいたということで、でも、まわりの人は生意気だということで。でも、結局、誰かがそういうことをしないといけない。そして、私が自分で、日本ホームヘルパー協会と全社協に所属している人が創っているヘルパー協議会とがあるんですけれど、本当は最初は全部一緒だったそうです。それが、何か別れたわけですね。で、市役所の職員になるのは難しい。社協の職員だったら何とかなれる。それだったらということで、自分が会長をしている日本ホームヘルパー協議会の会長をやめて、脱退して、山形県の現職の人で社協に所属していない人を全部、社協正職員化に結び付けることができたんですよ。だから、私にとってはメリットは一つもなかったんですけれども。

あの～、今、天童でも山形も社協の正職員になりましたんで、それは私、自負しているところなんですよ。仕事の内容もね、最初は老人と身障がありました。そして、生活保護世帯を主に。だから、市役所から係が来るときには、テレビを隠すとかね。そんなこともしました。それから、その後で、介護型、家事型という給料差をつけるために、介護が高い、家事が低いということで。でも、例えばですけれど、洗濯は家事型、褥瘡の薬をつけるのは介護型、それで、どこだって反対しました。それで段々、社会的位置づけもきちんとされるようになって、まだまだなところもあるでしょうけれども、国の資格があるということで社会の目も変わってきていますけれど。

○記念誌『ひとりにしないで』刊行

三沢氏　でもね、引っ越しするとき、お見せしたかった資料が今ないんですよね。『ひとりにしないで』はあったんですよね？『支えあい』はありました？　これも一応、原稿を集めて全部、したのは我が家で。役員三人に来ていただいて、それでコロニーという印刷屋さんにも手伝ってもらいました。これも反響がありまして、『ひとりにしないで』は私が回っているお婆ちゃんで、すごくお金持ちで、本当は派遣対象ではなかったんですね。ですけれども、やはり一人暮らしだということで、行ったんですよ。東京の大きな会社の役員をしている息子さんがいて、それで帰るときに「三沢さんよ、お金があってもよ、呼んだらすぐに来てくれる人が傍にいるといいのよ」と言われたのが、この『ひとりにしないで』につながったんです。この方、九八歳で亡くなりました。この方の娘さんが「文ちゃん、文ちゃん」といって、ご遺体を拭いて見送って。でも最後まで私は、本当は悪いんですけれども、昼間ご飯を食べさせたりね。夜、ヘルプに行ったりしまして、一〇〇歳までということで頑張りましたけれど……。

でも、こういうものを出すことによって、色々な所に配りまして、ヘルパーの仕事内容を見ていただくと、私たちの仕事は分かってもらえるというねらいで書きましたし、またヘルパー自身にも自覚というんでしょうか、そういうことのために出版して、私たちもこうやって頑張っているんですよと。やはり、分からない部分、例えば、老人の性とか、仕事の内容もお願いして悪いこともあるんですけれど、そんな指示通りにできるわけないんですよ、現場は。

○印象深かったケース――便所・死亡事例・葬儀

三沢氏　私の場合、一番思い出すのは、お便所がなくて、畑に穴を掘るんですよ。穴を掘った両脇に板ばんを置いて、それがいっぱいになると、また別のところに穴掘るんですよ。それから、寝たきりの人でこういうふうに新聞紙にためて、おしっこは一升瓶で。それを私たちが片づけなくてはならない。その男の人は「ひらひら言うと（臭そうな顔をすると）、自分みたいな人がいるからお前らも職業があってお金もらえるんだから、ひらひら言うな」とか言われましたね。「ごめんください」って入っていくと、ああ、今日はうんちの玉が三つだねとか分かるんですね。そういう仕事をしてきたんですけれど、お役所はあまりにも驚かないし、「大変だなー、ご苦労さん」と言われなかったのが不満でした。

あと、もう一人は凍死したんです。その人は羽振りのいいときは二号さんをもったりしていたんですけれど、結局、お金がなくなると女の人は離れていきますよね。それで一人になって、どういうわけか、私とウマが合ったというかね。その人も癖のある人でしたけれど、私の言うことは聞いてくれましたね。その人がね、凍死したんですよ。元旦の朝、出勤しましたら、係長から「三沢さん、Wさん死んでいるんだけれど……」と電話がきたんです。「あれ、私、おととい訪問のときは元気だったよ」って言ったら、「外で死んでたけ」って。「その遺体が警察にあるから、三沢さん行って確認してきて」って言うの。「そんな時だけヘルパーに頼んで、それは係長の仕事だべさ」って言うんですよ。そういうことをやられました。そして、スチール製のベッドに毛布一枚敷いてあって、私が行ったときにはまだカチンカチンでした。「Wさん、冷たいけべね、冷たいけべね」ってこう触ったら涙が出てきてね。それで、私のために買ってくれたスリッパを履いて外に出たみたいでした。だから、私のことを思い出してくれていたのかなあと今でも思ってね。そういうこともありました。でも、ホームヘルパーをして良かったなあと今思います。色々な人との出会いもありましたし、私、ヘルパーして良かったと本当に思うのは、今こんな暮らししていても、色々な人から電話をいただけたり……。

でも、やっぱり参列しました。「ありがたい」って思ったっけ。だから本当に何回も言うけれど、東京の事務所に行くにも、お昼から休ませて下さいという場合、お昼まできちんと働いて、ちょうどお昼過ぎの飛行機が出ていたんです。空港まで自転車とかハイヤーで行って、市役所の制服を着て、そしてお便所の中で着替えて、行って、そしてまた夜行で帰って来て。ここに着くのが朝五時ちょっと。そして、その後普通に勤めました。これは振り返って、私「ああ～、よくできたもんだ」と思いました。「偉かったな～」って。

○山形県家庭奉仕員連絡協議会会長時代の苦悩

三沢氏　だから、よその会長さんよりは苦労したと思います。でも皆、付いてきてくれたから。写真なんかもお見せしたいものがいっぱいあるんですけれど、やはり付いてきてくれるということは、勿論、私がもたもたしているから、会長一人で頑張っているのはかわいそうだなと思って、付いてきてくれる人もいたんですけれど、やはりいい顔をしないで（威張らないで）私は謙虚なうえに、言うべきときはバーっと言うもんだから、皆付いてきてくれてね。会長さん、会長さんとか。研修のときなんかにもお土産を持ってきてくれたり。とにかく、会員さんに助けられました。みんな今でも。有難く思っています。ただ、本当に資格（国家資格）ができたということ。私は持っていないんですけれど。一回目の試験を受けたんですけれど、事務局長が言うには、ボーダーラインが七〇点ぐらいだったそうです。そしたら、八割以上が合格だったらしいんですよ。それを少し上げないとダメだということになって。三沢はちょうどその間辺りにいたんだべなあ、と言われて。その後は私は受けなかったです。だけれども、その資格のために皆さん頑張って色々と大変だと思うんですけれど。

○アメリカ研修

三沢氏　それからアメリカに研修に行ったんです。その時、樋口恵子さんもご一緒だったんです。ちょうど、私一緒の班で。黒人の身体障害者の方を見守っているヘルパーさん視察におうかがいしたんです。すると、これぐらいの広いベッドの上に寝ていて動かない。お母さんと、ヘルパーさんが傍にいるんです。黒人さんってすごい体格で立派ですね、そしたら、ヘルパーさんが「この子は私がいないと生きて行けないんです」と母親の前でちゃんとおっしゃったんです。私、英語が分からないんで、樋口さんが訳してくれた。「へえ〜、親の前でそういうふうに言える自信。そういうふうに言える環境、すごいなあ」と思いました。日本でそんなこと言ったら……。ああ、これはやはり資格とか何とかがあるから、世の中が認めるんだということをすごく思いました。

資格制度を先輩たちが創ってくれた会を脱退して、現会長でありながら、山形県の社協の市役所所属のヘルパーさんを全部移すことができたということがね。うん。すごく恨んだ人もいると思う。でも、これは私一人の問題ではない。でも、あの、アメリカに行ったときにはヘルパーさんたちがすごかった。まあ、長く（向こうに）いればあらも見えるんでしょうけれど。私たちが行ったときには……。黒人とか日系とかアジアの方とか様々ですけれど、その中の一人に「今、何が望みですか？」と聞いたら、「お母さんのお墓参りがしたい」と言うんですね。八九歳の方でした。ああ〜、それでもやっぱり、涙が出るというかね。でも、国々できちんと施設があるというのもいいし、施設の中に結婚式場があったり、幼稚園があったりね。日本は今はもう町中に施設も出ていますけれど、昔は人里離れたところにしかなかった。

○ホームヘルパーの低さ

三沢氏　それから、介護の（地位の）低さということ、ホームヘルパーの低さということを感じた。〝看護の日〟という言葉がありますよね。その看護の日の発足にあたって、私委員になったんですよ。日野原重明先生、東京都知事、日本看護協会会長、柳田邦男さん、NHKの女性、そこで私、〝看護の日〟というのは、看護婦さんというのは世間でちゃんと知れ渡った存在でしょう？　だから、それよりも〝介護の日〟ということで、私頑張ったんですけれども、やはりそれは認められませんでしたね。その後、日赤大会に出たとき、皇后様と間近にお会いしまして、「これからは介護の日というものを小さいときから植え付けて、誰もが病院に入れなくても、介護が必要な時が来るんですからね」、〝介護の日〟〝介護の日〟と私みたいな田舎者が頑張って、大物たちに向かって言ったんですけれど、（実現しなくて）悔しい思いをしました。そして、結局、看護の日というのが四月十二日に決まりました。

それから、自民党の福祉○○会（朝飯会）というのに出席してほしい、と言われまして、ホームヘルパーの仕事の内容を聞きたい、ということで、私と社協の協議会長さんとが出席して、社協の会長さんが先に発言して、苦労話のほうが多かったんですよ。そしたらちょっとクレームがついてね。私はこれからのことを考えると、きちんとした職業として認めてほしい、ということを苦労話も入れながら、そしてちゃんとした給料体系などもきちんとしてほしいということを訴えた経験があります。それから、有料化、無料化の話が出たときもその線の引き方をすごく不満に感じていまして、やはりお金のあるところからはお金をもらう。ない所はないで、こちらが助けなくてはならないんではないか、ということを訴えました。

○最後の砦としての家庭奉仕員

三沢氏　そして、無料化が一番いいと訴えた人が在職中にもしやめたら（ホームヘルプに）来てくれと言われたところが二軒あったんです。それが、天童一のお金持ちの二軒。そこで働きました。一人は一時間一〇〇〇円。一日九〇〇〇円とすると、そこに九時間ぐらいいないといけないの。その人はね、有名な酒屋さんで前に他の家政婦さんを頼んだけれど色々だめだったみたい。それで、私がその人を最期まで見ましたけれど。どういうわけか……。斎藤茂吉、ご存知ですよね？　あの人の本を読んでいて、美術館も経営していて学はある人だったから。行くと、「三沢、茂吉の何頁のどこを読んでみろ」と言われまして、そういう記憶がありますし。それと、「三沢さん、やめたら、その日からでいいからうちのおじいさんとおばあさんの面倒を見てくれないか」と、大きい薬局さんが。そこにも何年か働きました。そして、夜も働きました。今五〇ぐらいになる方が三つのときに行った在宅で、身体障害者宅。お父さん、お母さんが目の見えないおうち。この近くなんですけれど。「市役所のおばちゃん（三沢氏のこと）、ここに引っ越ししてきたと聞いたもんだから」と言って初めて何か持ってきてくれたりね。だから、幸せだなあと思いますけれど、すごく苦労もしました。

○『山形の女』の刊行

三沢氏　で、『山形の女』という本。これにも載せていただいたりしました。有名な方ばかり載っている本で、私はホームヘルパーをしたから載せてもらえたと思いました。これも反響がありましてね。あと、『山形新聞』（地元新聞）の土曜日の県版の最後に「ヘルパー活動記録」という特集記事をずっと出していただきました。ええ。色々、各地区の人を私が選んで。もちろん、私も出ましたけれども（笑）。あと、本当にひどい過疎地の人。「こんにちは～」と言って入っていくと、蛇が玄関に二匹ほどにょろにょろいるような山の中のヘルパーさんとか、そういう人たちを出していただきました。

これ（『山形の女』）も、やはりヘルパーしたからこそ、（載った）当時は（ヘルパーは）珍しい職業だったからね。でも、皆さんこういうのだ、こういうのだ、とか言うとね。「うわー」と。「テレビに出た時はそんなこと一言も言わないで、ニコニコしていたけれど」と言うけれど、言うべき場所があるからね。だから、私がテレビに出るとか出張に行くというと、必ず憎まれたというか。文句を言った係長さんもいたし、上司もいたし。アメリカに行くのも、国からと本人と協議会からと、ちょっと色々ありましたけれども、こういう機会は二度とないと思ったから、自分でも出して行こうと。でも、市長さんも快く引き受けてくれたから行ってきましたけれども。とにかく、ひどいもんでした、当時は。だから、各県でご苦労なさった方がいっぱいあって、これは無資格と言うか、誰でもできるという、誰でもなんかできませんよ、できることはできますけれど。「こんにちは、はい、さようなら」というようなもんではないからね。いっぱい現場では（困り事が）起きているわけね。だから、そういうのを行政の人が分からなかった時代だと思うし。その時、私が会長になって発言したことが実ったり、何かしたということが私は一番うれしいし。今、ヘルパーさんにお願いしたいなと思うような身体になりましたけれど。

○二人の先輩と方向性の違い

著者　今日、天童市立図書館で山形県社協の『山形の福祉五十年』という記念誌ですかね。これを見ていましたら、高齢者福祉の活動のところに色々と書いてあるんですが、家庭奉仕員・ホームヘルパーの設置促進ということで、一九六六（昭和四十一）年からヘルパーが山形市に設置とありますが、山形市に設置されたその当初のことや三沢さんのご先輩の方について何かご存知ですか。

三沢氏　二人の先輩。丹野さんと○○さん。丹野さんとはお会いしたことがありますが、一緒に仕事をしたことはありません。私の前の会長さんでした。

著者　結構、現場はこうだとか、体験談を教わったりされたんですか。

三沢氏　その方はね、私とは考えが全く違っていたんです。ええ。もう一人の人は、あの人も早くだったと思うな。あ、ちがうな。四十四年から入ったんだ。横川恵理子さんという方が。私よりも若いけれども先輩なんです。その方もね、主任さんで、私が会長になったときも、といっても役員はしていないんですけれど、協力して下さって。事務所を最初は県に置いたけれども、後では山形のヘルパーさんの部屋に置いてもらって、私もちょくちょく出向いて仕事をするということで、横川さんも……。

上山市なんかも本当に（処遇等が）ひどかったんです。あと、選挙で町長さんが立候補する。勝った方についた人が現職やヘルパー採用されて、負けた方についた人がやめさせられるということもあったんですよ。そんなこともあったんですよ。

著者　完全に政治の世界ですね。

三沢氏　で、それは結局、誰でもできる仕事という考えがあったからではないでしょうか。

○家庭奉仕員たちの考え方

著者　一九六六（昭和四十一）年から山形市でヘルパー制度が始まったわけですが、三沢さんが中心になってされた天童市とで、関わりはあるにせよ、何か受け継いだというわけではなく、三沢さんの時代は自分たちのカラーを出して行こうとされたんですか？

三沢氏　受け継いだというのはあまりないですね。というのは山形市の私たちの先輩の人はね、どちらかというと、家庭も裕福で時間も自由で、そういう人だから、自分のためにしているという人でした。私みたいに、過激なことはあまりしたくないという人が多かったみたいだから。でも、その後、ずっと変わりまして、研修会に出席する人も多く出してもらうとか、何か必ず県主催の研修会、そして私ら協議会主催の研修会も自主研修会というのをしまして、施設に行ったり。その当時は在宅よりも施設のほうが楽だよね、と言っていた。けれど、うちの妹の所に面会に行くと、大変だなあと思います。どっちも大変。とにかく、施設というのは設備がある程度限られていますよね。私たちの所の人はテレビのない人もいれば洗濯機のない人もいる。私なんか、川で洗濯した記憶が何回でもありますよ。そして、こう持って行ったらすべてびしょ濡れになったこともあります。

○訪問時の在宅の状況と苦労

著者　そういう場合、アセスメントではないですけれど、色々見て、工夫されるわけですよね。色々な物がないですから。

三沢氏　そうです。だから、例えば、お産で（妻が）亡くなった男の人の所に行けば、片方の人は食事が作れてもう片方の人は全然作れないんですよ。で、必ず食事作りがヘルパーの仕事ということではなくて、（食事作りが）できる人には話し相手とか、色々するというのは自主判断で、半日中、仏壇の前に座って「母ちゃん、母ちゃん」と言って木魚を鳴らしている人もいれば、もう片方の人は何でもするし。食事作りなんか私よりも上手で、食事を作って待ってくれるわけ。食べるのが仕事のときもあるわけ。でもあんまり市役所からは評価されないわけ、日誌に書いたりすると。でも、私なんか「ああ、今日は○○さんだから、芋の天ぷらが必ず出るから、三つは天ぷらを食べさせられるから、ご飯を減らして行こう」とかね。そういうこともありました。食べてもらう喜び。「ヘルパーさんが来るのを待ってた。うまいもん作ったから待ってた」と言うけれど、いつでも芋の天ぷら。それで、奥さんが中風で寝ていて、「同じもの、うまくないべ～、お父さん」と（奥さんは）言うけれど、お父さんのほうは上手に揚がってうまいもんだから、私が「うまい」と一回言ったもんだから。そればっかり、出して下さるわけね。で今日も、このお芋を食べないと、〝ものを作る〟ということをしなくなると思って、「あ、おいしい、おいしい」と言ってね。「今度来たときは、またご馳走になるな～」と言って、帰ってくるんだけれど。

○お茶菓子と逆さ水

三沢氏　あと、お砂糖。この辺じゃあ、お砂糖もお茶菓子に出すという時代があったんですね。そのお砂糖を手にいっぱい、なめるのは大変なんですよ。「うちの父ちゃん（三沢氏のご主人）砂糖好きだんべ、持って帰る」と言って、チリ紙に包んで持って帰ったりしてね。相手の気持ちを尊重してね。今だったら、砂糖なんて自由に手に入りますけれど、当時は珍しい。カビの入ったお葬式饅頭だとか、勿論、ひどい時は、「○○さん、これはもう食べられないよ」と言うけれど、その頃合いというか。あと、うちうちによって洗濯物の干し方が違います。私より若い人が行ったら「別な人に替えて」と電話が入ったり。私が古いので私が行ったり。洗濯物は大きいものは大きいもの同士、小さいものは小さいもの同士干したり。若い人は違う人もいますよね。そうではなくて、「どこさ干す?」とか聞いて、……結構、技術がいるんですよ。一人ひとり違うから。

あの〜、「逆さ水」って知っています? 普通はお湯に水を差してぬるくしますよね。死んだときはその反対なんですよ。それで身体を拭くんですよ。私より若いヘルパーさんが行って、足を湯で洗う時、逆さ水したんだって。そしたら、「あのヘルパーさんは絶対に来ないで」ということになって。「どうしたんだ?」と聞いたら、「あのヘルパーは逆さ水しやがったんだ」と言って。でもそのヘルパーさんは悪気があってしたんではなくて、この辺の人ではなくて、富山県から嫁いで来た人だったんですね。だから分からなかったんだよね。「こういうわけでよ、あの人この辺の出身でなくて富山から嫁に来たんだ」と相手も立てて、こちらのヘルパーも立ててね。そして、気が悪くならないようにする気配り。でも、だんだん若い者同士になると、どうやって手を抜くかとか。効率的にするということはいいよ。でも、そればっかりすると、相手にちゃんと見透かされるんですよ。だから、そういう工夫はいっぱいしました。人間対人間ですもの。しかも相手のほうが人生の先輩でしょう?

○難題への対処法——高齢者の性の問題

三沢氏　男の人でも色気があると思ったら、私なんか訪問に行ったら、「○○さん、元気?」と肩をポンと叩くんですよ。それ以上のことはしない。それをモサモサと何かされっか、何かされっかと思っていると、触らせろなんて来るわけね。そういう工夫なんかも後輩に教えました。「三〇〇〇円出すから触らせろ」とかね。「老人の性」というのがありましてね。何にもあれでなくても、「会いたい」という気持ちがあるんだなあとつくづく思いました。そして、吹雪の時なんか、二〇分も外に立って待っていて、大きい声で「○○さん、○○さん、いたの〜」なんて。いるの分かっているんだけれど、そこに自転車があるから、よそのおじいちゃんが来ているから、分かっているけれど、勝手に開けると悪いと思って遠慮して待っている。そんなこともありました。

○仕事の厚みと行政評価の低さ

三沢氏　簡単に家庭奉仕員は行って、茶碗を片付けて、掃除してさよならと言って帰ってくるでなくてね。相手を尊重して、生きがいをもたせてにこやかにしてくる。もう一軒あるんですけれど、すごく裕福な家庭で夏でも白足袋を履いて、季節ごとの掛け軸も掛けて、ただその掛け軸もただこう巻くだけではないんですね。巻いて下げるでしょう。そして、お座りして、こう眺めて一句詠むというような家庭に行ったとき、若い人は分からない。私も最初は分からなかった。でも、私一人、その人が最期に亡くなるまで。東京に息子さんたちが引き揚げて、天童から車で行っていたんですけれど、（その人が）亡くなりましたら、その息子さんが「母がお世話になりました」と言ってね。あと、仲間の失敗ね。逆さ水とかそういうのもかばわないといけないし。そういうものは研修会でとり上げて、人の落ち度を晒すんではなくて、こういう時はこうすればいいとか、色々なヘルパーの意見を聞いて、私は和やかに訪問日、仲良くなりました、という報告会をしたり。やはり自分たち自身でも仕事に対する責任と、技術を磨かないと、世の中の人には振り向いてもらえないということで、本当に自主研修もいっぱいしましたし。雪下ろしもしましたし。それから、「物を盗った」と言われるヘルパーさんの悩みもありましたし。あと、お風呂に入れるとき、相手が女だから、パンツ一丁になって介護をしました。その割合に、社会的評価というよりも私は、行政の評価が低かったと思います。その反発が私は大きかった。未だに、正職員のヘルパーさんを置かないで、介護二級を取れば臨時採用ということが多いわけでしょう？　でも、その二級でも資格だから私はいいと思うけれど、もうちょっとな～。私は、なる人がいなくなると思う。

○東北ブロック研修会

著者　山形県の家庭奉仕員連絡協議会の横のつながりはいかがでしたか？

三沢氏　東北ブロック研修会とかをやっていました。全国ではできないから、全国は役員だけ。あとは、東北ブロック内で、各県持ち回りでやっていました。私、岩手に行って、秋田の石川安子さんのところは社協だったんです。それで、研修会ではご一緒できなかったけれど、東京の研修会ではご一緒したこともあります。あとは、九州ブロック、北海道ブロック、青森、秋田……と私、色々、研修会講師やパネラーとして行きましたね。

○厚生省（当時）関係者の指導と表彰制度

著者　介護福祉士の資格ができたときに、一番ヶ瀬康子先生が色々、厚生省に出向いたり、動かれたみたいですけれど、一番ヶ瀬先生との連携などはありましたか？

三沢氏　私はないんです。でも、来ていただいたことはあります。一番ヶ瀬さん、吉沢勲さん、京極さん……。それで、予算要求のときには必ず陳情に行ったんですよ。それで、ホームヘルパーで予算要求の陳情に来て、酒飲んで帰ったのは三沢さんだけだ、と言われて（笑）。それで、つい最近、国会議員をおやめになられましたけれども、阿部さん（参議院）、この方も厚生省の課長さんだったんですよ。私はそういう方に恵まれて、県にも来た課長さんと一杯飲んだりして……。

あと、もう一つ。表彰制度。老人クラブとか県の福祉大会で表彰制度を作っていただいた。優秀なヘルパーさんがもらいました。日本生命財団から色々なものをもらった時もありました。山形県老人福祉大会の時に表彰してもらったり。でも、樋口恵子さんには良くしていただきました。時々、新聞にも出て具合が悪いとか。でも、本当によく頑張ったという気がします。子どももいないし、主人も割と仕事に対して理解があったから。朝早く五時近くに山寺駅まで送ってくれたり。でないと、二日休まなくてはならないときがあるから。そうすると、利用者にも迷惑をかけてしまうので、なるべくそういうことがないようにしようと。頑張ることができたというか。

○ヘルパー採用のいきさつ

著者　振り返られて、色々なご経験があると思いますが、沢山エピソードもお話しいただいたんですけれども、このヘルパーを続けて来られた一番の魅力とは何でしょうか。

三沢氏　あのね……私、最初、看護婦さんになりたかったんですよ。うちの母が看護婦なんです。ところが、一番反対したのがうちの母なんです。というのは、仕事そのものは尊いものだけれど、看護の仕事はものすごく大変だと。その大変だというのは今みたいに院内保育所とかがなくて、子どもを自分もよそ様に預けて仕事をしなくちゃなんない。もう子どもを放ったらかしになるから……、というので大変だというのです。それで、お乳をもらう人も探さなくちゃいけないから。だから、母に絶対に看護婦さんは駄目だと言われて。それで、選挙のほうが好きだから、そっちをやって。でも、自分に子どもがいないということと、ご近所のお婆ちゃんたちと話をすると、ああだな、こうだなと、ちょっとした弾みから奉仕員になったというかね。よその市町村ではそんなことはないと思いますが、私の場合は（ヘルパー採用が）半分決まっていたようなものでした。皆、市長さん、助役さん、福祉事務所長さん、課長さん……うちの父親も市役所に勤めていましたし。大物の市会議員さんにも知り合いが多かったから、私の場合はね。そして、その時、私（旧姓）後藤っていうんです。「ごうちゃん、なんでヘルパーなんて汚い仕事を……」と言われたとき、カチンと来まして、何でこういう偉い人たちがこんなことを言うんだ？ と。面接でそういうふうに言われたことが尚更おかしいと思ったから。絶対に（ヘルパーに）なりたいと思っていました。半分決まっていたもんでしたけれど、一一人中一人採るなかで選ばれた。ということで、実は自分も好きだというかね。それで、長く続けたということ。

○後悔と苦悩

著者　逆に振り返って後悔していることとかは？　心残りなことは？

三沢氏　やり切ったということはない。ああ、私もう一回、介護福祉士試験を受けてみたかった。というのは一回目のとき、「もう少し（一〇点ぐらい）上げないと」ということで落とされた。でも今になって思えば、資格をきちんと取っておればよかったなあと。使う使わないは別にして。でも、やっぱり、何の仕事もそうですけれど、色々な方に支えられてできることであるということを多く学ばせてもらいました。そして、多くの方に喜んでいただけた、助けることができたと思います。だから、今、本当に無一文になったけれど、色々な人から声をかけられたり、「あの時はお世話になりました」という言葉が返ってくるんだなあとつくづく思います。これまで関わった人の名前は大体忘れないんですよ。あのお婆さん、こうだっけ、○○さん、××さん……。休みのとき、「三沢さん来て」と言われて、その時の断り方を考える、大変でした。ああ、やはりあの時、もう少ししてあげればあんな死に方しなかったのに……とか。

でも、元日の次の次の日に凍死したWさんという男の方ですけどね。元日に電話が来たんですよ。ストーブがどうしても点かないから寒くて仕方ないと。で、夫に送ってもらって行ったらね。本当は悪いんですけれど、お正月の御馳走を少しよそって行ったら、ちゃんとこうこうと点いているんですよ、ストーブが。「あら、Wさん、ストーブ点いとるや～」と言うと、「今、点いたんだ、やっと」と言うのね。やはり、人恋しいということがあったのかなあ～

と。そんなことも思い出されます。ただ亡くなったときに冷たかった。その時、本当にあの時、何とかしてやれなかったのかなあという後悔があります。

あとは、市役所に内緒で、同僚と一緒にちょっと時間をオーバーしたり、でもやはり、すべての同僚が協力してくれるというわけではないのね。これは年齢の差もあるし。そういうことで悩みました。私の年齢で、若い人（先輩）たちの中に入ったときは大変でした。片方はね、タイルが汚いのできれいにしてやろうとして、自分のうちからタイル磨きの粉を持って行った。それを、こっちのヘルパーがすごく非難する。そういう時、どうすればいいか。そういう仲間同士のいざこざを先輩としてどうアドバイスすればいいか、ということで苦労した覚えがあります。

○心が第一

著者　今日、色々とお話をうかがったんですが、今の、あるいは、これからのヘルパーや介護福祉士たちにエール・メッセージをお願いできますでしょうか。

三沢氏　やっぱり、気持ち、心。いくら技術があっても心がなければできないことだと思うの。技術を生かすことも。あとは健康ね。

著者　今よく、専門分化、効率化されてきていますよね。一つひとつは高度になってきているが、全体として見れていないのかなと。

三沢氏　そうですね。やっぱり、高度な技術をもっているからすべてが良いというわけではないですね。おむつ交換やベッドメイキングだって、上手な人もいるけれど、きれいに仕上げたから評価するというのではおかしいと思う。というのは、私、実は入浴サービスの体験をしたんですよ。東京の読売新聞の取材で。そしてね、本当に裸で。会長さん、お願い、と言われて。湯船に入って、ヘルパー四人で経験したんですけれど。やっぱり四人全員に一遍に身体を触られたら、あれではちょっと、いくらきれいにしてくれるといっても、四本の手で身体を触られると嫌でした。四人が、例えば、一人が身体を支えて、一人が頭を押さえて、という役割分担があればよかったのかなあと思いますね。ちっとも気持ちよくなかったですもん。だから、技術が高度化して、理論的にどうのこうの言っても、心がないと利用者にとって温かいものにはならないんじゃないでしょうか。入ってみて、完璧にすることがすべてではない気がするの。

○一人の人間として尊重する

三沢氏　お年寄りについて、この年齢になって分かったことは、一人の人間として認められたいというのは確かにあると思うの。私は今、こんな状態になっても、できる限り、人様の迷惑にはなりたくないと思っているの。頭もまだしっかりしているし……。さっき、天ぷらの話をしましたけれど、天ぷらを揚げることによって、自分も自信があるんだという喜びにつながってくると思うんですね。「おいしい」と言うけれど、旨くないのよ、本当は。固かったりね。でも、あの頃、七八、九歳のお爺ちゃんにとってはもう最高の出来だと思っているからね。そう言っては悪いんだけれども、食べられないわけではないから、そのお爺ちゃんが働く意欲を出すにも、嘘も方便というように、そういうテクニックも必要だと思う。だから、何でもすべてのことをまっすぐにしたから良いというわけではないし、と私は思う。それが心、相手の立場を思いやる。だって、相手にも自尊心もあるし。生きてきた証もあるの。（いくら手足がきかなくたって）そういうものをね、ただ、枠にはめるだけではちょっとと思います。やっぱり、病院に行って、私、注射していただくでしょう？　「ちょっと痛いけれど、我慢してな～」と言う看護師さんと、ただ「しますよ」と言ってする看護師さんとでは全然違う。だから、そういうちょっとした違いは心がないとできないんではない？　ただ、一級免許をもったからできる（できない）というのではなくて。

第五章　大沢紀恵氏（新潟県南魚沼市）の証言

（二〇一五年六月二十八日、一三：三〇～一五：三〇、於　南魚沼市広域働く婦人の家一階相談室）

【略歴】　大沢紀恵氏………一九四〇（昭和十五）年生まれ。新潟県出身。一九六〇（昭和三十五）年知的障がい児施設勤務。一九七〇（昭和四十五）年から、大和町の心身障害児の在宅指導員として働き、一九七三（昭和四十八）年から家庭奉仕員（訪問介護員）として勤める。その後、社会福祉協議会に移り一〇年間勤務し、通算キャリアは三八年。介護認定審査委員として十一年目であり、その他、民生委員や日常生活の自立支援員などのボランティア活動を中心に活躍中。保育士、介護福祉士、介護支援専門員、知的障害者支援専門員資格などを保持。新潟県家庭奉仕員連絡協議会副会長時には、井上千津子会長と一致団結。障がいのある子どもたちや家族、認知症高齢者や一人暮らし高齢者との様々な出会いこそが人生の宝であり、お金で買えないものを心でいただいたということはヘルパー冥利に尽きると言う。連携、共感、プライバシー、問題の社会化、統合ケアなどをキーワードに挙げ、福祉社会創造の鍵だという。本聞き取り調査の経験が、自身の人生経験を肯定（自己肯定）する好機になったという。

○記憶の忘却と聞き取り調査の難しさ

大沢氏　例えば退職しても、今は施設のほうで、ぜひともと皆さんパートとか非常勤で行かれるんですけれども、私等の時代は、退職してそのまま家庭に入る人がかなり多かった。施設のパートをしている方もいらっしゃいますけど、ごくわずかですよね。それで今日、いろいろ資料を探して、聞こうと思ったけれど、私の先輩なんか亡くなられたり、ちょっと認知が入っていたり、病院に入っておられたり、「もう終わったことだから、みんな忘れた」という方ばかりなんですよ。新潟のほうには今、第三者評価とか外部評価がありますでしょう？　それの研修やらを一緒にやっていますもんで、ちょっと聞いたり。そういう時に古い方にお聞きしましたけれど、私より上の方々にはなかなか聞けなかったんですね。

○人生を埋めてくれたホームヘルパー

大沢氏　ヘルパーを三〇年、在宅指導員を三年していましたけれど、私の人生のすべてと言っていいくらい、埋めてくれましたもの。本当に自分にとってはかけがえのない年月でしたもの。だから、当時の資料は捨てられなくて。でも先生よりこうした話でもなければ、処分していたかも分からないし、それよりもね、自分で資料を出してきて見ていたら、その当時のことが浮かんできて涙が出ることばかりでした。はい。今回先生にお声掛けしていただかなければあまり、自分を肯定できなかったかも分からん。そうやって、やってきたことを一つひとつ振り返ったなかで自分を肯定していけた、私にとって今回は有意義なものでした。

○人との出会いが宝

著者　なるほど、それだけこれまで、ずっと走り続けられたんですね。

大沢氏　そうですね。振り返る間もなく。そして退職してからも、すぐ色々な所から声はかかりましたけれども、若かったんですよね、結局は。〝ヘルプの狭間を埋める〟。私は平成十五年退職だから、平成元年あたりからずっとだけれど、介護保険制度が始まって、制度にそぐわなかったり、制度の狭間のことっていっぱいあるでしょう？　そういうのを介護のなかでいっぱい経験してきたんですよ。若かったんですよ。それで、私が退職したらする、という気概（笑）。その若さという、今はとてもとてもそんなあれはないんですけれど、そういうことで（退職後、再）就職しなかったの。うん。それで今でもボランティアはしています。今は、狭間を埋める制度がいっぱいできてきていますが。

著者　今まで、利用者、同僚など色々な方との出会いが沢山おありなんですね。

大沢氏　そうなんですよ、宝。この商売、それが素晴らしいんです。本当に、だって、自分の人生は一つでしょう？　だけども長い間、利用者、訪問の方々を通じまして、自分の体験なんて生きている間、これだけ（ちっぽけ）だけど、その人たちとの時間の共有でこれだけ沢山のことを経験できるんですよね。そうするとね、なんか錯覚で、自分の人生は一つなのに、幾通りもの人生を過ごせたというような錯覚を覚えますね。これはヘルパー冥利に尽きますよね。ほんと、そうだと思うんですね。

○ホームヘルプ事業の起源

大沢氏　ホームヘルプの歴史でしょう？　歴史をずっと

やっていらっしゃる方はあんまり知らないね。各県が出している……。長野県が最初で今のホームヘルプの原型みたいなのが上田でありましたでしょう? 上村富江さんなんかもお会いしたことがあるんですけれど。昭和三十一年。私らが一七、八歳の頃ですもんね。家庭養護婦派遣事業ですよね。(上村さんは)私らの研修会にも来て下さったんです。はい、新潟であった研修ですけれども。でもさ、ホームヘルパーの歴史をずっと紐解いて下さるなんて、ヘルパーとしては嬉しいばかりです。はい……。原崎秀司先生、県庁にいらした方ですよね。原崎先生がイギリスだかスイスだかに留学しなさったよね。私らはとにかく、先生方や学者の方が言うようなことよりも、現場で身体を張って、そして色々な体験をしてきました。若かったんだなあとつくづく思いました。

○過去の経歴

大沢氏　その前に、私が何者かということから……。(手元の資料を見せながら)私、この資料、今日のために書いたものではなくて、平成二十四年三月にヘルパー二級講座の講師の履歴書なんですね。なので、随分前なんですけれど、すみません。この時七二歳で、今七五歳です。それで、現在職業としては介護認定審査委員をしています。今十一年目です。私は県の知的障がい児の施設にいて、そして役場で心身障がい児童の在宅指導員、訪問介護もして、それが二三年間、社協に移ってからは一〇年で、合計三八年。それで退職して、今ボランティアが中心。これと、民生委員を六年して、日常生活の自立支援員を平成二十五年からしていますし、資格は保育士(当時の保母、昭和三十五年に取った)と。専門学校卒業なんです。はい、社会福祉主事任用資格。介護福祉士、ケアマネ(第一回取得)、知的障害者支援専門員資格と、これだけです。

　こうやって、在宅介護は三三年だけども、いわゆるヘルパーや家庭奉仕員になった歴は三〇年です。自分で家庭奉仕員になりたい、というよりも、在宅指導員していたときに、福祉事務所とか、県のほうから昭和四十五年に心身障害児の家庭奉仕員制度ができましたよね? それに合わせて、まだ県の中にほとんどいなかったんですね。それで、(家庭奉仕員に)「ならないか」ということで、福祉事務所からうちの課長のほうに話が来たんですよ。それで、課長から直接、私に話が来たけれど、私は家庭奉仕員なんて全然知らなかったんです。全く分からなかったんです。何をしてどうやっているのかが全く分からないもので、返事を渋っていたら、何度も福祉事務所の人が課長のところに来て、それで自然に移ったという形です。でも、仕事は継続できるということで、今の仕事もずっとそのままでいいよ、ということで来たんです。
忘れられないことがあるんですが、今まで勤めていた県の知的障がい児の施設長だった人が、私のうちに来たんです。その施設長が「戻ってこい」と言ってくれたんです。県を自ら辞めた人間に「戻ってこい」なんていうことはあんまりないんですね。それで、その時にその先生が何を言ったかというと、「色々な出会い、人との出会いや場面の出会いはチャンス。そのチャンスは運命なんだ」と言うんですよ。そして、「運命は君、意志だよ」と言ったんですよ。自分たちの意志ね。その言葉が忘れられないけれど、私は結局家庭奉仕員の道を選んだわけ。それは家庭事情もあったんですが。

○「上主導」の新潟県

大沢氏　所属機関は当時、うちは大和《やまと》町の福祉課で、特別職（非常勤）。要るときだけ、必要なときだけ仕事をするという。だから、当然、身分なんかもきちんとしていないし。皆、最初は非常勤でしたね。最初はね。ホームヘルプはうちらの町だけじゃなくて、大きな枠のなかの隅っこの隅っこ。

著者　色々と運動をしていたんですよね。

大沢氏　だってうちらに「やりなさい」「やりましょう」と言ったのは、結局、県が老人福祉法が制定されて、老人家庭奉仕員制度ができて、今度、身体障害者ができて次に、心身障害児家庭奉仕員の制度ができましたでしょう。それで、新潟県はすごい一生懸命でした。そして、県の指導で当時は南魚沼の福祉事務所の人たちが本当に一生懸命で、「上主導」。下から湧いて出たとか、町からではなく、「上主導」。はい。上主導だったもんで、私たちにとっては良い面もあったんです。あの～、自分たちはそんなに努力しないで、研修もいっぱいしてもらったし、県がやってくれたことがいっぱいあった。

○老人家庭奉仕員制度発足当時

著者　新潟県の特徴の一つといえるものですか。

大沢氏　そうです。私たちが発足した当時はね、私、昭和四十五年に心身障がい児の指導員になって、そしてヘルパーになったのは四十八年です。それはさっき言った福祉事務所の人が一生懸命、こういう制度ができて、ということと、県がその時に各支部を結成したかったの。そしてその支部をまとめる新潟県家庭奉仕員連絡協議会的な全体のものを創りたかったみたい。それは結局、私は国の指導があったと思うの。それで、そういうのがあったから、すーっと、移行したのはありましたね。「下からの盛り上がり」というのは制度ができてからそれはすごかったですよ。新潟県は井上千津子会長の力があってできたことでしたね。

私と言えば新潟県中越児童相談所や県立小出病院の精神科とつながりが強かった。この小出病院精神科というのは昔、新発田市長をされた近寅彦先生という精神科の先生なんです。その先生がものすごく熱心で、その先生が去られても、今度鈴木先生という山形日赤へ行かれた精神科の先生とか。その先生方と私は結びつくことができて。というのは、自分の訪問に行く子どもさんがもうすでにその先生と結び付いていたから。

それで、当時の子どもといえば、色々と悲惨でしたね。だって、当時はこの重度の障がいのある人は世の中にあんまり出られない。家で囲い込んでいて。そういう時代で。その中に自分を入れていただいたということで、まあまあ思い出だらけで、楽しいというか……本当に色々、趣のある毎日を過ごさしてもらいましたね。

○家庭環境

大沢氏　それで、この辺りで自分の生活状況。私、二二歳で結婚して、二五歳で長男が生まれて、二七歳で次男が生まれて、三〇歳の時、次男が三歳になってこの仕事をしたんですね。五年間は引いたんですね。帰りが遅かったりした時は、田舎だから、近所の方でとっても仲良く暮らしているお婆ちゃんが面倒をみてくれました、だから、子どもはかなり長い時間鍵っ子みたいな時もありました。年をとってから考えると、子育ててさ、一〇〇%満足していることはないんだよね。常に何かに後悔したり、自分を責めたり。お母さんって、そういうふうに思うんじゃないですかね。満足して、いい子育てしたと思う親なんていないと思う。

でもね、これは結果論だけれども、考えてみたら、大きくなってからやっぱり子どもは親を見ていましたね。見ていたからそれなりに、自分の子どもが親を超えて立派になるなんて思ってもみなかったし。これもこの仕事を通してだし、感謝しなければならないなあと思ったり。

○福祉・介護の問題点

大沢氏　当時の福祉・介護の問題点なんてのは、これはいっぱいあったけれども、これは今だから言えるということも多いんです。というのは、当時まず自分がそんなに問題意識をもてなかったということと、それから当時は障がいのある人や貧しい人や身体の不自由な人というのは一般的に生活水準はそんなに高くなくてもいいというような、一般的な思想・風潮がありましたね。で、自分たちよりも上でなくて良いんだという。やっぱり世代の背景というようなものが多分に思想形成にあったと思うんです。だから、今後に対しての、人権思想だの、人間の尊厳だの、倫理なんてのは、私が入った当時は介護倫理なんてのは自分が精一杯やっただけで、倫理綱領なんてものは考えませんでしたね。その当時は。はい。それは、やりながら考えていって、それで本当に自分たちで作って行きました。

○共感関係と「問題の社会化」

大沢氏　ところが私だけではなくて、他の家庭奉仕員さんもお家に寄せていただいて時間を共有していって、彼らとこうやっているうちにね、何とも言えない共感関係というものが。いくらどうあっても「そうだよな〜」っていう関係ができてくるんですよ。昔、ヤクザだった人のところに行ったり、色々あった人のところに私共が訪問。皆さん否定したくなることもあるけれど、でもね、「そうだよな〜」という共感する部分が出てくるの。

著者　でも、それは入っていかないと分らないことですよね。

大沢氏　そうなんです。そうすると、寄り添いたくなるというか。はい。そういう気持ちに。これは私だけじゃなくて、他のヘルパーさんも同じだと思うんですね。それで、寄り添いたくなってくると、今度は見えてくるんです。見えてくるとは何が見えてくるかというと、彼らの生活が見える、彼らの考え方が見えてくる、と同時に、これは彼ら個人の問題ではないというのが見えてくるんです。

そうなってくると、やはり皆それを次第に口にするようになってくる。問題にするというのは、一つは自分たちだけでこうやっているんじゃなくて、外へ出すということだから、家庭内の言っちゃならんことや現状を漏らすということは、葛藤も随分ありましたけれども。これはこのまんまで行けば家庭内の密閉されている問題でしょう？　密室内の。これはこれで終わるということで、これを噂話とかただの事例ではなく、問題を社会化していこうとしたんです。問題を社会化していくことによってしか、解決できない問題がいっぱいあるんじゃないかということを、この当時、何人もの家庭奉仕員さんが考えましたよ。彼らの問題がどうだこうだというのは当時、そんなに報道されることはなかったですからね。マスコミも報道しなかったし、この人たちの生活はこの程度の水準で良いんだぐらいの時代だったから。それを私たちが、悪い言葉で言えば暴露したんですね。良い言葉で言えば問題を社会化したと。これはね、絶対必要だということを何人もの家庭奉仕員の人が内から感じたんですね。そして、小さいことだけれど、役所を動かしたこともあるし、訴えていくうちに本当にこの当時は福祉のシステムというよりも個人。役所の○○という課長がいたからとか、○○という係長がいたから聞いてくれて、できたこと……。ま、そこからでもスタートしていく以外になかったんです。私たち力がないし。

○3K仕事と団結力

大沢氏　家庭奉仕員自身が自分を卑下していましたよね。私もまわりの人の「あんた何でそんな家庭奉仕員なんかしてるの？　県に戻ればいいじゃないの？」とか。だって、もう処遇にしてもそれより何より社会的評価が低い。猛烈に低い。3Kでしょう？　それであの当時ながら、人のうんちやおしっこを平気で取り換えるとか、ゴミ屋敷みたいなおうちに入っていってとかね。給料もそう。だからそのお金だけで生活していた人は一人もいなかった。小遣いにもならんぐらいだったけれども。あの当時はそうだったんです。だから今に比べて当時の人たちは団結が強いですよ。

著者　気持ちのつながりが強かったんですね。

大沢氏　はい、そうなんです。私ら自身が自分を肯定できない。周りの社会的評価が猛烈に低くて、馬鹿にされて、でも「何が分かるもんか、あんた方に」と思って。でもね、子どもの場合は、私は児童のほうだったから、そんなにね、あんたら偉いね、すごいねと。だってあの当時の障がいの重い子どもさんたちは、保育所にも入れないし、皆、就学猶予と言っていた時代ですよ。私の訪問の子も、重度だったからほとんどが就学猶予だった。だから、「あんな人のところによう行ってね」とか、それだけの給料でやっていると「何で？」とか。

でも、老人さんのヘルパーさんは随分、周りからそういうふうに見られる。それで切なくなっていた人もいました。切ながっていた反面、何というか、うちの人も賛成しなかった人もいたんですね。うんち、おしっこ、ダニだの、そういうなかで仕事をしてくるでしょう？　だから。でも一旦その家に寄せていただくと、やっぱり魅力があって抜け出せないんです。それと、今になって私も分かったんだけれど、私も老人さんのところに付いて行ったり、当時たまにこう色々させてもらったりしたけれど、人のおむつを替えるだの、おしりや陰部を他人にさらして任せるというのはものすごいことでしょう？　こんな他人のこんな若い女にさらけ出して。それを気持ちよく、「この人でいいんだよ」っていって、させてもらえるということは、私はすごいことだと気がついてから、なおこの仕事はすばらしいと思いました。

○在宅生活者のプライバシーと誤解

大沢氏　それと、当時の福祉・介護の問題点というと、当時は家庭の中になかなか入れてもらえなかったということね。というのは、ご本人さんが必要であってもご家族が家の中を、相手の城に入るわけでしょう？　見られると。本当は嫌なんです。だから、今でもホームヘルプよりもデイサービスを利用する人がいるよね。それと、色々なことを言っても解決がなかったんだよね。そうなってくると、自分たちで不平不満を言ってみたり、ちょっとむなしかったこともあったけれど……。

（ホームヘルプ立ち上げ当時の出来事、先輩からの伝言など）

これは、忘れられないのは、ある私よりも年上のヘルパーさんが言ったんですが、当時、特に老人さんは利用者が最初は少なかったんです。もうこの制度が始まっていたけれど、奉仕員がうちの中に来てこうやっていくのを賛成されない。家庭を覗かれる、ということで増やしていきましょうということで、地域の民生委員さんが頑張って下さったんですよ。その民生委員さん自身も家庭奉仕員という仕事の理解もそんなになかったですね。何をするかといえば、法令に書いてある身の周りの世話……してという、行動業務の部分はある程度、皆こういうことをしてくれるのが家庭奉仕員だという時代があって、それを勧められますよね。そうして、そのなかで民生委員さんもこの方は大変なので是非、奉仕員さんと結びつけたほうがいいと思ったんでしょう？「何でもしてくれるんだから、あんた何もそんなに困らんでいいんだから」と言って、（民生委員が老人に）お話ししたんだそうです。そしたら、初めて、今度奉仕員がそのおうちに行ったそうなんです。そしたら、その男の方が奥の部屋で寝ていたそうなんです。そしたら、「こっちは用意ができているから」って言ったそうなんです。それで、何のことだか、奉仕員のほうは分からないわけです。でも、直接、そこに行かず周りを片付けたり、少し離れて話をしていたら、「はよ、こっちへ来い。こっちは用意できているから」と言ったそうなんです。そこでその人の近くに行ってみたら、その人は真っ裸で布団をはぐって「何でもしてくれる」っていうことで勘違いされて。はい。そんな時代だったんですね。その話を聞いて私もびっくりしたんだけれども。そしたらそれに伴って他の人たちもそれ程ではないんだけれど、何でもしてくれるし、……今で言うとセクハラもひどいセクハラだけども、そんなのも最初はかなりあって、それで自分たちも「そんなことしないで下さい。やめて下さい」と言う程度だけれど、男の人にはしつこい人もいたり色々して、すごく悩んで悩みきった末に上司に相談したりとか、そういうことも昔はあったようでした。

○ヘルパーの柔軟性と査察指導

大沢氏　それと、人間関係ができてくると、何でも言うようになってくるんだよね。要求したり心を伝えたり。「好きだ」と言われるのはしょっちゅうでしたけれど、「そうかね、私も好きだね」と言って、上手にすり抜けて、それで楽しみに待っていてくれるようになって、それがきっかけでいいホームヘルプができるようになったとか。やっぱりコミュニケーションは年齢を経ている人だから。だって当時は採用は新潟市では子育てが一応終わって四十代後半ぐらいの人と年齢制限したこともあったそうです。私らの所も自分は児童だったから若かったけれど、他の人は全部五十を過ぎていました。採用の時に。そして、老人さんとかの身の周りの世話の経験があるだとか。それから旦那さんが軍隊に行って手足が不自由になられて、切断されて、その方の面倒をみている経験があるとか。寡婦の方を優先して採用するとか。その人たちは自分もそういう切ない経験があるから、本当によくやっていましたね。その中で一人の方、利用者よりこれは絶対に言うなという話が順々に増えるんです、人間関係ができてくると。話は生活保護を受けている方で皆、査察指導がありますでしょう？　貯金から全部調べるんですけれども。そしたら、ちょっと（お金を）持っていたそうです。それをヘルパーさんに言ったのね。これは福祉事務所が来ても出さないんだけれど、その奉仕員には伝えたんだそうです。それで話を聞いていったら、そのお金は「墓地を買って自分の代で墓を作る金だ」と言って、これは言わんでくれと。そこで、私たちが（奉仕員に）どうした？　って聞いたら、関係者には「言わなかった」と言いました。

○新潟県家庭奉仕員連絡協議会副会長時代の話

大沢氏　それとかね、これはある人から聞いたお話ですが、よく私がどうしてこんな話をよく知っているかというと、新潟県家庭奉仕員連絡協議会の副会長を四期したんです。それで会合があるでしょう？　そういう時、各支部の代表たちが情報交換をしたり、自分たちに今こういう問題があるとかいうことが出るんですよ。そこでの支部長の話ですが、訪問すると、一人暮らしの高齢の女性。荒壁には向こうの海が見えるほどの穴があいていて。それで、見るに見兼ねて、「どうしてこんなところに住んでいらっしゃるの？

　こんな色々なサービスもありますよ」という話をしたら、その方がおっしゃるには「俺がどこかに行ってしまったら、先祖を守る人がいなくなってしまう。墓を守る人がいなくなる。俺がここにいなければ駄目なんだ」と言われたんだそうです。それで、ヘルパーさんは深々と頭を下げたそうなんです。あと何も言えなかったそうです。「あっ、これはこの人の役割なんだ」と。役割をもっている人間というのはほぼ間違いなく生きられるじゃないですか。それに気がついて……。

○勤務条件の悪さと心に残るケース

大沢氏　私は県の施設にいたこともあるためか勤務条件の悪さには愕然としました。当時は県職というのは割と良かったんです。それに私たちには危険手当というものが、知的障がい児施設なので、ついたから。それで、次にここに来たらこうで、愕然としたけれど、抜けられなかった。というのはね、苦労話ではないんだけれども、これも思い出のケースのなかの一つなんですけれどね。小出病院の精神科の先生と結びついていた男の子を世話するということになって、訪問が始まって。本当にね、知的障がいの施設の中で初めてこの人が重度だったと病院の先生に施設のスタッフが言ったんです。そしてその人のために、施設では一人職員を雇ったそうです。私の訪問時は四歳になった直後。だから、いろんなものを学習していないわけね。その人のところへ行って、お父さんとお母さんとお婆さんと、その人と弟の家族なんだけれど。それは後から聞いた話だけれど、お母さんから。それでそのおうちに毎週訪問するけれども、私は知的障がいの重い子どもさんに何していいか分からなかった。何にも関心をもってくれないし、動き回るばっかりで、もう訳の分からないことを口走る。でも、これは言葉になるな、言葉が出てくるなあってのは分かったんですけれども。でも、訪問の二〜三時間、自分でもこれぞやったぞ、ということがないの。そういう生活が続けば自分にも嫌気がさしてきます。はい。何でこんなことができないんだろうと。この子どもさんが喜ぶことを何故してあげられないんだろうとね。さんざん迷って。そしたら、ある時、お母さんがおっしゃったの。そのお母さんは私らの動きを障子の穴から、いつも見ていたんです。その子は音に敏感でいろんなことを私も捉えていたんです。二階からお茶碗をころころと投げるのが面白い。そうすると、時折、階段をコロッ、コロッという（不規則な音がする）でしょう？　それが普通の音じゃないでしょう？　その区別をちゃんとしていたの。それとね、「べんべたった、べんべたった」と（洗濯物のこと）干してあるでしょう？　そうすると「べんべたった、べんべたった」と言いながら指すでしょう？　すると「ああ、指さしができるなあ」ということも分かったり。時折、私の顔を見るの。それは共感してほしい「ほら、べんべがたってるよ」と。子の出すサインはいっぱい見つけていたんだけれど、どう結び付けていいか分からないの。うん、そして、自分も「この仕事、明日やめよう、明後日やめよう」と実は何度も思ったんです。そしたら、お母さんが破れた障子のかげから私たちの様子をいつも見ていたの。私は見られているというのは分かったけれど、別に……。何もできなかったの、正直。それで、ただその子と時間を共有しながら、その子が「べんべたった」と言うと、「ああ、べんべあったね」と言ったり。子どもは（パチンと）手を叩くので、私も手を叩いてそこに言葉を添えたり、それぐらいで。いわゆる、昔で言えば指導計画、今で言えばケアプランかも分からんけれどね。あぁいうのもなかなか立てられなくて、非常に自分で苦しんでいたんです。

というのは、私たちは（おうちに）行ったら何かしなければならない、という意識が働くので、そして私みたいに、県立の学園に勤めていたでしょう？　そうすると、やっぱり、学校の先生っぽくなって。何でもいい。そこで時間を共有しながら長い時をかけてその子と過ごすなかで、ちっとは成果を出さなきゃと思っていたの。そしたら、そのお母さんがね、ある時、私の前に座ってこうおっしゃったの。「先生、ありがとうございました」。と、自分はこの子と一緒に何度死のうと思ったか、分からんと。その子をおんぶして高架橋があるんですけれど、そこんとこに立って飛び降りれば死ねると、魚野川の川岸に何度行ったか分からんと。その魚野川は水の流れもすごく強いし、この子をおんぶして入ろうと何度思ったことか分からん。また、すぐ裏が山なんだけれども、首吊りする木を探して歩いたと。ずっとそう思って。だって、そのうちの婆ちゃんもうちはこげんな子が産まれる家系じゃないと言うし、あの当時ですもん。昭和四十五年頃。当時でしかもこの辺の近所の人も皆そういう目で見る。それで切なくて切なくて、この子の将来を考えると生きていていいか分からなくなってきたと。だって、この子を生かしておくということは……。そのことばっかり考えて今日まで来たけれど、血のつながりがない全く赤の他人が自分の子をこんなに一生懸命やってくれるということを、ずっと見てきて、私ももう一回生きてみようと思った、とおっしゃったんです。

結局それが原点で、私は今まで仕事を長く続けてこれたと思うんです。その言葉を聞いたからには「明日やめます」とは当然言えないじゃないですか。それで、そのお母さんに、我慢をする、というか、やり続ける、継続していくということをこのお母さんとのケースを通じて教わったんです。考えてみたら、もし自由に身を引ける立場で身を引いていたなら、その後も難しいことに直面すると、みんな身を引くようになっていたんだろうなあと。ということをこのお母さんに教わりましたね。

○認知症高齢者介護から教わったこと

大沢氏　印象に残っているケースなんてまだまだあってね。今でも「ボケ」だとか「認知症」と言いますけれど。あのね、認知症の方との体験を沢山しました。というのは、それこそ、小説にもなるぐらいの話なんだけれど、それは七十代の心臓のちょっと悪いお母さんが、三十代の娘さんを一人で世話していたの。もちろん、嫁さんもいるし、またその下の嫁さんもいるし、ひ孫もいるし。みんなで一つの家に住んでいた。昔いっぱいこういうのありましたよ。その娘さんの面倒をみていたのは母親でもあるこのお婆ちゃん。そのお婆ちゃんは囲い込むようにこれまでやってきて、他人を中に入れたこともなかったなかで私の訪問。それが長い間やっていくうちに、すごく信頼して下さって、喜んで下さったのね。でもね、その人が結局は亡くなったんです。

私共の地域の大和病院のお医者さんさえ、自分は長い間、医者をしているけれど、こんなに障がいの重い人を見たのは初めてだと。そういう人だったんですね。だって、最後はもちろん寝たきりになったんですが、人間は最後の最後まで残ることは〝食べる〟ということなんだね。本当に一番最後までの楽しみが食べること。口から食べることのすばらしさを身体で知りました。私たちは理論ではなく、身体で（体験的に）教わったことがいっぱいなんです。それで、最後に赤ちゃんと同じ。唇の周りに触れるところにこうやるとかぶりつくの。だから、指でするからかぶりつくのかなあと思って、何をそこに当てても反応するの。はさみでも何でも。という反応は残ったんです。それと、お婆ちゃんは「先生のことは分かるみたいで見る目が違う」と言っていたけれど、私にはよく分からなかった。で、その方が結局は亡くなって、しばらくたってから、私にお婆ちゃんの所へ来てくれって、真ん中のお母さんが言ったんです。というのは、「婆は夜な夜な出て行ったり、行動がおかしい」と。その娘さん（Sさん）が亡くなったことが分からないので、「婆どこに行くんだ?」と言うと、「Sがまだ帰ってこないので山に探しに行く」といつも言うんだそう。それで、家族の皆が「Sは死んだから」と説明しても、全然分からない。私の顔を見れば、その当時のそれが全部思い出されて、お婆ちゃんが理解してそういう行動がなくなるだろう、ということで呼ばれて行った。それで、そのお婆さんと会ったら、「おう、先生元気かね、よう来てくれたのう～」って。その次に言った言葉は「Sは亡くなる前にまんまをこんぐらいいっぱい食べて、腹一杯になって亡くなったんが、あの子は幸せだったよ」と言ったの。食べられなくなって、口からこう入らなくて亡くなったんですけれども。それで婆ちゃんがそう言うんで、私も「じゃあ、ああそうだね」と言って、お婆ちゃんの前で仏壇にお参りさせてもらったんです。で、「お婆ちゃん、お墓に参りに行こうね」と言ったら、「ほうらのう」と言って、線香とろうそくを持って山の墓に行ったの。その行く途中、ちゃんとそのお婆ちゃんは「Sは先生に随分世話になったのう。あの頃はよかったんだよの～」と。不思議にみんな私と過ごしたことを覚えていらっしゃったの。そんな話をしながら、その墓の前に行って線香、ろうそくを立てて、「さあ、お婆ちゃん、一緒にSさんの墓に参ろう」と言ったら、その途端、「亡くなったのはSじゃねえ。亡くなったのはその上の姉ちゃんだ」と言ったの。これにはびっくり。私は当時は老人さんの専門でなかったし、深く認知の勉強もしていなかったから。でもね、直観的にこれで（このままで）いいんだと思ったの。お婆ちゃんに（事実を）分からせる必要なんてないんだと。これでいいんだと思って、「そうだよね、おうちに帰って一緒にまたお茶でも飲んで、Sさんの話でもしようね」と言ったら、婆ちゃん、「そうらのう～」と言って、そこで切れて。うちに帰って来たんです。でもさあ、そういうことがあるんだなあ～と。私、ヘルパーでもしなければこんな体験しなかったですよ。これに似た体験はその後も何回かしました。子どもさんが亡くなるということは、自分の親、きょうだいが亡くなるということとは違うんだわ。はい。それを身を以て体験しました。

○認知という不思議な世界

大沢氏　（別のケースでは）お婆ちゃんだけれども、お母さんが勤めていたから、CP（脳性麻痺）の重度のお子さんの子守りというか日常を全部みた、お婆ちゃん。このお子さんを長年訪問していた私。そのお婆ちゃんがすっかり呆けてしまって。自分の子どもの顔やその嫁さんの顔も分からなくなったお婆ちゃん。「先生、うちにもたまには顔を出してよ」とのお嫁さんの誘いで訪問。一年ちょっと会わないのに玄関で声をかけると、声を聞いただけで「先生だのう、早う入れ」と言われて、私もたまげて。だから、認知というのは不思議な世界なんですね。

○利用者の死と不思議な体験

大沢氏　重症心身のその方、亡くなったんですけれども、七年ぐらい、週二回訪問していました。寝たきりで発作もひどくて最後は亡くなったんです。両親はキリスト教だったもんで框には召天と書くんですね。で、お化粧はみんな私がしたの。自分が訪問した日に亡くなったんですけれどね。不思議なことで、今まで具合が悪かったのにその日に限ってにこにこしている。お母さんは「風呂に入れてくれ」という。しかし症状はてんかん発作ではなく、これはチアノーゼも出ているし、心臓のほうの発作では？ と受診をすすめる（てんかんの発作は日常もある）。だけれど「でも今日はニコニコしているから風呂に入れてくれ」ってしきりと頼まれるので、じゃあ清拭だけします、といって全部きれいにしたんです。それで、その日に結局亡くなったんですが、不思議なもんですね。親って、他の親も同じことを言いました。ずーっと長く反応がなくても亡くなる瞬間、亡くなる日だけは状態が非常に良いと。にこにこして、声も「あ〜ん」って出して、確かに。私もそういう経験初めてでした。そしたら、他のヘルパーさんで障がい児童担当の人が自分の子どももそうだって。同じだって。だから、私らヘルパーは、妙な奇妙なというか、他の人が体験できないこともねえ。

このお母さんに私が「お母さん、本当にご苦労様、よく毎日、この人の世話をなすって」って言ったら、お母さんが「この子は多くの人のなかから、あなたならこの子を育てられますよって、神様が私に授けて下さったんだ」っておっしゃったの。う〜ん、すごいことをおっしゃるなあと。この言葉を言われたとき、私、「すみません」って言ったのを覚えています。そのお母さんはクリスチャンだったんだけれど、そういう言葉が返ってくるとは思いませんでしたもの。

○幸せな人生とは何か

大沢氏　この方は重症心身の方ですが、その人のお母さんが子どもさんが二十歳過ぎてからだけど、もう（体重も）重くなるし、介護が大変になってくるんです。でもね、「この子は幸せだと思う。こんな幸せな子はいないと思う。こんなに幸せな人生はないと思う」とおっしゃるの。で、黙って聞いていると、嬉しければ嬉しくて手を叩くし、嫌だったら嫌で泣いたり、食べたいものはもっと食べたいと「ちょうだい」とサインしたり。まあ、叶えられますよね。要するに、自分の意志をそういう形で表して、そしてそれに周りが応えてくれる。もう、こんな幸せな人生なんてないんだ、という捉え方をしなさったの。そういうことで、見方、捉え方、幸せとは……ということを本当に家族の方に教えられましたね。

もうお一人の重症心身のその方もね、ある特殊な病で。

その当時、全国で百五十例くらいしかなくて、某大学の先生がよく電話をして下さったんです。「今、子どもさんはどうだろうか」と。私が訪問していることを知っているし、私も指導を仰ぎたくて手紙を出したんです。そのご家族は本当に子どもさんをよく介護されるの。専門の医師も、七歳ぐらいまで生きられればいいんじゃねえかとか、せいぜい生きても一三歳くらいまでだなあと言っていたのが、二〇歳過ぎまで生きたんですね。そして、その時、色々なことがあるなかで、親はこれも生き方で学びましたけれど、「なるようにしかならない」「なるようになるんだ」「自分たちは一生懸命努力するだけで、あとはなるようになるがだよ～」ってね。平然とおっしゃりながら、一生懸命なさっているの。そこから、私共も小さいことでくよくよしたり、泣いたりしちゃいかんなあと。自分が日常のなかでその人やそのご家族から教わったってことって、ものすごく多いんですよ。

それで老人さんなんかも何件か行っているなかで、障がいの高齢者もいらっしゃいますよね。それで私がちょっと何かあってね。鍋を二度ぐらい棚からガチャガチャと落したりしたんですね。すると、とんで来て「お前、どうした？今日は変だよ。もう今日は仕事はやめれえ、それで俺が熱いお茶を入れてやるからお茶飲め」って言うの。本当に感性があって、情緒豊かでね。また、「お母さん、この子を日常的に見てるということはものすごいことですよね」とお医者さんが言われた人で、髄膜炎の後遺症で普通に生まれて普通に育ったけど……。それから高次脳機能障害の方がすごかったんです。自傷行為だとか、色々あって。でもね。その人をずっとヘルプして分かったのは、知的にはそんなに発達はしないだろうけど、情緒は育つと私は思ったの。本当に人には育つべきもの、情緒があるんだということが。情緒でお互いのコミュニケーションができるということ。コミュニケーションとは何かというと、情緒の交換なんだということをこのケースから学んだりしました。こういうことはまだまだたくさんあり過ぎてきりがないです。本当に。

○組織化と連携

大沢氏　そして私たちのホームヘルプというのは、何でここまできちんと発展していったかというと、組織をつくったからだと思うんです。各支部ができたということ、それから新潟県の場合、家庭奉仕員連絡協議会の井上千津子会長の存在、それから日本家庭奉仕員連絡協議会ね。そこで皆が困ったり皆で悩んだりしたからでしょうね。だから、すごく団結が強いの。そこで勉強したということ。私も自分で一つひとつやったことを見ると、私若い頃、こんなに勉強したのか、こんなに学会や県の大会で発表していたのか、と思うぐらい。こういうことをずっと忘れていたの。

○家庭奉仕員の学びとリーダー的存在

大沢氏　でも、今回、先生のこのお誘いで、資料をひっくり返したら、たくさん思い出された。私だけじゃなくて家庭奉仕員の皆さんが勉強したの。皆が叩いてくれたこともあるし。そのなかに大学の先生方もいっぱい助言を下さったり、結びついたりしたこともいっぱいあるんです。だから、私、組織というのは何でこんなに団結が強いと。それはやはり皆が目的意識をもっていたからだと思うの。何であれだけやっていこう！　と思えたのかというと、人の生活に寄せていただいているうちに、共感する部分があったんだよね。人に共感する。それがあったから、そして、何とかしていきたいということと、うちらには良いリーダーが組織内にいたんです。本当に感謝しています。最後まで引っ張ってくれました。そういうリーダーや先生方が私たちを支えてくれたということですね。

○隣接領域との摩擦

大沢氏　ところが、苦労話のなかに入るか知らんけれど、ご存知の通り、私たちの隣接領域ってありますよね。隣接領域、例えば保健師さんだとか、看護師さんだとか、円を描いてみると、本人を真ん中において仕事の割り振りをすると、隣接したり、重なる部分がありますよね。そこで、摩擦があるんです。どうしても。その摩擦というのは一つは、自分たちの領域・分野を守ろうとするものがある。東京の研修会で色々な人とご一緒するんだけれども、うん、「お前ら（家庭奉仕員）に何が分かる」という上から目線があった。全員ではないんですが。お前らはそんなに教育があるわけではないのにと……。でも仕事に対する情熱は同じでした。確かに、会合や会議でも、同じテーブルについても「それはヘルパーのやる仕事じゃないでしょう？　ヘルパーに何が分かるの？」ということもまともに言われたこともありましたよ。プライドが傷つくというか。そういうことが幾つかあると、皆、過小評価とか、自己否定的になるんですよね。どうしてもね。「私たちはこういうことしかできない。こういう仕事なんだから」と。おむつ交換のなかに何かの哲学を見出すとか、そういう考えではなくて、確かに3Kで、社会的評価が低くて、……偏りがちできて。

でも要するに、横のつながりは会を通じて育てていただいた部分がありますよね。その育てていただいた部分の中には、やはり協力いただいた大学の先生だとか、その当時からすごく関心をもって、協力・批判も含めてして下さった人もいたんです。

○ヘルパー冥利

大沢氏　振り返って良かったことと言えば、やはりヘルパーを長くやってきて、本当に私、人の生き方、人生を利用者と共に歩んでいるような気持ちにさせていただいた。本当にちっぽけな自分の人生体験に、こんなにたくさんの方向を見せていただいたということですよね。多分、ヘルパーさんの皆がそう思っていると思いますよ。もうヘルパー冥利に尽きますよね。お金で買えないものを、自分の心にいただいたということ。

○今後の抱負

大沢氏　今後の抱負は……。正直、そんなに残りの人生幾ばくもないし、特にないですね。まず自分が今後、介護を受けるとしたら、という立場からすると、やはり寄り添って支えてくれる介護を望みますね。そして、そのなかで寄り添うとはどういうことか、とか。もう一度考えてみてねということ。あの〜、目線がね、私ぐらいになってきたときの目線と、現場でバリバリ活躍していた頃の目線では多少違ってくるんです。今度は自分が必ず介護を受けるでしょう？　そういう目線に立てるの。そのなかで今まで自分が培ってきたものをやる、というかね。一緒に作り上げていく。目線が全く今まで以上に一緒になりますね。

私たちの（魚沼）地域というのは半年間雪に埋もれます。十一月〜四月は雪の中ということ。米どころで棚田が多いということ。自殺が多いということ。ここもそうです。それと当時に出稼ぎが多かったということ。だから、この半年が過ぎると、ほとんどの高齢者は身体の機能レベルがダウンしました。今でこそ、デイサービスがあって迎えに玄関まで来てくれますけど。そして、医療リハビリや高齢者のリハビリが地域であったりしますよね。うちらの当時は本当にそういうのがなくて、この人たちはホームヘルプだけだった。たまに保健婦が「どうですか〜」って来るぐらい。

○きっかけと多くの人々との出会い

大沢氏　手元の家庭奉仕員名簿上では、新潟県は古いところでは、昭和四十二年の与板町から始まっています。今、長岡市に合併されましたけれど。あと、四十四年頃にいっぱい採用されていますね。全体の会員名簿が作成されたのが三〇年前。新潟県は遅かったです。長岡、上越……、私は四十八年にヘルパーになりました。在宅指導員から。なると同時に魚沼支部長になったんです。これは命令でした。あの～、だから私正直、「家庭奉仕員って何だ?」と他の人に聞いたんですもん。そうしたけれども、他の人も正直分からなかったね。「あんたね、おむつ替えたり、ごはんしたり、掃除したり、お買い物行ったりする仕事だよ」とその程度。だって、あの当時、家庭奉仕員に対しての介護業務、思想とか……こういう事業に対しては必ず倫理規程・綱領・思想がつくもんでしょう? そういうものもなかったし、自分ではその存在すら分からなかったんですね。もちろん他であったところはあるんでしょうけれど。国が定めたものをする側だということで、今のような自立支援だの自己決定だの、人権思想だの、倫理というものが出てきて、そういう勉強をしたのは昭和五十年になってからですね。四十六年に協議会が結成されて、二年ぐらいたってから会長さん推薦で副会長になって、四期しましたね。それで、民生部課長が参与だったせいもあって、こういう偉い人たちが会をつくったり、盛り上げの支援をしてくれました。そして、昔は偉いこういう人たちが必ず会に出席してくれたの。だから、皆で色々な研究発表をその人たちの前で一生懸命しました。問題を社会化していこうとした時代でした。だから、懐かしいですね。皆で頑張りました。「決心する者が五人いれば世界が変わる」という言葉があるでしょう。それを皆が口にしながら頑張った。

指導者が良かったということもあります。私は昭和四十九年に第一回心身障害者療育指導者研修会に出席しました。各々の分野から県内一名ずつということだったの。児童相談所に保健師にヘルパー。あの当時保育所は出なかった。保育所に行けるような子どもさんは、私たちが訪問するおうちにはいなかった。看護師さんも出たところもあったなあ。それで、私、二回出ているんです。昭和五十四年にも、子どもたちの家庭奉仕員として在宅の状況がどのようなものであるかを発表してくれと言われて。こうやってお医者さんたちとも連絡を取り合っていたんですね。今ではあまり考えられないかも分からないですけれど、当時はこういうのを経て今の障害のホームヘルプになったんですね。私、児童のことなら非常に早くから沢山支援をいただきました。大塚達雄先生（同志社大学）からも何回もお手紙をいただきました。京都市の資料も下さいました。個人的にもいっぱい相談にのってくれました。全国重症心身障害児療育センターの小林提樹先生、重田信一先生もよく支援してくださいました。当時、私たちみたいのが少なかったからだと思います。だから個人の相談にものってくれました。小林先生の元へは、私が訪問していた親が子どもを連れて行ってきました。ある療育機関で親が育て方をかなり否定されたんですね。すると、親が不安定になってしまって、この子にとってこれからどうすればいいかということを非常に悩まれたんです。その時に、私が小林先生を紹介したんです。小林先生も快諾してくださいました。また、鉄道弘済会の中村先生、皆川さん、森先生……。私ら、普段はこうした先生方とは交信がないわけ。でもこうやって直に講義を受けて質問したり、その後もお手紙を出したりして、あの当時は先生方は返事を下さいました。大塚先生や小林先生も。

沖縄の方ともよくやり取りをしましたよ。これ、沖縄県中央児童相談所の資料を下さったんです。四十九年の沖縄は大変でしたね。アメリカが入ってきましたから、人権思想がないようであったんです。子どもさんに対する目は温かかった。佐々木正巳先生（神奈川の療育センター長）とも随分やり取りをしました。皆、先生方が私たちを育てていこうという気概があった。特に、障害関係がものすごく遅れていましたから、皆で盛り上げていこうと。

今、介護保険の中ではこういうことができないんです。井門とし子先生も、私らの所に来て下さって、本当に疑問に答えて下さったり、指導していただきました。京極先生、一番ヶ瀬先生、亀山幸吉先生、田中由紀子先生、古瀬徹先生、村川浩一先生……。

○統合ケアの重要性

大沢氏　今、利用者が言うには、業務が各分野に専門化されたけれど、分断されて、例えばお子さんや老人さんをそれぞれの分野ではニーズに応えている。でも、一人の生活の困難性を伴っている人として、統合した形で見ているんだろうか、とおっしゃった方もいますよね。私たちにも実は能力に差があったの。一人の人間の生活障害を生活のなかで統合的に介護したり、ということで差があった。だから、井上千津子先生や田中由紀子さんたちは統合化したなかで、実践を理論化して。伝えていきたい、という気持ちがあったと思う。夢もあったと思うの、これをもっと広げて、介護というものをつくっていこうという思いが私らよりもずっと強かったんだと思います。こういう方々はすごいと思います。

○過去の振り返りと自己肯定

大沢氏　……でもね、先生、こうやって先生にお声掛けいただいて、こういう資料を全部ひっくり返して出さなければなかなか自己肯定はできなかったです、正直。これと同じことを利用者の方がおっしゃいました。自分の子どもをいろいろやっている時に、自分自身が嫌になって、自己否いるとなかなか緒に一緒にやっていると少しずつ見方も変わっていくでしょう。そのなかで子どもを育てながらやっと自己肯定することができたと。介護保険になって、良い面もたくさんあります。誰でも申請してお金を出せばという面はあるけれど、業務は分断されておうちの方と昔のようなコミュニケーションの部分がなくなって。だって、三〇分、一時間のなかのケア計画のなかでこんなにたくさんのことをよくやれるなあと。自分だったらできないなあと思うけど。お金との関係があるでしょう。身体介護の三〇分と一時間とでは違うから。だから、家族や本人のニーズに応えるためには、ケアマネさんは必死。今は非常に短い時間のなかで的確に役割分担しながら、どう対応してその方と良い関係を結び、満足していただけるかということは難しいと思います。ある面では当時は良い時代だったんですね。

第六章　上村富江氏（長野県上田市）の証言

（二〇〇六年十二月十三日、一四：〇〇～一五：一〇　於　全労済長野県本部三階）

【略歴】　上村富江氏……新潟県出身。家庭内の事情（離婚と三人の子どもの子育て）から、民間の印刷会社に勤務するも、身分保障も何もない不安定な職場だったことから、一九七三（昭和四十八）年から上田市社会福祉協議会の家庭奉仕員となる。上田市内の昭和生まれ第一号の家庭奉仕員になったことを運命と捉え、「日本の福祉は私が背負って立つ！」という意気込みの下、感性・感動を大切にしながら在宅介護実践に従事する。一九九七（平成九）年、上田市局長の命で上田市発祥とされるホームヘルプ事業の歴史を調査し、Kさんモデル説を唱える（注）。一九五六（昭和三十一）年から始動した家庭養護婦派遣事業は長野県方式と上田市方式の二本立ての時代があったが、やがて一本化。「研修なくして介護なし」をスローガンとし、上田市社会福祉協議会は毎週水曜日午後には研修を継続した。長野県介護福祉士会副会長を四期（八年間）務める。その後、全労済長野県支部在宅介護サービスセンター所長を歴任し、現在もご健在である。

○在宅介護の歴史を調べたきっかけ

著者　家庭養護婦派遣事業を調べようと思ったきっかけは何ですか？

上村氏　業務命令で家庭養護婦派遣事業を調べた（歴史編のほう）。一九七三（昭和四十八）年に上田市社協のヘルパーになった。当時の名称は「家庭奉仕員」。しばらくして、局長から「お前たち、上田市がホームヘルプの発祥の地だと言われているが、どういう歴史があって発祥なのか分かっているのか」と聞かれて、「知りません（分かりません）」と答えた。すると、「だから、ヘルパーは馬鹿だって世間から馬鹿にされるんだ」と。これが発祥を調べるようになったきっかけ。「在宅に行くことだけが仕事ではないんだから、是非、そういう仕事は一旦置いておいて調べろ」

と言われた。当時、四人いたヘルパーのなかで、私（上村氏）と小山田さんは「歴史」を調べ、残りの二人の後輩は「寝たきり老人の入浴サービス（現状）」を調べた。当時の入浴サービスは一カ月に一回か、一・五回しかなかった。これでいいのか？　どうやったら入浴を増やせるのか？　当時はこの二つにプロジェクトを分けて歴史と現状を明らかにしようとした。

○家庭奉仕員になったきっかけ

著者　そもそも、上村さんが家庭奉仕員になろうとされたきっかけは何だったんですか？

上村氏　人生の急転直下。私、離婚したんです。子ども三人かかえて（当時、小四、小三、一歳の子）。もちろん、三人、私が引き取ったから。で、明日から働かなきゃならない。こういう状況になったんですね。で、他の仕事（民間の印刷会社：零細企業）についていたんですけれども、当時、身分保障も何の蓄えもなかった。私は生まれは新潟なもんですから、知人・地縁・基盤、何もないんです。だから、その会社は零細企業だから、もし私に何かがあっても何の保障もない職場なんですね、もちろん。それで、一年八カ月働きながら不安でしょうがなかったんですね。私が倒れたら子どもたちの生活は一体どうなるんだろう……？　と。

そう考えたとき、やっぱりとにかく。社会保障、これがあるところで働かなきゃ、私みたいな人間はとても生きていかれない。生活保護や他の支援を受けているわけではないですから。そんな時に、たまたま職場の仲間に「上村さん、市役所（市の職員というわけではなく、社協のことだった）で、家庭奉仕員一人空きがでたんで募集しているらしいよ」と言われ、それで私が面接に行ってみるということで行ってみた（当時面接には、八人くらい希望者が来ていた）。何故か、私が採用された。初めは私がとても優秀だから採用してくれたんだと思っていたら、そうじゃなくて、歴史を辿っていれば分かるんですけれど、この事業はそもそもね、母子家庭の救済事業に考えたんですよ。で、私がその母子家庭だったからたまたま採用したんでしょうね。

で、そんなことで、この世界に入ったもんだから、私自身、福祉の「ふ」の字も、老人の「ろ」の字も全く分からない。何も知らない中で、ただ社会保障（健康保険、失業保険、退職金など）だ！　って、この一点だけが何故か頭の中にすごくあった。今のニートさんなんて社会保障何もないわけでしょ。その日暮らしみたいなもんでしょ？　それでは駄目だと強く思った。

○天の声と当時の在宅の状況

上村氏　今思えばね、家庭奉仕員になったってことはね、多分、私、天の声だと思う。本当に神の声が聞こえたんじゃないかなって思うくらい。このようなことで、何も知らないで入った。……ある雑誌の取材で、（上村さんに対して）何て感性が豊かなんだろうと感じ、今は如何せん何でこんなに感性がなくなってしまったんだろう、と。

そこで、段々、紐解いていったら、逆に言うと、今、話の中にあったように、私は何にも知らないで入ったわけですから、あの初日ね。先輩のヘルパーさんに連れられて、仕事第一日目行ったときね。市街住宅、今みたいに、こんないい住宅ではなく、昔のことだからほんとポツンとした粗末な建物だったんですけれど、そこにお年寄りがね、（四月に入ったもんですから）ポツンとおこたに入って座っている後ろ姿を見ただけで泣けて泣けて泣けて、ずっーと泣けて（私が）、かわいそう。とにかく理屈は分からない。かわいそうでかわいそうで、ぼろぼろ泣けてね。今思い出してても胸つまるくらい泣けてね。「かわいそうだよ。かわいそうだよ」って泣いていたんですよ。そしたら、先輩にね、「この馬鹿」って怒鳴られてね。「外出なさい」って言われてね。「何あんた、かわいそうだって言ってんの」。「だって年寄りがあんな生活をしているじゃないですか、かわいそうですよ」って言ったくらい何も知らなかったんですよ（笑）。

○感動と感性

上村氏　つまりね、見るもの聞くものすべてが驚き、怒り、感動だったんですよ。それが日々の生活の中でね。例えば「食べ物の中に髪の毛が入っていたり、腐った食べ物が出てきても、ああすごいな、こういうの食べても元気でいれるんだ」ってね。何もかもが感動。怒るときも一緒、「そんな馬鹿なことはない！」ってね。喜ぶときは「よかった（拍手）」みたいなことで。そういう積み重ねできたんですよ。それがきっと感性という形で構築されたんだと思いますよ。

今、みんな何で感性がなくなってきてしまったかというと、現場に出てくる前にしっかり勉強してくるわけでしょ。そうすると、一応基礎勉強はしてくるから、例えば年寄りが食べられないものを食べていたり、変な行動したりすると、テキストの○○にあーあ、あったなーと言って、こんな時はこんな声かけすればいいんかなーみたいで、何となく新鮮な驚きというか、感動というか、それがないんじゃないかなー、という話になったのではないか。

それくらい私は何も知らないでこの世界に入ったんですよ。だから、何も知らないということは考えるってことでしょ？　考える前に、人間何をするかといったら感じるんですよ。感じなければ考えるまでにはいかないんですよ。感じがいっぱい、何もかも、驚きも怒りも……。

何も知らないよりも知っていたほうがいいけれど、あまりにも完成されすぎると、感じる隙間がなくなっちゃうかな。私の時代はもちろん、措置の時代でしたし、私が入ってずいぶん後から驚いたことは、私の先輩は、明治・大正生まれの人しかいなかった。私は上田市のヘルパーの昭和第一号なんですよ。考えてみるとね。ただ、それだけで「先輩はすごい、すごい」という形で上下関係が成り立っていたから、今はそれが崩れたようになってしまっている。でも、そういうところで、お年寄り、人生の先輩に対して敬意を払うとか……。もちろん、お年寄りは人生の先輩ですよね。でね、お年寄りは人生の先輩じゃなくて、人生の達人だなって、人生の達人が今の高齢者かなっていう意識があり、だんだん変わってきたんだけれど。こういう事情があってこの世界に入ってきた。

○「日本の福祉は私が背負って立つ!!」

上村氏　でもね、その時思ったのは、今でも忘れない、思い浮かんだセリフが「日本の福祉は私が背負って立つ！」ってこう思ったのね。……今考えてみると、恐ろしい、なんてことを言ったんだろうと思ったけれど、あの時は純粋に何かそう思いましたね。そういうふうに、何故思ったかというと、母子家庭で非常にね、どんぶりで言うと底のところで生活しているけれど、私の生活のつらさ、貧しさは誰も知らない。仮に知っていてもどうにもならない。例えば、母子家庭なんだから、引き上げてやらなくちゃいけないとか、お金をあげなきゃいけないとか、誰もそんな制度・政策もない。結局そんな生活をしたって人には関係ない。自分しか知らないことなんだ。老人福祉だって同じじゃないか。高齢者が困ったり余ったりしていることは本人しか分からないっていうことになれば「私が、ならば変えてやろうじゃないの!!」みたいなね、気持ちが湧いたんだと思いますよ。自然発生で。

○生活援助

著者　ところで、当時の家庭養護婦に求められる能力・資質はどのようなものだったんでしょうか？

上村氏　まあ、すべては生活援助。身体（介護）なんてなかったですね。身体なんて、今とは家族構成も違っていたし、時代も違っていたし……。それほど身体介護が大変だったっていうところでは、私が入ったときにはなかったと思いますよ。先輩たちはましてそう。今で言うところの生活援助（家事援助）。もうこれしかなかったんですよ。

○ホームヘルパーのモデルとされたKさんについて

著者　家庭養護婦派遣事業のきっかけは上田市在住のKさんの家庭訪問ボランティア活動がありましたよね。このKさんってどんな方だったんですか？

上村氏　Kさん、（注）一九五二（昭和二十七）年頃から、三年間くらい（家庭訪問ボランティア活動）をやっていたんですね。で、この方（Kさん）のいる地域というのは、今は売春禁止法という法律がなくなっているから、若い人はご存知ないと思うんですけれど、赤線地帯にいらっしゃったんですよ。そういう女性たちがうようよしていたんですよ。で、妊娠しても上の子の世話をする人がいない、大変生活は貧しい。女性の地位は低いっていうところでね。このKさんがまず妊産婦のお母さん代わりに入っていったんですよ。老人・障害者はその後についてきたんですよ。（それを三年間くらい。）

ただね、資料がすごく古くて、確実には（正確には）つかめないこともあったんですけれども……。それで、三年間くらいやっているときに、地域の民生委員さんの目に留まって表彰しましょうっていう話が浮上してきた。だけど、Kさんはこういう方だから、表に出て目立つことは多分嫌いで、表彰されたかどうかは調べたなかでは分からなかった。私が調べ始めたとき、まだこのKさんは存命でいらっしゃって、広島原爆病院で原爆ボランティアをしているところまでは分かったんですけれど……。一度、お目にかかっておけばよかったと思うことが唯一の後悔。

それが次第に民生委員さんの目に留まって、表彰の話が浮上したことによって、ねらいとすれば、地域住民みんながお互い様に助け合いの精神、博愛精神ですよ。これをね、意識してもらいたいと思ってこの事業を起こしてきたというのが、本当の原型なんですよね。うん。調べていけばいくほど、分かるんですけれど、非常に先駆的な事業でしたよね。うん、これはね。派遣も一カ月間ということだったし。

○家庭養護婦と家政婦

著者　当時、家庭養護婦のほかに、家政婦はいらっしゃったと思うんですけれども……？

上村氏　家政婦はいなかった。そういう事業所としては聞いたことがない。家政婦はいなく、とにかく家庭養護婦がスタートライン。でも個人的にやっていたかは……？　でも事業所としてはやっていない。

著者　当時の家庭養護婦の事業の認知度はどの程度だったんでしょうか……？

上村氏　これはね、まったく先駆的な事業だったから、メディアを利用してPRしたらしいですよ。上田じゅう。上田のスタートラインはね、上田の人たちにより多く言う。これ、やっぱりね。困っている人をお互い助け合うという精神と、母子家庭の救済、生活保護を与えて生活してもらうよりも、職業を与えて自立させようということで、市のほうがお金を出して、働き手は社協、全く官と民が一体になって、これを進めていったという、すごく先駆的なものでしたよね。……（手元の資料を見ながら）……夏の賃金と冬の賃金が違う。利用期間も一カ月と一応限定。母子家庭を募集してやったんですよね。だけどね、馴染みのない全く新しいものをやっているものだから、あの〜、利用者がいない。利用する人がいないってことは収入がないってことだから、せっかくね、前向きになって私もこういう仕事をしたいと思っても、これじゃ飯を食えないってことで、掛け持ちをやったり、やめた方も結構いらっしゃったと思いますよ。

○待遇条件とPR方法

著者　当時の給料は今のお金に換算すると、どのくらいになりますでしょうか？

上村氏　無料、一部負担、全額自己負担の三段階。夏季（四〜十月）三〇円／時、冬季（十一〜三月）三五円／時……冬のほうが高い。何故なら、苦労が多いから。寒いし移動が大変だから。家庭養護婦の賃金一七円五〇銭（一時間）。私が昭和四十八年にヘルパーになった当時の給料は約月に五万円。これでは、とても生活にならないので、私は民間の零細企業（メーターの計器を作る会社）の内職をしていた。当時はバブル期だったのでヘルパーで五万円稼いだとき、こっちで六万円稼いでいた。両方やってやっと一人前といったところ。少ないけれど、これで誰にもすがらず何とか生きてこれたという時代。で、この一九五六（昭和三十一）年頃は賃金は一時間一七円五〇銭。今のお金でどのくらいだろう……。要するに全然大したことないと思いますよ。

　新聞社にも、『信毎』、『毎日』、『中日本』、『民報』、『北新』、『朝日』にPRしたけれど、なかなかこの事業が理解されず、浸透しないで、利用者は、上田市在住の著名人、例えば教育者の奥さんだとか、校長先生の家庭だとかいったところに無理に頼み込んで、とにかく、ああいう立派な人が使うんだったら私も使ってみたい、というふうになるんじゃないかという目論見で、そういう人たちに開拓していったようですよ。だから相当苦労したようだけれど、結局、思うような生活を送れるような賃金にはならなかったというのが実態だったと思いますね。

でも、このKさんがいなければ、今のこの制度にはならなかっただろうし、でもその前に全国的に広がっていったということは、長野県庁の原崎秀司さんですね。イギリス視察をした原崎さんがイギリスのホームヘルプサービスを見て、これを長野県でやろうと意気揚々として帰ってきたんだけれども、たまたま上田市ですでにやっているということで、上田市家庭養護婦派遣事業をそっくり長野県家庭養護婦派遣事業としてスタートしていったんですよ。市のものを県に上げたわけ。それで、一時、上田市は二本立てでやっていたんですよ。長野県のやり方と上田市のやり方で。だけど、途中から一本化していったんですよ。

当時、私の先輩はまだ数名存命中で、博物館委員とかやっていて、たまに私が年一回くらいお食事会を催すんですけれどね。やっぱり先輩はすばらしいですからね。本当に、この方たちは陽の当たることがなかったんですからね。経済的にも社会的にも。だから、誰かが陽を当てないといけないと思って何かの時にはお声をかけて、先輩に対する敬意はすごくある。

○上田市の事業を進めた四つの力

著者　上田市における宗教と福祉の関わりはありますか？

上村氏　たまたまね。社協の副会長がお寺の住職だった。横内浄音さん。呈蓮寺。上田明照会。そうそう。その方が住職だったから、もともとそういう方だから、思いが強かったんじゃなかったですかね。私が知る限りでは、仏教と福祉がということではなく、たまたま横内さん（会長）が住職だったことの影響がとても大きかったんじゃないでしょうか。でも、上田が発祥の地になってこうやって広がっていったのはね、上田市民の意識がすごく高かった。資料（上村氏の手書きノート）によると、①民生委員が熱心に地域に関わった、②未亡人対策に積極的だった、③医師（関澤欣三）と僧侶（横内浄音）の手が強力に組まれて推進していった、④社協（民間）と行政が連携を深めて活動をしていった、とあります。医師の関澤さんも役立った。事業そのものを働きかけたと思いますよ。市のほうに「あんたたちお金を出しなさいよ……」と。

長野県がスタートしたときに、上田市も乗っかっていったんだけれど、他の市が継続的じゃなかった。何でかっていうと、自分たちが元々苦労して生み出した事業ではなく、誰かが敷いた路線に乗っかったから、この辺が違ったんじゃないかな？　だから、産みの苦しみをものすごくやったんだと思いますよ。委託契約一年更新を社協役員と上田市長とがやってますね。懇談会や検討会は何度もやってますね。検討に検討を重ね、この事業の推進に力を注いできた。九人登録していてヘルパーの名前まで出ている。

○「福祉は人なり」

著者　何故、上田市だったのでしょうか？

上村氏　なんだかんだ言って、このKさん。多分、小島さんって方。とんでもないところから偶然聞いたんですけれど、熱心なクリスチャンで、自分も母子家庭だったんですよね。この方、子ども三人、当時まだ小学生でしたね。自分もそういう状況の中で生きているんだけれど、見渡してみればもっと気の毒な人もいるじゃないかというところで、純粋に助け合いの精神。この方だから、すごい人だと思いますよ。クリスチャンだから。まずこの人の精神が種を蒔いたわけですよ。それが当時、社協に関わったお医者さん（関澤さん）と僧侶（横内さん）がやっぱり日本を見渡したとき、これでいいわけがないという思いが強かったんじゃないでしょうかね。たまたま、こういうキャラの人たちがうまくドッキングして、行政のほうも前向きに、案に乗ったわけですから、「そういうことであればお金を出そう」というふうに動かすだけの人材が当時の社協にはいたということだったんじゃないでしょうか。うま～く、回ったんじゃないかな～と。だから、やっぱり、福祉は人なりと言うけれど、何事も人ですよね。「そんなの聞いたって大したことない」と思うのか「すごい」と思うのかそこの辺りじゃないかなあと私は思いますね。

でねえ、当時の先輩たちが偉かったのは、何の資格もなかったわけですよ。人の生活を支えることなんてのは、人が見れば簡単に思って、ただ行って掃除してくればいいと思っている人がいるかもしれないけれど、そういうものじゃないんだよってことを強く言ってましたよね。先輩たちは。それをクリアするには社会的にもっと私たちがきちんと仕事をして、社会的にも認知してもらわないといけない。社会的に認知させるには何が必要かって言うと、資格なんだ。ということで、資格制度を強く訴えていましたよ。

こういうような先輩たちでしたから、私もそれはそうだと思いましたし、ずっと言い続けてきたんですけれど、現状はまだ、社協のトップの人たち、これは上田だけじゃなくって、「ヘルパーさん、そんな資格いらない、教養いらない」と、そういう時代で、下手にそんなものあると、お金もかかるし、理屈ばかりこねられて大変だという時代でもあった。でも、そういう先輩に囲まれて……。

○研修を重視した上田市

上村氏　でね、もう一つ上田がすごかったのは、今も施設で働いている人がいらっしゃいますけど、この人たちは福祉に対する思いが強くて、で、「絶対、研修が必要だ！」という思いをすごくもっておられましたね。で、上田の社協は当時毎週土曜日午後、研修でした。だんだん、世の中が目まぐるしく変わって、とても土曜日に休んでいる場合じゃないということになって、私もどっぷりそういう環境にいましたから、土曜日が駄目なら水曜日にお願いしたいと言って、水曜午後はずっと続けて研修やっていましたよ。

私も昨年の五月で、長野県介護福祉士会副会長を四期（八年間）やってきたけれど、この介護福祉士会のスローガンは「研修なくして介護なし」。人の生活を支えるということはこういうことだと思うんですよ。頂点も終点もない。日々進化していかなくてはならない。それにはやっぱり研修しないといけない。それはね、上田のときに培われましたね。誰が何と言っても研修だ。うん、やりましたよ。昔なんか、今は考えられない布団作りもやっていましたから、ヘルパーさんが。そういうのが仕事先で、行った先で。そういう時代がありましたね。今思うととてもいい時代で懐かしくて。今の介護保険は人の生活とかなりかけ離れているかなって思うんですけれど。

○介護福祉士制度創設のいきさつ

著者　こういう長野の地道なヘルパーさんたちの取り組みが、現在の福祉士制度をつくったんですよね。兵庫や大阪、横浜あたりでも、法成立直前期に、動きがあったようですが。

上村氏　介護福祉士の資格制度も、今の厚労省の偉くなった辻哲夫さん、あの方が導入のときに非常にご苦労なさったんですね。議員立法が通らなかった。

兵庫県社協が一級ヘルパーの研修に力を入れて、一級のカリキュラムを考えていたそう。そこのところとドッキングして、外国へ行って何をどうすればいいんだ～ってね。すごく苦労して難産に難産でできたって、直接、あの方（辻哲夫さん）にお話を伺いましたよ。長野県介護福祉士会に呼んできて……。こういう話は全員が聞かないといけないと思ってね。ああいう話はね。私たちも言ったかもしれないけれど、ずっと雲の上の人かと思っていた人も、やっぱり世の中を見渡したときに、介護の世界はこれまで社協、ことに、在宅を担ったのは社協しかいなかったんですよ。今、介護保険に入って規制緩和だからいろんな事業が参入してきたでしょう。それも、やっぱり見越していて、いろんな人が来るっていうことは、質をどうするんだって、事業所任せにしたら質なんて担保できないじゃないか。誰がチェックをして、人々の生活を支えるのかということが一番の議論になった。それで、何としても質を担保していかないと、国民が納得しないだろうと。しかも、これからお金をもらって介護しようっていう世界だし。それで、質という、この一点張りでいったそうですね。お偉い人たちを口説き落とすにはこれしかなかったんだということでしたね。

普通は、議員さんが「こんな法律作ったらどうか」と議員立法で国会通っていくけれど、議員さん、誰も言わないから、兵庫県社協の人やいろんな人と協力して、どうやってこれを通せばいいんだろうって、苦労して作ったんですよ。だから、そう思うと、介護福祉士は資格の上にものすごい大きな責任があるんですよ。だから、きちんと研修しなきゃ駄目なんですよ。ただ資格さえあればいいというわけじゃない。みんなキャラ違うし。

○日本介護福祉士会における研修

上村氏　介護福祉士会としては、研修を通しての質の向上を行うことにもっとも力を入れた。今、養成校出た人が専門家って言われるでしょ？　ある時、厚生省の人に「あなたは何をもって専門家っていうの？」と聞かれたときに、パッと返事が返らなかったんですよ。言われてみりゃあそうでしょ……。時間かけて考えてみたときに、専門家であるならば、知識・技術はもちろんのこと、これを生かすには感性ですよ。感性という引き出しをもっていなければならない。もっている人ともっていない人の差が大き過ぎる。だから、(養成校などで)あまりにも完成されてしまうと、いかがなものかなと。「感じて考えていく」というところに、今、立ち返らないと。

○ホームヘルプ事業の原型

上村氏　家庭養護婦派遣事業は福祉士制度の原型。どう考えたって、ここが出発点ですよね。これは、家庭養護婦が家庭奉仕員になって、ホームヘルパーになって、介護福祉士になった。家庭奉仕員だって、大阪で民生委員の総会のとき、臨時家政婦というあちら（大阪のこと）の名称。長野県がスタートラインで、スタートしていったとき、全国のあちらこちらで色々な事業が行われていた。だけど、名称が違っていた。大阪は臨時家政婦派遣事業でやっていた。それが、民生委員の四十周年記念総会のときに、その議題が出て、「私たちは臨時でもなければ家政婦でもない。一人前の誇りを持った職業として働いている。この名称を何とかしてくれないか」と喰らいつかれて、で、困ったから当時の厚生省の誰かが家庭奉仕員っていいんじゃないか？ってことで、この名前が長く続いていった。で、その後、賃金は上がらない、社会的評価は上がらないので、私たちはいっぱい組合まで作って、活動したんですよ。で、賃金交渉すると、措置の時代はヘルパー賃金は、国が三分の一、県が三分の一、自治体が三分の一であったが、上田市に言うと、これは県から来ているから県に言ってくれと、県に言うとこれは元々国からだから国に言ってくれ、国に言うとこれは自治体が下ろしていることだからって、三カ所をたらい回しにされた。こういうことずっとやられてきてね。ふざけるんじゃないわと思ったんですよ。こんな誇り高い仕事なのに。銭は安いが誇りは高いと勝手に言いながらやってきたんですよ。

大体、全国のみんなも、あの「奉仕」という言葉がいけないということになって、奉仕の精神でやれって、何が奉仕の精神だ、他でいっぱい奉仕していますよ。これ、職業ですよ、ということで噛み付いた挙句に、ホームヘルパーに変わったんですよ。直訳ですよ。でも横文字になった分だけよかったねって、イメージがだいぶ違ってきた。小泉元首相が厚生大臣になったとき、福祉の世界で、こんなよたよたした年寄りを相手にする世界なのに、なんで横文字使うんだ、けしからん、ということで、「訪問介護員」に変えたでしょ。今、正式には「訪問介護員」ですよ。そしたら、ますます分からない。やっとこさ、定着したのに、似たものとして、「訪問看護員」とかあるので、年寄りにとっては訳が分からない。「オラ、何でもいいんだ、ちゃんとやってくれる人がいれば」ってね。ごちゃごちゃになってしまっている。

○社会の成熟とホームヘルプ事業の全国展開

上村氏　まあ少なくとも、上田市においては利用者はなかなか増えなかった。だから、働き手の安定した収入にもつながらなかった。だけど、上田で発祥して、長野県が火付け役になって、全国あちらこちらに事業が広がっていったときに、国は公共性の強いこんな事業を各自治体に任せておいてはいけないんじゃないかってことで、一九六二（昭和三十七）年に検討して、一九六三（昭和三十八）年の老人福祉法で明文化したでしょ？「家庭奉仕員は、……」。あれで、世に初めて出たんですよ。あれで違っちゃったんですよ。本当の発展はそこにもあったんだ。で、当時は、無料世帯のところしか行かなかったんだけれど、次第に世の中を見渡してみると、何も貧乏人だけが介護を必要としているわけではなく、お金持ちだって具合悪くなるし、病気にもなるじゃないかと。で、お金払ってでも来てもらいたいというように、世の中が成熟してくるとともに、変わってきたんですよね。それで、じゃあ、一部有料ということで、家庭奉仕員が所得の高いお宅へも行くようになった。これが今の介護制度にもつながってきている。当時は九時〜十六時で土日休みの世界。しかし、世の中が成熟して福祉社会に変わってくると、人口構成・家族構成が変わっていくなかで、九時〜十六時の世界はないんじゃないかということで、二四時間三六五日の世界に変わっていった。そうなると、ますます資格を与えて勉強してきてもらった人にきちんと担ってもらわないといけないんじゃないか。ということで、資格制度ができた。国民が望んだと思いますよ。質のいいヘルパーさんにお金を出してでも来てもらいたいと……。

○社会福祉士及び介護福祉士法成立二十周年（二〇〇七年）に際して

著者　二〇〇七年で二十年目を迎えた福祉士制度ですが……。

上村氏　今、ヘルパー三級はないに等しい。例えば、二級の人が一〇〇〇円もらえるところを、三級の人は八〇〇円しかもらえない。同じ仕事をやっても。事業所も三級の人を雇っても損をしてしまう。だから、三級はないに等しい。今の主流は二級（一三〇時間）。でも、これでは質の面で不足だ。で、この二級の人に五〇〇時間研修を受けてもらって、それで、国家試験を受ける資格を与えますよと（受験資格の付与。二〇〇六年秋からスタートした介護職員基礎研修のこと）。

二年間の養成校も一八〇〇時間から増えて（二〇〇〇時間に増えた）、実習・心理系科目が増えるそう。だんだん変わってきている。一言で言えば、人の生活を支えるということは、これほど大変なことなんですよ。家庭奉仕員なんて、家庭の主婦やって、子ども産んで育てた経験があれば誰でもできるじゃないか、ということで賃金を抑えていた。やっぱり、国民も成熟してくると、情報社会で色々な情報が入ってくるから、自分たちで比較ができる、判定できる時代になってきているんじゃないかな。

でも、現場は大変ですよ。二級持って働いていた人に、四〇〇〇時間（五〇〇時間のことか?）の研修をさせる。では、その間は仕事できないわけでしょ？　賃金を誰が保障するの？　もし、受験資格取っても試験に受からなければどうするの？　仮に、介護福祉士しか仕事ができないとなると、その人たちは現場から追い出されてしまうよね。働き手がなくなりますよ。それでなくったって、今、少子化だし。今、在宅を支えている要の人たちは、四十代後半から五十代、六十代の人たちですよ。二十代とか三十代の人は中心になっていませんよ。そういうことを考えると、厳しいと思いますけれど、そこは皆で考えていくべきことだと思いますよ。

○外国人介護士について

著者　外国人介護士の受け入れについてはどうお考えですか？

上村氏　あれねえ、いろんな意見があると思うけれども、日本介護福祉士会の理事会で話が出たときに、もうすぐ旗揚げてね、反対してしまおうということで、理由はともかく、反対。自分たちの国の福祉に外国人たちを入れるとは何事だという話があったですけど。でもね、今考えると、良し悪しは個々の判断だけど、福祉の世界は責任が重い。そう誰でもできる仕事ではない。質も問われる。にもかかわらず、処遇が良くないのは確かなんですよ。今、少し景気が良くなっていますけれど、景気が悪いときは我も我もと福祉に入ってきたけれど、今はみんな福祉から離れていってしまっている。ということは、実質、担い手がいない。募集しても人が来ない。人がいなければ事業が成り立たない。だとすれば、どうしても人がいなければ優秀な外国人で補う、補わないとやっていかれないですよ。

鹿教湯《かけゆ》病院ってご存知ですか？　有名ですよ。超有名人がそこにリハビリに来ている。あの鹿教湯病院なんか、病棟で働いている人はほとんど外国人。何故かというと、コスト（賃金）が全然違うから。自分たちの国を基準にしていたら、いくら日本では少なくても、（向こうでは）もっとすごく多いわけだから、喜んで働く。「お母さん、お母さん」って言うっていっていましたよ。あの人たちは本当に懇切丁寧で評判がいいと聞きましたよ。だからこれはある程度波に乗っちゃえば止めることはできないと思いますよ。あながち、外国人だから駄目だということではないんじゃないかなあというふうに思わないわけではない。まさに国際社会だから。反対している人は何故反対しているかというと、自分たちの職場を侵されるからですよ。だけど、実際は、守ろうとする職場に人が入ってこないわけでしょ。これをどう考えるかですよ。で、今、処遇を良くしてくれって言っても、良くならないんですよ。何故なら、介護保険の給付の中で賃金が出て行くから。賃金を上げるためには負担額（保険料）を上げるしかない。それはでも絶対反対でしょ？　国民がね。いくら働こうとしても、人が来ない。何故ならそういう事情が歴然としてあるから。ここをどうするかってことですよね。そんな簡単な問題じゃない。ただ反対すればいいというわけではないと思いますよ。よくやってくれればいいかなと。荒らされるという意識は全くない。最初はとてもびっくりしましたけれど。

○ホームヘルプ事業から撤退した上田市

上村氏　今の上田の社協は、訪問介護は撤退してしまった。ホームヘルパー派遣事業と入浴サービス派遣事業を、ヘルパーさん、そこに関わっている人をみんな整理して（首切って）、その人たちが新しい職場に行って、二つに分かれて働いて。だから、発祥の地、上田には、今、訪問介護も入浴サービスもないんですよ。在宅の要のサービスが。これは色々ないきさつがあって、今年（二〇〇六年）の十月いっぱいで解散してしまった。非常に残念。思いは本当に恨めしい思いですよ。何故ならば私たちの先輩たちがとても苦労してつくった素晴らしい事業を立ち上げてきたのに……。どこに名誉・誇りがなくったって、ここにはあったんですよ！（大声）この後輩が何とか守ってほしかったけれど……、合併問題、多分、組合活動がうまくいかなかった。当局と摩擦が起きてしまって、結果的にやめざるを得なくなった。知っている人はそう思っていますよ。これがなくなったことは非常に残念。命が消えてしまったわけですから。そうは言いながらも、違うところで事業は展開していくわけだけれど。

でもさ、福祉っていうのは、私なんかもよく思うんですけれど、摩擦が起きるわけですよ。何で自分（ワーカー）ができて相手（利用者）ができない。そして、相手ができないことが理解できない。当たり前のことだから。ここで摩擦が起きる。この相手ができないんだと、こういう状態になったら時間もかかる、もしかしたら理解できないかもしれないんだ、ということをみんなが国民が知っていないと、要介護に回ったらほんと悲惨ですよ。虐待やら殺人やら。だから、その辺、もうちょっと国民が自分は見られる立場だから、人が老いるということ、障害があって介護を受けるということはこういうことなんだってことを、皆が一定レベルまで理解する必要がすごくあるんじゃないかなあと思う。でも、多分、人は「今日は良かった」って、こういう話は一切していない。自分はいつも元気で私に限って倒れるわけはない、私に限って死ぬわけはない。そういう人が弱い人と向き合うわけだから、摩擦が起きるのは当たり前なんですよ。……知識・技術ではもうないんですよ。人が老いるとはどういうことか、これしかないのね。そういうことをもっと研究していかなきゃいけないのかもしれない。

○調査依頼が多い上田市の家庭養護婦派遣事業

上村氏　過去に色々な人が取材に来られてね。（手元の本を見せながら）この方、赤星さん、『ホームヘルパー入門』という本ができましたよ、と言って置いて帰られた。

一九五二（昭和二十七）年に上田から発祥したというのはみんな風化されて、長野県からスタートしたということになってしまっていて、上田はもう消えかかってしまっている。だから、私も嬉しかったです。そういうふうにして、元のルーツから調べようって、ありがたいです。これはやっぱり風化させてはいけない。歴史ですからね。まあ、いろんなことが調べられたと思いますよ。私も命令下らなかったら、調べなかったから。分からなかった発祥の地も……。Kさんに会えればよかったんですけれどね。残念ですよ、ちょっと。昔のヘルパーさんは着物着て、帯を締めて行ったたっていう……人たちがいたようですよ。その方たちの中では。うん。そういう時代でしたね。苦労しましたよ。車に乗れるわけじゃないから、テクテク歩いたり、公共交通機関を使って一日一ケース。今だとちょっと考えられないですけれどね。一時間三〇円の時代だからね。

○人間的成長

著者　そうすると、やはりKさんも……？

上村氏　Kさんが表彰されたかどうかは分からなかったんですよ。多分、表彰は受けなかったと思う。何故なら、婦人民生委員会から強いバッシングを受けてしまったから。Kさんのやっていることは私たち婦人民生委員の仕事だ。囲いの世界。私たちの仕事をあの人（Kさん）が勝手にやっているのに何が表彰だ、という意見がものすごく強く出てしまった。やっぱり表彰だから、全員でなくてもある程度の人が賛同してくれないと受けにくいもの。ものすごく強い反発が出てしまったことが記録に残っていましたよ。だから、多分なかったかもしれないし、Kさんもそんな話が浮上してね。表彰なんてところに行かなかったんじゃないんですか？　表彰したって記録はなかったですよ。

でも、このKさんは本当にすごかったですね。素晴らしい人がいたんですよ。先見の明のある人が……。偉いもんですね。私にはできない。生活背負ったからやりましたけれどね。でもよかったと思いますよ。私も振り返ってね、この仕事。賃金は低い、お金は少ないけれど、人間はすごく成長させられる。ヘルパーさんに今、言ってるの。金とる？　それとも人間としての成長とる？　と……。この業界、お金にはならないけれど、人間としてはすごく成長させられるから。それでもいいんだって思う人は一緒にやりましょうと。お陰で私もだいぶ成長させられましたよ。でも、頑張って、日本のために やって下さい。若い人に託すしかない。

○分裂と改革

著者　はい、今日は色々お話をうかがえて大変勉強になりました。私は実は一番ヶ瀬康子先生がつくられた日本介護福祉学会の会員でして今回の調査結果をそちらの学会で発表なりしていきたいと考えております。

上村氏　ああ、そうでしたか。一番ヶ瀬先生の……。私も研修が必要なとき、一番ヶ瀬先生とか井上千津子さんとかと研究会のために、東京へどのくらい通ったことか。それで色々あって、私は介護福祉士会（田中雅子会長）のほうに入った。あの人たちは別の団体をつくったので、分かれたんですけれどね。結構、勉強させられました。ご一緒に。うんうん。しっかり見据えてね。あまりにも権力に振り回されている。制度・改革しましたって、議論なしに改革論が来てしまうわけでしょ？　現場なんか振り回されっぱなし。誰も得していない。机の上で考えるだけで、パッパッと決めて、流してくるだけ。事業として成り立たない状態ですよ。儲からないし。まあ、儲ける必要はないんですけれど。回っていけばいいんですけど、どの事業所も回していくことが難しくなってきている。その意味で、本当の意味で改革していかないといけない。

是非、一翼を、日本の福祉を担ってほしい。そちらに預けますから。頑張って下さいね。かえってご苦労様でした。また、分からないことがありましたら聞いて下さい。

【注】　なお、上村氏が証言したKさんモデル説は、二〇〇六年十二月時点での証言に基づくものであり、その後の筆者による追跡調査の結果、Kさんがモデルではなく、原崎秀司や上田市社協関係者らの尽力により、ホームヘルプ事業が伸展・拡張していったことが明かされた。Kさんモデル説の誤謬及び新説の詳細については中嶌（二〇一三）を参照。

第七章　仁地美代氏（石川県能美市）の証言

（二〇一五年八月一七日　一三：〇〇〜一五：〇〇、於（医療）和楽仁 芳珠記念病院一階相談室）

【略歴】　仁地美代氏……元々、静岡県で就職するも、母親の介護を十分にできなかった経験から、老人介護の勉強をコミュニティセンターで受講したことが直接的なきっかけとなる。一九九〇（平成二）年十一月から、家庭奉仕員として勤務。ホームヘルパー一級、介護福祉士、介護支援専門員などを取得しながらも、研修や勉強会を重ねる。その過程で、保健師、看護師から多くを学んだという。石川県ホームヘルパー協議会副会長を二期した後に、石川県ホームヘルパー協議会会長に就任する。通算約二五年のキャリアとなり、現在は能美市辰口高齢者支援センターで主任介護支援専門員として活躍中である。現在の仕事が軌道に乗れば、これまでの勤務経験を生かして、地域サロンを立ち上げることを検討中。

○二つの協議会

仁地氏　あの〜、ヘルパーさんの協議会というのは、日本家庭奉仕員協会（日本ホームヘルパー協会）と社会福祉協議会に属しているものとが分かれていて、私が（石川県の）会長をしているときも、何とか一緒にならないかなあと思ったりして。昔は一つだったのが分かれて、思いが違うところに行ったりしたみたいで、はい。

○きっかけと資格取得

仁地氏　私が、ヘルパーを始めたのは、一九九〇（平成二）年十一月だったもんですから、本当に家庭奉仕員の最後の頃で、入ってしばらくしてホームヘルパーという名称に変わるんだよということで、ちょうどゴールドプランが少しずつ行われたときで、あの頃は色々ありましたね。私、恥ずかしい話、何の資格もなくて思いだけで採用されたみたいで、老人介護の勉強に興味があって、母が私が就職した年に倒れましてね。で私、静岡のほうに就職したんですけれど、その年の秋に倒れたという連絡があって、一カ月ほど休んで、実家で母の介護をしたことがあったんですね。その時、今で言う脳卒中だったと思うんですけれども、おうちに町のお医者さんが毎日往診に来て下さって、一カ月ほどでだいぶ回復したもんですから。その間に、兄がお見合いして付き合っていた方と急いで結婚式を挙げてすぐ来て下さったんですよ。なので、私が元に戻れたんですけれど。その時に自分が何もできなかったという。母の身体に触るのが怖くて。で、おばさんが来て清拭してくれたりとか、おしもの世話をして下さったりしているのを見て、何て不甲斐ない自分だろうという思いがずっとあったんですよね。それで、転勤でこちら（石川県）に来まして、元々静岡のほうで結婚したもんですから。三人目の子どもができたときかな。あの子が三歳ぐらいだった時だと思うんですけれど、老人介護の勉強を無料でコミュニティセンターで受けて、勉強して、興味があったから。で、人に子どもを頼みながら行って、資格ではないんですけれど、勉強して。その仕事に就こうなんてことは全然思っていなかったんですね。母も回復したけれど、また何かあったとき今度はお手伝いできるようにという感じで取っただけで。

その時に、役場の住民課の方からこんな仕事をしてみませんか、という声が掛かって、その時はすぐに決心できなくて、しばらく、お友達がその仕事をしていたらしく、やめるのでどう入らない？　と言われたので始めました。そんな簡単なもんだったんですね。で、役場の方と面接をして、絶対にできないだろうと思ったらしいんですよ、私を見て。やっぱり、あの頃は家庭奉仕員というのはそういう名前がつくぐらいだから、お手伝いさん代わりにしか思われなくて、「そんな仕事するの？」と色々な人から言われたんですけれど、何か興味があってやってみたいなあと思ってやり始めました。で、子育てをしながらできるよ、と言われ、簡単な仕事だと思っていたんですよ（笑）、すごく。それで入って無資格なのに、いきなり何の研修もなく、一軒だけ先輩に連れて行ってもらって、それも、一人暮らしの方の話し相手だったので。あ〜あ、こんな感じなんだと思って、で、行き始めて。で、担当を少しもたされてという感じで。あの頃ちょうど、ヘルパー資格（一級〜三級まで）が必要だということで、養成研修があって、先輩から順に行くということで、その時先輩は一人しかいなくて、私で、その後二カ月後にもう一人が入ってきて、三人でやっていたんですけれど。じゃあ、順番に年に一回、お金を出すということで。だから、私は入って三年目で漸く研修に行ったんですよ。（ヘルパー）一級資格だったんですけれど、その時ものすごく衝撃的でした。入ってしばらくしたときに、介護福祉士を取ったという他地域の方のお話を聞く機会があったんですよね。何か、本当に面白い話なんですけれど、資格を取ったら市長さんに呼ばれて、その方が市長さんから褒められて、給料が五〇〇〇円上がったよ、という話をしていたんですよね。はあ~、資格をとれば給料を上げてもらえるんだ、ぐらいにしか思っていなくて……。で、ヘルパー一級資格と介護福祉士と同時ぐらいに受けました。三年目で介護福祉士の受験資格ができるということで。で~、その時の勉強や研修を通して、これ（介護）は単なる気持ちだけでできる仕事ではないなあという思いがあって、もっと勉強しなきゃという気持ちになり、何か資格があれば取ろうとか、研修なんかも何か特別なことはさせてもらえませんでしたから、自分で探して、看護師さんたちがやる勉強会とか、そういうものに出させてもらったり、もちろん自費で。そんなにたくさん情報がなかったもんですから、ちょっと保健師さんなんかに聞いたりして、「今度こんな勉強会があるよ」とか。本当にお恥ずかしい話で、最初は素人にちょっと毛が生えたぐらいのもので。でも、ちょうど介護保険というものができるということで、保険で介護をするとは、どういうものなのかとか、全く本当に分からなくて、よほど大変な仕事なんだなあというのが徐々に分かってきて。

○当時の在宅生活者の状況

仁地氏　最初、私たちの仕事としては、一人暮らしの人の話し相手と、あと、月一回、入浴車というものがあって、入浴車が県から来るんですよ。看護師さんと運転手さんの二人でペアで来てそこへ私たち三人が入って、家庭に訪問して、お風呂に入れるわけですよ、しかも月に一回だけ。こんな赤ちゃん用のお風呂の大きい版に入れて、この人、月に一回しかお風呂に入っていないんだというものも衝撃的でしたし、そのうちによっては、身体を拭いてきれいにしてあったおうちもあったんですけれど。一カ月前と同じ寝巻きで過ごしている人もいたんです。それで、床ずれなんかも半端じゃない大きな褥瘡ができたり、匂いもすごくて。これは……どうしてこうなってしまうんだろうと、あんまり医療的なことも知らなかったものですから、こういうことはなくしていかないといけないなあと思いましたね。すごく思いましたね。なので、ヘルパーの業務は自分で開拓していったような感じで。保健師さんたちはここに行って下さいと言ってくるけれど、内容的にはそれほど、今思えばアセスメントというものをしていなかったと思うんです。話し相手に行って下さいと。一人暮らしの方の訪問が多かったですから。で、買い物にたまに行ってあげたりとか、見るに見兼ねてお掃除をしたりとか。で、どこまでしていいのかという範囲が、ヘルパーさん本人の動線だけが、どうのこうのと言われてて、家族の分はしちゃいけないとか、まあ、一人暮らしの人だったから、家族の方がいない人が多かったので、問題なくできたんですけれど、時には一緒に草むしりをしたりしながら、話をしたりとか。面白いことをしていましたね。

○研修と勉強会

仁地氏　そういう所から始めたんですけれど、やはり、研修とか色々と行って、仲間ができますよね。各地に。で、熱心な人というのはそれなりに光るものがあるんですよね。その仲間と一緒に勉強会をしようと、県内のヘルパーさんにお声をかけて、少しずつ勉強しようと声をかけて下さった方もいて。で、この辰口町っていう、合併する前の名称ですけれど、今は三つの町が合併して能美市になったんですけれど。辰口町の福祉会館がすごく安く貸してくれたもんですから。月一回、日曜日の午前中に二時間ぐらいだったかな。金沢、小松、加賀などから。最初は二〇～三〇人ぐらいだったんですけれど、徐々に減って。で、一人、男性の方で金沢市役所にお勤めの方で介護保険を担当されている方が参加されて、ちゃんと、私たちの応援をして下さって、色々なアドバイスをして下さって。その方のおかげで色々な勉強会をしましたよね。色々な事例を持ち寄ったり。

で、あの頃は訪問に行くと、台所やお風呂場の溝（排水溝）を歯ブラシできちんと掃除をしろと言われていたんだけれど、それはどうしたらいいんだろう？　ということを真剣に悩みながら（笑）。皆で勉強していたことがあって。そこまでしないといけないのかね～という話をしながら。でも、自分としてはしてあげたいんだけれど、そこまで掃除としてはする必要はないと、上から言われて。でも、自分の現場にいて、したいんだけれど、私がしてしまうと、他のヘルパーも全員しないといけないということになるから、皆で情報を共有して同じような計画でやろうということに対しては、すごく、ヘルパーさんの考え方がバラバラで、なかなかそれが一緒にできないというところで悩んでいたこともあります。でも、それっておかしくない？　と。一人暮らしで手が不自由であればお手伝いしてあげればいいし。ある程度動くのなら、こういうふうにして掃除したらどう？　と一緒にしてみてその人に自立させるということが大事じゃないかとか。そんなふうにして、少しずつ自分たちで「そうだね」と言いながら学んでいったような気がしますね。でも、その当時の仲間が今、七人ぐらい残っていますけれど、年に一回、今じゃあ温泉に行って楽しんでいるんですよ。でもまだお仕事をしている人も多くて。

○石川県ホームヘルパー協議会会長時代

著者　仁地さんは石川県のホームヘルパー協議会の会長をされていたんですか。

仁地氏　ええ、三期だったとか。その前に副会長を一期して、その後に何か。はじめは市町村で持ち回りでやっていたんですけれど、どうしても受けないところがあったらしくて。で、やはり私はこういう性格なので声がかかったのかなあ(笑)。私は絶対に嫌ですと言っていたんですけれど、県の社協の課長さんまでいらっしゃって、上司のほうにお願いされたら、「NO」とは言えずに、やって。で、お蔭様で全国にお友達ができて、という感じなんですけれど。まあ、私が会長をしていた頃は、もうすぐ介護保険が始まるというちょうど狭間だったんですよね。ちょうどヘルパーの会長をしていたもんですから、ケアマネジャーになるのはちょっと遅く、資格は取っていたんですけれど。ヘルパーのほうをしてほしいということで、半々の仕事をしていた時期もありました。ちょうどその頃のことでしたから、よく厚労省のほうに色々とヘルパーとして、提案や陳情に行ったこともありましたね。だから、医療行為のこととか、日本ホームヘルパー協会さんとこっち(社協のホームヘルパー協議会)のほうとで、話し合いをして。副会長を私、二期していたのかなあ。そして、三期目に会長にと言われた時に、「どうしても会長は嫌だ」と泣いて断ったこともあったんだけれど、「卑怯だ」と怒られたりして。全国の会長なんてとんでもないこと。ちょうど、その頃、会員さんも減ってきた時代だったんですね。何とか会員を増やしたかったんですけれど、少しずつ登録ヘルパーさんだとか、正職員が段々と減らされていた時代でしたから。今も、だいぶ減っているようで、そちらのほうが悩みだということを、今の会長さんが言っていました。私の後にした会長(後継者)が今もずっとしているみたいなんです。石川県の会長を。

○陳情と「介護の目」

仁地氏　実際にヘルパーさんの数がゴールドプランで増えたときに、一三〇時間だけの研修でヘルパー二級の資格を取りましたということをやっていたじゃないですか。私はまだまだ足りないと思いますね。それは専門職だなんて言えないし、変な話、運転免許でも仮免からようやく運転していいよという状態になる中で、同じようなお金を取れるのは非常に危険だなあと、自分でも思いましたね。もっともっと現場のヘルパーさんは勉強しないといけないなあと。アセスメント能力もないですし、実際、自分がそうでしたから、自立支援と言われながらも、本当にお手伝いさん的なことを長い間やってきましたよね。「家庭奉仕員」という名前からしても。町長さんも「今度はヘルパーさんに来てもらって何でもしてもらってね」という言い方を会合の時にしていましたもんね。それぐらい、ヘルパーさんの知名度というのはお手伝いさん的な役割。ましてや、介護保険になってから皆さんにお金を払うじゃないですか。にもかかわらずヘルパーの仕事というのは、私いつも思っていたのは、「誰でもできる」という。要するに、食事作りとか、おむつ交換だとか、入浴介助だとかというのはちょっとしたら誰でもできるんですよ。お金をもらわなくても家族の人だったら。それを敢えてお金を取るというんだったら、やはり専門の目が……。例えば、看護師さんだったら、介護や医療の目があるように、介護の目というのは生活を見るという、その人の生活を見るという一番大事な仕事をする人が、何か同じようなことをしている。まして、レベルが低かったら文句を言われるのは当たり前ですよね。だから、そこのところは皆がもっともっと本気になって、ヘルパーの業務とは何かということを真剣に考えてほしかったなあと。この間まで変な話、レジ打ちしていた人が世の中が不景気になって仕事がなくなって、ハローワークに行って、一三〇時間の研修を受けたらヘルパー二級取れました。じゃあ、すぐ業務です、という流れでできてきたような業務では、私は大きな顔はできないなあと思います。こうした推論があって、もう少しきちんとしたものを……、ただ、今の日本だと、それでは間に合わないのかなあということで、とりあえず現場でやって下さいということで、段々、時間をかけて少しずつ難しくはなっているみたいですけれど。そういう時代があったので、低く見られても仕方がない面があると思います。

○思いやりと宗教心

仁地氏　この辰口町に社協ができたのは、私が入って三年目ぐらいなんですけれど、前に勤務していたところから、今、この向かい側に新しく扇型の建物があるんですけれど、そこに健康と福祉に関する建物ができて、そこに保健師さんと社協が。私は最初、役場の嘱託で採用されたんですけれど、三年目には社協に変わるんだよ、ということを言われて。その時はその意味も分からなくて、変わって、こちらで仕事をしたときの事務局長さんは元々、学校の校長先生だった方が続けて二人されましたけれど。とても素晴らしい方々で、今でもご存命で、お付き合いもあるんですけれど。その方からは人という、人間ってこうなんだよ、ということを教えていただいて。やはり、誠意をもって尽くしなさい、ということをお聞きしまして。今でもああいう方と知り合えたことは良かったなあと思いますけれど。

やはり、根本に人を大切にするという、その人の思いに寄り添っていくというか。すごく寂しい思いをしている方がいっぱいいらっしゃいましたので。ご主人を亡くされて、すごく大切に息子さんを育てたけれど、その息子さんをお嫁さんにとられてって感じで、寂しい思いをされている方は結構いらっしゃいましたね。色々、その人の生きてきた歴史や過去を聞いていると、やはり寄り添ってあげることの大切さ、「いつも一人じゃないよ」「いつも心配しているからね」という思いを伝えて。夜中も心配になって、昼間の言動が心配で、夜にこそっと見に行ったりとかしていましたね。あのぐらいの気持ちを今もなくさずにいればいいんですけれどね（笑）。でも、今、自分の中では割り切ってしまって。介護保険が入ってから、色々な人が入ってきて……。ケアマネがいて、あと色々な専門職が入って下さっているもんですから、何も（ヘルパーが）一人でその人の生活を支えなくてもよくなってしまったので。最初は本当に〝自分しかいない〟という思いがしていましたので、その人に寂しい思いだけはさせたくないないなあという。あと皆さん施設には行きたくないということで、頑張っていた高齢者の方々が多かったもんですから、ええ。

石川県という所はすごく信仰心というか、仏教などを大切にする所で、よく色々、仏様のお話とかは高齢者から聞いて、反対に学ばされましたよね。だから、私は給料をもらいつつ、人間（性）を高めてもらっている気がして、良かったなあと。ヘルパーの仕事していて良かったなあと思いますね。

○大先輩たち

著者　二〇〇八年に全国のホームヘルプ事業の発祥に関する調査をしまして、これは以前にお送りしましたか。

仁地氏　ああ〜。辰口町も役場時代からみると、本当にこれぐらいに古いですね。それこそ、大先輩の方、「昔は家庭奉仕員に選ばれる方は、ちょっといい所の奥さんというか、ある程度できる方が話し相手とかで行っていた」ということを聞いたことがありますね、先輩から。

著者　上田市の場合は、母子家庭、多子家庭など、生活自立が必要で家庭の婦人を優先的に雇用して、仕事を与えて生活の自立に結びつけていったということになっていますが……。でもそれは各地域によって違うということなんでしょうかね。

仁地氏　そうかもしれませんね。石川県の場合はもう少しゆとりのある方で、お寺の奥さん的な方（慈悲深い方）が選ばれてなったということをお聞きしました。それから、徐々に色々な人数とか、高齢者の問題に入っていったんじゃないかなあと思いますけれど。

○統合合併

著者　上田から始まって、やがてこう全国展開していくんですけれど、金沢やこの辺り（能美市）などで横のつながりというか、地域同士のつながりというものはあったんでしょうか。

仁地氏　はい。私が入ったときには、能美郡辰口町だったんですけれど、今、合併した三つの町と、あと、川北町が今でも郡としてあるんですけれど、この四つが同じ能美郡にあったんですけれど、ヘルパーさん同士がとても仲良かったんですね。で、何か、一緒に集まってご飯を食べたりしたみたいで、私が会長のときに、ただ集まるだけではもったいないので、少し〝研修〟と題して勉強会をやりませんか、ということで、集まって、少し人の話を聞いたりとか、やっていたんですけれど。でも、昔のヘルパーさんたちはそんなに専門的なものではなく、今の自分がやっていることが正しいんだという思いが強く、それほど、資格をこれ以上取る必要はないという人が多くて。でも、中にはポツポツと介護福祉士を取るために勉強をし始めた人もいたんですけれど。そういうつながりはありましたよね。すごく能美郡の人は仲良いね、ってことを言われて、他の市町村の方から言われて。だから合併したときも何の違和感もなしに。初めてではないので。昔から知っている人ばかりだったので。で〜、本部がこちらにあったものですから。皆さん。

○上田市発祥説

仁地氏　すごい歴史があるんですね。昭和三十年。私が生まれたちょっと後にできたんだなあと思って。

著者　今、この当時のことを知りたくても、当事者たちはもうぎりぎりか数年前に亡くなっているという状況ですから。僕も二〇〇七年に上田市社協初代の方に会えて、認知症が少し入っていたようですけれど、思い切って聞きに行きまして。当時のことはしっかりと覚えていらっしゃって、とても貴重なお話をうかがえました。その原点を知るために、その論文を書いた本人に聞かないといけない。

仁地氏　上田市から発祥したということは私も聞いたことがあるんですけれど。上村富江さんのお話を直接うかがいました。立派な方ですよね。……本当に、介護保険制度ができてヘルパーさんの業務も時間で。前は時間らしい時間もなかったもんですから。もう一軒行って半日とか何時間もいて、そろそろ帰ろうかなと腰を上げるんですけれども、次から次に話をしてきて。特に二時～三時に訪問に行くと、冬場だと四時～五時でも暗くなるので、色々理由をつけて帰ろうかなあと思うんですけれど、帰してもらえない（笑）。「この人、これから一人で夕飯食べて一人で寝るんだなあ」と思うと、私は後ろ髪引かれる思いがしましたが、「また来るからね」という感じで、帰ったんですけれど。

○利用者との別れ

著者　実際に利用者の死を体験されたりしましたか。

仁地氏　ありましたね、はい。訪問して亡くなっていた人も何人かいました。餅を詰まらせて亡くなっていた人もいますし。これは私がケアマネになってからだったんですが、あるヘルパーさんが訪問したら、「様子がおかしいんです。救急車を呼んで」という電話があったんで行ってみて、まず「救急車を呼んで」と言って、現場に行ったら、その方は餅を詰まらせていて、認知症の奥さんが全然分かっていなくって、「爺ちゃんは寝ている」というケースが続けて二例ありましたね。もう、こういうことなんだなあと思って。「爺ちゃん、寝てるんだわ」とお婆さんが言って、「婆ちゃん、亡くなったんだよ」と言うと、（婆ちゃんは）涙をぽろっと流したり。認知症でもやはり亡くなるということに対しては分かるんだなあと思って。そしたら、亡くなった人は仕方ないんですけれど、ではこのお婆ちゃんをどうしよう？　っていうことのほうが大変じゃないですか。次の施設を探すとか、親戚の人と話をしながら。そういうことは何度もありましたね。

○印象に残っているケース

仁地氏　あと、家庭的に色々なことがあって、ご主人とも離婚されて一人暮らしをしている方が、娘さんの説得でようやく娘の所に引っ越しするということが決まって、でも荷物運びを誰も手伝ってくれない。ということで、私（仁地氏）の家族総出でお手伝いをして、荷物を運んでおうちに行くといったその日に、癌を以前からもっていたようで、すごく苦しんで病院に連れて行ったらもう手遅れの状態で。その方がなかなか病院に行かなかった方なんです。「ちょっと調子が悪いんだ」と言うぐらいで。「でも、病院に行って下さい」とすごく言っていたんですけれど、行かなくて、「調子が悪かったら病院に行ってね」というのがあの方に言った最後の言葉でした。

あと、思い出話になりますけれど、私がヘルパーをしているときに、その方も一人暮らしをしていて、息子さんが精神病院に入っていて、月に一回、その方と一緒に息子さんに面会に行くのが仕事だった方がいるんです。で、その方の妹さんにも障害をもった娘さんがいて、その娘さんを殺してしまったんですよ。殺してしまった。そして、その方はそこに居れないということで、大急ぎでどこかに入れないといけないということで、町のほうが動いて、ある特養に入所させたんですけれど、急だったもんですから、かわいそうだったんですけれど。で、その方の入った施設から一〇日ぐらい経ってから、私の上司のほうに連絡が入って、どうしても私たちの言うことをきかなくて、私のことを呼んでいると言われて。それで、その方の面会に私、行ったんです。そしたら何を思ったのか、「あんた（仁地氏）にお礼も言わずにここに来てしまって、それを言いたかったんだけれど、誰も言わないし、自分も死んでもいいと思ったから、食事も拒否していたし、誰の言うこともきかなかった」と言うので、その日、ちょうど娘の誕生日だったんですよ。で、半日以上一緒にいたかなあ。その方とお昼ご飯を一緒に食べて、で、色々な話をしながら、でも「これからはここの施設がおうちだと思って、生活しないといけないし、私はこれまではあなたの担当だったけれど、これからはこちらの職員の方と仲良くしていかなくちゃいけないんだよ」という話をしたんです。「分かっているんです。でもあなたに会いたかったんだ」ということを言って下さって。で、娘の誕生日にケーキを買って下さってね。……で、ある時、この病院に入職する前に、自分が担当している方が入院していたので、お見舞いに行ったんですよ。そしたら、横を見たらその方だったんですよ。で、その時は（その方は）ほとんど口も利けない状態だったんですけれど、目をうっすら開けて、（私が）名前を呼んだら、目がぱっと開いて、「分かる？」と聞いたら、こうして涙を流されたんですよ。その方がその三日後に亡くなったんですよ。あれも忘れられない思い出でしたね。色々、この人の人生もあったんだなあ～と思うとね。（その方は）仲居さんをしていたんですよ、ここの辺りは温泉場なので。本当にあのケースも忘れられないものでしたね。

○保健師・看護師から学ぶ

仁地氏　だから、何だろうな。私、ヘルパーとして仕事をしたというか、あまり威張るようなあれをしてきた、これをしてきたというものがなくて、本当に、その方の話し相手とか、そういうことが多かったような気がしますね。自分も資格も何もなかった形で入って、おむつ交換の仕方もちゃんとしたやり方も分からなくて、で、それを教えて下さったのが訪問看護師さん。訪問看護師の制度がちょうどできて、だから、ヘルパーが身体介護をあまりできなかった時代だったんですよ。その、ヘルパーでもできる仕事なのになあ～とずっと思っていたんですけれども、それをさせてもらえなかったんですよ。で、あるお医者さんに相談したことがあるんですよ。何か業務として私は矛盾を感じるんですけれど、と。開業医の先生だったんですけれど、その先生が保健師さんにちょっとお話をして下さって、「これからはヘルパーさんの力が必要な時代が来るんだから、少しその人たちに介護の人を同行させて、教えてやったらどうや」ということで、私も付いて行ってと。そういう時代があったんですよ。細かいことを教えて下さったのが看護師さんで、すごい勉強になりましたね。だから、介護福祉士の資格を取ったときに、筆記試験の後に実技試験があるじゃないですか。私、実技に自信がなかったんですよ。実際にやっていないので。で、あの時一〇日間ほど日赤で実技の勉強会があって、それに行かしてもらうために上司にお願いしたら、「資格というのはな、お前に付くものだから、その資格を取ったらお前がよその条件の良い所に行ってしまうじゃないか。だからそんな資格はいらない」と言われて。すごく腹が立って「何言っているの？　この人？　これから絶対に必要になる資格じゃないですか」と思って。で、保健師の一番偉い人に相談したら、「何を馬鹿なことを言っているんだろうね」ということで、反対にその人から上司を諭していただいたというありがたかった話もあるんですけれど。本当に、何か自分としてはきちんと勉強をして、業務につきたかったなあという思いはありましたね。

○待遇・条件に驚く

著者　今、離職率や人員不足が問題になっていますが、こうした問題は当時からありましたか？

仁地氏　そうですね、ええ。私が入る時、その面接で給料は安いんだよと言われたんですよ。でも、私の場合はどうしても経済的に働かなければいけないということではなくて、気持ちの中で働きたかったものですから、「いや～、それでいいです」と言って入ったものの（笑）、私より一五年前に入った先輩がいたんですけれど、その人の給料が私と二万円も違わなかったんですよ。ええ？　そんなもんなんだとびっくりしまして。でも、だんだん子どももお金のかかる年齢になってきましたから、いつまでもそんな奉仕の精神でなんてやれないなあという思いはありました。ある時、役場から社協に来た人が私たちの給料を見てびっくりして、で何か、掛け合って下さって、一気に三万円上がった記憶があります。今思うと（笑）。でもあれからはあんまり変わっていないんですけれど。本当にお粗末な給料だったから、これはもう少し条件の良い所に皆さん行くだろうなあと。余程、人が好きだとか、介護に抵抗がない、おむつ交換に抵抗がないような人だったら、きっと安い給料でもやっていたんでしょうけれど、やはりその辺は難しいところですよね。でも、この仕事って本当に奥の深い仕事で、一見、「ようそんな仕事をしているな」という人もいましたよ。「一〇〇万積まれてもそんな仕事せんわ」と。ああ、そういう考え方の人もいるんだなあと思って。でも、私は人のためにできるこの仕事はすごくいい仕事だなあと思っているので。本当に給料が低くて同じ県内でも差があって。その上司の人からは、「皆仲がいいというて、いい話しか聞いてこないんだろう。悪い話は言わないんだろう」と言われたこともありましたけれど。実際、もう少し給料がちゃんとしていないと、看護師さんの場合はそこがきちんとしている。だから皆さん、勉強もしますよね。私、この病院に入って分かったんですけれど、看護師さんはよく勉強しているなあ、研究もしますね。

○家族の理解を得ながら

著者　ご家族の方も賛成されたんですか。

仁地氏　そうですね。働くことに関しては主人は何も言わなかったんです。ただ、子どもたちは本当に、下の子が保育所に行っていたんですけれど、何とか近所の人に助けてもらったりして、（上の）子どもたちにも保育所に迎えに行ってねって、お互いに兄弟でしたり。割と最初の頃は楽だったですから、四時になったら帰れましたから。しばらくしてから、ちゃんと朝八時半〜五時までと言われて、あの頃まだ、延長保育とかがない時代だったもんですから、娘には不自由な思いをさせました。でもその娘も保育士にはなったんですけれど。やはり、そういう仕事を選んでくれて良かったと思いますね。少しは（親の姿を）見ていたのかなあと思いますね。保育体験とかよく行っていましたからね。だから、私、子ども三人いるんですけれど、あまり、子どもが甘えてくることもなくて、むしろ、今寂しい思いをしているんですけれど。自立というか、早く私から離れましたね。

○先輩から教わったこと

著者　最初は家庭奉仕員として入られて、その時一人の先輩がいらっしゃったということですが、その先輩からは何かを教わりましたか。

仁地氏　あの〜、その方とは今もつながりがあるし、人間的に温かい方だったものですから。人との接し方というものはその方から学びましたね。でも、私が入った時びっくりしたのは、記録とかあるじゃないですか。その記録も見せてもらったら、日付書いて天気書いて、特に変わりありませんでした、と。してきたことに○を付けるだけ。「これでいいんですか?」と聞いたら、「昔からこうだから」と。それで、役場のほうにも提出していたようだったので、自分でノートを作って、その人の記録という形で忘れちゃうもんですから、自分で行った日付を書いて、簡単にこういう内容でやってきたということと、その人の思いや表情とかを記録で書いた覚えがあります。そのノート大事にとっていたんですけれど、途中でそれを処分してしまったんですけれど。何回か読み直して「自分は最初、こんな思いで仕事をしていたんだなあ」と思ったりして。何にもなかったんですよ、本とかもなくて、記録の書き方も分からなくて。でもまあ、やってきたことをしっかりと書いておいたり、その時その人がこういうことを訴えていたなあということを書いておいて、次に来たときにそれができたらいいなあとか。やっぱり、それがないと。

でも、今はもう当たり前になってきましたけれど、(当時は)本当に○印だけだったですね。これでいいんだろうか、と不思議でしたね。変な話、計画書も何もなかったですし、予定表はちょっと作りましたけれど。来月は何曜日にここに行くだとか、何曜日に入浴車が入るとか……。本当によそから見たら恥ずかしくて、よその人に聞いてみたら、うちはこうしているよ、ああしているよと。そういうのを参考にさせてもらったり、これからこういうふうにしていきませんか、と提案してみてじゃあそうしようと。その先輩は別なヘルパーさんが仕事をした後に書いた記録を見て、「ああ、もうやめようと思った」と言っていましたね。「私はそんなに書けない」と。Nさんという方なんですけれど、「Nさんがやっていること、すごいことをしているじゃない。なのに何できっちり書かないの?」と私言ったことがあるんですけれど、「そんなこと書くぐらいだったら(この仕事を)やめるわ〜」とかいう感じで反対に言われて、それがないからできる。要は五感でやっていたということですよね。「とても良いお仕事をされていたので、それを書いたらすごく評価されるんじゃないの?」と言ったら、「そんな評価なんかしてもらわんでもええんや」とかいう感じの人ですから。で、「この人がこれしかやっていないのに、こんなにやったように上手に書いていた文章を見て嫌になった」んですって。「ああ、自分はこんな表現はできないわ、と思ってやめる決心をしたんだ」と言っていましたけれどね。

○職歴と続けること

著者　ホームヘルパーの仕事は通算では二〇年くらいされているんですか。

仁地氏　私はヘルパーの仕事としてやったのは平成二年十一月から平成十三年で、その後ケアマネジャーになって。本当に悩んでいたんですけれど、ケアマネのほうも人が必要だったので、代わってくれということで。だから今、ヘルパーさんの業務を見ていたら、上手にアセスメントをしていますし、反対にこちらに的確に報告もしてくれますので、こういう能力があったら、私もヘルパーとして大成できたんじゃないかなあと思うんですけれど（笑）。

著者　では通算では二五年間ぐらいですかね。その間にこの仕事を辞めたいと思ったことはありましたか。

仁地氏　あの〜、業務としては一回もないんです。ただ、その職場の仲間だったり、とかで、上手くいかないときはもうやめたいなと思ったこともありましたけれど。「もうやめたい」と言う時は本当にやめるときでそれ以外は絶対に言わんとこうと思っていますから。それで、定年まであと三年という五七歳になったとき、「もうちょっと早めにやめようかなあ」と思ったんです。ちょっと疲れてきた時があって。そしてそれをある福祉用具の業者さん、仲良くしていた方に「もうやめようと思うんだ」と相談したら、ここの理事長にどうもその話が入って、それで「うちに来てくれ」となって、ずっとお断りしていたんですけれど、どうしてもここが、居宅事業を閉鎖していたんですけれど、前の方が病気でやめられて。

そのケースを私ら社協でいただいていて、やっていたぐらいで。ここは色々、介護施設はつくるけれど居宅のほうはないところで、前からつくりたかったみたいで、一人ケアマネから始めて今、六人いることになったんですけれど、はい。今は完全に管理者が代わって。で、定年ももう過ぎたんで、もうやめますという話をしたら、今度はこの相談センターが今、やっと包括が三カ所に分かれてやるということで、もうちょっと手伝ってくれ、ということで残っていたんです。いつまでも。

○包括ケアと突発時への対応

著者　包括という話も出ましたけれど、今のホームヘルプもそうですけれど、統合ケアについては？

仁地氏　そうですね。今、ケアマネさんがトータルに色々アセスメントして、分析しているんですけれど、本当は現場にいるヘルパーならヘルパー、訪問看護師なら訪問看護師が専門的な目で、その人をトータルに見ていく必要が絶対にあるなあと思うんですけれど。まあ、その中でヘルパーさんは自立のために本当に何が必要なのかということを、この人にはどこをということはやはり、現場で頻回に入っているヘルパーさんの強みというものは絶対にあると思いますので、そこは頑張ってほしいと思いますね。そこさえクリアすれば、ヘルパーという業務もかなり認められる仕事かなと思います。

私が一番びっくりしたのは、現場の仕事って、その日決められているじゃないですか。突然行った時に突発的な出来事への対応が弱い人が若い人の中でいるんですよね。何か、急に奥さんが下痢をしてベタベタになっているのに、「おむつ交換できません」と（若いヘルパーが）言って、私に苦情が入ってきたことがあって。で〜、「ちょっと目の前で許可を取ってから、おむつ交換させて下さい」と言ったヘルパーがいて。その子はきっと忠実に業務を全うしようと思ったかもしれないけれど、それを見ていたご主人が怒って、私に苦情としてすごい怒ってきたことがあって、「あのヘルパーはもう要らん」と言われたことがあって。私、それが残念で仕方なかったんですよね。私ずっと、突発的なことには対応してほしい、ということを言い続けてきたつもりなんですけれど、それがちょっと理解されていなくて。業務以外のことはできないです、と言ってしまって。後からその子に「あなたは正しいことをしたかもしれないけれど、それはやはり相手の身になって、今、汚れて困ってご主人がおむつ交換してくれ、と言っているのだから、それはしなくちゃいけないでしょう。人間としてどうしたらいいか、ということを考えないとね」と言うと、「分かりました」と。ま、失敗から色々学ぶこともあるんですけれど、何か、現場のヘルパーさんたちもかわいそうだなあと。教育の仕方もあるんでしょうけれど。突発的なことに対応できるヘルパーさんというのは必要ですよね。決められたことは誰でもしやすいんですよ。でも、悩みを打ち明けられた時に、それをどういうふうに解決してあげるとか。年齢的なことを言う人がいますけれど、それはあんまり関係なくて、若い子でも上手に対応している子もいるんです。この子はやはり素質があるなあと。まあ、そういう子は何をやらせてもそつなくやるんですけれどね。

○人との出会いが財産

著者　二五年間やっていて良かったと思われる瞬間はありましたか？

仁地氏　そうですね。やはり利用者さんの笑顔だったりとか、「あんたが担当で良かった」と言われる瞬間はやめられないなあと思いますね。利用者さんからの反応ですね。

私みたいな者を認めて下さっていると思える時はやってい て良かったと思えますね。何せ、家族がいても孤独という か、孤立している方っていらっしゃるじゃないですか。そ こをうまくヘルパーの仕事だったり、ケアマネの仕事だっ たり、というのは、その家族の間に入って、そこを上手く 調整する役割だと思うので、ヘルパーさんもケアマネぐら いの色々な知識をもっていながら、色々なことをしていか なくてはならないと思うんですけれども。何か、うまく返 せる言葉とかってありますよね。正直に言ってしまって相 手を傷つけてしまったりということもあるので。

まあ、私はこの仕事をしてきて、色々な人に出会えたこ とが一番の財産かなあと思いますね。違う仕事をしていた ら、もう少し視野の狭い人間になっていたんじゃないです かね。だから、介護保険とか介護の仕事とか、一般の何も 知らない人たち、関わっていない人たちというのは何も分 かっていないですからね。例えば、自分のうちでお爺ちゃ んが倒れたという時に初めて降りかかってくるようなもの で。今後の私の仕事としては啓蒙、啓発というか。本当に 皆さんに分かっていただく。自分の身は自分で守っていか ないといけないんだよ、予防していかなければならないと いうことを皆に知らせたいなあと思っていますね。たまに 講演に行ったり……。

○初期の頃の苦労

仁地氏　ヘルパーをしていて、最初、相談する人がいなかっ たんです。保健師さんは保健師さんでいたんですけれど、 何かこう介護のほうを真剣にやって下さっている保健師さ んがいなくて。今はちゃんと高齢者支援センターというの ができて、保健師さん専門の人がいるもんですから、すご く楽なんですけれど。昔の保健師さんというのはカバンを 担いで、家を一軒一軒回っていたもんですから、今みたい にアンケート調査なんかしなくても良い時代があったみた いですけれど。本当に足で稼いで情報を得ていたから、保 健業務ができていたんですけれど。今の時代はパソコンに 向かっている時間が長いもんですから、なかなか難しいと ころです。

○地域サロンの立ち上げを目ざして

著者　まだまだお仕事を続けられますよね（笑）。

仁地氏　今の包括の仕事が軌道に乗ったら……、とは思っ ていますけれど。ゆっくりもしたいし、この仕事に対する 魅力もまだあるので、何かの形でつながっていければとは 思いますけれど。全国のヘルパーさんがいきいきサロンを 立ち上げていたりとか、結構やっているんですよね。だから、すごくそういうことに興味があって、いずれ、地域のサロンみたいなものを立ち上げたいなあとは思っています。私が今住んでいる緑が丘という所は、できて四〇年ぐらいの団地で新しい人が多いんです。親戚、縁者とかそういう変なつながりがないので、実際に高齢化はしていますので、自分が病気にならない限りは、やれたらいいかなあと思います。きっと、一生、そういうお節介おばさんになると。性格的なものもありますよね。若い時に実業団に入って、スポーツをし、でも自分が何を目ざしていいか分からない時代があったんですけれど、でも、子どもを三人育てて、子育てが終わったら自分で何かをしたい、ということはずっと思っていたんです。だから、介護には何の抵抗もなく入れましたし、老人介護の勉強をしたのが根底にあるのかなあと思いますね。母が倒れて、何もできなかったので、そこが私がヘルパーになろうと思ったきっかけですね。まあ、今は元気なお年寄りも多いですので、そういう元気な高齢者がいつまでも元気でいられるような町づくりという所に、私の力を注げたらいいなあと思いますね。

第八章　小松原征江氏（静岡県静岡市）の証言

（二〇一五年八月十九日、一三：〇〇～一五：〇〇、於　ケアマネジメント　かがやき）

【略歴】　小松原征江氏………一九四四（昭和十九）年生まれ。静岡市では、一九六三（昭和三十八）年にはじめて（最初）四人（稲葉とら氏を含む）の家庭奉仕員が採用された。その後、多くの常勤家庭奉仕員が活動してきた。老人保健法が制定された、昭和五十八年から有料家庭奉仕員の非常勤職員として活動に携わる。非常勤職員による月一回の事例検討・自主勉強会の他、毎週水曜日に必ず行う勉強会を通し、介護実践での質的向上を模索する。これが事例検討を継続している起源となる。真の共感、他者理解を追求し続ける。通算キャリアは三二年になる。主任介護支援専門員、介護福祉士を保持し、現在、独立型・特定居宅介護支援事業所ケアマネジメント「かがやき」所長を務める。

○静岡市のホームヘルプの起こり

著者　私ども、ホームヘルプ事業の歴史研究を九年間やってきておりまして、二〇〇八年に全国郵送調査をしまして、その発祥を調べまして……。

小松原氏　旧静岡市は昭和三十八年と記念誌に記されていますね。私は先輩から昭和四十二年と聞いていたのですが……。私は非常勤の時代が長かったんですね。他の仕事の関係から非常勤を続けていました。

有料家庭奉仕員の起源については「昭和三十八年より実施してきた家庭奉仕員制度が、昭和五十六年の中央社会福祉審議会の意見具申に基づき、国はそれまでの生活困窮世帯及び独立して生活を営むのに困難な世帯のみへの派遣を所得税課税世帯に属する虚弱老人（身障者）世帯にも拡大したため、静岡市としても昭和五十八年度より有料家庭奉仕員制度の実施となった」（『静岡市社会福祉協議会創立五十周年記念誌』二〇〇二年、四七頁)。とありますね。

○有料家庭奉仕員の非常勤採用

小松原氏　これね、ホームヘルパーの歴史なんですよ。昭和五十八年の老健法制定に伴って有料世帯への家庭奉仕員派遣が開始されたんです。負担の段階としてA・B・C・Dと区分されていました。その後G・Fランクもできました。Aは生活保護世帯、Bは非課税世帯……。元々行政・福祉事務所の中に部署があり、社会福祉協議会に委託をしたと聞いています。

ですから、私たちの管理のため行政の職員がミーティング時、参加してくれていました。ただ委託されないホームヘルプが一つありまして、それは精神遅滞の方たちに対してのヘルプサービスです。それは、ヘルパーになる資格要件が厳しく教員資格を求められていました。

その頃、精神遅滞の方たちはA手帳、B手帳と段階がありまして、ヘルパーがお伺いするのはA手帳の方でした。

平成七年～八年になり精神遅滞の利用者さんが社協委託となりました。

昭和五十八年の頃の常勤家庭奉仕員が訪問する利用者様は生活保護世帯か低所得の方たちだったと思います。当時の常勤は課税世帯には一切訪問しませんでした。常勤職員は家事援助中心でした。

昭和五十八年に非常勤職員・有料家庭奉仕員は課税世帯に訪問開始しました。おむつ交換、清拭等今でいう身体介護中心でした。ターミナルの人も多く、採用された最初の一年間に四名の方をお送りしました。

昭和五十八年頃は病院死というのが少なかった時代だと思います。在宅での看取りがすごく多かったので有料ヘルパーはその補助となったんですよね。訪問時間は今みたいに三〇分や一時間ではなく、三時間位の提供時間が多くありました。利用者のお宅に伺い、日中独居や寝たきりの方をケアする不安が大きく、月一回の定例会議は大切な場でした。上司が理解ある方で、その都度講師を呼んで、勉強させてくれました。

○水曜会

小松原氏　本当に勉強しなければついていけないという感じで、非常勤の勉強会は週一回ありました。水曜日（水曜会）の半日は絶対に勉強会だよ、という形をとってレベルアップを図りました。平成になると、主任ヘルパーを中心にして、チーム運営方式が導入され、職名なども家庭奉仕員からホームヘルパーに変更されるということで、この頃、資格制度も三級、二級、一級と整備されたんです。昭和六十二年に社会福祉士及び介護福祉士法が施行されて、受験資格が生じた者は常勤・非常勤にかかわらず、すすんで受験し、年々多数の介護福祉士が誕生しました。私も平成四年にとったんですよ。私は有料ヘルパーしかわからないんですけれど、この（『静岡市社会福祉協議会創立五十周年記念誌』）の中に、古い時代の事、稲葉とらさんが書いたものがあるんですよ。老人家庭奉仕員として。ホームヘルパーの始まりということもこれを見れば、一目瞭然でしょう。

○初期家庭奉仕員

著者　この稲葉とらさんと小松原さんとのご関係は？

小松原氏　ないです。お会いしたことはないです。時代が違いますから。お名前は聞いたことはありましたけれど。あと、幾美さん、吉岡さん、望月さん等、多くの先輩から直接、友愛訪問的なケアを受け継ぎましたが時代と共にケアの内容が変化していきました。

　昭和五十八年頃の常勤家庭奉仕員に同行して印象的だったのが、利用者のお宅に伺いひとしきり日常会話をしてから、「じゃあ何しましょうか」ということで、トイレのお掃除をしたり買い物に行ったり、「何か一品調理しますか」とかゆっくりとした時間が流れていました。いいですよね。身体を拭いたりおむつ交換をすることは、非常勤がする仕事だという意識があったんですよ。だから、私たち非常勤と常勤の仕事の内容が違っていたんです。これが混ざり合うときは大変だったんです。

　昭和五十八年以前の家庭奉仕員の採用の仕方と私たち非常勤の採用の仕方が少し違っていました。

　私たちの時代（昭和五十八年頃）というのは、何か目的はあって応募した仲間が多くいました。例えば盲学校の先生をされてきた方や看護師さん長くされていたけれど、子どもができたのでやめて、家庭奉仕員をやってみたいということで、入ってきた方もいました。そんなふうに一八名の人は何らかの目的意識があったと思います。「人のためになる仕事がしたい」という意識が強かったですね。

　しかし現場に出てみると厳しいものだから、やめる人たちも結構多かったんですね。私も「いつやめようか」と最初の頃には思いました。この臭い中でどうしようかと随分迷いましたけれどね、その内慣れちゃいましたけれどね。

○学習と自己成長

小松原氏　ですから、私たちは自ら学ばないと成長しないと思いました。井上千津子さんってご存知ですか？　井上先生に憧れて、まだまだ学ばないといけないなあと思いました。それから、木下安子先生、『ホームヘルプは在宅の要』という本を書いた先生。ご健在ならご高齢だと思いますけれどね。私たちは本当に学ばないと……。対人援助というのは大事な仕事だから。「相手の人生にご無礼にならないようにするにはどうしたらよいか」ということで学びました。あの頃、非常勤のほうが介護福祉士の資格をどんどん取っちゃうんですよ。すると、常勤の人が困ってしまう。平成五年に行政の現役保健師が上司となってくれました。あこがれの保健師さんです。その横山保健師が非常勤の私を「小松原さん、常勤になって」と言って下さり、今まで断ってきたけれど、この方の下なら働いてみたいと常勤になりました。「コーディネーターやってちょうだい」と言われて、五十人近くに常勤は増えているのに……、私はいじめの対象でした（笑）。「何を生意気な」と言われて。でも、思ったように突っ走ってきましたけれどね。今もこうやって居宅を独立型でやっていますけれどね、だけど、学ぶことは大事だからということで今も職員と一緒に研修に参加しています。

○保健師から学ぶ

小松原氏　資料を作って皆に配るとか、「ヘルパーとは何か」ということを考えたり。これは私が作った要望書。「ホームヘルパーとは何か」と題を付けて横山保健師に研修企画を提案したら、「ヘルパーの教育を受けて、ヘルパーをやって来て、それでヘルパーとは何かとは何？」と言われました。手書きやワープロで色々と提案しました……。今も「ケアマネってどこまでが業務？　大切なことは何？」と思いますが……。専門職としてのポジショニングと役割を良く考えます。

ホームヘルパーの手引書もその頃、横山保健師さんが作られたんです。業務の範囲とか考え方のマニュアルを渡されました。サービス提供の内容や方法、月の効率、年間の稼働率等も数字で示して下さいました。

著者　となると、介護の技術や方法の中に保健師の知識・技術が入っているんですか。

小松原氏　そうです。保健師の視点が多分に入っています。平成五年からね。初回訪問表等作って書くように指導されました。これは私たちがまず在宅に行って書き込んできて、コーディネーターとして担当ヘルパーに伝達しました。

○独自のアセスメント票

著者　すごいですね。きっちりと残されていて。

小松原氏　静岡市はきっちりしていると思います。適当にはやらないなーと。ホームヘルパーのしおり。これを最初、利用者に渡すんです。独自のアセスメント票もありました。これは介護保険のものと全く同じで笑っちゃうんですけれど。一日の生活リズムはその人が何時にご飯を食べて、何時にトイレに行って、どんなふうにしているかをアセスメントしてヘルパーがどこの時間に訪問すれば効率的で利用者にとっても良いかとわかるでしょう。週間予定もそうなんです。竹内(孝仁)式を変えて作ったんです。竹内先生って、今もご健在じゃないですか……。

行政の現役保健師さんが平成五年〜十二年の介護保険幕開け直前までいて下さいました。その後は介護保険サービス事業者ですから一法人ですね。

平成七年から市内の特養の社会福祉法人がヘルプサービスを開設するに当たり、私たちの仲間の長坂氏が初めて単身派遣されて、先輩から蓄積した知識や技を伝えていきました。もちろん横山保健師が作られた初回訪問アセスメント表等の帳票類を嫁入り道具みたいに持参しました。社協のホームヘルパー酵母菌を分けるみたいに広がっていきましたね。平成十二年の介護保険が始まってからは多くのサービス事業者が参入してきましたから、どんどん変わってきましたよね。

○グループ・スーパービジョンの起源

著者　勉強会の人数は二〇人ぐらいだったんですか。

小松原氏　最初はそのぐらいだったんです。「とんぼのめ」という事例検討会、毎月一回開いていました。でも参加者が増えちゃって、最後は五十数人になって、もう大変で中止しました。他からの参加者が多くなり大変になった。一五〜二〇人ぐらいだと何気なく集まれるじゃないですが、人気の横山保健師がすごく応援してくれたので、活気がありましたね。横山保健師さんが「対人援助は事例検討に始まり事例検討に終わる」と指導してくれていました。でも、事例のテープ起こしが大変。毎回やるんです。私より多くその作業を請け負ってくれる仲間がいて助かりましたが、私も時間かけてテープ起こししました。それに鍛えられ今があると思っています。

長年私は事例検討・スーパービジョンを勉強してきました。平成四年からずっとやってきていますけれど、今はスーパービジョンのほうが中心です。平成十六年から三人の先生について学んでいます。特に東京の国際医療福祉大学大学院・乃木坂スクールの奥川幸子先生のクラスには職員と一緒に通っています。

対人援助というものはこういうこと基本的に勉強しない

と援助者として熟成しないと実感しています。相手の気持ちをイメージし、今どんな思いでいらっしゃるか考えながら援助しないと、良い仕事なんかできないですよ。私たちが一方的に利用者さんに援助することじゃないんです。利用者さんがどういうふうにお考えになって、どういうことをしたいのかを、自己決定を支えながら、その方がやりたいことをお支えすることが仕事なんですよ。なのに、訪問したら室内が汚れていた、汚い服を着ていたから、本人の意向も聞かないで一方的に掃除・洗濯をした。「とてもきれいになった」は自己満足ですね。

神父の言葉を思いだします。「その人の痛みを痛みとして」の言葉の重みを感じます。本人がどのように思っているかが大切だと思います。その気持ちを受け止め一緒に歩くことだと思います。

私たちの「専門職として要求される知識や技術・自己確知」と言うことを、まだまだ追いかけていますけれど、うちの職員も一緒になってやっていますね。……。

○研修と介護の質

著者　これを見ましたら、やはり静岡県の最初は昭和三十八年ですね。

小松原氏　昭和三十八年のとらさんが最初だったんですね。とらさんが最初に活動開始されたのですかね。どんな方だったか存じあげません……。私たちの昭和五十八年の同期の人は何人かまだ活躍していますよ。民生委員さんになっている方もいます。きっと、この時代（昭和三十八年）の人には、この時代の苦労が、私たちの苦労とはまた違うものがあったと思いますね。

東京の木下安子先生の勉強会に行くと、家政婦さんとヘルパーさんとが一緒になったような話をよく聞くんですが、でも事例検討をきちんとされていて、さすがだなあと思いましたね。そういう勉強会に私たちの上司の横山保健師さんは「学ばないと質が上がらないから」ということで、多くの研修に行かせたんですよ。研修費も出してくれました。私も「お金出すから勉強会、研修会に行って」と職員に言っていています。

○障害世帯への介護人派遣制度

小松原氏　平成七年かなあ、障害者の介護人派遣制度ってご存知ですか。田無市が全国に先駆けて開始したのが、その前年だと思いますが、あれが二四時間介護人派遣制度（障害福祉サービス重度訪問）の第一号で、静岡市が二番手で手を挙げるというときの会議に、上司が私たちコーディネーター三人を連れて行ってくれました。そういうのも横山保健師さんは「勉強しなさい」ということで連れて行くんですよ。で、会議でそれがどういうふうに決まるのかを私たちに見させるんですね。ですので、介護人派遣制度が旧静岡市で平成七年か八年に始まりました。その頃に、静岡の筋ジスの方と頚椎損傷の方のお二人が、独居生活を二四時間の介護人がついてサービス開始されたんですね。そういうふうに、私たちヘルパーを、制度の面からも教育してくれました。無いサービスをつくり出していくという醍醐味を指導してくれました。援助者としてのプライドをつくったというか、根幹をつくったんですね。「静岡市全体のホームヘルパーのレベルアップ」牽引力になることを期待してくれました。

著者　横山さんという方は、静岡市社協の係長さんだったんですか。

小松原氏　そうですね。

著者　この方は元々は？

小松原氏　行政の保健師さんで数字に強くて保健行政にならなくてはならない人と言われていました。

○利用者の死

著者　昭和五十七年に四名採用ということですけれど……。

小松原氏　非常勤の四名ですね。でもすぐに辞めてしまって、一名しか残らなかったんですよ。その時代の人が一名しか残らなくて、そのあと一八名採用されて。それが何名残ったかは覚えていないですが、その時の人たちはそんなに沢山やめなかったと思いますね。ただ、初回に現場に行ってすぐ辞めてしまうということはあったんです。課税世帯の現場は衝撃的でした。ターミナルの方や寝たきりで、どこからケアしたらいいの？　と。あと、匂いと。手順も分からなくて……。

あの頃、娘さんが昼間働きに行っていて日中独居、女性、円背のため常に横向きに寝ていました。ご自分で寝返りも出来ない発語もほとんどない重度の方に訪問していまいた。横向きにしか寝られませんから常にオムツから尿が漏れてしまい毎回寝間着まで交換しなくてはならない状況でした。徐々に具合が悪いということは娘さんと共有できていました。前日に「ちょっとこれはご家族の方にいてもらったほうがいいですよ」と娘さんに電話して、翌日訪問したらご親族たちが来て下さっていました。そうしたら、ご本人が「ガアガア」と声を立てて顔面蒼白で寝ていました。これはおかしいから、と主治医を呼んでいる間に声が出なくなりました。先生が来たときには亡くなっていて、「もうご臨終です」という形でしたけれどね。初心者にはそういうのって、耐えられないでしょう？　人の死に中々出会わないで来ましたからショックでしたね。丁度黄色いアカシアの咲く二月でしたね。寒い時期に「ああ、この仕事どうしようかなあ」と考えたりしましたね。あの頃。

○成長と「共感・その人の痛みを痛みとして」

小松原氏　（昭和）五十八年の制度改正で有料非常勤家庭奉仕員になってから、身体介護、看取りという辛い仕事をしました。それから平成七、八年に精神遅滞の方一八名をお受けした時点の方たちのケアはまた全然違いますよね。横山保健師さんは「とても勘の良い方たちです。本気で関わらないと見抜かれてしまいます」と指導してくれました。本当に精神遅滞の方というのはすごく勘がいいですからね。ある時には地区担当の保健師さんが玄関から入れてもらえないと相談があったのですが、私は担当ヘルパーとして訪問していましたから「○○ちゃ～ん」と言って訪問していました。要するに、本気でその人の身になって訪問しないと、遅滞の仕事はできないですよね。恐る恐る他者として訪問すると玄関から上げてもらえないですね。どの仕事もそうですけれど。それって、対人援助の基なんだけれど、この瞬間だけでも、その人の気持ちの中に入っていって、その人の気持ちになってケアをする。

言葉だけではない気持ちのやり取りができるんですよ。ヘルパーとしての訪問を終わり玄関から出てきたら、すっと素の自分に戻りますけれど。それが援助の原点だと私は思っています。相手の身になって、相手の気持ちの中に「くっ」と入っていく。それを獲得してきたことです。

○人間理解とスーパービジョン

著者　利用者の死とかつらいこともいっぱいあったかと思うんですけれど、初日で止められた方もいたと聞きましたが、それでもずっと仕事を続けて来られたのはなぜですか。

小松原氏　何でしょう。理屈じゃないですね。自分の役割として求められれば、それは喜びだし、その前というのは、私の友達には静岡雙葉（カトリック系学校）の人が多くて、静岡雙葉の人たちが集まる会に、私も参加していました。神父さんに来ていただいていたんです。私はカトリックではないけれど、神父さんの話というのはいつも聖書のお話しでした。さまよえる子羊だとか、放蕩息子も帰ってきたら許してあげる、……そんなの嫌だと思ったんだけれど（笑）。その中で一つ衝撃的に絶対そうだと思ったのが、「その人の痛みを痛みとすること」という言葉だったんですよ。これすごいなあと、そういうことってなかなかやれないなあと思って。辛い思いをされているお隣さんであっても、「ああ、辛いですね」とお話することはあっても、そんなに入り込まないですよね。でも、家庭奉仕員の仕事を始めたときに、まずそれを私の柱にしました。それを中心に据えたら、何だか仕事が上手くいったんですよね。「私ではない、この人が痛いんだ」と思えば、どんなご要望があったとしても、「何故こういうことをおっしゃるのかなあ」と思いながら、させてもらってきたら、何となく援助関係ができたんですね。私を専門職へと導いてくれた言葉ですね。

ケアマネジメントで、困難事例とよく言いますが、その人を理解しないと乗り越えられないいんですよ。仕事って、他者だと行き詰まってしまう。それに気がついたとき、人間理解、他者理解をしないと、ケアマネジャーの仕事はうまくいかないなあということを気づき始めて、そのためか厚生労働省は今度、主任ケアマネ研修の中身をスーパービジョンと事例検討の二つの時間数を増やしましたよね。個別的対応を重視し援助者が内省的なものを持たないと、仕事はうまくいかないことを気がついたんだと思います。やっと少しずつこちらに陽が当たり始めてきたような気がします。

○自己決定と在宅での看取り

著者　今、ターミナルの話がでましたが、ホスピスは元々、聖隷三方原病院（浜松市）から始まっていますけれど、聖隷との連携は？

小松原氏　連携はないですけれど、あそこ（聖隷）に入院された方が一日で出て来られました。あそこにいらした緩和のS先生という方が静岡にいらっしゃいます。そことのつながりはありますから、在宅の患者さんの緩和で看取りをするときに、ホスピスではないんだけれど、S先生にお願いすることもあります。

先ほどですが友人の奥様がターミナルのため友人と話していました。緩和の看取りって簡単に言うけれど、薬の調整がとても大変なんですよ。最後に痛み、吐き気、精神症状が出るというときに、病院に居たほうが薬の調整はしやすいんですよ。奥様は「家に居たい」と苦しい中でおっしゃる。友人はとても悩んでいました。「最期をどのようにするか、今、考える時じゃない……」と伝えました。辛い言葉でも話すしかない時がありますね。深い信頼があってこそ話すことができますね。

ALSの患者さんで独居の方を昨年暮れに家でお送りしたんですが、大変にお金がかかりましたね。ご本人がお金をかけるから自宅で最期ということで、……。どういうふうに調整していくか、在宅の看取りをどうしていくかということ、これは今後大きなテーマですよ。

死に場所を、どうするの？　という時、在宅で調整できるか？　というと、やはりお金が必要。だって、今の介護保険のサービスじゃ駄目ですもん。夜までは賄えない。昼間だって賄えない。介護5があっても。隙間の時間はある程度お金を出さないとできない。貯金しておいてもらわないと難しい時がありますね。お金を出してでも自宅で独居で亡くなるには、「それでいいよ」という本人の意思と、関係者の覚悟、在宅で看取るヘルパーさんから医者からすべての人の覚悟がきちんと一つにならなければこれは難しい。一人でも嫌という人がいれば、ケア体制が不安定になる。「私は怖くてできない」と言う人がいたら……。最大の課題はそこでしたね。一人でも不安だという人がいればそこを調整して安心してケアしてもらえる体制をつくっていく。

○静岡市の土地柄

著者　ケアワーカーの養成についても静岡は早かったですよね。浜松の聖隷福祉医療ヘルパー学園（津久井十初代学園長）があります。

小松原氏　ああ、そうですか、存じ上げません。ちょっと浜松まで距離があるんですよ。浜松はまた全く別の文化圏です。清水は近いです。で、焼津は遠いです。何でかというと、山があるんですよ。山を隔たって、焼津になるとまた世界が違います。今は静岡市になりましたけれど、旧清水区は地続きで、山があっても越えられるので、清水辺りまでは何となく同じ雰囲気ですね。旧静岡は静岡で完結していますね。静岡の市民性というのはとてもプライドが高いと思いますね。何故かというと、私が思うに、徳川慶喜さんが江戸から駿府に隠居されたときに同行してきたお伴がいっぱいいたそうです。駿府の人口よりも多い人がお江戸からやって来たと聞いています。出入りの（お抱えの）商人たちが、魚屋、髪結い、八百屋……、いわゆる御用達の方たちですかね……。三〇年も前のことですが「小松原さん、うちのお爺ちゃんはこうだったんだよ」ということを直接聞いたことがあります。ああ、そういう時代があったんだなあと思って。だから、お店屋さんに行っても偉そうなんだなーと思いましたが……。物を売るにしても、「さあ、いらっしゃい」なんて言わないですよ。知らん顔をして店の奥にいる。「これ下さい」と言うと「はい」と素っ気なく言う感じ。とってもプライドが高くて、偉そうなの。最近はだんだん違ってきていますが……。静岡の気風と、清水はまた違うんですよ。清水のほうが大胆な方が多いと感じます。

○巡回型ホームヘルプ事業

小松原氏　その後、さっき言った横山保健師が上司になってから、時代は変わって、九州の巡回型ヘルプサービスを展開しているコムスンに倣えということで、横山さんは九州にまで視察に行って、平成七年に巡回型ホームヘルプというものを立ち上げたんですよ。私たちは朝六時半に現場に行って、夜九時まで訪問をするんです。早番、遅番、普通帯と三交代制で。で、あの時代、六時半に現場に行くと午後二時に現場がやっと終わり帰社するんです。その時代は本当に厳しかったですね。

行政が新規許可を決定してくると、どんどん社協に委託してくるんですよ。その時代巡回をやっていたのは社協しかありませんでしたから。一日一三軒位訪問したこともあります。一訪問あたり一五分くらいです。オムツ交換して体位交換、水分補給をします。三〇分の訪問だと嬉しくてね。三〇分あったら、おむつ交換して、清拭して、ご飯を作って食べてもらっちゃう。今はいい時代ですね。

○手順書作成と最先端の介護の学習

小松原氏　一五分あれば、おむつ交換して、清拭して、ポータブルトイレの処理はできます。その代り、精密な手順書・マニュアル表を作りました。訪問するとまず右手で洗浄容器を持って、左手に清拭用バケツを持って、入室して……とちゃんと決まっているんです。そういう手順書を作るんです。無駄な動きをしないんです。時間のロスがないようにしながら利用者さんには笑顔で挨拶。一日三回からの訪問でしたから「またお昼に伺います」と次の利用者さんにバイクで移動していきます。大雨でも台風でも移動はバイクです。カッパに雨が染みて脱いだり来たりが大変でした。朝か昼に事務所でミーテングを行い、四人のチームメンバーと情報共有して課題を解決していく。四人編成のチームが幾つかありました。チーム全体の知恵と工夫でケアしていました。

これだけ平成十二年までにレベルが上がったのに平成十二年の四月から介護保険がスタートして、民間参入です。良いこともありましたが精密につくり上げたケアが全て崩れたと感じました。

あれまでの私たちの努力と知識の積み重ね、すべて崩れたと思いました。折角、私たちの仕事とはこういうものだと、「相手の尊厳を傷つけない」とか、それって今の「バイスティックの七原則」にそっくり同じなんですよ。だから、本当に平成十二年は悔しかったですね。これだけ皆で能力を高め合ってきた仕事が、木端微塵に介護保険に打ち砕かれたという……。まあ、確かに措置は措置で問題がなかったわけではなかったので、仕方ない部分もあったんですけれど。
あの頃全国的にヘルパーのレベルは上がったと思いますよ。今は、ヘルパーが定期的に研修や技術指導等したら加算を付けますよと言う時代です。こういうのを厚生労働省が制度化しないと勉強しない時代が来ていますよね。横山保健師さんは毎週の勉強会の他に、月一回、沢山の先生方を講師に招いてくれましたよ。木下安子先生、井上千津子先生、一番ヶ瀬康子先生、太田仁史先生……。色々な先生を呼んで最先端を学びながら、皆を勉強させなくちゃという気持ちにさせるのが上手だったんですね。だから、良き指導者がいれば学習意欲は広がっていくんですよね。

○待遇・条件について

著者　介護職全体で言えることかもしれませんが、待遇、条件の問題について、小松原さんの場合はいかがでしたか。

小松原氏　良かったですよ。社協はきちっとしていますから。常勤になるとそれなりにお給料ももらえますし、ボーナスも最初から三〇万円出るのでびっくりして。決算期にも手当をくれたり、だから年俸もそれなりです。昇給もありました。
社会的に見て民間より大変良いと思います。退職し民間になり分かりました。事業を始めてお金のやりくりしていますから、社協みたいに私も給料を払いたいと努力していますけれどね。民間は安すぎますね。私は収入と給料払うバランスを見ていますけれど、社会保険の負担分が重いのかな……。居宅の場合とサービス事業者さんとは違いますからわかりませんけど…。

○「苦労は必ず得になる」と困難事例

小松原氏　長年経験してきた私からの助言としては、苦労は必ず得になります。世間は見ていますから、人の倍、それをやっていいと思います。努力はやがて光が当たってきますよね……。奥川幸子先生。奥川理論というのがあって、奥川幸子先生と渡部律子先生お二人で、社会事業大学で研修をするんですけれど、三百人からの人が集まります。九州から北海道まで。奥川理論は分かりやすいんですよ。
ケアマネジメントのところで、困難ケースといわれるものが援助者の課題だと思うんですね。それは先程も言ったように、「給付管理だけしていればいいよ」でやっているから困難ケースになるのであって、確かに難しい部分はありますが、お受けしたら「何でこれが困難ケースなの？」と思うことが多いです。きっと前の方がご苦労されたから楽になったのかなあと、相手の身になってお支えすればほとんどのことは何となくでき上がってくるのかなあと思いますけれど。援助者としてのポジショニングの課題もありますが、勘がよくないといけないですよね。援助職というのは。その方が今、何を考えていらっしゃるのか、どこら辺に今居るのか。たった今、黒と言っているけれど夕方になると白になるかもしれない……というところを受け止めて、「それもそうだよね」と、「この方ならそう考えるだろう」と援助者としての幅をもたないと、うまくはいかないですよね。

事例検討の蓄積やスーパービジョンはその方への関わり方を学び、その方の身になり考える入り口ですね。横山保健師の導きで、今まで追いかけて来たものは間違いではなかったなあ、と今すごく思っています。これで良かったと思うことと、「何とか後輩に繋げていかないといけない」という思いですね。次の時代に繋げられればなあと思っていますね……。

第九章　黒松基子氏（島根県出雲市）の証言

（二〇一五年九月一〇日、一〇：〇〇～一一：二〇、於　有限会社えるだー）

【略歴】　黒松基子氏…………島根県では一九六一（昭和三十六）年から出雲市社会福祉協議会により、ホームヘルプ事業が始動する。一九九〇（平成二）年からホームヘルパーとして従事。在宅介護中心のヘルパーステーションの立ち上げから尽力し、手探り状態から始める。医師の協力を得たり、社会福祉協議会との軋轢を経験しながら、出雲市役所内ヘルパーステーションを中心に、研修とマニュアル作成に重点を置きながら介護実践に励む。試行錯誤の二五年間の勤務のなかで記録、ネットワーク、連携、雑学の重要性を唱える。介護福祉士、介護支援専門員を保持し、現在、有限会社えるだー取締役として活躍中。

○きっかけと自己開拓

黒松氏　なったきっかけですね。私がなったのは平成二年。それまでは社協のほうにヘルパーさんがいたという話は聞いておったんですが、自分は医療機関におりまして、その前の年に介護福祉士の制度が始まって、総合病院だったので受験資格が全く得られなかったということがあって、知り合いの特養とかに頼んだんですけれど、それは無理よ、と言われて、（受験資格をもらうのに）じゃあどこかに替わるしかないね、ということで市の関係者が知り合いだったもんですから、その人に頼んだら、ちょうど在宅介護支援センターがその年にちょうどできたんだけれど、その中にはヘルパーステーションがないといけない、という制度だったらしく、その時も在宅介護（支援センター）ができたとき、島根県で唯一、一つ目だったんですね。それがちょうどこの近くだったので、市の担当者が社協のヘルパーさんとは一緒にせんほうがいいよ、と言われて、それこそ、その当時のヘルパーさんというのはミーティングと集まってお茶飲んで、午前中に一軒、午後二軒に行くぐらいで、全く仕事として成していないと。措置だったのでそういう方々しか訪問しないよ、ということで。で、それよりも在宅介護（支援センター）ができて、その中にヘルパーステーションができたから、ということで、まあ、私としてはどこでも良かったんというかですね。その時はどこでも良かったんです。この今やっている仕事を継続できるものであればと……。

その時に特養の力を生かしてというのが、在宅介護のヘルパーステーションだったので、身体介護が中心だったんですね。で、仕事内容は今と同じだし、まあ、いいわという本当に安易な気持ちで行きましたら、在宅介護（支援センター）の中のヘルパーステーションというのが全然整備も何もされていなかったんですよ。「ああ、来たの？　じゃあ、どこの部屋でも使って……」という感じで、全然整理されていなかった。「在宅介護にはヘルパーステーションを置かんといかんらしいわ」という程度で。「じゃあ、どうするの？」と聞いたら、「看護婦さんの隣の部屋が空いているから、とりあえずそこにおりゃあええよ」と言われて、で、「仕事は？」と聞いたら、「そんなもんないわね～」って言われて、「自分たちで探さないけんよ」って。「探しに行かんとないよ」「え～？」という感じで。そんなきついことを私たちに言われてもどうしよう？　ということで、知り合いの開業医さんとか民生委員さんの所に行ってみたらと言われ、名刺を作りなさいと。それも自費で。もう全然、「それじゃ、印刷屋に電話しておく」ということも全くなく。とにかく、知り合いの所を歩いて、私が勤めていた特養が出雲市内で二つ目だったんですよ。で、特養というのが二つしかないし、デイサービスもその特養にしかないし、どういうふうにしたらいいか分からなくて、全くの手探り状態で。こうして座っていても何にもならないからと思って、とにかく知り合いの皆に名刺を配って歩いて、一日に二〇軒ぐらい歩きました。民生委員さんの名簿をもらって、何であろうと今日はここまで必ず行くというのを決めて、行ったんです。

○医者の協力と社会福祉協議会との軋轢

黒松氏　その時、お医者さんから「お前たちは何をする者だ？」と。「ヘルパーさんはあそこにもいるじゃないか？　あれとは違うのか？」と言うから、「私たちは身体介護をするんです」と言ったら、「身体介護って何をするんだ？」とまた聞くので、「いや、清拭したり、お風呂に入れたりということです」と言ったら、「お前たちの資格は何だ？」と言うから。で、その時には一級ヘルパーしか、まだ三年経っていないと受験資格がないので、で「一級のヘルパーです」と言ったら、「はあ～、ヘルパーごときがそんなことをするのか?」と。すごい一時間ぐらい説教されて、もう何を言われたかは覚えていないですけれど、それこそ揚げ足取りで。「ああ、もうここのお医者さんは駄目だね」とか皆で言っていたら、何とそこのお医者さんからどんどん話が来るようになったんですよ。「あそこに寝たきりの人がいて、昼間はご主人が働いているので、一人になっているのでお昼ご飯を作ってあげて、食べさせてあげて」とかという、その先生方から出てきたんです。「いいよ、いいよ、あんたらがそんなことを始めたんなら……」って気楽に名刺を受け取ってくれた先生らはそんなに開拓というか、新しいケースをくれたりはあまりしなかったですね。

その説教をしてくれた先生方からこう仕事がどんどん来るようになって、民生委員さんからも「家で寝たきりの人がいて、奥さん一人で介護しているんだけれども、ちょっと行って見てやってくれん?」って。その頃は利用料が大体、普通の家庭の人だったら、MAX九三〇円ぐらいだったんですよね。で、「こんなにお金を出さんといけんけど……」と言ったら、「いやいや、お金のことじゃなくて、私これ以上どうしようもないので来てほしい」と言われて。そういうようなことがポロポロポロポロ出て来ると、やっぱり、人伝えに出て来るんですね。で、一日七軒ぐらいを訪問すると、社協のヘルパーから「どうして七軒訪問できるの? 八時間しか労働時間がないのに、どうして?」と言われて、「いや~、もう八時半になったら、もう直行直帰ですよ。タイムリーダーを押して、または『今から○○に行くので押しておいて下さい』と事務所に頼んで」。七軒ぐらい行くと、今度は出雲市のほうでは、私たちの評価が高くなるわけですよ。実績を出すと。で、「こんなに働いているの?」と。そしたら、今度は社協のヘルパーさんたちが、「あんたらが働き過ぎるから、私たち叱られるじゃないの?」と言われて(笑)。「いや~、そんな、需要があるから仕方ないですよ。私たちこうやって昼ご飯も削って働いておるんじゃ。あなた方の仕事を邪魔している覚えもないし、そしたらぶつぶつ言われて、「あんたらなんか知らんわ」みたいに言われて(笑)。同じく、研修会も県下で集まったとしても。身体介護をしている所なんかどこにもないんですよ。全部、家事援助だったので、いわば、「私たちとしてはこのぐらいのことは皆様にしないといけないんじゃないですか?」と発表すると、白い目で見られて、「何でそこまで働いて? 給料が同じなのに」と言われて(笑)。「いや~、給料云々ではなくて、私たち、あんたたちよりうんと低いよ」と思って、まあ、いいわいいわ。私らには私らにしかできないこともあるし、ということで、最初は二人で始めたんですね。

○再研修とマニュアルの作成

黒松氏　で、登録ヘルパーさんというのを使うようにしてあるからと言われて。で、その時にはヘルパーの研修じゃなくて、日赤の家庭介護の研修を修了した方だったんですよ。それが二級の資格をもらえたので、その方々に、とにかく声をかけてあるからと言われて、もう一度名簿もらったので、全部の方に声をかけたら八人ぐらい「いいですよ」ということで集まられて、その時にもう一回研修をし直さないと使えないわということで、まあ、家事は何とかなるだろうと思っていたら、それが間違いだったんですね。

家事って、私たち主婦だから完璧よ、ということを言われて、行ってみたら、まな板二枚ないといけません、つまり、肉用と野菜用にとか、何でも食器が足りませんとか、こういう器具がないとできませんとか、いうことを言いだして、私らに言えばいいんですけれど、利用者に直接言ってしまって。そしたら、後から「今日来られたヘルパーさんから用意せんといけんと言われたんですけれど、いいですかね」みたいなことを言われて、ということは不満をもっていたということですよね？　で、「いや、それは買わなくていいですから……」ということで。魚だったら牛乳パックを開いた中の部分を使って、一回一回捨てたらいいし、と言うと、ぶう〜っとして、「私たちの家はそういう使い方はしていません」みたいなことを言われて（笑）。「利用者のおうちと自分のおうちとを一緒にしたら駄目だね」と言って。ある者はコンソメを買って一回だけ使ったんですね。それも味が慣れていないので、結局食べていなくて、金輪際、それを使うことがないので、冷蔵庫の中に入れておくと溶けて流れる。「これどうしたの？」と言ったら、「いや、一回作ったんですけれど、結局食べてもらえなくて……」と言うので、「何で馴染みの食材を使って、馴染みの味付けをしないの？」と聞いたら、「いや〜、私、食事作りは得意ですから」という者が出たり（笑）。

「ああ〜、これはいけんわ」と思って、とにかく私の主人が医療人だったので、話をしたら「お前たちアホだわ」と。「何でこんなに一生懸命しているのにあんたにアホと言われなならんの？」と言ったら、「マニュアルというものはあるか？」「いや、そんなもんない。事業所にもない」と言ったら、「そんなアホなことはない、マニュアルを作れ」と言われたので、「じゃあさあ、何からとっかかろう？」と考えた時に、これまでのミスをあげていけば、「こういうことはしたらいけん、こういう場合はこう変換しなさい……」という形にしたら、マニュアルらしいものができたんですね。項目ごとに調理についてとか、掃除についてとか。掃除についても今まで自分たちの家でもしたことがないのに、まず、はたきをかけてから掃除機をかけよ、とか。それから拭き掃除を家中しろとか、それからいくら大きい家に住んでいても、本人が使う所だけだから……。というような注意書きをとにかく書きながらマニュアルにしていって。

○禁止事項

黒松氏　すると、県がそれを見せてくれ、と言ったので見せたけれど、結局、「禁止事項」だけだねと。でも禁止事項から始まらんと、いいことばかり書いても、「いけません」ということをしてはいけないので、それが私は最初だと思うよ、ということをしてはいけないので、それが私は最初だと思うよ、というところで。最初から身体介護があったので、それで二人ぐらいの時はいくらでも調整ができるんですよね。段々と登録ヘルパーさんの人数も増えてくると、登録ヘルパーさんは直行直帰ですよね。そうすると、後から「え〜？　これやったの？」と。「お風呂に入れたついでに洗濯をしておきました」「えっ？　家族がおるじゃないの？」「いや〜、夜じゃないと家族は帰ってこないので……」「夜しか帰って来なくても、その人の洗濯物は家族がいれば家事はしないと決まっているでしょう？」と言ったら、「ああ〜、そうですよね」と軽く受け止めるくらいで(笑)。「ちょっと待って〜」と。そっちのほうも大事だったので。そうしているうちに、障害の施設から在宅に帰ってくるご夫婦がいて、結婚して出てきたという。その人の場面でも、夜も支えないといけなかったので、昼の人、夜の人、または夜中に呼び出しがあるということで、何時だったら誰が出られるとか、夜中だったら、私が呼び出したら誰が行けるかとか、そういう手順でマニュアルを全部作ったんです。そしたら、その障害の人を七人ぐらいで回すということになったんですよ。七人もいると手順をいくら言っても、書いたものを渡しておいても、「うん、うん、大丈夫」と言っていても、段々とズレてくる。久々に行って、入浴する時に、自分の作った手順を見ながらやろうとすると、「いや、どうでもいいよ」と本人が言ったので、「どうでもいいって、私たちはちゃんと手順書を作ってやっているのよ」と言ったら、「Aさんはこういうふうにして最初から入れるよ」とかっていうことが始まって、「ええ〜っ、これはいけない」と。だったらもう一回手順書を一から全部作りましょうと。細かいところも全部、洗身するときはどこから洗うとか、というところを全て作って。その方々にも一時間なら一時間の行程を、利用者の行程とヘルパーの行程を全部書いて、この通りにすれば九〇パーセントは仕事できるから、あとはコミュニケーションだね、と言って、それを作ったら、間違くなくできるようになったんですよ。だから、人の気持ちというか、人をコントロールするには書面しかないなということが分かりました。

○地域分化と実践内容の差

黒松氏　そうしとったら、社協のほうも「あんたらがこんなに仕事をしとるから、私も身体介護をしろと言われた」と。「同じ補助金を払っているのに、何であんたたちだけこんな楽な仕事をしているの？」と市が言ったので、身体介護をすることになったんだけれど、ヘルパーがいないのよ。今まで寡婦ばかりを雇っていたので、その人たちでは身体介護が全くできないので、「もう、私やめます」と言って、怒って辞めたヘルパーさんたちもいっぱいいて、そういうのが社協のヘルパーステーションだったんですね。で、「社協の中に身体（介護）する人はいないの？」と聞いたら、二人だけおられて、結局その方々が動くようになったので、そのうちに家事援助もどこのステーションもやらんといけんようになったので、出雲市は最初は一括だったんですけれど、徐々に地域分けをしていって、その間にもどんどんケースが増えていきますからね。結局、私たちがマネジメントしないと。

出雲市からは「○○の○○にお願い。入浴とか、清拭」とか言うだけで、あとは何もない。「じゃあ、どうするの？」と言っても誰も何もしてくれないので、在宅介護のほうは自分たちが歩く所を決めて歩いていたので、「じゃあ、これって連携がとれていないよね」ということで。同じ平成二年に、在宅介護と老人保健、保健師さんのような人で、看護師さんが四～五人おられて、訪問看護ではないけれど、直接手を出さないんだけれど、そういう人たちを回るということになって。そうしたら、三つの事業が一遍に開始してしまって、住人も分からないし、医者も分からないし。そしたら、ある日、「○○先生から文句の電話があって、午前中に保健師みたいなのが来て、午後になったら同じ人のことでヘルパーが来て、こういう状況だったと説明に来たけれど、どうなっているのか？」と。「それもそうだわね」と言って、「じゃあ、連絡会議をしましょう」と言って、会議をしながら横の連携をとったけれど、利用者の連携はなく、私たちはお医者さんとだけ、という感じのものを作って。とにかく、横のつながりがないと、「午前中に行った、午後に行った。あら、今来たの？」ということもあって、「これはまずいよね、利用者も気の毒だし」と。利用者は市役所から来るのか、在宅介護から来るのか、の区別もつかない。そのうち、私たちも福祉用具貸与のほうとも連携を始めました。他の市町村はすべて老人保健法で動いている看護師さんはいない所だったので、それに在宅介護もない市町村ばかりだったので、ヘルパーさんたちが勝手に好きなようにやって、マニュアルもなく。でも、問題がどんどん出てくるので、私たちにはプライドがあるので聞かないんですよ。その時はまだ社協のヘルパーさんしかいなかったので、社協から、「よその市町村こんなふうになっているんだって。会議をしたけれど……」と言うので、「どこの会議？」と聞くと、「社協のヘルパーだけの会議」「えっ？」

私たちは交わらせてもらわれんのだね」というと、「そうだね。社協だけだから……」と言って、本当につまはじきですよ。「あんたたちがやり過ぎるから」こればっかりですよね。出雲市は「そうじゃなくて、同じお金を出しているんだから、身体介護も家事援助も希望があればやってもらわんといけんけど」となり、ぶつぶつ言いながらも始められましたけれどね。だけど、身体介護ができない方はどんどんやめていかれて、後に残った人と数人の新しい人を雇って、社協も細々とやっておられますよね。で、介護保険の前には、出雲市社協は（ホームヘルプを）しないということになって、特養のほうに一旦預けられたような形になっておられたんだけれど、そこも今は分裂してしまって……。

○日本ホームヘルパー協会と分裂経緯

著者　社協のホームヘルパーの会と日本家庭奉仕員協会とはまた別なんですよね？　黒松さんは日本家庭奉仕員協会のほうですか？

黒松氏　はい。日本ホームヘルパー協会（旧・日本家庭奉仕員協会）のほうです。その時、社協がやめるやめないというときに、社協のヘルパーさんたちと長寿のヘルパーステーションに分かれてしまって、「これじゃ、いけん。一つじゃないといけんでしょう」と言ったんだけれど、「いや、あなた方と私たちは違うよ」みたいなことを言われたらしく、井上千津子先生が初代会長でしたから、本当に困って、「何でこんな分裂せんといけん組織でもないのに」って言って、「何とか頑張ったんだけれど、駄目なのよ」と言われて。一緒になりましょう、と言うのだけれど、全社協のヘルパーさんたちは、「私たちは何も困っていないから」と言われて。冊子か機関誌か何かで出て来るんですけれど、その分もすべて全社協の職員さんが編集してくれるし、記事も何とか寄せているので、そんなにも困らないと。しゃべったことを全部文章に起こしてくれるので、自分たちは文章一つ書くことがなくて、と言われて。何も困ってないからあなた方とはひっつかなくて良いわ、と言われて。日本ホームヘルパー協会は支部ごとに当番があって、しょっちゅう、日総研とかから原稿依頼があったりして、それに書けんわと言いながらも何とか書かんといかんという、そういう事態になっているので、全社協のヘルパーさんからすると、「日本ホームヘルパー協会と一緒になると、あんな原稿も本も書かんといけなくなるじゃないか？」と。私たちとしては、自分たちの仕事をアピールし、誰かに認めてもらわないと、コストも安いままだし、社会的評価もそうだし。本でも書いておくと、何とかなるんじゃないの？ という感じで、私は書いているんですけれど。

もう片方では、全部上げ膳据え膳でやってもらっているから、交わらないですね。私らには厚生労働省からも話を聞かせてほしいとか、調査をお願いしたいということがあるので、私たちの一生懸命、何とかできるものであれば、ということで日本ホームヘルパー協会をやっておるんですけれども、私たちはあらゆる力を借りて、障害のほうの学童をしたりとか、障害サービスをしたりとか、そういうような情報提供をそれぞれにして。「ちょっと、これ儲かりそうだけど、あんたの所はどう？」みたいな、そういう情報提供も横のつながりのなかであるし。本当に皆が一生懸命にやらないといけないというのが日本ホームヘルパー協会なんですね。で、長寿から、何か会議をするときなどは、少しずつ補助があるので、何とかかんとかできている。個人の会員なので。全社協のほうはそれぞれ事業所が入ればいいんですよ。年間四回ぐらいしか冊子は届かないけれど、日本ホームヘルパー協会のほうは一一回届きますから。そこには事例検討するように、ちゃんと書式が決まっていて、それに入れていけばいいという。そういう書式も作っているし、年に三回必ず冊子の中に投稿しないといけないようになっていて、必ず私が書くとは限りませんけど、その辺の誰かに書いてもらうこともあります。とにかく、書いたり読んだりということを日常的にしないと、他の文章もよく書けないので、うちの職員にはどんどん書かせています。

○島根県におけるホームヘルプ事業の起源（出雲市社会福祉協議会）

著者　島根県は一九六一（昭和三十六）年ぐらいからホームヘルプ事業が始まっているんですが、そもそものホームヘルプ事業の発端というのは社協ということになりますか？

黒松氏　社協ですね。家事援助というか、最初は友愛訪問みたいなものでしたね。で、「一人暮らしの人のおうちを訪問して、ご機嫌をうかがっていたのよ」ということを、一番最初のヘルパーさんがテレビか何かに出られた時に言っておられましたね。だから、何をする人でもなくて、民生委員でもなくて、民生委員の下でお世話をするような人たちだったらしいですね。

著者　友愛訪問をするのは一般の方ですよね？　私、他の地域で聞き取り調査をしていたら、それは住職の奥さんだとか、小学校校長先生の奥さんとか、そういうような方々がしていたということを聞いたんですが……。

黒松氏　そういうような方々がどうやら多かったみたいですね。裕福な方が多かったですね。で、社協や事業所に詰めているとか、そういう形ではなかったですからね。まあ、何でもとりあえず社協から始まって、デイサービスも社協から始まったので……。

著者　となると、当然、市などの指導があって、そこから始まったということなんですかね。

黒松氏　多分そうだと思います。一番最初に手を付けたのが出雲市社協。

著者　私が調べました二〇〇八年の全国調査では一八市町村でスタートしたとなっているのですが……。

黒松氏　一斉では多分ないと思いますけれど。微妙にズレていたりすると思います。今だったら市の社協の上に、県社協がいきいきプラザの中にあって、そこから一斉に県が上から見ているみたいな（笑）、感じですね。

著者　一斉に通知を出したみたいな感じですね。

黒松氏　はい。

○世代間の格差

著者　となると、やはり黒松さんの前の世代は家事援助、その前は友愛訪問ということになり、やってきた内容が全然違うわけですね。そうすると、黒松さんは九〇年から主に身体介護をされたということですが、家事援助をしていた先輩から色々受け継いだりとか、継承したとかいう感じではない感じですか？

黒松氏　えとね、所属が違っているので何とも言えませんが、個人的にはその方々は自分たちなりにプライドをもって仕事をしておられるので、時々、スーパーとかで会った時には、「ヘルパーというものはこういうものよ」というようなことはおっしゃっていたんですけれど、こっちとしては「そんなもんは超えているわ」という思いがありましたね。

著者　時代が違いますからね。

○活動内容への疑問

黒松氏　それで、一番最初は、私が聞いたところでは同じ所に一年も二年も訪問していると。しかも、生活保護だとか、ギリギリの人だけに訪問していて、勿論、お金を払う人たちではないので、そこに行って一年も二年も同じことをしておったんだけれど、利用者と個人的につきあいをする人もいて、個人的に長くなればなるほど……。ということがあって、それ以降、三カ月ごとにヘルパーをぐるぐる替えるということになって。でも、三カ月では申し送りをただしてもらって、二回目から行っても、慣れるまでに三〜四回行って、慣れた頃に替わるんだね？」と言ったら「まあ、そういうことだね。でも家事だからいいのよ」と言われて。「家事だからいいの、と言うけれど、お互いに戸惑って仕事をするのはいけないんじゃないの？」と。それこそ、「調味料はどこにあるのかとか、こんな買い物はどうするだとか、ということがなかった？」と言ったら、「あったけどね。利用者の人も元気な人だし、どうしても動けないという人ではなかったし、『醤油がなくなったので買っておいて下さい』と言ったら、『は〜い』と言われた」と。「えっ？」と思ったけれど、「調理に行くだけ？　あんたは出張料理人？」という感じで私は受け取ったんですけれどね。「（利用者は）どうしてるの？　だって、訪問してご飯を作るでしょう。掃除をするでしょう。洗濯をするでしょう。その間、利用者さんはどうしてるの？」と聞いたら、「私たちの動きをずっと見とったりとか、自分の思い思いのことをしている」と。「えっ？　それっておかしいんじゃない？　ただのお手伝いさんでしょう？」と言うと、「いや、私たちはただのお手伝いさんじゃないの」という感じで。「何で（利用者と）一緒にすることを考えないの？」と聞いたら、「だって、そんなこと言われてないし」と言って。結局はお手伝いさんのように上手に使われたり、上手に使ったりということだったみたいですね。そんなこと真似しとっても駄目だわと思って。私がヘルパーになってから、社協から「あんたたちが仕事をし過ぎだから」とすごく言われて、時に「いや、こんなことでは誰も社会的評価をしてくれないから」と思って、そんな真似はしないでおこうと。

○記録の重要性

黒松氏　自分たちが評価されるような仕事をしようと思ったときには、やっぱり、次にどこか新しいステーションができたら、どうしても利用者を区域分けで上げないといけないようなときに、行動の申し送りだけでは絶対に向こうの人が困ると。だったら、書式できちんと渡さないといけんということで、その人の作業手順書とか、援助計画とかいうものを皆、作ってあげて。「あっ、これでもう一回申し送りしてもらえればできるよね」と。困ったらまたもう一回行って、という感じだったので。最初はもう何にも、書面が一枚来て、「ここに、その人の名前が書いてあって、どのぐらい、何曜日の何時に、掃除と洗濯と書いてあるだけでしょう。はい」とこんな感じだった。「えっ、中身は？」と聞いたら、「書いたものはこれしかないよ……」で「日報とかは？」と聞いたら、「日報？　何それ？」という感じだった。それで、私たちが書くのはこれは秘密だから、手書きで。何曜日の何時〜何時までに何をしたか、と一行だけ書くということになっとったらしいです。それも別に変だとか、ということも気づかない。そんな仕事を（初期の方は）どうもしておられたらしいです。

でも、こんなことじゃいけんわ〜と思って、まあ、私らが思ったぐらいだから、多分よその社協以外の所で始められた所も、多分そうだったと思いたいですけどね。そんなことも聞いたこともなかったし。

この鳥取、島根というのは研修会があって、その時にも発表しました。で、介護保険が始まったら、今のような午前一回、午後二回みたいな仕事をしとっては、自分たちの給料は自分たちで稼がないと出ませんよ、ということも介護保険が始まる二年程前に発表したら、全員の目が刺さるように痛かったです。「何であんたにそんなことを言われなならんの？　私たちはポリシーもって仕事をしているのに……」。ただ本人たちはその時一生懸命にやられていたんだろうけれど、そのリーダー的存在がいなくて、皆が足を引っ張るみたいな方々が多かったようですね。それで、やめられた方の悪口を言ってみたり、かと思ったら受け継いだ所に掃除に行ったら、家の中にこうビニールロープが張ってあると。これにみな洋服がかかっている。すると、重たくなると切れますよね。ただのビニールロープだから。やがて落ちてきて危ないので、「これ畳みましょう」と言ったら、「社協の○○さんがせっかく作ってくれたのに、そんなことしちゃいけん」と利用者から言われて（笑）。「あの人好きだった？」と聞いたら、「うん、一番私の身になってくれた」と。変わったことをすると、どうも人は身になってくれたと思うみたいですね。で、その人の悪口を皆で言っておったのに、利用者の所ではある程度の評価ができていたと。「これじゃ、危なくていけんので、もう少ししっかりとしたロープを作ってあげるけん」と言って、三回も四回も説得して、やっとそのロープに換えることを許してくれました。

○出雲市役所内ヘルパーステーション

著者　社協のほうからのプレッシャーがすごく強かったということですけれど、こちらの身体介護の黒松さんのメンバーのなかでもうまくやっておられましたか?

黒松氏　私のなかでは、私を含めて九人。命令系統をきちんとつくっていたので、毎月研修をして、仕事が終わったら寄って下さいと。最初FAXでと言ったら、登録ヘルパーさんは「うちにFAXなんかないわよ」という時代だったので、「じゃあ、仕事が終わったら悪いけど、上って(山の上のほうにあったもんだから)報告してくれん?」と言ったら、「いいよ」と。登録ヘルパーさん皆が車に乗れるわけではないし、自転車の人は近い所しか行けないし、坂を上がるのが大変だわ～と言いながら、毎回上って来て下さって。でも、「ごめん、仕事をした時間しか(お金は)出ないのよ」という感じだったけれど、四〇分だったら賃金は一時間につけておくから、という感じで。

そしたら、毎月いろんな研修をすると、研修をして自分たちが高まっていくというのは嬉しいですよね。で、次に新しいものに向かうと、どんどん重症化していく利用者にも対応できるということがすごく嬉しかったらしくて。そのネットワークというのは私の所はきちんとできていましたよ。だけど、やっぱり単純にAさんの所に仕事に行ったから、これで終わります。ということではなくて、その時の、あの人何か困ったことはない?　と聞いて、アドバイスできる人がいれば平和に乗り越えられますけれどね。いい子悪い子をつくらないということですよね。

で、私が出雲市のほうから、新しい施設を造るので、そっちに行ってくれないか?　というところで、まあ行ったんです。農協だったんですけれど。農協に委託すると。「何で?」って聞いたら、「農協に二級とか三級のヘルパーステーションを、千人ぐらい研修をしたので、その組織力を生かして農協に委託しようと思うんだ」と言われて。「だって、農協にそんな(ヘルパーとして)働く人いる?」と言ったら、「いや、働く人はまた別物だけれど、その組織力を何かのときに使ってほしくて」と言われて、「あんた行って」と。まあ、その時働いていた所をやめる際に、ギリギリまで皆に言わなかったんですよ。私が異動した途端に、私に不満をもっていた人がどうやらいたらしくて、その人が毎日、毎日、園長に「○○さんはこんなことをしていけません」とか告げ口をするようになったんです。で、わずか二カ月でそのステーションは崩壊してしまって、それで、次の年の四月から新しい所でヘルパーステーションもすることになっていたので、まあ社会福祉法人をつくるために私は行ったんですけれども、結局、半年間どうするんだ?と思って、ヘルパーステーションをまた新しいものを立ち上げるわけにもいかんし、農協でまだ職員募集もしていないのに、まだそれはできないだろうといって、出雲市(役所)

の中にヘルパーステーションを苦肉の策でつくってくれたんですよ。もう前代未聞だわ～と言って、まあ場所は農協と市役所が隣り合わせだったので、市役所の空いている所につくってもらって、私が毎日そこに行って、ああじゃ、こうじゃと言って仕事をしとったんですけれど。そこがまあ、私がマンホールの大きな蓋だったんだね、という話で。でもまあ、それでうまく行っていたので。それで、喧嘩をし出した人たちが新しく農協がオープンする時に、そのままスライドして新しく来ました。それ程にきちっとポリシーをもっていた人たちだったので、何か勿体ないなあと。リーダー格の人で続けてほしいなと思っていた人でない方がどんどん文句を言い出して、やっぱり女性の職場なので、言ったもん勝ちという雰囲気があって、結局「じゃあ、やめさしたら」ということになって、「私たちもうあそこにおられないわ」と言って、農協と出雲市役所とが色々と話をして、市役所にヘルパーステーションを創ってもらったという。だけど、どこにそういうリーダー格の人がいないと……。まあ、私がいなくなったから、後の人が継いだ人も、文句を言った人は後の人たちよりもずっと年上だったんですよね。年功序列というものがきちんとできていないと。だから、文句を言ってきた人は元々、特養の職員だったんですよ。だから、在宅なんかほとんど分からない。介護はできても在宅というものが分からない人だったから、何やかんやと文句を言って、やめていったみたいな。ちょっと辛かったですね。だけど、私としては今もピラミッド式の組織図ができていないと、仕事は円滑にできないと思っています。横並びだけでは結局、人の揚げ足取りばっかりなので……。

○試行錯誤の日々

著者　となると、ホームヘルプ。この仕事も二五年ぐらいですか？　二五年間一度もやめようと思われたことはなかったんですか？

黒松氏　うん、それはなかったですね。私は色々な職をしたんですけれど、元々は病院に勤めていたときに、本当は厨房に入る予定だったんです。で、調理師資格をもっていたので。厨房のはずだったんですけれど、「看護部に行って」と言われて。その看護部が何をするのか、意味も分からずに行った。行ったら「看護助手ですよ」と言われて、「看護助手というのは何をするの？」と思ったけれど、「まあいいわ、仕事は何でも体験だわ」と思ってやっていたら、他の看護助手というと、本当にゴミを集めたりだとか、タオルを畳んだりとか、そういうようなことをしておられたんだけれど、「私こんなことするためにここに来たんじゃない。もう少ししたら他の仕事を見つけて替わりたいな」と思うことはありました。だけどこれも縁だし、とりあえずは県立病院だったので、安いんだけれど、時間オーバーすることもなく帰れるし、子どもを保育園に迎えに行ける時間にも帰れるし、と思って頑張っていたら、そこの婦長さんが認めてくれて、「あなた介護をしなさい。もう一人助手さんを雇うから」と言ってくれて。で、助手さんという名前ではなくて、「おばさんの仕事」と言っていたんですよ、他の看護師さんが。「今日、私、おばさん業務だよ」みたいに。その時すごくカチンときましたね。「何でおばさん業務なの?」と。まあ確かにおばさんたちは多かったですけれど、私が一番若かったし、他の人にも色々焚き付けたけれど、全然動きませんでしたね。それこそ、ポリシーもって仕事をやっていたわけではないから。それで(婦長さんが)見るに見兼ねて、「あんたの力を、そんなことしとってはいけんわ」と言ってもう一人の助手さんを雇ってくれて、神経内科の病棟だったので、「あなたはリハビリの送迎だとか、着替えだとか、入浴介助だとか、そんなことをしてほしい」と言われて。まあ、その婦長さんには本当に感謝しましたね。

でも、それでも替わらないけんということで、今度は新生児の所に移って、新生児の所に移ったとき、私はこんな仕事をするべきではないかもしれない、一生この仕事をしていても何のメリットもないかもしれんと思って、何か自分でできて、自分で考える仕事がしたいと思って、市役所の人に相談したんですよ。そしたら、自分で考えないとにっちもさっちもいかない、前にしか進めないという仕事だったので、それを毎日、未だもって試行錯誤ですよ。利用者はくるくる替わるし、今日も午後になると、癌のターミナルの人が帰ってきますから。その人は精神の方で、癌性胸膜炎になって、それでも家で頑張っておったんですよ。それを病院に行って初めて癌性の胸膜炎ということが分かったんですよ。で、何もせずに帰るので、お願いね、と訪問したときに死んどうかもしれんね、という感じだったけれど、まわりの気持ちがいつ死ぬか分からんということの目合せができておったら、私はいいよと。うちの職員ももし死んでいたとしてもすぐ救急車を呼ぶのではなくて、先生を呼ぶんだよと。そんなルートが日々できているので、うちが最期まで看るわと。それも本当に……。精神の人でわりと統合失調症がまだ出ている七〇過ぎの方なので、世界は自分の中にあると思っている人なので。なかなか厄介な方ですけれど、人間的にはすごく穏やかな人です。もう病気を見るんじゃなくて、人間を見ないといけんわ。毎日試行錯誤……。あの人の精神状態はどうなんだろう? とか、若い女性に興味のある人は二人介助で行かんといけんから、ああ、今日は何とか乗り越えたみたいな……毎日毎日ですよ。

○ネットワークの重要性

著者　これまでに、何人も利用者の死に遭われましたか?

黒松氏　ありましたね。私はそんなにないんですけれど、訪問することが割と少ないので。電話がかかってきます。一回は、二月二十日、ちょうど私の誕生日だったので、ヘルパーさんが行ったら外で転んでおられたと。それで触ったら冷たくなっとったので、隣に民生委員さんがいたので民生委員さんと一緒に家の中に引きずって入れようとしたらしいんです。「ああ～、まずい。そんなことしちゃいけん。毛布を掛けてあげて、そのまま現場を保存せんといけんがね」「で、どうした?」と聞いたら、先生に電話したけれど、先生はいないということで、「救急車を呼んだ?」と聞いたら、「いや、救急車は呼んだけれど、もうすでに冷たいと言ったら、冷たいと言っているのに脈をとって下さいとか、呼吸していますかとか言われて、もう私、パニック～」というようなことはしょっちゅうあります。まあ、最後の最後まで見てあげんといけんというのがヘルパーなので、医療にかからない人はそういう死に方するのかな～と。それは皆もう覚悟した上で。まあ、在宅におる限りは、どうしても病院に行かんといけんということを思わない。開業医さんがちゃんとついているので、その人に診てもらったほうが医療費の無駄使いも防げるし、それから、先生が最期まで診てくれると言っておられるのに、救急車を呼んで、後から開業医の先生に連絡をしたりなんて、そんな恥ずかしいことを私はようせんから、先生の指示を仰いでからにしてねとか。だけど、地域の連携をきちんととって仕事をすると、病院というのは第三者という感じなので、開業医の先生と仲良くしておかんと、仕事をもらえないし、「あんたたち何しとる?」みたいなことを言われてもいけんから、ネットワークは大事にしていますね。

○介護の醍醐味と待遇問題

著者　二五年間、お仕事を続けてこられて、やめたいと思われたこともなかったそうですけれど、この仕事を続けてきて一番良かったこと、思い出などはありますか?

黒松氏　思い出というかですね。利用者が「あなたがこうして来てくれるけん、生活が何とか継続できているわ」と言われると、ああ、良かったなあと思います。でもまあ、亡くなられてからも訪問、その時は葬式とかは行かないので、後で少し落ち着いてから初七日ぐらいの時に訪問すると、「いや〜、病院に行かなくて良かったわ。私の手元で亡くなって」とか、「あんたたちに手伝ってもらって私もすごく楽になれたし」。私たちって、やはり介護者のケアも併せて、しないといけないので、介護者の人と一緒に泣いたり笑ったりするという、本当に人間と人間のお付き合い、ただの仕事じゃなくて、人間としての、まあ友人にはなりませんけれど、上下関係もなく平らな所で話ができるのが在宅の介護者だなあというふうに思っているので、やっぱり亡くなった時に、「家で亡くなって良かったわ。あなた方に看てもらって良かったわ」と言われるのが一番嬉しいことですね。

○専門職養成に携わって

著者　今の介護現場に対して、あるいは今の学生や若い後輩たちに対してメッセージをお願いします。

黒松氏　えとね。若い方々はね、私は専門学校の講師をしているんですけれど、本当に若い方々に、今からどこに就職するの？　と聞いたら、「特養」「老健」というような所ばかりで、「在宅は誰も行かないの？」と聞いたら、若い子どもを連れたお母さんが、「子どもがいるのでデイサービスです」ぐらいで、あとは在宅に一人もいかないんですね。私が専門学校から頼まれているのは、「実習に行くと、在宅が全く分からないので、そのことを教えてほしい」と。家事援助の方法がカリキュラムの中にないんですね。介護福祉士の学校の中に。それで、特別に作って下さって、家事援助の方法とマネジメントの両方をしておるんですけれど。言っても言っても「あんたたち、こんなんで在宅に行けると思ってるの？　たとえ実習が一週間だとしても、こんなことでは困るよ」というふうなことをどんどん言って、いざ実習に行った時に役立てるように、ということで行っているんですけれど。「あなた方、今から特養とかそういう所に勤めて、自分の今の力を、基本的なことを学ぶのはとってもいいけれど、三年ぐらいすれば飽きてもくるし、特養とか老健は井の中の蛙なんだから、もっと社会を見るために、デイサービスだとか、ヘルパーステーションとかに勤務して、もっと利用者の生活を見てほしい」と私は学生にはいつも言っているんですけれど。そうすると、特養とかで完全にコントロールされている方々ですよね。そうじゃなくて、この方々がどんなに生き生きと生活しているかが分かるのが在宅だから、年をとればどんどんレベルも下がってくるし、認知機能も下がってくるんだけれど、そういう様を見るのも、あなた、人間としてとても役立つことだよ、と学生に言うと、「う〜ん、在宅ね。在宅は嫌だ」と言うから、「何で嫌だ？」と聞くと、「だって在宅は大変だもん。色々なことをせんならんもん」と。でも、色々なことがあってこそ、人間として生活しておるということだから。特養の中というのは上げ膳据え膳だから、たとえ要介護3の人が入ったとしても、もう要介護5になるのは目に見えて、すごく加速するよ、と。それよりも要介護3のままで家で畳の上で死んだほうが、私はずっといいと思う、って言って。その方々の近所の人たちが家にも訪問してくれて、「いや〜、具合が悪いかね？　じゃあ、私が何か作って持ってこようかね」という、そういう地域のインフォーマルな部分も全部生かせるのは在宅だし、それから今は訪問看護だとか在宅支援診療所だとか、そういう所もどんどん来てくれるようになったし、やっぱり地域で死にたいと思うと思うよと。「そうなんですか？」と学生は言うから、「あんた、あと三年もすると、絶対につまらんと思うようになると思うよ」と言ったら、「じゃあ、頑張ります」と。

○雑学から入る

黒松氏　そのためには私が思うのは、雑学をどんどん勉強していきなさい。雑学ってテレビでやっているでしょう？

日本人の三割しか知らないことがいっぱいあるとか……。ああいうようなものを。学生というのはアルバイトが忙しくて、新聞やテレビを観る時間が少ないんですよ。この間も「NHKの認知症の番組観た？」と聞いたら、一人だけ手が挙がって、「ええっ、たったこれだけか……」と思って。あなた方は今、私の話を聞いていても一〇のうち一も残ってないかもしれない。でもその雑学のところから、こんなことを黒松が言っおったなあ〜と、そんなところから広げていくほうが、ずっと私はあなた方の将来的な生活にしても身になると思うから。雑学も認知症もみ〜んな必要、あんたたちの施設はこれからみんな認知症だよ、と。認知症の勉強を何故しないの？　と。「認知症ってここに書いてあるけれど、認知症習った？」と聞いたら、一人の女子学生が「先生がその時具合が悪くて、ほとんど習っていません……」と。ああ〜、もうどうするかね。こんな認知症が増えているのに……（笑）。認知症って、全然分からない人じゃない。すべて分かっている人だから、そういう人たちの理解も単純に見て分かるものではないから、いろんな人の本を読んだりとかしながら、その人たちと付き合っていかんといけんよ。それこそ暴力を振るったら返すようになるから。とにかく、雑学から入りなさいと。椅子の構造だとか、そういうことからでもいいし、これがどんなふうに作られているとかからでもいいから、趣味の一環として、雑学的なことを勉強していくと、そっちにもしかしたら目が向くかもしれんし。それプラス、必ず介護というのはどの場面でもあるし、というふうなことを常々言っております。

○他資格取得が身を助ける

黒松氏　で、私の所に就職してきた男の子は運転がとても好きな子で、「あなたね〜、普通に運転だけとか老人介護だけしとっても、一生終わったとき、自分は何だったんだろう？　と思うようになるよ」と言って、何か自分の取れる資格を取りなさいと。で、あんた、車の運転が好きだけん、大型の免許を取ったり、二種の免許を取ったりして、マイクロバスでどこかに旅行に行くだとか、老人のデイサービスに勤めたら、デイサービスの遠足に行くということが発生してくるので、大型だとか二種だとか、他のものも含めて取れるものはみんな併せて取っておくといいよ。するとか、自分の広がりも出てくるし、もしかして、転職するかということも出てくるし、この老人介護だけが仕事ではないから」と言ったら、早速、大型を取って、私たち、認知症の方と家族と旅行に行くんですよ。それの運転をしてくれたり。結局のところ、介護だけでは家族を養えないので、自分はトラックの運転をします、と言って。「ほら〜、こういうことで役に立ったでしょう。私としては老人介護をしながら、そっちのほうでアルバイトしてくれてもいいと思うけどね」と言いながら、結局、転職していきましたけれどね。そうやって身を助けたでしょうと。何かが助けられるんだけん、とにかくいろんなことをしておくんだよ、と言ったら案の定でしたね。

まあ、私としては人材を失ったかもしれんけれど、その人は生活が潤ったことは間違いないし。とにかくいろんなことに対して、沢山の目を見開いてもらったほうが……。一つのことでずっと終わるということがこの仕事ではあまりないから、正職員でも独身の時はいいけれど、結婚したらその給料では嫁さんを養えないし、共稼ぎでも子どもが生まれたという時には奥さんが働けないし。そんなことを考えると、もう、この仕事だけとは考えられんよ、と。相談に来られてもこの仕事だけを頑張りなさいということを私はよう言わんわ。また、ある日戻ってきてほしいわ、と言って送り出しますけれどね。

○先進地域としての島根県

黒松氏　なかなか私としては人を失うのはとっても辛いけれど、その人たちが社会に大きい存在になればいいかなと思って。まあ、安いですからね。まあ、どう頑張っても、どこかの施設長とか、それから役付きにならない限り、養えませんから。ま、そういう人というのは何十分の一ですからね。だから、うちはアルバイトを認めています。アルバイトをしたければアルバイトをしてもいいけれど、この仕事に支障をきたすようなことだけはやめてと。夜に二～三時間、居酒屋でアルバイトをするというのはいいけれど、その次に早番があって、あなたが眠くて行けんわ、ということであればそれは駄目よと。本当に食べられないことが分かっているので。でももっと給料をきちんともらえる立場になればいいんですけれど、まあ、上の学者さんたちは一生懸命で、「給料を上げて、上げて」と言っておられるけれど、結局、介護報酬が上がらないことには給料に跳ね返って来ませんからね。今の処遇改善交付金なんかもいつまで続くやら……と思うと、本当に先が細っていくなあと。でも、（団塊の世代が後期高齢者に突入する）二〇二五年には、島根県なんかは対象外で、今、そうなっていますから、先進地ですから（笑）。なんか、厚生労働省は島根県はそれをどういうふうに乗り越えたのかを聞きたがっているようですよ。別に何もしていないんですけれど、すごく注目していると聞きました。

○横の連携の大切さ

黒松氏　あと、やっぱり、横の連携とたくさんの友人というか、を作ることですね。たくさんの人と知り合いになって、どんな方でもいいんですよ。私がよく言うのは大工さんとか左官さんとかとも知り合いになっておきなさいよと。ちょっとした住宅改修までではなくても、こんな板がほしいとか、ここのところにちょっとのせてほしいとか、という時に、ちょっとホームセンターに行って買ってくるということは仕事ではないんですね。仕事の域を超えているので、ちょっとボランティアでしてくれる？　と。それで、大工さんの現場に行って「二センチのこんなやつをくれない？」と言っておいて、「暇な時でいいけん、あそこのおうちに行って、トントン叩いておいてくれん？」とお願いしたり（笑）。私はよく人をこき使います。「あんたはよく人をこき使うなあ～」と言われると、「いや～、あんたが年いって寝たきりになった時にみんなが看てくれるけん」と言って。どちらかというと私もエゴかもしれませんけれど、自分がもし寝たきりになった時に、今の制度では嫌だと。寝たきりになったとしても、家でどんどんサービスをしてもらえるわけではないので、私がそういう状況になった時、できる限り家で生活をできるようなシステムを作りたいなあと思って、私の周りを固めていると。

よく「あんたとその辺の町を歩くのは嫌だ。夜の町を歩くの嫌だわ～。だって誰でも声掛けるから恥ずかしくて嫌だわ」と言われて。「飲み屋まで制覇しとるね」と言われて、飲み屋を制覇しとるわけではないけれど、そこの店に行くと、そこのお客さんとも仲良くなったりして、私のお婆さんが「地獄の鬼も知った鬼がいい」と言ったんですよ。その時は何とも思わなくて、何をこの人言いよるかねと思っていたけれど、私の今の姿を描いていたのかもしれんと思って。誰でも知らない人より知っとった人が多いほうがいいと。そのなかに万が一、地獄に行ったとしても、舌を抜かれる運命であったとしても、知った人だったらちょっとは手加減してくれるんじゃないかと、というふうに私は解釈しているんですよ。そうすると、知った人がいたら、全然知らんよりも、知った人が一人でも多いほうがいいと。

昨日も夕方になって電話がかかってきまして、「あんたとこは迷惑電話がかかって、いかんわ」と。「えっ？　うちでですか？」と言ったら、どうやら、今、孫が一歳半で携帯電話がすごく面白いらしくて、うんうんと言って遊んでいるんですよ。で、固定電話をテーブルの上で持って遊んでいて、リダイヤルをしてたみたいなんですね。「あんたとこはどこ？」と言われて、「いや〜、出雲市駅のうしろのえるだーですけれど」と言ったら、「ああ、えるだーさん」と向こうの人が言われて、「すみませんが、どちら様ですか？」と聞いたら、うちのタクシーを利用されている方だったんですよ。うちの孫がリダイヤルをしてしまったと、その途端、「ああ、ごめんごめん、急に勢いの良いことを言ったけれど、あんたとこの孫がそないなことをしておったかね」となって、やっぱりそこが知っている人と知らない人との違いで。たとえ申し訳ありませんと言ったとしても、「あんたとこなら、こらえてあげるわ」とそういう言い方をされたので、ああ、ここでも「地獄の鬼も知った鬼がいい」だと思った次第です。

○包括ケアに向けて

黒松氏　でももちろん、喧嘩もしますけれど、喧嘩をするということは自分の意見を言うということで、それも必要なことなので、今から包括ケアに向けて、余計に自分たちの意見を言わないと。それこそ、医者の意見とか他の意見とかだけを聞いていただけでは仕事ができないので、今からヘルパー協会の研修を県下でするんですけれど、要支援の人と要介護1の人が、もしかして総合事業に落ちたときに、多分、ヘルパーさんは「いや〜、そんなはずじゃないのに。あの人は介護保険じゃないといけないのに」みたいなことを絶対に言うんですね。それを言わないように、自分たちが要支援の人と要介護1の人をきちんとアセスメントしたらどうなの？　という研修をしようと思って、昨日ちょうど文章を作ったところですけれど。そうしていくと、自分たちがアセスメントしたものを、調査の人にきちんと渡せて、「ああこういうこともあるのね」と単純に一部介助ではなくて、一部介助だけれど本当はできていないとか、それから、私たちが毎回行っているから一部介助で終わっているんだとか、ということもアセスメントしていかないと、本当に落ちてしまう人ばっかし。それがねらい目だから、じゃなくて、今のサービスでやっとその要支援1レベルを保っているんだよ、という人もいるし、そういう人たちをきちんとした目で毎日、ヘルパーさんが一番よく見ているんだから、家族にそれを要求できないので、ヘルパーさんがきちんとアセスメントをしてそれを調査に来る人にきちんと物が言えないといけないから、という研修を今しようとしているんですけれどね。

○人に与えるから財産が光る

黒松氏　ま、総合事業に行くべき人もいます。私も今日、審査会があるんですけれど、こんな状態なのにどうして要支援の2がついたの？　という人たちもいるので、そういう人たちをすべて救うのは訪問しているあなた方ですと。それは、「あなた方です、と言われても私たちはどうすればいいの？」ということになるので、その書き方をレクチャーしましょうと。うちの娘が手伝ってくれているんですけれど、「お母さんって、人が良過ぎる。何で自分の財産を人に分けてあげるの？　あなたがしゃべったり、色々な所でやっていることはすべて自分の財産だから、それを何で人にどんどん提供するの？」と言って怒っていますけどね。「いや〜、私はすべての人たちが地位も向上できて、質の向上になればいいと思っているけれど」と。それがまだ若い人たちにとっては「人が良過ぎる」と映るんですかね。別に、財産といっても形にも何にもならないから、私は広げたほうがいいと思っているんですけれどね。

第十章　家庭奉仕員・初期ホームヘルパーのオーラルヒストリー研究

――九道県の事例における質的アプローチを基に――

一　問題意識と目的

認知症や寝たきりなどの介護問題が生じた場合、その影響は家族・親族を含む身近な関係者に集中する形で現れる。こうした要介護者や要支援者が抱える問題への対応は、炊事・洗濯・掃除などの家事のほか、相談業務、生計、一人暮らし高齢者への友愛訪問、心身の障害など幅広いものであり、こうした在宅生活者を対象として介護を行ってきた職種が家庭奉仕員・ホームヘルパー（現、訪問介護員）である。この歩みを辿ると、地域ごとの差異はみられるものの、民生委員、教会婦人会員、福祉事務所職員、社会福祉協議会（以下、社協）職員、近隣住民らの活動によって、在宅生活者の生活を助けてきている。早発の地域では家庭奉仕員制度国庫補助事業化（一九六二年）以前の一九五〇年代半ば頃から、遅くとも老人福祉法成立（一九六三年）直後から全国展開の火蓋が切って落とされている。また、展開されたホームヘルプ事業は訪問介護員派遣事業として現在もなお存続している。

ホームヘルプ事業史の先行研究を概観すると、森（一九七二：一九七四）、池川（一九七三）、竹内（一九七四）らが先鞭をつけ、これらを須加（一九九六）、介護福祉学研究会監修（二〇〇〇）、山田（二〇〇五）、荏原（二〇〇八）、中嶌（二〇一三、二〇一五）、西浦（二〇一〇、二〇一三）らがさらに掘り起こし、体系化に努めている。近年では、担い手の視点から政策展開を論じた渋谷（二〇一〇）、長野県と大阪市とを比較検討した宮本（二〇一一）、テキストを中心に養成教育における史的内容を論じた末廣（二〇一二）、京都市の事例に特化した佐草（二〇一五）などの研究も散見される。

これらのうち、ホームヘルプ事業化の全国展開の諸相に着目したのが中嶌（二〇一三、二〇一五）及び西浦（二〇一三）である。西浦（二〇一三）は、「大都市型、早期普及型、長期普及・段階型、長期普及・先行型、後期普及・横並び型、後期普及・先行型」の六類型に分類している。また、中嶌（二〇一三、二〇一五）は全国調査（二〇〇八）を基に、自治体ごとの初期ホームヘルプ事業の発祥に郵送調査により迫り、老人福祉法成立前後で区分している。確かに、こうした研究は、歴史研究が未整備な学術領域においては有効だが、地域ごとの特徴や詳細な差異については精緻さに欠けている。そこで、近年注目されているオーラル・ヒストリー研究（日本政治学会編　二〇〇五、御厨貴　二〇〇二）を行い、聞き取り調査などによる質的データの分析を通して、その実相を浮き彫りにすることを試みる。但し、こうした聞き取り調査の場合、研究手法の選定に加え、家庭奉仕員・初期ホームヘルパーの方々への生存確認、調査許諾の可否、記憶の有無などの様々な問題が考えられよう。

本章では、こうしたホームヘルプ事業を対象とした実践活動の展開を整理し、とりわけ各自治体における初期段階の実態や活動内容を可及的に遡って考察し、将来につながる点を明らかにすることを目的とし、聞き取り調査から得られた質的データを計量的に分析する。

なお、第二部の証言内容は、本書収録にあたり、話者の修正が大幅に入ったため、本章の調査結果に使用したテキストとは若干異なっている。

二　調査結果の概要

（一）頻出語リスト

家庭奉仕員・初期ホームヘルパー九人の証言内容のすべてをテキストにした結果、総抽出語数八七、八五三（うち、二八、三五五使用）、異なり語数四、七三九（うち四、一四〇使用）であり、文書の単純集計では三、六八二ケース、二八四段落であった。テキスト化の過程では、文脈を十分に考慮した上で、「家庭奉仕員」「ホームヘルプ事業」「ホームヘルパー」「ホームヘルプ」「老人家庭奉仕員」「老人福祉法」「介護福祉士」「ケアマネ」「社会福祉」「介護福祉」「社会福祉士及び介護福祉士法」「介護保険制度」「老人介護」「社会福祉主事」「利用者」「対象者」「家族」「援助者」の一八語に対し、強制的に語の結合を行い、言葉の本質の喪失に配慮した。また、使用しない語として、「はい」「いいえ」「まあ」「そうですね」「えと」「というか」「う〜ん」「（笑）」「ええ」の九語を指定し、意味の鮮明化に努めた。こうした前処理ののち、抽出語リストでは頻出語一五〇語を抽出し、本節では上位四〇語のみを記した（巻末の表2－10－1）。具体的には、人（五六六）、言う（四五六）、思う（三八五）、ヘルパー（三〇五）、今（二六二）、仕事（二四七）、行く（一九八）、自分（一九二）、入る（一七〇）、年（一四二）などが出現数上位語であった。

（二）階層的クラスター分析

次いで、最小出現数三〇、最小文書数一とした階層的クラスター分析を行った（巻末の図2－10－1）。その結果、ここでは一一のクラスターに分類でき、各々の類似性・共通項を鑑み、「実務、記録、職名（職種）、場所、利用者」を「基本的枠組」とし、「待遇・条件、研修・制度、保健・看護・ケアマネ」を「質的側面」とし、「ホームヘルプ、家族、生活」を「量的側面」の三つに類型化した。

（三）共起ネットワーク及び対応分析

さらに、家庭奉仕員・初期ホームヘルパーの証言を強制抽出後の共起ネットワーク（描画数六〇、Jaccard 係数〇・二以上、最小出現数三〇、最小文書数一）により分析した（巻末の図2－10－2）。ここでは、「ヘルパー」「行く」という言葉が各用語をつなぐ鍵となっており、しかも、「思う」「仕事」「人」「言う」「分かる」など、各々の密集度から、比較的強いつながりであることが看取できた。図2－10－3においても、対応分析（最小出現数三〇、最小文書数一）により、初期家庭奉仕員・ホームヘルパーの散布度が可視化された。ここでは、「家庭奉仕員」のカテゴリーでは「資格」「制度」が深く関わっており、これに隣接するものとして、「社協」「研修」「ケアマネジャー」「看護」が挙げられ、こうした要因との関わりがホームヘルプ事業形成に果たした役割が小さくないことが分かった。加えて、「ホームヘルパー協議会」などの組織化の影響もうかがえた。

三　考察――質的データに対する計量的分析

各地おける家庭奉仕員・初期ホームヘルパーの活動実践を質的アプローチから検討し、将来につながる点を明らかにすることが本節の目的であった。結果的には、老人福祉法成立前後のホームヘルプ事業化の動きを一覧にまとめ、階層的クラスター分析では一一のクラスターを【基本的枠組】【質的側面】【量的側面】の三つに再分類し、強制抽出後の共起ネットワーク及び対応分析では、「ヘルパー」「行く」が基点となり、個々のヘルパー業務を通じた「思い」の大切さや、資格制度を通じ、「変わる」といった変化が家庭奉仕員・ホームヘルパーにみられたことが分かった。これらの実証結果を踏まえ、以下に考察する。

まず、図２－１０－１から、実務、記録、職名、場所、利用者などの要因が家庭奉仕員・ホームヘルパーの職域を形成する【基本的枠組】として挙げられ、【量的側面】よりも【質的側面】のほうが【基本的枠組】に近接していたため、質的向上が一つの重要課題となっていたことがうかがえる。人口、家族構造、月給、死亡率などとの対比からホームヘルプ事業の普及を検討した西浦（二〇一三）には見られなかったが、本研究では、「待遇・条件、研修・制度、保健・看護・ケアマネ」が【質的側面】の形成要因であることが明かされ、とりわけ、今日的課題でもある「研修」について、仁地氏は「勉強や研修を通して、これ（介護）は単なる気持ちだけでできる仕事ではないなあという思いがあって、もっと勉強しなきゃという気持ちになり……」と述べ、大沢氏や黒松氏は「井上千津子先生にご講演をいただき、たくさん教わった」（詳細は、井上 一九八一 を参照）と証言し、小松原氏も「東京の木下安子先生の勉強会に行くと、家政婦さんとヘルパーさんとが一緒になったような話をよく聞くんですが、でも事例検討をきちんとされていて、さすがだなあと思いましたね。……私たちの上司は学ばないと質が上がらないから、ということで、すごく研修に行かせたんですよ。全部、お金も出してくれました」と述懐しつつ、現任研修の意義を強調する。さらに、図2－10－1の「保健・看護・ケアマネ」に着目した場合、「私が憧れる保健師さんがマニュアルを作られて……保健師の能力が多分に入っています」（小松原氏）と保健分野の影響の大きさを述べており、ここでは西浦（二〇一三）の「保健師が代替的に在宅福祉ニーズ対応の一翼を担った」という言及と近似する。

一方、看護・ケアマネについては、「看護師さんだったら看護や医療の目があるように、介護の目というのは生活を見るという、その人の生活を見るという一番大事な仕事をする人」（仁地氏）とか、「ケアマネさんから一方的に言ってくると、『そうじゃないですよね？』というのがありますよね。だから〝生活〟とはどういうことかという視点が……。言われたことだけをマニュアル通りにやるだけなら、国家資格は必要ないわけで、その人がどういうふうに生きたいと思っているのか、在宅でどこまでやっていこうと思うのかなって……」（佐々木氏）と、生活重視の視点が証言される。ここから、「業務範囲の逸脱」（竹内 一九七四）という固定的な考えばかりに依拠せず、マニュアルの範囲内でやり切れないことを担うことこそがヘルパー業務の特徴の一つだという要点が認識できる。

次いで、図2－10－2の共起ネットワークでは、「ヘルパー」「行く」が基軸となり、「思う」「仕事」「入る」「人」「言う」「分かる」などが近接している様がうかがえた。とりわけ、初期家庭奉仕員・ヘルパーの「思い」に着目すると、「市営住宅にお年寄りがポツンとおこたに入っている後姿を見るだけで、泣けて泣けて泣けて、ずっと泣けて、かわいそう。とにかく理屈は分からない。かわいそうで今思い出しても胸が詰まるぐらい泣けてね」（上村氏、上村 一九九七）、「やはり人恋しいということがあったのかなあ〜と。ただ亡くなったときに冷たかった。その時、本当にあの時、何とかしてやれなかったのかなあという後悔は残ります」（三沢氏）などから、在宅における生活実態の厳しさや、在宅生活者が直面する可能性のある危機がうかがい知れ、当時のホームヘルプ業務の一端がうかがえる。他方、「重いから持ち上げるのが大変ということよりは、気難しい人。人間的なお付き合いのほうが難しいんです。汚いぐらいは平気。人さえ良ければ一〇〇パーセントOK」（佐々木氏）などの証言も得られ、宮本（二〇一二）は労働条件や社会的評価の低さを問題視するものの、ホームヘルプ業務そのものへの理解不足や利用者自身の勘違いなど、現場の苦労がより幅広い範囲でみられたことを彷彿とさせる。

次いで、図2－10－3の対応分析では、家庭奉仕員の特徴がうかがえる。【家庭奉仕員】というカテゴリーの周囲に、【社協】、【研修】、【看護】、【ケアマネジャー】などのカテゴリーが配置され、それらは互いに影響し合っていると考えられる。「横の連携が大切」（黒松氏）という文言を踏まえつつも、【家庭奉仕員】というカテゴリー内に着目すると、その内部には「資格、変わる、サービス、制度」などの要因が内包されていることが分かる。三沢氏は「もう一回、介護福祉士試験を受けてみたかった」と胸の内を率直に吐露しているが、では、家庭奉仕員・ホームヘルパーという資格制度がいったいどのような変化を生じさせていたのか。竹内（一九七四）は「貧困のなかから相互に自覚を呼び起こし、相互に意欲をかきたてた」と家庭奉仕員たち自身の変容を指摘しているが、成田氏は「家庭奉仕員からホームヘルパーという専門性をもった人に替わったというとき、本人は全然知らなくてもまわりの家族たちが『じゃあ、こういう人たち（ヘルパーたち）は信頼できるんだ』というふうに変わってきたのかなあと。本人よりも家族の見方が変わった」と述べ、それが家庭奉仕員や利用者自身に留まらず、家族、地域など、社会的認知のあり方が変わったことが大きかったことが示唆される。但し、そうした変化の背後にも目を向けなければならないだろう。そこには、図2－10－3の【ケアマネジャー】カテゴリー内の「勉強」、「作る」や、【研修】カテゴリー内の「研修」、「知る」、「聞く」などからもうかがえるように、自発的な取り組みの存在があった。「時々、スーパーとかで（初期ヘルパーの先輩方に）会った時には、『ヘルパーとはこういうものよ』ということをおっしゃったんですけれど、こちらとしては『そんなものは超えているわ』という思いがありましたね」（黒松氏）との言及の如く、家庭奉仕員・ホームヘルパーたちの意欲的な取り組み、様々な苦労・創意工夫・鍛錬が少なからずうかがい知れる。

第二部文献一覧

圷洋一・岩崎晋也編『社会福祉原論――現代社会と福祉』へるす出版、二〇〇九年。

荒井浩道「テキストマイニングとはなにか」『介護福祉学』第二二巻第一号、二〇一五年、五二‐六〇頁。

池川清「大阪市に家庭奉仕員が誕生するまで」『月刊福祉』第五巻第三号、一九七三年、五八‐五九頁。

一番ヶ瀬康子・仲村優一・北川隆吉編『高齢化社会と介護福祉』ミネルヴァ書房、一九八八年。

井上千津子『ヘルパー奮戦の記：お年寄りとともに』ミネルヴァ書房、一九八一年。

井上千津子・尾台安子・高垣節子・上之園佳子『介護福祉総論』第一法規、二〇〇五年。

岩崎晋也「『自立支援』――社会福祉に求められていること」『社会福祉学』第四八巻第三号、二〇〇七年、一一九‐一二四頁。

岩田正美・小林良二・中谷陽明・稲葉昭英編『社会福祉研究法――現実世界に迫る一四レッスン』有斐閣、二〇〇六年。

ウヴェ・フリック『質的研究入門――【人間の科学】のための方法論』春秋社、二〇〇二年。

S・B・メリアム『質的調査法入門――教育における調査法とケース・スタディ』ミネルヴァ書房、二〇〇四年。

荏原順子「ホームヘルプサービス事業揺籃期の研究」『純心福祉文化研究』第六号、二〇〇八年、一‐一一頁。

荏原順子『介護職養成教育における専門性の形成――教育カリキュラムの分析を通して』大空社、二〇一四年。

大沢紀恵『新潟県家庭奉仕員連絡協議会会員名簿・会則・諸規定』一九八五年。

大沢紀恵「介護事例　学校に行きたい」『地域ケアリング』第一巻第六号、一九九九年、八四‐八七頁。

大沢紀恵「ケア日記　精神障害者介護の実践現場より」『ホームヘルパー』第三一五号、二〇〇〇年、一二‐一四頁。

大沢紀恵「ケア日記　障害を持った子供たちの訪問介護」『ホームヘルパー』第三三八号、二〇〇一年、九‐一一頁。

大橋謙策・白澤政和共編『地域包括ケアの実践と展望』中央法規出版、二〇一四年。

岡田進一・橋本正明編著『高齢者に対する支援と介護保険制度』ミネルヴァ書房、二〇一三年。

介護福祉学研究会監修『介護福祉学』中央法規出版、二〇〇二年。

上村富江「上田市のホームヘルプサービスを担った女性たち」『社会福祉のなかのジェンダー』ミネルヴァ書房、一九九七年、二四七‐二五七頁。

川村佐和子編『在宅介護福祉論』誠信書房、一九九四年。

川村匡由・島津淳・佐橋克彦『福祉行財政と福祉計画』久美、二〇〇九年。

木下康仁『グラウンデッド・セオリー・アプローチ――質的実証研究の再生』弘文堂、一九九九年。

木原活信『対人援助の福祉エートス』ミネルヴァ書房、二〇〇三年。

西條剛央『ライブ講義・質的研究とは何か』新曜社、二〇〇八年。

佐草智久「老人福祉法制定前後の在宅高齢者福祉政策に関する再検討」『Core Ethics』第一一号、二〇一五年、九五-一〇五頁。

佐藤郁哉『フィールドワーク 増訂版』新曜社、二〇〇六年。

静岡市社会福祉協議会創立五〇周年記念誌編集委員会編『静岡市社会福祉協議会創立五〇周年記念誌』二〇〇二年。

渋谷光美「在宅介護労働としての家庭奉仕員制度と、その担い手政策に関する考察」『Core Ethics』第六号、二〇一〇年、二四一-二五〇頁。

渋谷光美『家庭奉仕員・ホームヘルパーの現代史――社会福祉サービスとしての在宅介護労働の変遷』生活書院、二〇一四年。

庄司洋子・菅沼隆・河東田博・河野哲也編『自立と福祉』現代書館、二〇一三年。

末廣貴生子「日本における介護福祉の歴史(一)」『静岡福祉大学紀要』第八号、二〇一二年、一三五-一五〇頁。

須加美明「日本のホームヘルプにおける介護福祉の形成史」『社会関係研究』第二巻第一号、一九九六年、八七-一二三頁。

竹内吉正「ホームヘルプ制度の沿革・現状とその展望――長野県の場合を中心に」『老人福祉』第四六号、一九七四年、五一-六九頁。

田中千枝子『社会福祉・介護福祉のための質的研究法』中央法規出版、二〇一三年。

田中由紀子『ホームヘルプの要点 改訂版』一橋出版、一九九六年。

中嶌洋「戦後日本におけるホームヘルプ事業の全国展開の諸相――全国調査(二〇〇八)に基づいた拡張過程の解明」『日本獣医生命科学大学研究報告』第六〇号、二〇一一年、一三七-一四六頁。

中嶌洋『日本における在宅介護福祉職形成史研究』みらい、二〇一三年。

中嶌洋『初学者のための質的研究二六の教え』医学書院、二〇一五年。

成田時江「訪問介護事業所での実習――利用者との関係を大切に」『ふれあいケア』第二〇巻第八号、二〇一四年、三〇-三三頁。

成田時江「ホームヘルプサービスでの感染防止の工夫」『感染と消毒』第一四巻第二号、二〇〇七年、一〇六-一〇七頁。

西浦功「日本における在宅福祉政策の源流」『人間福祉研究』第一〇号、二〇〇七年、四一-四九頁。

西浦功「旧労働省『事業内ホームヘルプ制度』の導入と展開」『人間福祉研究』第一三号、二〇一〇年、九九 - 一一〇頁。

西浦功「老人家庭奉仕員派遣事業の波及要因に関する実証分析」『人間福祉研究』第一六号、二〇一三年、一一 - 二六頁。

日本政治学会編『オーラル・ヒストリー』岩波書店、二〇〇五年。

仁地美代「実習先への配慮とケア体制確保の工夫」『ふれあいケア』第八巻第一〇号、二〇〇二年、一〇 - 一三頁。

樋口耕一「内容分析から計量テキスト分析へ――継承と発展を目指して」『大阪大学大学院人間科学研究科紀要』第三二号、二〇〇六年、三 - 二七頁。

樋口耕一『社会調査のための計量テキスト分析』ナカニシヤ出版、二〇一四年。

久田則夫編『社会福祉の研究入門』中央法規出版、二〇〇三年。

三沢文子「弱い人々への理解を深めよう」『在宅介護一五周年誌　ひとりにしないで』一九八八年、四頁。

御厨貴『オーラル・ヒストリー：現代史のための公述記録』中央公論新社、二〇〇二年。

水戸部浩子『山形の女』藤庄印刷、一九九四年。

宮本教代「わが国の訪問介護事業生成過程に関する一考察」『四天王寺大学大学院研究論集』第六号、二〇一一年、八三 - 一〇六頁。

森幹郎「ホームヘルプサービス」『季刊社会保障研究』第八巻第二号、一九七二年、三一 - 三九頁。

森幹郎『ホームヘルパー』日本生命済生会、一九七四年。

山形県家庭奉仕員連絡協議会『ひとりにしないで』コロニー印刷、一九八八年。

山形県ホームヘルパー協議会『ささえあう』コロニー印刷、一九九二年。

山田知子「わが国のホームヘルプ事業における女性職性に関する研究」『大正大學研究紀要人間學部・文學部』第九〇輯、二〇〇五年、一七八 - 一九八頁。

吉田久一・一番ヶ瀬康子編『昭和社会事業史への証言』ドメス出版、一九八二年。

渡部律子『基礎から学ぶ気づきの事例検討会』中央法規出版、二〇〇七年。

鰐淵俊之・釧路市民生児童委員協議会『民生委員制度創設七〇周年記念誌』一九八七年。

第三部

実践訓編

――家庭奉仕員・初期ホームヘルパーの証言から学ぶ実践四〇訓

実践訓一　人材不足の本当の要因は？

二〇一五（平成二十七）年九月、厚生労働省は団塊世代が七五歳以上となる二〇二五（平成三十七）年度に介護職員が約三八万人不足するとの推計を発表した。高齢化で介護サービスの利用者が増えて二五三万人の介護職員が必要になるが、今の増員ペースのままでは二一五万二千人しか確保できない見通しとなっているという。必要な人数に対して確保できる人数を示す「充足率」は、全国で一七年度は九四％と必要数より六％足りない程度だが、二五年度には八五・一％まで低下する。都道府県別では二五年度の充足率が最低となるのが宮城県（六九％）であり、一万四一三六人が不足すると予測されている。これは東日本大震災の影響が大きく、どう人材を集めるかが難題である。

一般的には、「低賃金、仕事に合わない報酬、負荷の高い労働、人間関係の悪化、ハードな労働時間・勤務態勢」などが人材不足の要因とされ、釧路市社会福祉協議会の佐々木眞知子氏の証言にもあるように、慢性的な人材不足が大きな課題となっている。さらに、介護職全体の三年以内の離職率が六割強というデータもあることから、何人新規採用するかというよりも、どれだけ離職者を出さないかが喫緊課題とも言える。

そして近年、京都府や青森県では、介護人材の育成・定着に力を入れる介護サービス事業所に〝お墨付き〟を与える認証評価制度を設け、事業所の福利厚生の状況などを評価し、認証マークなどで「見える化」することで、労働環境を改善し、介護職の就業者増を目論んでいる。実際に就職活動中の学生は認証施設を優先的に選ぶ傾向ができている。これは社会福祉法人が積極的に情報公開することで、行政評価につながるという点で斬新である。裏を返せば、良いサービスを提供せず、人材育成もしない施設は淘汰されることになる。

厚生労働省は、今後、介護の必要性の低いお年寄りの家事などに、介護資格のない中高年ボランティアを活用したり、介護だけでなく障害や保育などのサービスを併せて提供できる仕組み（ダブルケア）をつくったりすることで人材を確保する方針である。健康づくりの促進による介護予防のほか、「介護フェスタ」などの企画内で「介護技能グランプリ」を実施したり、あの手この手で対策を講じていく必要がある。

実践訓二一　あなたは終末をどう迎えるのか?

終末期には、明確な定義がないとされるが、近年、「終末期介護」が必要とされる背景には、高齢化の急速な進展や疾病構造の変化のなかで、新しい終末期介護のあり方を探る必要性が生じたことがある。その経緯は、一九九六(平成八)年に、「福祉のターミナルケア調査研究委員会」(広井良典委員長)が長寿社会開発センターに設置されたことに始まる。広井は、後期高齢者の死亡が急増し、長期の介護の延長線上にあるような終末期介護・ケアが増加することを見込み、「『生活モデル』的視点の重要性が高まる」との見解を示した。これを機に死生観や倫理観をめぐる様々な議論がなされた。すなわち、人生の総括をする時期において、その人らしさ(個性)やその人の長所・特性に目を向け、その人が望むような生活をいかに支援できるかが重要ということになる。

聖隷三方原病院(静岡県浜松市)に日本初のホスピス・緩和病棟が設置されて以降、全国展開しているが、石川県のある調査では、ホスピス・緩和ケア病棟の療養希望者が自宅希望者を上回ったという。一方で、滋賀県の中山間地では在宅看取りが多いとされ、北海道でも在宅看取りの増加が予測されている。但し、現状では多くの患者が病院で亡くなっているため、家族のほか、介護職のなかにも看取りの方法を知らない人が多く、知識不足から慌てて、穏やかな臨終の時を迎えられないケースも少なくない。そこで、「十勝連携の会」(高杉美紀代表)では、「ご自宅で最後まで介護されることを考える方々へ(看取りの作法)」という二四項目が示されたリーフレット(A3判四つ折り)を作成・配布し、啓蒙に努めている。

さらに近年、私たち日本人の死生観が大きく変貌してきたとされ、「いのちの受け継ぎ」という観念が薄らいできているという。その背後には、家、屋敷、田畑、墓地を引き継ぐ者たちを遺し、祭ってきた先祖の列に加えられることが少なくなり、死者のいのちの営みと生活の場を受け継ぐ者という認識が低下していることが挙げられる。

こうしたなか、「人生の意味はどこにあるのか?」という哲学的質問を突き付けられているのが現代人とも言える。いずれにしても、「自分はどういう臨終の時を迎えたいのか?」ということを事前に話し合っておくことが重要である。

実践訓三　超高齢社会とはどういう社会?

高齢者が総人口に占める割合で社会を三つに分けられる。六五歳以上の高齢者が総人口のうち七%を占めると高齢化社会（一九七〇年）、一四%で高齢社会（一九九四年）、二一%で超高齢社会（二〇一五年で約二二%）と言われる。わが国では、六五歳以上の老年人口が二六四〇万人であるのに対し、一五歳以下の年少人口は一七八〇万人である。こうした高齢社会に対して、どのような社会をつくっていくかを明らかにするために、高齢社会対策基本法（一九九五年）が制定され、その第二条（基本理念）が示されている。

① 国民が生涯にわたって就業その他の多様な社会的活動に参加する機会が確保される公正で活力ある社会
② 国民が生涯にわたって社会を構成する重要な一員として尊重され、地域社会が自立と連帯の精神に立脚して形成される社会
③ 国民が生涯にわたって健やかで充実した生活を営むことができる豊かな社会

このように、国民一人ひとりが生涯にわたって真に福祉を享受できる超高齢社会を築き上げていくためには、雇用、年金、医療、福祉、教育、社会参加、生活環境に係る社会システムの不断の見直しと、企業、地域社会、家庭及び個人が相互に協力しながら、社会全体として高齢社会対策を総合的に推進していくことが大切である。人々が長寿を喜び、豊かな人生を送るには、社会福祉政策とともに、地域での生涯学習が重要な位置を占めるようになると考えられる。

実践訓四　介護保険制度の要点とは?

介護保険制度は二〇〇〇（平成十二）年からスタートしたが、三年後には、厚生労働省老人保健局長の私的研究会として「高齢者介護研究会」が設置された。高齢者介護研究会は、二〇〇四（平成十六）年度末を終期とする「今後五ヶ年間の高齢者保健福祉施策の方向（ゴールドプラン21）」後の新たなプランの策定の方向性、中長期的な介護保険制度の課題や高齢者介護のあり方を検討したという。その結果が報告書『二〇一五年の高齢者介護』という形でまとめられ、「高齢者介護課題」と「尊厳を支えるケアの確立への方策」の二本柱が打ち出された。このうち後者は、次の六点が要点とされている。

①　在宅で三六五日・二四時間の安心を提供する——切れ目のない在宅サービスの提供（小規模・多機能サービスの拠点）
②　新しい住まい——自宅・施設以外の多様な住まい方の実現（サービス付き高齢者向け住宅）
③　高齢者の在宅生活を支える施設の新たな役割——施設機能の地域展開、ユニットケアの普及、施設機能の再整理
④　地域包括ケアシステムの確立（地域包括支援センター）
⑤　新しいケアモデルの確立——認知症高齢者ケア
⑥　サービスの質の確保と向上

昨今、介護福祉実践の担い手にとって好ましい労働環境を整備することは大切なことではあるが、上記六点を踏まえると、サービス利用者側にとって、いかに自分らしさ、居心地の良さ、サービス利用時の気持ち、幸せ感

などの内的感情を向上させるか、そのためには、利用者自身がどう生きたいのかを尊重すること基軸とし、トータル・ケアとして、担い手、家族、地域、住民は何ができるのかを創意工夫していくことが重要であることが分かる。制度・法律の度重なる改正・改変はやむを得ないかもしれないが、制度・政策の立案時においても目先のつじつま合わせではなく、やはり「他者主体」（クライエント中心）の考えがどれだけ実践されるかが問われている。

実践訓五　介護福祉士資格取得の実態

一九八七（昭和六十二）年五月に公布された社会福祉士及び介護福祉士法では、介護福祉士資格の取得方法は、厚生大臣（当時）が指定した介護福祉士指定養成施設において、所定の養成課程を修めて卒業する方法と、介護福祉士国家試験に合格する二つの方法があった。しかしながら、二〇〇七（平成十九）年十二月の「社会福祉士及び介護福祉士法等の一部を改正する法律」の施行により、介護福祉士等の定義規定、義務規定、資格取得方法等の大幅な見直しが行われた。なかでも、もっとも大きな変更点は、二〇一六（平成二十八）年度から実施予定であるすべての資格取得希望者に国家試験を義務付けることで、質の高い人材を確保しようとしている点である。反面、依然として、人材不足が続いている介護現場において、厚生労働省の目論見通りにいくか否かは定かではないと言わざるを得ない。

一応、現段階では、①養成施設ルート、②福祉系高校ルート、③実務経験ルートの三つが示され、一〇科目群を受験している。③では、二〇一六年度以降の受験者は、「実務経験三年以上」と「文部科学大臣及び厚生労働大臣の指定した学校又は厚生労働大臣の指定した養成施設において六月以上介護福祉士として必要な知識及び技術を修得」するための実務者研修として、「四五〇時間を修了した者とする」となっている。

二〇一二（平成二十四）年九月現在、厚生労働省への介護福祉士登録者のうち、国家試験合格者は七三％、養成施設卒業者は二七％であり、国家試験合格者が全体の七割を占めている。今後は、介護分野における慢性的な人材不足のなか、働きながら研修を受講することが可能となるような現場への支援を行うこと、資格取得者の増加と質的向上を図ることが課題となる、さらに、介護福祉士のような名称独占資格は、排他ではなく、いかに多職種の連携・協働が実現できるかが鍵となる。近年、保育士資格と介護福祉士資格の融合が検討されているようだが、介護分野以外における介護福祉士有資格者の新しい役割や意味づけを模索していくことも重要である。

実践訓六　待遇問題——行政評価の低さの理由は何?

厚生労働省（二〇一四）によれば、福祉施設の介護職員の月給は〔全国平均（常勤）〕二一万九七〇〇円、訪問介護員二二万七〇〇円で、全産業平均の三二万九六〇〇円よりも一一万円低い。ケアマネージャーも二六万二九〇〇円と全産業平均以下である。非常勤の場合では、わずかにホームヘルパーの時給が一三三九円と全産業平均（一〇四一円）より高いが、訪問軒数・実働時間に限りがあるところに課題が残る。

このように、総じて、社会福祉・介護福祉職に対する行政評価は何故低いのか。そもそも、介護報酬は公定価格であり上限が決まっている。施設介護は介護報酬の六〜七割が人件費、訪問介護は九割が人件費である。サービス内容と価格を自由に決められるのではなくて、要介護度に応じてサービス内容と介護報酬が決まっているので、簡単に賃金を上げられない。では、賃金を上げるのはどうすればいいのか?　それは保険料を上げて介護報酬を増やすか、他の有料サービスと一緒にした「混合介護」を認めるしかない。但し、この場合も労働者自身の賃金増に届くものでなくてはならない。「キャリア段位制度」を政府が導入しているが、評価者が施設内部者であるため、客観的かつ適切な評価がなされ難いとも言われている。

また、『東奥日報』（二〇一五年八月二十八日）記事によれば、青森県が全国より三万六千円低く、職員の五割が「（給料に対し）不満」を感じており、賃金アップが焦眉の課題と指摘される。そもそも、移動や冷暖房費が余分にかかる地方より、都会のほうが高く設定されていること自体が不公平である。但し、即賃金アップというよりも、昇給・昇格の基準があいまいな事業所もあるので、職員の不満・不安を軽減させるためにも、明確な給与体系を示していくことが優先されなければならない。

実践訓七　〝奉仕員〟の意味とは？

在宅介護実践を行う担い手の呼称については、地域差があり、主要なところでは、家庭養護婦（長野県）、遺族派遣婦（京都市）、臨時家政婦（大阪市）、老人家庭巡回奉仕員（秩父市）、家事奉仕員（神戸市）、家庭福祉員（釧路市）など多様である。このネーミングの経緯については、森幹郎氏（一九七四：六‐七）が以下のように明かしているので紹介しておく。

もう一つふれておきたいのは、「老人家庭奉仕員」という名称である。昭和三三年度から始められた大阪市の臨時家政婦派遣制度は、翌年その名称を家庭奉仕員派遣制度と改めたが、この名称の変更について、池川教授の記述を引用しておきたい。「大阪市では、はじめ臨時家政婦派遣制度とよんで発足したのが、翌年、家庭奉仕員と改称されることになったのは、当時これに従事している婦人たちと私たちが懇談会を開いた席上、臨時という名をとる機会に呼称を一定にしたいと考え、出席者の意見をきいて改めたので、私が独自で改称したのではない。」

すでに、当時私どもはhome helperという名称も、home makerという名称も知っていたから、この事業を制度化する時、その名称をどうするかが問題になった。すでに、その前年、「軽費老人ホーム」に対する国の補助が決まり、それは国の予算科目にもなっており、国の予算書のなかで片カナが全く使えないというわけではなかったが、それにしても「ホームヘルパー」という用語はまだ国の福祉行政の用語としてはなじめないというのが大方の意見であった。そこで、われわれは、これを漢語で表現する必要があった。「家庭援助員」、「家庭福祉員」、「家族援助員」、「巡回家政婦」などいろいろの言葉が考え出されたが、もうひとつしっくりしないもののあったことは否めない。そして、大阪市の例にもあるので、当時、厚生省社会局の早崎八州社会福祉専門官の意見を入れて、結局は、「老人家庭奉仕員」という名称に落ち着いたものである。……

上記から、この事業の担い手の呼称一つをとってみても、様々な苦労や思惑があって、定められていることが分かる。今でこそ、ホームヘルパー（現、訪問介護員）の名は通るようになっているが、初期の頃の日本社会では、カタカナ表記すら通らなかった。但し、原形は home helper, home maker であり、直訳的には家庭の支援者、家庭の構築者というように、業務内容や仕事の目的を重視する視点は変わらなかったと言えよう。社会や時代が変わればそれらに呼応するかのように、ネーミングも変化するのはやむを得ない。しかし、「奉仕員」という文言が入っているからといって、安易にボランティア的職種と捉えたり、あるいは、低級で安上りの職業であるといった理解をすることは慎みたい。そうではなく、介護業務に従事する姿勢や心得の基軸に「奉仕」精神があるのである。「名は体を表す」という言葉があるが、呼称により、介護福祉職のイメージが低下したり、誤解を招くようなことのないよう注意しなければならないし、もっと言うと、クリーンで印象の良いイメージを描ける名称を考えていくことも今後の課題の一つである。

実践訓八　「逆さ水」から学べること

通常、熱いお湯は水を入れながら冷ますが、故人を湯灌する際には、水に熱いお湯を入れていき、温度調節をする。これが「逆さ水」である。「逆さ事」とは、死は非日常であるべきという願いから、いつもとは逆の方法で物事を取り行うことの総称である。いつもと違う手順を踏むことで、死という事態に対処し、生きている人の領域と区分するようにしたことが始まりである。この世が昼の時間帯であればあの世は夜だとも考えられている。

この他にも、「北枕」「逆さ屏風」なども逆さ事である。

日本の在宅高齢者や福祉サービス利用者のなかには、こうした日本の風習や習わしを大変重視し、生活している方々も多い。普段の何気ない対応や関わりのなかで、悪気はなくても気にする人もいる。育ってきた文化や環境が異なると言ってしまえばそれまでだが、援助実践時には十分に注意しなければならないし、こうした利用者の気持ちや生き方を十分に尊重しつつ、私たち自身も日本人として、日本の年中行事、通過儀礼、伝統、風習を幅広く学んでいかなければならないだろう。

実践訓九　高齢者の性の問題をどうするか?

本聞き取り調査の回答でも、在宅介護実践時に、利用者の誤解や勘違いが幾度かあったと証言してくれた方が数名いた。家庭奉仕員の初期の頃は、その役割が周知徹底されていなかったため、そうした間違いがあっても仕方なかったかもしれない。しかし、ホームヘルパー、訪問介護員と名称が変わり、今や誰でも分かる時代においては、そうしたことは許されない。反面、それ故に、福祉・介護サービス利用者のなかで、性の問題に不満をもっている高齢者が多いという指摘が増えている。ある施設では、施設内でも自慰行為を黙認しているところもあると言われる。

通常、高齢者の性欲はなかなか枯れず、七十歳代の男性の九割、女性も五割の人が性欲があるとされ、性欲ホルモンは八十歳代まで分泌されることも明らかになっている。こうしたなか、「高齢者だから……」とか、「いい歳をして……」などと言って簡単に切り捨てられる問題でもない。さらに、最近では、性生活が脳を活性化させる効果があるという報告もある。性の問題は人間にとってとてもデリケートな問題であり、個人差も少なからずある問題である。だからと言って、何も考慮しなくていいわけではなく、よりよい高齢期を元気に生き生きと過ごすために、「高齢者の性の問題」への対応を真剣に考えなくてはならないし、「人権」問題も含めて実践的対応をとらなければならない時が来ている。

実践訓十　記憶と忘却は無関係か？

高齢化社会が出現するまで、教育は若い時のことと考えられてきたが、近年の知能研究では、高齢者に知的学習能力があることが証明されてきている。知能には、流動性知能（例：記憶力、瞬発力、運動能力など）と結晶性知能（例：言語能力、統合力、思考力、円熟味など）があり、とりわけ、結晶性知能は加齢とともに伸びていくことが分かっている（巻末の図3－1参照）。このような研究が蓄積され、教育老年学（educational gerontology）が発達してきており、まさに、社会福祉・介護福祉と生涯学習との結合が図られるようになってきたと言える。

「人間は忘れる動物」と言われるが、「忘れても覚える」のくり返しが重要である。昨今、中高年の学び直しが注目されている。これは中高年齢者が大学で用意されている多彩なプログラム（教養講座中心）を受講する形だが、単なる学び直しではなく掘り起しにもなるという。受講者の平均年齢六二歳。立教大学では「立教セカンドステージ大学」や週五日の教養講座がある。明治大学の「リバティ・アカデミー」は多様なプログラムを用意し、社会人の学習ニーズに対応している。また、早稲田大学では約千八百にも及ぶ教養講座があり、海外留学プログラムも用意され、過去には八十歳代の参加者もいたという。こうした人生に裏打ちされた経験や思考をリカレント・教育によって鍛え直すことで、結晶性知能はさらに高まっていくと考えられる。

実践訓十一　起源（原点）って本当にあるの？

起源（原点）とは、物事のはじまりや基、基準、根拠となるところのことを意味する。電気の起源はA・エジソンであるし、飛行機の起源はライト兄弟であることは有名である。また、著者の研究テーマに即して言えば、ホームヘルプ事業の起源は長野県上田市の家庭養護婦派遣事業ということになる。しかしながら、そうした起源(原点)は本当に出発点と言えるだろうか? 確かにエジソンは電気を発明したが、そのきっかけになった出来事や影響を与えた思想・考え方はなかったか? ライト兄弟が飛行機を発明する以前から、飛行機づくりに着手し、失敗を重ねていた発明家はいなかったのか? 上田市で家庭養護婦派遣事業が創設された背景には、どのような人物のいかなる思考や経験があり、どれほどの影響を与えていたのであろうか。

このように考えてくると、一般的に言われる、通説上の起源、原点、起こりというのは、それは本当の出発点ではなく、一応の区切りをつけた段階での最初という意味にすぎず、それ以前に存在した伏線となった事柄や出来事を数多く見落としていると言わざるを得ない。裏を返せば、通説上、原点とされた事柄の背景を探るとさらなる新しい原点が発見され、これまでの原点はもはや起源でも出発点でもないことになってくる。歴史研究や思想研究でもこうした考えが重要である。事柄の背後を何らかの線でつなぎながら、遡っていくことで、新知見や真相が見えてくることがある。いずれにしても、この種の研究は、想像力を働かせつつ、一つひとつの脈絡を辿りながら、根拠を明示し、大胆かつ慎重に行わなくてはならないだろう。

実践訓十二 「上主導」と「下主導」はつながっている?

「上主導」とは、行政や上司などの命令に従い、事業・制度や物事が動き出す現象のことであり、一方、「下主導」とは、地域住民側が自発的なニーズ発見から、先にアクションを起こし、それが運動となって広がり、やがて行政側が看過できなくなり、対応に乗り出す現象のことである。これは、最近の教育制度学の領域では、上主導を「下構型」、下主導を「上構型」という。藤井 泰『イギリス中等教育制度史研究』(風間書房、一九九五年)に詳しい。

これを、一九五六(昭和三十一)年に長野県で始動した家庭養護婦派遣事業を例に考えてみると、元々は県告示（「家庭養護婦の派遣事業について」、三一厚第一三三五号）から始まっているため「下構型」（上から下へ）であったが、その後、上田市社会福祉協議会を中心に数度、家庭養護婦懇談会や家庭養護婦派遣事業運営研究集会などを行ったり、全国各地から視察を受けており、その結果、全国展開を促し、家庭奉仕員制度国庫補助事業化（一九六二年）、老人福祉法成立（一九六三年）など、制度・政策の一端を推進する力となったことから、上構型（下から上へ）へと変化していったと考えられる。結論的には、「下構型」＋学習活動＝「上構型」（全国展開の原動力）ということがいえる。但し、すべて一概にこのことが言えるのではなく、地域や担い手による差異も少なくない。時代背景、地域情勢、行政指針など、様々な要因を考慮に入れながら、その時々で変容していく姿をていねいに追究しなければならないだろう。

実践訓十三　３Ｋ仕事の意味

３Ｋとは、「きつい、危険、汚い」の三つのことであり、長らく割に合わない仕事や大変な仕事の総称として使用されてきた。また、介護福祉実践もこの３Ｋに該当すると言う人もおり、イメージの低下を招いている一因である。確かに、場面によっては、汚かったりきつかったりすることはあるかもしれないが、職種や領域全体をそう呼ぶことに違和感を感じる。さらに、近年では上記３Ｋに「給料が安い、休暇が少ない、格好悪い」の三つを加えて、６Ｋと呼ばれることもある。なかには悪徳業者やブラック企業なども世の中には存在するが、そうではないのに、ちょっとしたニュース・事件や伝聞などからたちまち３Ｋ、６Ｋと決めつけるのは乱暴ではないか。

一方、女性の社会進出により、本格的に職場に登場した女性（総合職女性）に求められるものが「新３Ｋ」（きつさ、気配り、きれい）と言われている。セクハラやパワハラまではいかないが、こうしたことが無意識的に求められるようになってきている世の中なのかもしれない。かつては、大規模なビル建設や鉄道工事、土木作業の仕事などにより、日本産業が復興し、経済が上向いた時期があった。こうした３Ｋと呼ばれる仕事の従事者によるところが大きい。その意味で、見方を変えれば、３K仕事は後世に残せる意義深いものもあるようである。

仕事の適否や満足感は、個々人により異なると考えられるため、同じ仕事でもある人は３Kと捉え、ある人は３Kではないと感じる人もいるだろう。いずれにしても、自分の仕事に対する目的意識を自分なりにもち、感性を磨き、自分の立ち位置をも明確にするなかで、その意義を探求していくことが重要である。

実践訓十四　プライバシーと誤解

ハラスメント行為（嫌がらせ）の禁止や、個人情報・プライバシーの保護が叫ばれ始めて久しい。利用者や援助者は、「ワーカー―クライエント」という意図的な援助関係を越える危険性を常に孕んでいるが、本来そうあってはならない。現場では様々な誤解や勘違いがあって、例えば、セクハラやパワハラなど、援助者を苦しめることもあるようである。但し、ここでは単純に駄目ですと処理してしまうのではなく、「高齢者の性の問題」「職場での良好な人間関係づくり」をどうするかということも考え合わせないといけない。難しい問題であるが、こういう時こそ、ケースワークの基本原則に立ち返る必要がある。有名なバイスティックの七原則である。

①　個別化の原則
②　意図的な感情表出
③　統制された情緒関与
④　受容
⑤　非審判的態度
⑥　自己決定
⑦　秘密保持（守秘義務）

なかでも、②のように、利用者の喜怒哀楽の感情を場面に応じて、意図的に表出させる機会をもっていれば、誤解が突発することも少なくなるだろう。一方、③のように、援助者側も利用者の感情に流されないように、自分の感情を自己統制（セルフコントロール）する術を身につけることが重要である。

実践訓十五　認知症高齢者介護のコツ

介護福祉分野で現在、最大の問題と言えば認知症高齢者の介護問題であろう。家族介護として、仕事としてこの問題に直面すると、その大変さが実感できる。二〇一五（平成二十七）年一月、三好春樹氏は地方のとある講演で、「認知症患者は適当なことを話しているのではなく、言葉には意味がある。……大変だったけどやりがいがあって頼りにされた時代のことなど」が背景になっていると説明する。そこでは、「ロシアへ行きたい」と言って何度も外出しようとする高齢者が旧満州でロシア人に気に入られていたことが分かってから、介護職が適切に返答できるようになった事例が紹介された。固定観念・先入観ではなく、目の前の認知症高齢者の言葉をよく聴くことが利用者理解の第一歩になるようだ。

また、近年、認知症対策の一環として、旅行が熊本県などで注目され始めた。旅行の経験や高揚感がストレスを減らして、自己効力感（例：やる気、自信など）を向上させ、認知症予防につながる可能性があるのだという。また、鹿児島県では要介護者の旅を支える民間資格として、「トラベルヘルパー（外出支援専門員）」が誕生し、「介護旅行」の普及を目論んでいるケースもある。その他にも、認知症高齢者の歌に合わせて運動をする「ダンスセラピー」（一九四〇年代にアメリカで発祥）、犬が認知症高齢者を癒す「ドッグセラピー」、肌に優しく触れることで認知症高齢者の不安・苦痛を軽減させる「タクティールケア」などの取り組みもみられる。さらに、徘徊高齢者では、警察、自治体など、地域での見守り体制づくりが重要なのは言うまでもないが、近年では、認知症支援を三市連携で行うべく、「ケアパス」を作成するなど、横のつながりが強化される例もあり、参考になろう。

実践訓十六　認知症を理解するために

知的能力の低下には、認知症と知的障害の二つがある。認知症は、成人の正常な知能が何らかの器質的な脳の病気が原因となって障害されるものである。認知症は成人以降のどの年齢でも発症し得るが、圧倒的に老年性認知症が多い。記憶障害などの中核症状を中心に、妄想、幻覚、抑うつ、せん妄、徘徊、不潔行為、異食、蒐集癖、暴力行為などの周辺症状（ＢＰＳＤ）がみられる。わが国では、アルツハイマー型認知症、レビー小体型認知症、脳血管性認知症の三つが多い。

認知症による要介護者は、知的能力は低下しても感情面・情緒面での反応は保たれているため、人格の尊厳に配慮することが重要である。感情や情緒を刺激する関わり方が重要である。生活の様々な面で要介護者を支援しつつも、回想法、音楽療法、絵画療法などの心理療法を導入することで、記憶障害の回復は難しくても、周辺症状（ＢＰＳＤ）の改善には効果があると考えられている。

実践訓十七　死と不思議な体験——死への準備教育はあり得るか？

古来より、「死」に対する考察は人間思想の中心的テーマであった。近年、欧米諸国では死生学（thanatology）の研究が盛んであり、わが国でも、Ｅ・キューブラー＝ロス著『死ぬ瞬間』の翻訳以降、急速に関心が高まっている。そしてそれは、「死への準備教育（death education）」という形でも表われ、知識レベル、価値観レベル、感情レベル、技術レベルに分かれ、一五の目標が設定されている。なかでも、特徴的なものが「悲嘆教育（grief education）というものであり、予防医学の観点からも注目されている。その悲嘆プロセスの一二段階とは、具体的に次のとおりである。

①精神的打撃と麻痺状態、②否認、③パニック、④怒りと不当感、⑤敵意とルサンチマン（うらみ）、⑥罪意識、⑦空想形成、幻想、⑧孤独感と抑うつ、⑨精神的混乱とアパシー（無関心）、⑩あきらめ――受容、⑪新しい希望――ユーモアと笑いの再発見、⑫立ち直りの段階――新しいアイデンティティの誕生

誰でもが上記の順序通りにいくとは限らず、立ち直りまでに最低一年ぐらいはかかると言われる。ことに、日本は旧来、「武士の国」であり、「いかに死ぬか」が注目され、教わらなくても分かってきていたはずだが、激変している現代日本社会では、死の概念そのものへの認識が低下しているようである。死は生の裏返しとされ、死を極めるという日本人らしさが不鮮明になってきている昨今、こうしたことも再教育していかなくてはならないのかもしれない。

実践訓十八　幸せな人生とは?――サクセスフル・エイジングを考える

通常、サクセスフル・エイジング（successful aging）のことを、「幸福な老い」などと訳す。人間は加齢とともに、多くのものを喪失するとされ、そうした変化を経験しながらも幸せや充実を追求する日々を送っている。この現象は万人において避けられない。つまり、サクセスフル・エイジングとは、高齢者が老化現象や疾病、退職、死別などの喪失といった身体的・社会的側面を受け止め、自分の生活・人生をよく過ごしている状態、あるいは適応的な生き方と言える。

このサクセスフル・エイジングの測定には、主観的幸福感（subjective well-being）が多用され、その指標の一つであるＰＧＣモラールスケールでは、「心理的安定感」「老いへの受容的態度」「人生満足感」の三因子から、主

観的幸福感が構成される。

反面、サクセスフル・エイジングの最大の危機は、自分自身が要介護状態になることであると言われる。「今、自分は何をしたいのか?」が不明瞭になるからだ。適切な判断や行動の欠如状態が続くと、次第に「その人らしさ」が消失し、自分らしく振舞ったり考えたりしなくなるのである。こうした見失われた要介護者の「その人らしさ(自分らしさ)」を取り戻し、それを支えることが要介護期における心理的支援である。回想法、コラージュ療法、音楽療法、レクリエーション、アクティビティなどが具体例である。お互いの信頼関係の下、援助者が感じ取った利用者の「その人らしさ」を理解し、意味づけ、利用者自身に返していく、心理的交流過程が重視される。

実践訓十九　リーダー的存在とは――リーダーシップの重要性

通常、リーダーと呼ばれる人は、施設長や課長といった管理職と、一般の介護職員との間のいわゆる中堅職員のことであり、施設によって呼称は異なるものの、係長、主任と呼ばれることが多い。リーダーの役割には、初任者等の指導係、介護過程の適切な管理、他職種や家族・地域との連携、チームケアの推進、チーム活動の企画・指導・調整・評価などがあげられる。

また、リーダー養成における研修内容としては、自らを知るための自己覚知の促しやリーダーシップ、コミュニケーション能力の向上等に関する内容が含まれる。加えて、介護職員の健康、ストレス管理、職業倫理、他職種との連携、チームの運営管理といった新任職員の育成やチームケアを行う上での知識・技術についても学ぶことになる。

二〇〇六(平成十八)年から、日本介護福祉士会の生涯研修である「介護福祉士ファーストステップ研修」や、社会福祉協議会により二〇一三(平成二十五)年度より実施されている福祉・介護職員のための「福祉職員キャリアパス対応生涯研修課程」などが行われている。今後の課題としては、介護現場における人材不足や福祉施設等における教育支援体制のなかに、リーダー養成をどう組み込んでいくかが挙げられ、高い離職率（三年以内に六〇％強が離職）を引き下げる重責の一端を担うのがリーダー的存在であるとして、大いに期待されている。

実践訓二十　統合ケアを目ざして

二〇一二（平成二十四）年は、「地域包括ケアシステム」構築の「元年」と言われ、医療は「病院完結型」から「地域完結型」へと転換し、介護は自治体の責任として「地域包括ケアシステム」の構築に取り組むことが明確にされた。「地域包括ケア」とは、「介護」「医療」「予防」「生活支援」「住まい」の五つの視点のことであり、「地域包括システム」という場合、太田貞司氏は「ニーズに応じた住宅が提供されることを基本とした上で、生活上の安全・安心・健康を確保するために、医療や介護、予防のみならず、福祉サービスを含めた様々な生活支援サービスが日常生活圏域で適切に提供できるような地域での体制」のことであると述べている。

「施設完結型」ではなく、「地域完結型」の介護福祉実践を行うための留意点として、太田氏は以下の六点を指摘している。

①　多機関・多職種との連携、協働
②　介護リーダーとしての役割
③　「求められる介護福祉士像」の実践
④　身近で継続的に生活支援をする実践力・説明力
⑤　家族・地域との連携、協働
⑥　（看護職・ケアマネとは異なる）「介護の目」をもち、退院後の生活（予後）を支援する役割

とりわけ、在宅介護では利用者にもっとも身近な存在である家族と訪問介護員（ホームヘルパー）との信頼関係に基づいた相互理解、相互協力が重要であり、目前の介護のみならず、利用者の生活全体をトータルに見渡すマクロ的視点を忘れてはならないだろう。

実践訓二十一　振り返ると何故、自己肯定できるのか？

マズロー（Maslow, A. H.）の欲求発達五段階説とは、①生理的欲求、②安全欲求、③愛情と所属の欲求、④自尊と承認の欲求、⑤自己実現欲求の五つのことである。このうち、①から④まではそれが満たされないと、不満感・不安感が生じることから「欠乏動機」とされるが、⑤だけは別次元であり、「達成動機・成長動機」と呼ばれ、より高次のものとされる。人間生活や他者援助においては、自尊心（self-esteem）が特に重要であり、自分を価値あるものとする自己への評価感情とも言える。日常生活上、他者から受ける尊敬や信望、優越感などに関する願望や自分に対する自信、有能さ、独立、自由などに関する願望を満たすことは容易ではなく、少なからぬ努力が求められる。これらを日々求めて一生懸命に生きようとすることが、④自尊と承認の欲求であり、その過程（生き方、生活そのもの）の延長線上に⑤自己実現欲求があると言える。

人は弱い存在であり、強い自分を独力で感じることは難しい。多くの人々に支えられ、励まされ、慰め合いながら生き、他者から気づかされることもままある。何気ない褒め言葉や感謝の言葉が胸を打ち、ハッとさせられることもある。こうした経験から、人は自分のナラティヴ（narrative、人生の物語、生活史）を肯定的に置き換えられることがある（＝リフレーミング、あるいは、リラベリングとも言い、再意味づけの意）。今回の本聞き取り調査に協力してくれた大沢紀恵氏は、インタビューを通して、改めて自身の経歴を具体的に掘り下げ、省察することで、否定的な体験も含めて、自己の歩みを肯定的に捉えられたという。このことはまさにリフレーミングの好例であり、人生を総括する際の望ましい一つのあり方であると考えられる。

実践訓二十二　感性って何？

対人援助職や介護福祉職にとって「感性が大切」とよく言われるが、一体、感性とは何なのか。何を感じ取る力が重要なのか。上田市昭和生まれ第一号の家庭奉仕員である上村富江氏の証言にあるように、ある一つの事柄をみて、「ああ凄い」と感動するのか、「ああそう」と流してしまうのかの差は大きい。福祉や介護の実践では、利用者主体（クライエント中心）が基本であり、当事者である利用者本人が主体となるという本来あるべき問題解決への取り組みにおいては、本人との援助関係の形成を基礎としながら、本人の「前向きな力」を最大限に活用することが重要である。その「前向きな力」を活用するためには、具体的に「できること」を見極め、活用するというストレングス視点（エンパワメント理論・アプローチ）に基づいた実践が求められる。

その上で、利用者主体の取り組みが増進していくように、できたことを本人自身が実感できるように働きかけることが、次の活動につながってくるという意味で大切である。当然ながら、様々な援助の過程で、気になったことや異変が生じた場合には、それを前向きに評価し、本人にフィードバックすることが重要なアプローチといえる。このように、介護実践における利用者支援とは、利用者主体の活動を推し進めることであり、「本人が決めるプロセスやゴール」を支えることと言える。自己決定の尊重やワーカビリティ（動機づけ、能力向上、機会の提供：MCOモデル）を向上させるために、必要な事柄を援助者なりに感得していく能力の獲得において、求められるのが感性である。

実践訓二十三　クリスチャン未亡人Kさんはホームヘルパーのモデルだったか？

上田市社会福祉協議会初代事務局長を歴任し、日本初の組織的なホームヘルプ事業である家庭養護婦派遣事業の推進に功労した竹内吉正氏（二〇〇八年没）は、『老人福祉』第四六号に掲載された「ホームヘルプ制度の沿革・現状とその展望――長野県の場合を中心に」と題する論稿で、次のように論じている。

「昭和三十年秋、中央地区民生委員会（現在の単位民協）に出席したときのことである。F委員が次のような発言をした。『担当地区で中年の婦人Kさんは、母親の困っている家庭に出向き、こまごまと手伝ったり、孤独な老人の話し相手になったりして、もう三年来、かくれた奉仕活動をしている。その献身的な協力に地域住民から感謝の意を表したいという意見が盛り上がっている。Kさんは現在、未亡人で三人の子供を成長させ、貧しいながらも立派な家庭を築いている』と。……Kさんが熱心なクリスチャンであることを知ったのは、それから間もないことだった。……上田市内にあったホームヘルプサービスは、素朴な形で〝近所の母親が困ったら飛んでいって手伝ってあげる〟という出発であった。筆者は、この記述にあたり、家庭養護婦派遣事業の雛型となったKさんに面接しようと努力したが、遂に果たせなかった。ボランティア活動を追い求める私にとって、Kさんは『青い鳥』のような存在である。……」（竹内 一九七四：五一-六九）

これが、これまでのわが国のホームヘルプ事業の起源の根拠とされてきた。しかしながら、著者（中嶌）は、二〇〇七（平成十九）年八月以降、数度、竹内及びKさん本人に直接お会いし、様々な情報を収集した結果、上記の竹内説に根拠がなかったことが判明した。巻末の表3-1がその根拠である。「上田市で家庭養護婦派遣事業が始まった一九五六（昭和三十一）年の三年後に未亡人となったKさんは上田市に帰郷していること（よって、Kさんはホームヘルプ事業の雛型にはなり得なかった）」、「Kさんではなく実父の金子呑風氏が上田市社会福祉協議会から何度も表彰されていること」、「Kさんは木町ではなく袋町の出身であること」、「広島原爆病院にKさんは行ったことがなかったこと」などの新事実が明らかになった。このことから、竹内らが指摘したKさんモデル説が否定されよう。

ここから、先人の功績や論稿は尊いものであるものの、すべての説や記述が正しいとは限らない。美談資料も残されているなか、一般論・通説とされるものについては、丹念に裏を取りながら、明確な根拠の下に論考するといった真摯な研究姿勢が求められる。

実践訓二十四　上田市の事業を進めた四つの力とは？

筆者の聞き取り調査に応じた上村富江氏の手書きノートによれば、家庭養護婦派遣事業が上田市で特に推進されたのは、①民生委員が熱心に地域に関わった、②未亡人対策に積極的であった、③医師と僧侶の手が強力に組まれて推進していった、④社会福祉協議会（民間）と行政が連携を深めて活動していった、の四点が要点であったとされている。

筆者は、二〇〇五（平成十七）年から一〇年以上、ホームヘルプ事業史研究を進めながら、上記四点についてもさらに精査した。その概要を順々に示すと、①では、『家庭養護婦書類綴』（年月日不詳、上田市社会福祉協議会蔵）に示されている一九五八（昭和三十三）年に利用者状況報告を行っている永野民生委員や、一九六一（昭和三十六）年五月十五日に利用者状況報告をした稲垣みずほ（上田市民生児童委員）らの活動にうかがえる。②では、上田市未亡人会（さつき会）会長の木下暉子が一九五六（昭和三十一）年八月十七日、これまで共同募金からさつき会に出されていた補助金約八千円を、さつき会も運営に関与するという条件を付してホームヘルプサービス（家庭養護婦派遣事業）に充てることを了承したことである。さらに、初期家庭養護婦採用者九人中四人（四四・四％）が未亡人であったという数値からもうかがい知れる。③では、上田市社会福祉協議会初代会長の関澤欣三（内科医、市議会議員）と同副会長の横内浄音（浄土宗呈蓮寺第二七代住職、上田明照会創立者）とが全く正反対の性格ながら、お互いの欠点を補い合いながら、一致団結していったことである（この点は、二〇〇七年八月の竹内吉正氏証言にもあった）。④では、医師であった関澤欣三市社協会長が市議会議員としても活躍していたため、官民双方の立場を熟知していたことが大きい。加えて、今後必要となる民間社会福祉を予見し、市に対しても「(社協に)お金を出せ」と強く要求できたことも大きかったと考えられる。当時、市役所内に社協があり、多少のいざこざはあったものの、間近で実態を把握できたことが理解を得られた一因ではなかっただろうか。

以上、四点について掘り下げたが、歴史研究は奥深く、さらなる追跡調査の結果や新知見の発掘が待たれるところである。

実践訓二十五 「福祉は人なり」をどう理解するか?

「福祉は人なり」という言葉は、近江学園・びわこ学園の創設者・糸賀一雄の言である。様々な書籍や論稿にも登場する有名な文言である。パールマンの問題解決アプローチに登場する「五つのP」(person, place, problem, process, professional)のなかにも「person(人)」は確かに入っている。「ワーカー-クライエント」という援助関係も人間によって意図的に形成されるものである。こうした対人援助の仕事では人と人とが関わるのは当然である。しかし、援助者が利用者に対して何を見て、どう認知して、それをどのような行動に移し、働きかけるのかということは、援助者によって千差万別であり、「援助者次第」と言えなくない。裏を返せば、援助者のどのような関わりを引き出すかは、利用者自身の考え方、表情、態度、反応、言動に大きく委ねられていると言える。

糸賀のみならず、石井十次、石井亮一、石井筆子、留岡幸助、山室軍平、田子一民、小河滋次郎、生江孝之、長谷川 保ほか、多数の社会福祉史上の著名人がいる。彼らは、私利私欲を度外視して、社会福祉実践に没頭した人といえ、こうした功労者たちの実践の蓄積が社会福祉・介護福祉の領域を育んできていると言える。私たちは日々の実践のあり方を常にフィードバックしながら、より良い関わり方を再考しなければならない。加えて、大空社から刊行されている『シリーズ福祉に生きる』(一番ヶ瀬康子・津曲裕次編)などを通読し、先人たちの尊い活動から学ぶ姿勢をもつことも重要である。

実践訓二十六　社会福祉士及び介護福祉士法成立（一九八七年）の裏事情

一九七〇年代の社会福祉界において、資格化の議論は怒涛の如く吹き荒れていたという。しかし、一九七六（昭和五十一）年五月に、「社会福祉士法制定試案」が白紙撤回され、少し落ち着いたかに見えたのもの束の間、この種の問題が議論の俎上に上がることは屡であり、その都度、強い反対論に打ち消されてきた。このような苦節のなか、一九八七（昭和六十二）年、社会福祉士及び介護福祉士法が成立した。この成立過程については、秋山（二〇〇〇：二六〇 - 二七六）に詳しく、長年議論されてきた社会福祉士に対して、十分な議論を経ずにタイミングよく創設された感があったのが介護福祉士資格であったと捉える向きも少なくない。ここでは、介護福祉士制度の創設に焦点を当ててみる。

新制度創設にあたり、大きな問題になったのは当然ながら、人材養成のあり方であった。しかし、法成立までに十分な時間的余裕がなかったため、厚生省（当時）は各地の先例を吸い上げる外なかった。先駆事例の具体例としては、大阪キリスト教ミード社会館コミュニティカレッジ（一九七二年～）、聖隷福祉医療ヘルパー学園（一九七八年～）、和泉老人福祉専門学校（一九八五年～）、兵庫県福祉介護士認定制度研究会（一九八六年～）などが大いに参照された。なかでも、法成立直前期に強力に後押しした兵庫県の取り組みは注目される。ここでは、「辻哲夫（厚生省シルバーサービス振興室長、当時）と辻寛（兵庫県高年課長、当時）が連携・協力したこと」、「雀部猛利、浅野仁らが福祉介護士認定制度研究会をリードしたこと」、「森田和美（兵庫県民生部長、当時）が折衝能力を大いに発揮したこと」、「辻寛らが反対省庁の説得に回ったこと」、「比較的精緻なカリキュラム案がすでに出来上がっていたこと」、「法案を敢えて問題点を幾つか残した上で、地方から中央に上げたこと」などが要点であった。

こうした成功事例や失敗事例からも私たちは先人から多くを学ぶべきである。法成立過程を熟知することは、制度・政策の特徴を学び、今後に生かす上でも重要なことであるが、そこは人と人との相互理解や共感など、対人援助職がもっとも大切にしなければならない事柄のエッセンスが含まれている。

実践訓二十七　優秀な外国人介護士

介護福祉分野では、二〇〇八（平成二十）年度から経済連携協定（EPA）の枠組みで外国から「介護福祉士候補者」を受け入れてきた。但し、対象国はインドネシア、フィリピン、ベトナムに限られている。日本語受験での介護福祉士資格の取得を目ざすため、ハードルは非常に高い。日本語研修を訪日前後に六カ月ずつ受け、原則四年間以内に資格が取れないと帰国しなければならない。二〇一四（平成二十六）年までの受け入れ数は一、五三八人に留まっている。

一方、「外国人技能実習制度」では、農漁業や食品製造などの幅広い業種に中国など多くの国からすでに約一五万人受け入れており、介護分野でも二〇一六（平成二十八）年から日本で介護技能を学びたい外国人を対象に受け入れる予定である（最長三年間）。但し、これらの受け入れの是非については、日本語が分からない外国人が担う「単純な肉体労働」といった介護職のイメージ低下を招くことがないようにと懸念されている。さらに、二〇一五（平成二十七）年二月、法務省は介護人材確保の目的で、外国人介護士に在留資格「五年以内」で検討を始めている。対象者は「日本介護福祉士養成校に通っていた介護福祉士資格を得た留学生」で、年間最大九百人（推計）を目論んでいる。果たしてこうしら在留資格だけで外国人人材を確保できるだろうか。

EPA候補者支援は、受け入れ施設側に任されているため、施設ごとに就労、研修内容が大きく異なっている現状がある。単なる技術習得に終始せず、日本の文化、伝統、風習、歴史、国民性などを広く学び、真のコミュニケーション能力を備えた人材を育成することが重要である。外国人労働者といえども、待遇条件、労働環境、研修制度、人間関係コミュニケーションなど、通常の日本の職場と同様、こうした勤め人としての基礎的条件を整備していく必要がある。

実践訓二十八　人間的成長の中身は何か？

著者は二〇〇三（平成十五）年に、都内四区及び兵庫県西播磨地区四市を対象に、「中高年のボランティア活動に関する意識調査」を行い、活動を通しての「人間的成長とは何か？」を尋ねた。そこで得られた回答の主なものを以下に列挙する。ここから、人間にとっての生きがい感や成長感はその人独自のものであり、多様であるため、一概には言えないが、少なくとも自分自身にぴったりとくる指標なり道標を探すことが重要である。

「気づくようになった」「ますますやらなきゃいけない課題が見えてくる」「自分に対する警戒心」「自分自身の分からなかった部分が分かった」「余裕より厳しさを感じた」「周りの人への感謝」「中庸を保つこと」「健康でいること」「障害者のことが理解できるようになった」「『止めたらあかん』という義務感」「新たな目標をもち、気持ちの張りや面白さが出てくること」「元気にやっている自分を、自分にみせる」「give and take」「人間らしく生きていると実感できること」「生きがいを意識しない」「自分を頼りにしてくれる人がいる」「臨機応変に対応できる」「自分の道を行く」等。

実践訓二十九　今後、増え続ける地域サロン

二〇一二（平成二十四）年に、県社会福祉協議会が県内の各市町村社会福祉協議会に開設を呼び掛けたことがきっかけで、空き家や空き店舗を利用した交流スペース「お茶の間サロン」を一四市町（四〇カ所）で展開しているのが広島県。川原石地区では二〇一三年三月のオープンから利用者数は延べ五千人。お年寄りのちょっとした言動の変化から認知症に気づき、専門家につないだ例もあるという。また、東広島市のサロンでは、一人暮らし男

性高齢者の食生活を支えようと、男性料理教室を開いたり、見守り活動を兼ねて手作りパンを届けるサービスを続けているという。同県社会福祉協議会では今後も、年間一〇カ所程度のサロンの開設を想定している。

とりわけ、地方都市や中山間地では、国や地方自治体の社会福祉サービスが十分に行き届いていないケースもある。したがって、サロンのように、お年寄りが行ってみようかと思える拠点が各地にあることは、高齢者の心身の健康や地域活性化にとっても重要なことである。

実践訓三十　自己成長につながる学習

孔子は『論語』において、「子曰く、吾　十有五にして学に志す。三十にして立つ。四十にして惑わず。五十にして天命を知る。六十にして耳従う。七十にして心の欲する所に従いて矩を踰えず」と述べている。これは、一五歳から七〇歳までの生涯各期の目標として、後世の日本人に大きな影響を与えてきた。また、江戸時代の儒学者、佐藤一斎も「此の学は吾人一生の負担なり。当に斃れて後已むべし。道は固と窮り無く」と死ぬまで道を求めて学習する必要性を強調している。

このように、古くから人間形成は生涯にわたってなされるものと考えられてきた。学習や教育は人間特有のものであるため、人間形成と学習・教育はほぼ同義とも考えられるが、人間形成はあるべき人間像を描きながらも、人が決してそれに到達できないことから、幼少期・青年期までの教育・学習だけで終わりというわけにはいかない。壮年期・高齢期に至るまで、すなわち一生涯にわたり行われるべきものであり、ここに、学習と人間形成・自己成長とが密接に関わってくる理由がある。「人生八十年」時代の今、人生のどの段階においても、自己成長・自己変革のチャンスがある。上村富江氏の「研修なくして介護なし」という標榜や、小松原征江氏の水曜会（自主研究会の取り組み）からも分かるように、「自分にとって必要な学びとは何か？」とその時々で考え、自分なりに考えられる方法で学び続けて行くことが、人としての尊厳やその人らしさを形成する要因である。こうした学習の積み重ねが、学び方を学ぶことにつながり、ひいては自己成長を促すのである。

実践訓三十一　介護の質を握る実習教育とは？

二〇〇七（平成十九）年に、社会福祉士及び介護福祉士法の一部改正法が公布され、これに合わせて、社会福祉士及び介護福祉士の養成カリキュラム等についても見直された。その結果、二〇〇九（平成二十一）年四月一日より実施の実習の教育内容について、厚生労働省通知は以下の二点を指摘しており、注目される。

① 個々の生活リズムや個性を理解するという観点から、様々な生活の場において個別ケアを理解し、利用者・家族とのコミュニケーションの実践、介護技術の確認、多職種協働や関係機関との連携を通じて、チームの一員としての介護福祉士の役割について理解する学習とする。

② 個別ケアを行うために個々の生活リズムや個性を理解し、利用者の課題を明確にするための利用者ごとの介護計画の作成、実施後の評価やこれを踏まえた計画の修正といった介護過程を展開し、他科目で学習した知識や技術を総合して、具体的な介護サービスの提供の基本となる実践力を習得する学習とする。

通常、実習といえば、実習生、実習施設、養成施設の三者にとっての実習という関係性で捉えられがちであった。しかし、実習中における利用者との関わりや経験が実習生自身に大きな影響をもたらすことから、今後は倫理的ジレンマや個人情報保護などを含むソーシャルマナー教育を徹底しつつ、実習生、実習担当教員、実習指導者、施設職員、及びサービス利用者の関係が効果的に機能することが重要という共通認識の下、連携強化を図っていくことが望まれている。

実践訓三十二　その人の痛みを痛みとして

「出たり入ったり理論」は、今のところ明確な理論化がなされていないようであるが、本聞き取り調査に応じてくれた小松原征江氏が教授してくれたものである。受容、共感、傾聴、共感的理解、クライエント中心（他者理解）などは、援助実践上の基本原則であるものの、実際の福祉・介護現場ではまだまだ不十分であり、他者中心の援助とはいい難いということなのだろう。頭で理解することと、利用者を目前にして支援したり、在宅において実践するのとでは別物であるということであり、どの援助者も他者主体（クライエント中心）にはなり得るのは容易ではないということである。

「出たり入ったり理論」とは、実践における一モデル的裏づけである。例えば、在宅介護において、訪問前は勿論、素の自分であるのだが、いざ、訪問先（自宅内）に入った瞬間、利用者及びその家族の立場や心情のなかに入っていき、介護実践を行い、時間がきて、訪問先から外へ出てきた瞬間、相手の立場や心情から外へ出て行くプロセスの理論化を試みたものである。いわゆる、「瞬間芸」のようなものである。言い換えれば、「その人の痛みを自分の痛みとして感じる」ということでもある。理論的裏付けが乏しいため、こうした介護福祉実践を地道に積み上げていき、実践の成果を検証しながら、じっくりと理論構築していくことが望まれる。

実践訓三十三　看取りの作法

医療や看取りの現場における生命倫理四原則とは、「無危害原則・善行原則・正義原則・自己決定原則」であり、なかでも、本人の意思決定を尊重する「自己決定原則」が最優先されている。看取りの場面では、人の死をどう捉えるのかによっても対応が異なり、心臓死や脳死、さらには延命治療の有無などによっても状況は大きく異なってくる。明確な定義がない終末期であるが、便宜的に「死期が遠からずやってくると予測された時点から」終末期とされ、期間で言えば、半年以内、一年以内という期間で区切られることが多い。

では、そうした看取りにおける最適な方法とはどのようなものか。京都府では団塊世代が七五歳以上を迎え、亡くなる人が急増するとされる二〇二五年に向け、本人が希望する終末期を迎えるための環境整備の指針「京都ビジョン」（二〇一五年）を策定している。これは在宅療養の支援や施設・医療機関との連携を強化し、「住み慣れた地域で最期まで自分らしい暮らしができる社会の実現」を目ざしたものである。また、東京都新宿区の「ケアーズ白十字訪問看護ステーション」（秋山正子代表）では、「看護小規模多機能型」を実践することで穏やかな看取りをチームで支えている。ここで、秋山氏は「穏やかに衰えていくには、口から食べることで生活の質を上げ、管を付けず、重度化しないこと。利用者の生活を観察し、意欲を引き出し、できることとできないことを見極め、要所要所で訪問することが重要」と話している。

いずれにしても、今後、高齢世帯の増加により、寝たきり、老老介護、孤独死、認知症などの増加が懸念されるため、NPO法人や社会福祉協議会とともに見守り体制を強化したり、ネットワーク網を上手く活用することで早期発見・早期介入していくことが求められる。

実践訓三十四　二四時間巡回型ホームヘルプ事業の実態

「住み慣れた我が家で生活を続けていきたい」と願う介護が必要な人の日常生活を支える取り組みが、在宅福祉センターを中心に、二四時間巡回型で行われ始めている。寝たきり高齢者や重度障害者を二四時間体制で巡回し、短時間の身体介護サービスを提供する仕組みである。具体的には、一日数回、利用者の生活時間に合わせて訪問し、排泄介助、体位変換、移動介助などの身体介護サービスを中心に約三〇分間で行う。その他にも、入浴介護、食事介助、身体の清拭、通院介助、衣類着脱などの支援もサービス範囲内である。

通常の利用対象者は、介護保険制度の要介護・要支援の認定を受けた人、障害者自立支援法における障害者福祉サービスの支給決定を受けた人である。但し、有料ホームヘルプサービスも存在しており、公的制度で非該当になった人や、公的制度範囲外のサービス希望者へのサービス提供も可能である。北海道釧路市社会福祉協議会、熊本市社会福祉事業団などでも実施されている。

実践訓三十五　苦労は必ず得になる

「若いうちは苦労を買ってでもしろ」とか、「損して得取れ」という言葉を、著者は子どもの頃、親や周りの大人から事毎に言われた。その時は、苦労して進むよりは、苦労をせず、スムーズに進んだほうがいいと単純に思っていた。失敗や挫折の体験は人間にはつきものだが、それを乗り越えたり跳ね返していくにはエネルギーが必要である。成長するに従い、その言葉を徐々に理解し始め、失敗をするから、失敗しない方法が理解できるのであり、それが「失敗は成功の基」であることも体験的に学ぶようになった。

さて、「損して得取れ」という文言であるが、一般的には、「一時的に損をしても、将来的に大きな利益になって返ってくるというように考えよ」と解される。本当だろうか？　一時、損をすれば必ずそれが巡り巡って大きな利益をもたらすようになるのだろうか？　これはものの例えであり、ただ単に損をするのではなく、人がやらないような不利な仕事や人が嫌がるような役割を懸命に行い、努力する姿勢をもち続ければ、それが人の目に止まり、人が認めてくれて、やがてよい仕事が回ってくるという意味である。つまり、人の言動というのは誰かがどこかで見ていることが多く、一時的に損したと思われる経験をも誰かが目にし、気に留めるかもしれないので、もっと心を広くもって、辛いこと、嫌なことから目を背けず、精一杯取り組むことが大切であるという格言である。それは、いわば「損して徳取れ」ということである。人間的成長につながる言葉として大切にしたい教訓の一つである。

実践訓三十六　世代間の格差（generation gap）の拡大

様々な分野で世代間格差が拡大していると言われる。ことに、若者世代と高齢世代とでは、文化、価値観、思想、習慣、行動などにおいて、大きな差が見られるが、いまや十年単位で、格差が生じていると言っても過言ではないほどに、時代の移り変わりが激しい。「ジェネレーション・ギャップ」と一言で片づけるのは簡単だが、そうした時代においても、「共生社会」と言う限りは、やはり自分の世代だけではなく、他世代の考え方や特徴を理解しようと努めることが肝要である。

とりわけ、若い世代が年輩の世代に対し、人生の先達としての畏敬の念をもって、知恵や秘訣を教えていただくという姿勢でアプローチすると良いのではないか。高齢世代を「人生の達人」と呼ぶ人もいるぐらいだ。年輩世代のキャリアは伊達ではなく、経験者は様々な事柄を語ってくれるに違いない。また逆に、年輩世代が若者世代に、パソコン・スキルやメディア媒体の使用法について率直に尋ね、実用面に役立てることも考えられる。

このように、あまりに頑なな自己像をもつのではなく、ある一定の自己像がありながらも良い刺激や影響を受けながら、適宜修正可能なスタンスで柔軟に対応するとよいであろう。

実践訓三十七　専門職養成

二〇一五（平成二十七）年十一月現在、社会福祉士一八万九九七五人、介護福祉士一三九万九一〇〇人、精神保健福祉士六万九三七九人となっている。因みに、専門職養成を行っている社会福祉教育団体とは、日本社会福祉教育学校連盟（学校連盟）、社会福祉士養成校協会（社養協）、精神保健福祉士養成校協会（精養協）、日本介護福祉士養成施設協会（介養協）、ソーシャルケアサービス従事者研究協議会などのことをさす。

なかでも、日本介護福祉士養成施設協会は、一九九一（平成三）年に設立された団体であり、①養成するための教育の内容および方法等に関する調査研究、②養成施設の教職員の研修その他資質の向上に関する事業、③

養成教育に関する教材、資料等の作成、④介護に関する理念、手法、内容等の研究開発および知識の普及、⑤養成施設の卒業生等に対する資質の向上を目的とする情報提供等の事業などを目的とし、二〇一三（平成二十五）年現在、四一二名が加入している。なお、「専門職とは何か」「専門職性」については、秋山智久（二〇〇〇：二〇〇七）を参照されたい。

実践訓三十八　雑学はどうして重要なのか？

今日、「日本人の三割しか知らないこと」や「雑学王」など、メディア媒体においても、「雑学」花盛りと言える。テレビ番組になるぐらいだから、一定の視聴者が確保でき、それなりの反響もあるのだろう。これは言い換えれば、現代日本人の多くが雑学に興味をもっているという証しである。普段何気なく見ているテレビ番組で取り上げられるちょっとした雑学は、確かに意外に知らないことも多く、興味深い。雑学は豆知識、トリビアとも言われるが、これが何故福祉・介護現場などで重要視されるのだろうか？

対人援助の仕事の基本はコミュニケーションであり、どのような言葉掛けをするか、どのような話をするのかによって、その後の援助の展開は大きく変わってくる。できる限り、温かみがありユーモアがあって、確かな信頼関係が構築できるような関係になれればよい。そのきっかけになるのが雑学なのである。雑学は、「生活を面白くしたり、豊かにするものであり、誰かに思わず話したくなるようなうんちくのこと」であるため、援助する側―される側の人間関係を柔らかくするのに役立つ。雑学やうんちくを知っていることで、生活上思いがけず役立つこともあるだろうし、うんちくを学んだり語ったりするなかで、自分自身の物事の捉え方や思考パターンをも振り返る契機にもなり得る。何より、こうしたことがコミュニケーションや人間関係づくり、知識を見せびらかすだけの「物知り博士」で終わるのではなく、相手が知ってそうで知らないことで役立つものを、ゆっくりていねいに伝えることで、実は自分の人柄や温かみを相手に伝えることができる。それが好ましい関係性の構築や相互理解に寄与するということを忘れないようにしたい。

実践訓三十九「他資格取得が身を助ける」とは？

本聞き取り調査に協力してくれた黒松基子氏は、日々、部下に「他資格取得が自分の身を助ける」と伝えていると言う。実際に、介護職として送迎を中心に仕事をしていた若手男性職員に対し、「車が好きなら、普通自動車だけでなく、大型二輪の免許を取っておき」といったことが、トラック運転手としての転職につながったという実例を話してくれた。なるほど、「芸は身を助ける」とか「昔取った杵柄」とは言うが、偶々でも何となくでも取得していたものが後々に生きることもあるんだということを考えさせられた。

著者は大学院生のとき、ある指導教授から「得意分野を三つもて」と言われた。自分の専攻以外に二つの得意分野をもつとつぶしがきくので良いという教えである。これは単純に言うと、それだけたくさんの有資格について履歴書に書けるということになるが、決してそれだけの意味ではない。一つの専門分野を極めることは重要なことだが、その場合、えてして見方が一方的になり偏狭であることが多い。その一つを見れば見るほど、偏狭し、歪んでいき、正しく捉えることが難しいこともある。そうではなく、三つの専門領域をもつことで、つまり、各々の専門領域を出たり入ったりすることで、様々な角度から冷静に捉えることができ、バランスが保て、それが物事の正しい認知や理解につながるという意味である。また、三つを極めるのは並大抵のことではないため、そうした試練を潜り抜ければ、その後どんな苦難にも負けないだろうという意味合いもあると考えられる。「草食男子」「男性の弱体化（女性化）」という揶揄がみられる今日、現代の若者が受け止めるべき文言と言える。

実践訓四十「人に与えるから財産が光る」とは？

自分の財産や貯蓄、強みは本来、自分のものであり、他の誰にも渡したくないのは当然のことである。何故ならそれを有しているから自分は周囲よりも優位に立ち、他者との区別がつくからである。苦労して得たものを大切にしたいという気持ちは偽りのない心情だろう。但しその一方、そうした貴重なお金、時間、労力を惜しげもなく与えようとするボランティアも存在する。仕事やアルバイトではなく、無償でボランティア活動をしようとする人が大勢いる。活動参加の動機は様々であろうが、ボランティアは何のために活動をするのだろうか。

社会福祉分野における相談援助の理論・方法の一つに、「エンパワメント理論・アプローチ」がある。これは通常、社会的弱者といわれる児童、障害者、高齢者に対し、「力をつける（力を添える）」ことで、その人の生活の自立を促すことにねらいがあり、これまでのような人の短所・欠点に目を向ける医学モデルの考え方から離れ、人の長所・良さに目を向けそれを最大限伸ばすことで、欠点をもカバーするという生活モデルに立脚した考え方である。人の長所・強さに着目するため、「ストレングス視点」とも呼ばれる。この理論・アプローチに基づき、改めて「人に与えるから財産が光る」を考えてみると、人に与えることができる財産とはその人のもつ長所・良さのことであり、それはそれを受け取ったり感じ取ったりしてくれる相手があって初めて認識できることであり、そうした人の役にたったとか、良い行いをしたという感情がその人自身に自信や落ち着きをもたらすことになるのであろう。もっているものを他者や相手のために役立ててこそ、その価値がいっそう高まるということを肝に銘じたい。

第三部文献一覧

秋山智久『社会福祉実践論　改訂版』ミネルヴァ書房、二〇〇〇年。

秋山智久『社会福祉専門職の研究』ミネルヴァ書房、二〇〇七年。

秋山智久「福祉の専門職性と資格」日本社会福祉学会事典編集委員会編『社会福祉学事典』丸善出版、二〇一四年、七一〇-七一一頁。

秋山智久『社会福祉の思想入門――なぜ「人」を助けるのか』ミネルヴァ書房、二〇一六年。

朝倉新太郎・上田章・総合社会福祉研究所編著『明日をひらくホームヘルプ労働』こうち書房、一九九五年。

朝日新聞社『朝日新聞　東京版』（朝刊）二〇一五年一月二十四日。

朝日新聞社『朝日新聞　名古屋版』（朝刊）二〇一五年八月十一日。

伊勢新聞社『伊勢新聞』（朝刊）二〇一五年三月二日。

市川一宏「社会福祉教育団体と専門職養成」日本社会福祉学会事典編集委員会編『社会福祉学事典』丸善出版、二〇一四年、七一四-七一五頁。

岩田正美・田端光美・古川考順編著『一番ヶ瀬社会福祉論の再検討』ミネルヴァ書房、二〇一三年。

大島巌編『ＡＣＴ・ケアマネジメント・ホームヘルプサービス』精神看護出版、二〇〇四年。

介護福祉士のあり方及びその養成プロセスの見直し等に関する検討会『新しい介護福祉士の養成と生涯を通じた能力開発』法研、二〇〇六年。

香川正弘・三浦嘉久編著『生涯学習の展開』ミネルヴァ書房、二〇〇二年。

香川正弘・鈴木眞理・佐々木英和編『よくわかる生涯学習』ミネルヴァ書房、二〇〇八年。

神奈川新聞社『神奈川新聞』（朝刊）二〇一四年二月二十七日。

川村隆彦『ソーシャルワーカーの力量を高める理論・アプローチ』中央法規出版、二〇一一年。

北日本新聞社『北日本新聞』（朝刊）二〇一五年三月五日。

北日本新聞社『北日本新聞』（朝刊）二〇一五年四月二十二日。

京都新聞社『京都新聞』（朝刊）二〇一五年四月三十日。

京極高宣『[新版]日本の福祉士制度――日本ソーシャルワーク史序説』中央法規出版、一九九二年。

齋藤曉子『ホームヘルプサービスのリアリティ』生活書院、二〇一五年。

下山昭夫『介護の社会化と福祉・介護マンパワー』学文社、二〇〇一年。

産経新聞社『産経新聞　東京版』二〇一五年四月十六日。

静岡市社会福祉協議会非常勤ヘルパー自主勉強会『とんぼのめ――よりよいケアを目指して』(自主勉強会の記録一)、一九九四年。

竹内吉正「ホームヘルプ制度の沿革・現状とその展望――長野県の場合を中心に」『老人福祉』第四六号、一九七四年、五一-六九頁。

中国新聞社『中国新聞』(朝刊)二〇一五年四月四日。

中日新聞社『中日新聞』(朝刊)二〇一五年四月二十二日。

東奥日報社『東奥日報』(朝刊)二〇一五年七月二十三日。

東奥日報社『東奥日報』二〇一五年八月二十八日。

十勝毎日新聞社『十勝毎日新聞』二〇一四年二月二十六日。

鳥羽信行・森山千賀子編著『ホームヘルパーのための対人援助技術』萌文社、二〇〇三年、
中嶌洋「生きがいとボランティア活動の相関性に関する分析――中高年生きがい調査の意識面を中心に(承前)」『生涯学習フォーラム』第六巻第二号、二〇〇三年、三四-六六頁。

中嶌洋「わが国の介護福祉士制度の一源流――兵庫県における福祉介護士認定制度(一九八六年)の歴史的意義の考察」『介護福祉学』第一四巻第二号、二〇〇七年、一五一-一六二頁。

中嶌洋「高齢社会の生涯学習」香川正弘・鈴木眞理・佐々木英和編『よくわかる生涯学習』ミネルヴァ書房、二〇〇八年、六二-六三頁。

中嶌洋「長野県上田市における家庭養護婦派遣事業のモデルに関する仮説検証――ホームヘルプ事業の推進者、竹内吉正が言及したクリスチャン未亡人Kさんへのアプローチ」『学苑』第八六二号、二〇一二年、二四-四三頁。

中嶌洋『日本における在宅介護福祉職形成史研究』みらい、二〇一三年。

中嶌洋『ホームヘルプ事業草創期を支えた人びと――思想・実践・哲学・生涯』久美、二〇一四年。

中嶌洋監修『現代日本の在宅介護福祉職成立過程資料集　第二巻　家庭養護婦派遣事業を支えた人々』近現代資料刊行会、

二〇一五年。

西崎緑編著『在宅介護おたすけブック』日中出版、一九九九年。

「二四時間巡回型ヘルパー派遣事業」(http://ksfj.hinokuni-net.jp/service/oldperson_24h.php 二〇一六年一月十一日取得)。

日本介護福祉学会事典編纂委員会編『介護福祉学事典』ミネルヴァ書房、二〇一四年。

日本経済新聞社『日本経済新聞』(夕刊)二〇一四年一月二十二日。

日本経済新聞社『日本経済新聞』(朝刊)二〇一五年二月二十六日。

日本経済新聞社『日本経済新聞』(朝刊)二〇一五年三月十日。

日本社会福祉学会事典編集委員会編『社会福祉学事典』丸善出版、二〇一四年。

藤井 泰『イギリス中等教育制度史研究』風間書房、一九九五年。

北國新聞社『北國新聞』(朝刊)二〇一四年三月六日。

本名靖・荏原順子・木村久枝編著『介護福祉総合演習』光生館、二〇一五年。

毎日新聞社『毎日新聞 東京版』(朝刊)二〇一五年六月二十六日。

南日本新聞社『南日本新聞』(朝刊)二〇一五年五月十五日。

森 幹郎「ホームヘルプサービス――歴史・現状・展望」『季刊社会保障研究』第八巻第二号、一九七二年、三三頁。

森 幹郎『ホームヘルパー』日本生命済生会、一九七四年。

結城康博・松下やえ子・中塚さちよ編著『介護保険法改正でホームヘルパーの生活援助はどう変わるのか』ミネルヴァ書房、二〇一四年
読売新聞社『読売新聞 東京版』(夕刊)二〇一五年一月十五日。

読売新聞社『読売新聞 東京版』(夕刊)二〇一五年二月二日。

第四部　考察編

――弱さを支援する行為としての在宅介護

一　本書における新知見

以上、本書では、昨今、地域福祉・介護福祉分野にみられる認知症、孤独死、老老介護、共倒れ、高齢者虐待、自殺、施設職員の不祥事、人材不足、離職率の高さなど、様々な問題を背景とし、今後、必要性が高まると考えられる在宅介護福祉実践の本質・特性を歴史を押さえながら、過去から現在に至るまでの取り組みを援助者の視点から論じた。その際、生活者にもっとも身近な存在である訪問介護員（ホームヘルパー）の視点から、その実践の歴史並びに現状を捉え直した。その上で、将来の実践に寄与し得る教訓（四〇訓）を抽出した。但し、本書をもって「地域福祉・介護福祉実践の本質・アイデンティティを確立する」という当初の目的を達したとは言い難い。何故なら、僅か九人の方々の証言であっても、その内容や価値づけに非常に大きな多様性がみられたからである。加えて、多元化が叫ばれる現代においては、地域福祉・介護福祉の本質的意義を求めることと同時に、その時代の社会のもつ意味や課題をたずねることが重要であるからである。不文律や哲学も大事だが、それに収まり切らない諸問題への対応や潜在的ニーズの顕在化などが地域福祉・介護福祉において欠かせない。とはいえ、本書を通じ、今回新たに解明された諸点もあり、以下に述べる。

まず、第一部の歴史編では、わが国のホームヘルプ事業史研究の実質的な起点となっている森（一九七二：一九七四）、池川（一九七一：一九七三）、竹内（一九七四）らの見解を押さえつつも、この範囲内に留まることで一般論や通説に無批判に追従してしまうことを避け、著者なりの研究視点を定め、第一次資料に当たることを基本にした。「オリジナルか借用かということで、社会事業には意外に借用史料が多い」（吉田 一九八一：一一）とされることから、本源性にアプローチする試みでもあった。第一部では、わが国初の組織的なホームヘルプ事業である家庭養護婦派遣事業（上田市）の運営費を共同募金から捻出した経緯があることから、共同募金運動について、その先駆者である赤星典太にアプローチし、その思想的特徴を明らかにした。また、ホームヘルプ事業の利用者開拓において少なからぬ民生委員たちも尽力していたため、民生委員制度の先駆けである方面委員制度をもとり上げた。これに関連して、全日本方面委員連盟書記（当時）でもあった原崎秀司をキーパーソンとし、その思想展開を論じた点から、方面事業とホームヘルプ事業との関連の一側面を浮き彫りにした。そして、長野県を中心にその後、ホームヘルプ事業がいかにして創設・推進・展開していったのかについて、原崎や初期家庭養護婦らの実体に迫りながら、事業の内実や実績を論証した。

吉田（一九八一：一〇）は、真実性や可信性を問題とし、「社会事業では、まだ美談史料や、お国自慢的史料等の誇張にみちていることも周知のところである」と論及するが、こうした観点に立つと、本編で明示した「竹内吉正論文（一九七四）とKさん証言（二〇〇七）の齟齬」のように、通説（「クリスチャン未亡人Kさんはホームヘルパーのモデルであった」）が覆されることも例証された（巻末の表3－1を参照）。歴史研究では伝聞推定ではなく緻密な実証が要となる。次いで、著者独自の全国調査（「わが国のホームヘルプ事業の発祥に関する全国調査」（二〇〇八年）の結果を援用し、ホームヘルプ事業の拡張過程の一端を示唆した点も既存の研究を一歩進めることとなった。補論としては、研究途上ではあるものの、ホームヘルプ事業の類似職種である女中、派出看護婦、病院付添婦、専任給食婦、保健婦駐在制、巡回入浴サービスなどを簡潔に整理した。このような研究結果は従来、巡回入浴サービスに特化した嶋田（二〇一四）や、長野県上田市を中心に研究する中嶌（二〇〇八、二〇一一、二〇一二など）らの研究では論じられてこなかった事柄であった。単に、埋もれた史実や不鮮明な出来事を明確にするだけではなく、「ホームヘルプ」をキーワードとし、それらをつなぐ周辺事項へのアプローチを進めた点で、今後の研究方向を拡げたと言えよう（巻末の図4－1を参照）。

次に、第二部の証言編では、九人の聞き取り調査対象者の証言を可能な限り網羅した。通常、聞き取り調査後に、その大半の質的データが切り捨てられるという実情があったからである。但し、本書収録に際しては、話者自身による大幅修正が入ったため、部分的に要約あるいは削除した箇所がある。その語りへの熟考や省察からヒントや知見を得ることを試みるべく、今回は、キーワードを抽出した。聞き取り調査は、すべて半構造化インタビュー形式で行い、各回答者の情熱や魂を感じ得た。旧来、ホームヘルパー（東京都）への聞き取り調査を行った細川・森山（二〇〇五）、沼田・森山（二〇〇六）、木下・森山（二〇〇七）らの研究はあるが、それらは東京都に限定したものであり、地域差への考慮が欠落していた。今回、九道県で行った聞き取り調査は、対象地域の広がりをもたらした。発言内容の深遠さや多様性を実感させられたが、このような地域福祉・介護福祉のなかにある多様性や矛盾を確認すること自体が意味深く、何故多元化社会で多様な形式で福祉を位置づける構図となっているのか、あるいは、諸々の問題や矛盾がいかに生成され、どう応じられようとしているのかをていねいに解きほぐすことが重要である。

吉田（一九八一：五）は、「社会事業のように、相対的独自性が濃厚な研究対象にあっては、不連続的側面が大きい」と危惧するが、こうした時間的変化の影響を考慮し、本書では構成を第一次資料に基づく史実の記録（第一部　歴史編）に留まらず、時間的な懸隔を体験してきた当事者の証言（第二部　証言編）を求め、史実への深い理解をもたらす「分厚い記述」を心掛けた。

第三部の実践訓編では、第二部で取り上げた九人の証言のなかから、現在及び将来の地域福祉・介護福祉実践上、役立つと思われる教訓を四〇個厳選し、解説を加えた。一例を挙げると、「評価」「起源（原点）」「死への準備」「幸せ」「感性」「人間的成長」「看取り」「格差」など、現代日本人における今日的課題に関する幾つかのテーマを考究した。地域福祉・介護福祉の歴史を探究するとは、恣意的に論考したり、あらかじめ準備された法則のみで説明することではない。対象者や当事者との共通の視点や着眼点に基づき、そこから浮上する認識や見識を洞察することが重要であり、そこには当然ながら謙虚に学ぼうとする姿勢が要求される。さらに、近年、見えない「生活課題・介護問題」が深刻化していると言われ、「下層ほど社会化の影響を強く受ける」（吉田 一九九五：二二二）という。こうしたなか、担い手側には「介護の目」「福祉の目」がますます希求され、問題や現象をただ見るだけでなく、トータルに見ながらさらに深掘りすることが厳しく問われる。本書でも、得られた証言や知見を掘り下げ、実践訓の抽出という形で重層化を試みた。なお、解釈や認知は千差万別であるため、何度も繰り返し証言編を読み返し、各自で新たな実践訓を見出すことも重要であろう。

二 今後の研究課題

一方、研究方法についても一考しておきたい。本書において、歴史編では資料収集、証言編では聞き取り調査を中心に研究を進めたため、質的データの収集と分析・考察に終始した。研究方法の種類としては歴史研究と質的研究の併用となる。内容的には、ホームヘルプ事業史とその周辺並びに家庭奉仕員・初期ホームヘルパーの語りといった実践的なものであるため、援助者及び利用者の側に立つ内容が多い。

但し、志村（二〇一四：六二）によれば、「標準化、数値化できない質的データの場合、研究者が収集したデータを何らかの方法で、解釈、分析可能な形にして研究を遂行させなければならない。……KJ法、グラウンデッド・セオリーなどの方法論が確立している場合でさえも、解釈、分析に偏りが生じていないか留意しなければならないのであり、公式をもたないことに対する疑問感が質的研究方法に対する不信につながり、また課題となっている」という。ここに、質的研究や歴史研究の方法論上の課題がうかがえる。しかしながら、地域福祉や介護福祉は二元論や多元論では決して捉え切れないことも事実である。どのように優れた研究手法や観察方法であっても、事象を完全把握できるものではなく、ことに多様で社会的影響を受けやすい対人援助領域では、現代社会が産出する社会問題への着目やその解決を託されていることを忘れてはならない。対立構造ではなく、包括的・内包的でありがなら自立・存立を支援するという枠組みから、ていねいに検討していかなくてはならない。

他方、質的研究の報告をめぐっては、「書き手」と「読み手」のギャップのほか、「書く側」と「話す側」とのギャップも考えられ、その差をつなぐものが「記述」という行為である。本書は、当事者たちの記録である第一次資料に基づいた歴史的記述と、「話す側」の思いをできるだけ忠実に再現した証言編、さらに、それらを摺り合わせながら考案した実践訓編という構成であり、各々のギャップを埋めるべく、方法論の併用を行った（トライアンギュレーション）。「再現可能な方法」と「応用可能な方法」とを科学的研究と志村（二〇一四：六一三）は位置づけているが、なかでも、後者のモデル提示において、質的研究や歴史研究の進展が期待される。

地域福祉・介護福祉の実践は本質的に「弱さ」を支援する行為である。一番ヶ瀬（一九九〇：九）も「福祉というのは、暮らしのあり方であり、それをめぐる社会方策、また、積極的な社会的努力」のことと規定する。しかし、福祉の対象となる利用者自身の「弱さ」のラベリングであってはならない。単なる原理・原則としての利用者の人格・尊厳・個別化ではなく、現代社会に存在する人々が負う社会問題として再認識し、多様に意味づけ・価値づけされた生活問題を背負った人々へのアプローチを忘れてはならない。そうした存在を支え、力づけてきた家庭奉仕員・初期ホームヘルパーの営みは、まさにエンパワメント理論・アプローチに通ずる実践と言えるのではなかろうか。ホームヘルプ事業史の草創期に在宅生活者や家族のもとに飛び込み、彼ら・彼女らの長所・良さ・可能性を探り当て、励まし、支え合いながら行った実践の足跡こそ貴重であり、その解きほぐしのなかから矛盾への挑戦や批判への対応など、新たな選択肢や解決の糸口を見出すことが重要である。史実の明確化及び先達の奮闘の具体化を目ざした本書は、「今がその時、その時が今」を認識し得るものであり、地域福祉・介護福祉の将来の方向性を照射する一つの糸口にすぎない。

第四部文献一覧

池川　清『家庭奉仕員制度』大阪市社会福祉協議会、一九七一年。

池川　清「大阪市に家庭奉仕員が誕生するまで」『月刊福祉』第五六巻第三号、一九七三年、五九頁。

一番ヶ瀬康子『新・社会福祉とは何か［第三版］』一九九〇年、ミネルヴァ書房。

岩田正美『社会福祉のトポス』二〇一六年、有斐閣。

木下安子・森山千賀子「東京のホームヘルパー（第十四回）」『東京』第二七九号、二〇〇七年、四〇‐四四頁。

嶋田芳男「地域における巡回入浴事業の萌芽とその後の展開――宇都宮市、水戸市などにおける取り組みに焦点を当て」『介

護福祉学』第二一巻第一号、二〇一四年、二七 - 三四頁。

志村健一「質的研究方法論の発展――到達点と課題」日本社会福祉学会事典編集委員会編『社会福祉学事典』丸善出版、二〇一四年、六一〇 - 六一三頁。

竹内吉正「ホームヘルプ制度の沿革・現状とその展望――長野県の場合を中心に」『老人福祉』第四六号、一九七四年、五一 - 六九頁。

中嶌 洋「ボランティア活動の実践からホームヘルプ事業化への道すじ――長野県上田市における事例を中心にして」『上智大学教育学論集』第四二号、二〇〇八年、八三 - 九八頁。

中嶌 洋「ホームヘルプ事業の黎明としての原崎秀司の欧米社会福祉視察研修（一九五三 - 一九五四）――問題関心の所在と視察行程の検証を中心に」『社会福祉学』第五二巻第三号、二〇一一年、二八 - 三九頁。

中嶌 洋「長野県上田市における家庭養護婦派遣事業のモデルに関する仮説検証」『学苑』第八六二号、二〇一二年、二四 - 四三頁。

沼田初枝・森山 治「東京のホームヘルパー（第十一回）」『東京』第二七二号、二〇〇六年、一八 - 三三頁。

細川智子・森山千賀子「東京のホームヘルパー（第五回）」『東京』第二五四号、二〇〇五年、一六 - 一九頁。

森 幹郎「ホームヘルプサービス――歴史・現状・展望」『季刊 社会保障研究』第八巻第二号、一九七二年、三一 - 三九頁。

森 幹郎『ホームヘルパー』日本生命済生会、一九七四年。

吉田久一『日本社会事業の歴史 新版』勁草書房、一九八一年。

吉田久一『日本の貧困』勁草書房、一九九五年。

吉田久一『日本社会福祉理論史』勁草書房、一九九五年。

第五部

資料編

図２-10-１　階層的クラスター分析によるキーワードの分類

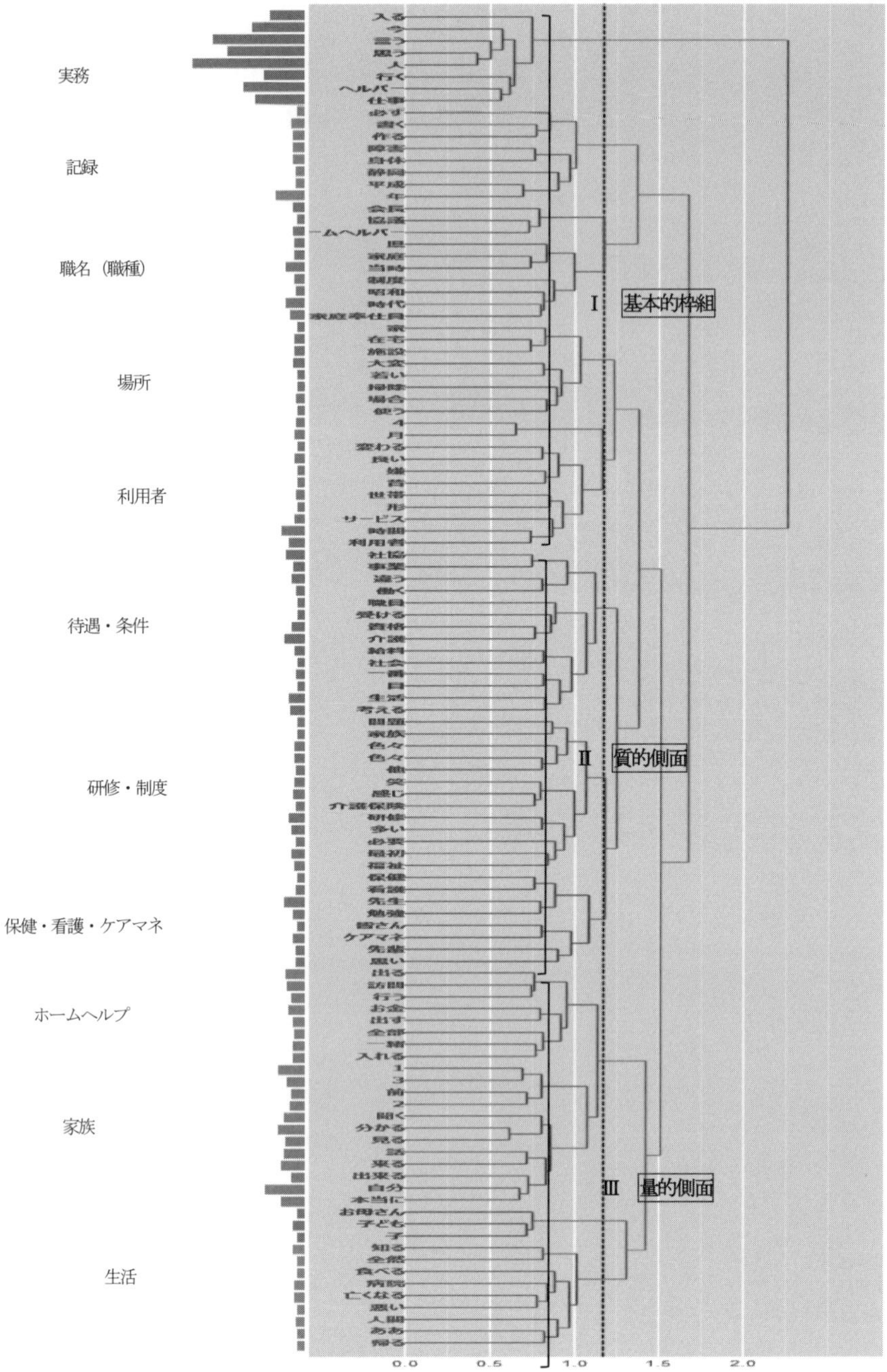

【出典】筆者作成による。

図２−10−２　家庭奉仕員・初期ホームヘルパーの証言に関する共起ネットワーク

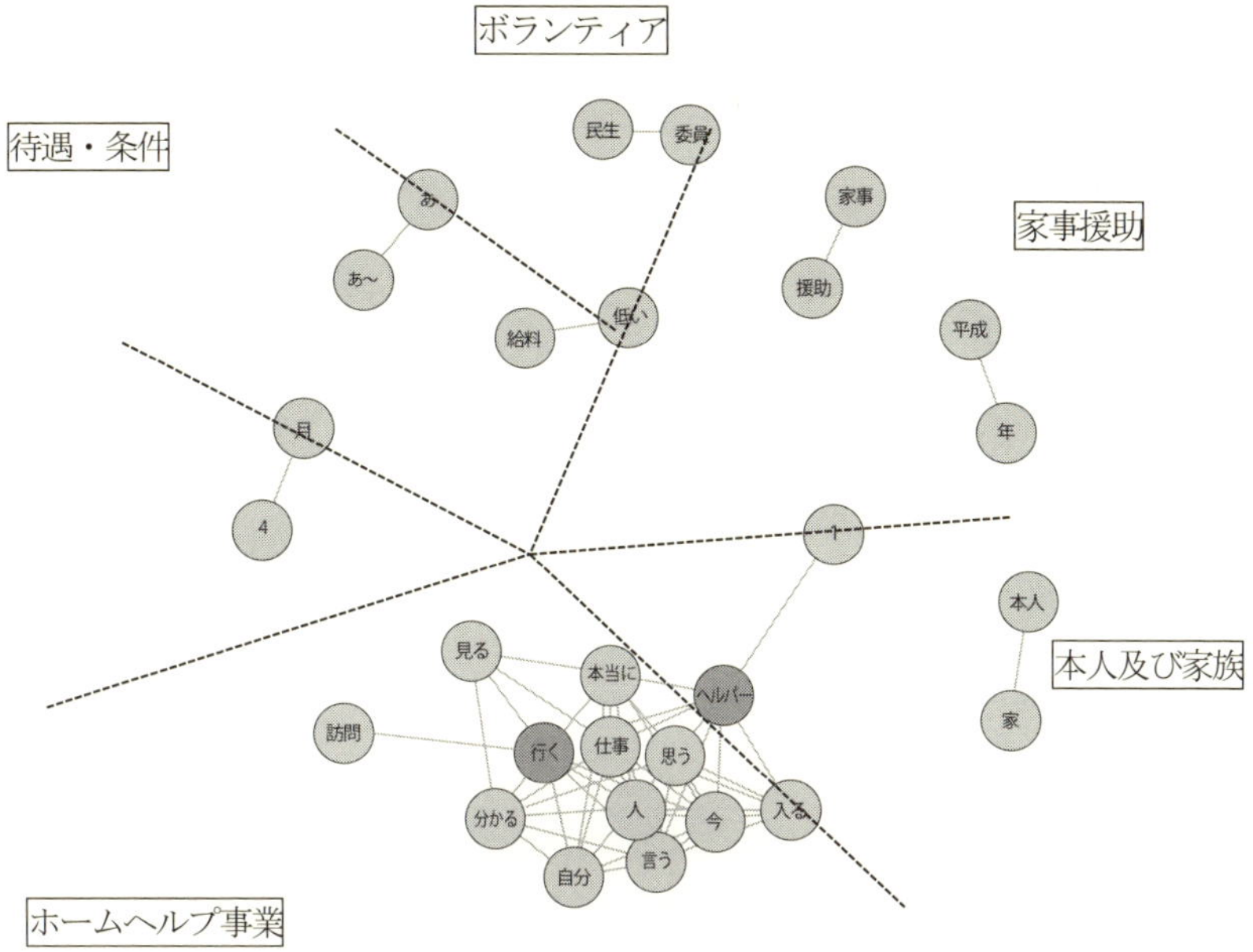

【出典】筆者作成による。

図２−10−３　対応分析による家庭奉仕員・初期ホームヘルパーの思想的特徴

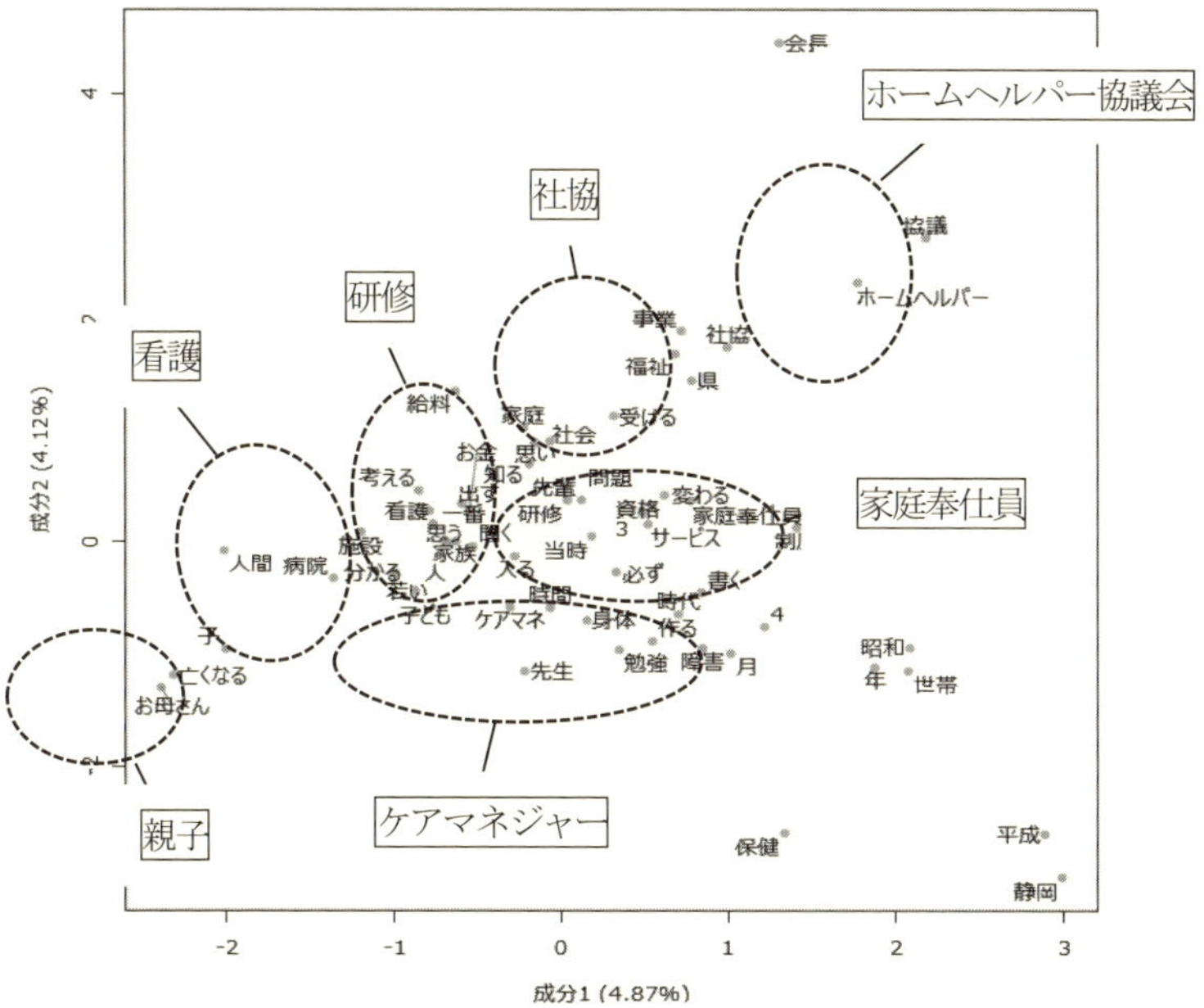

【出典】筆者作成による。

図３-１　２つの知能型の発達方向

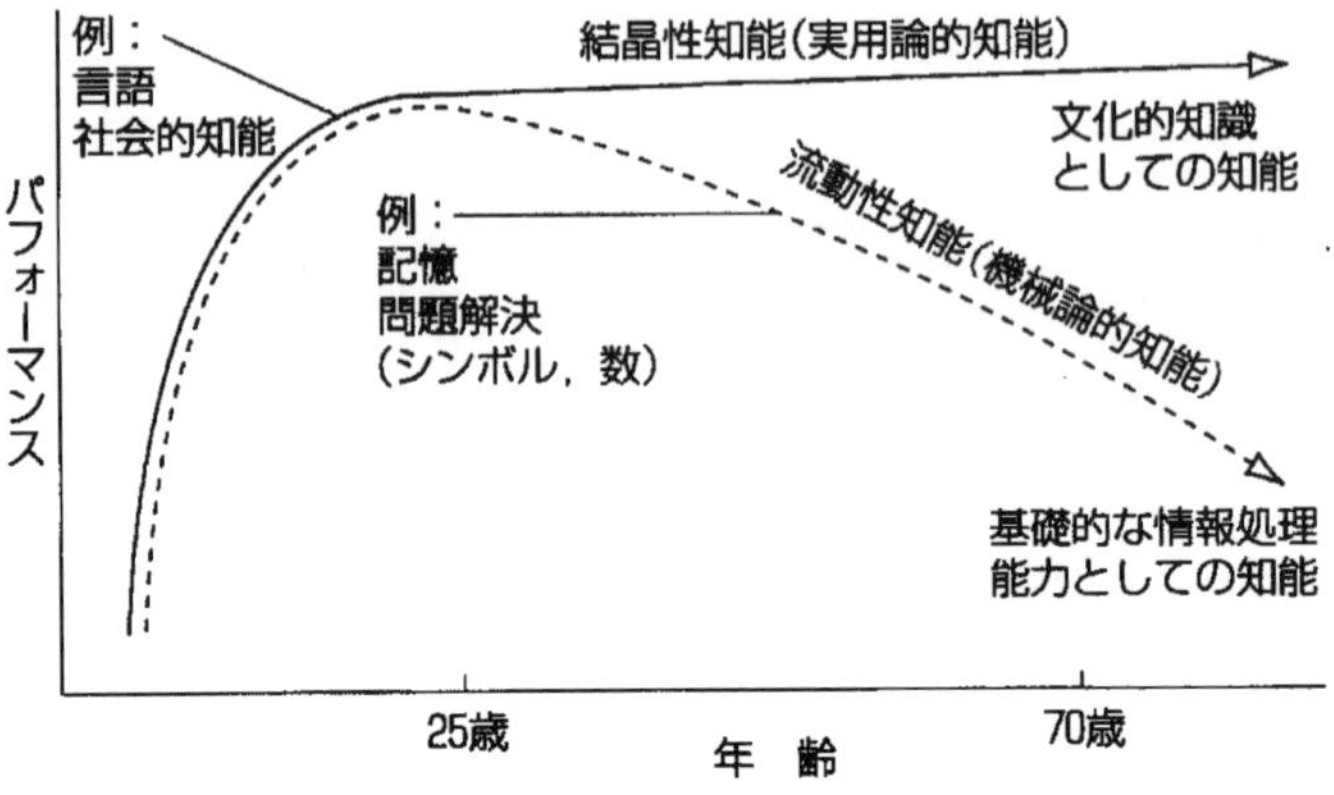

図 9　二つの知能型の発達方向

出所：バステル，P. B.　東洋・柏木惠子・高橋惠子（編監訳）　1993　『生涯発達の心理学』（第１巻）　新曜社　p. 181.

図４－１　ホームヘルプ事業史研究の全体像

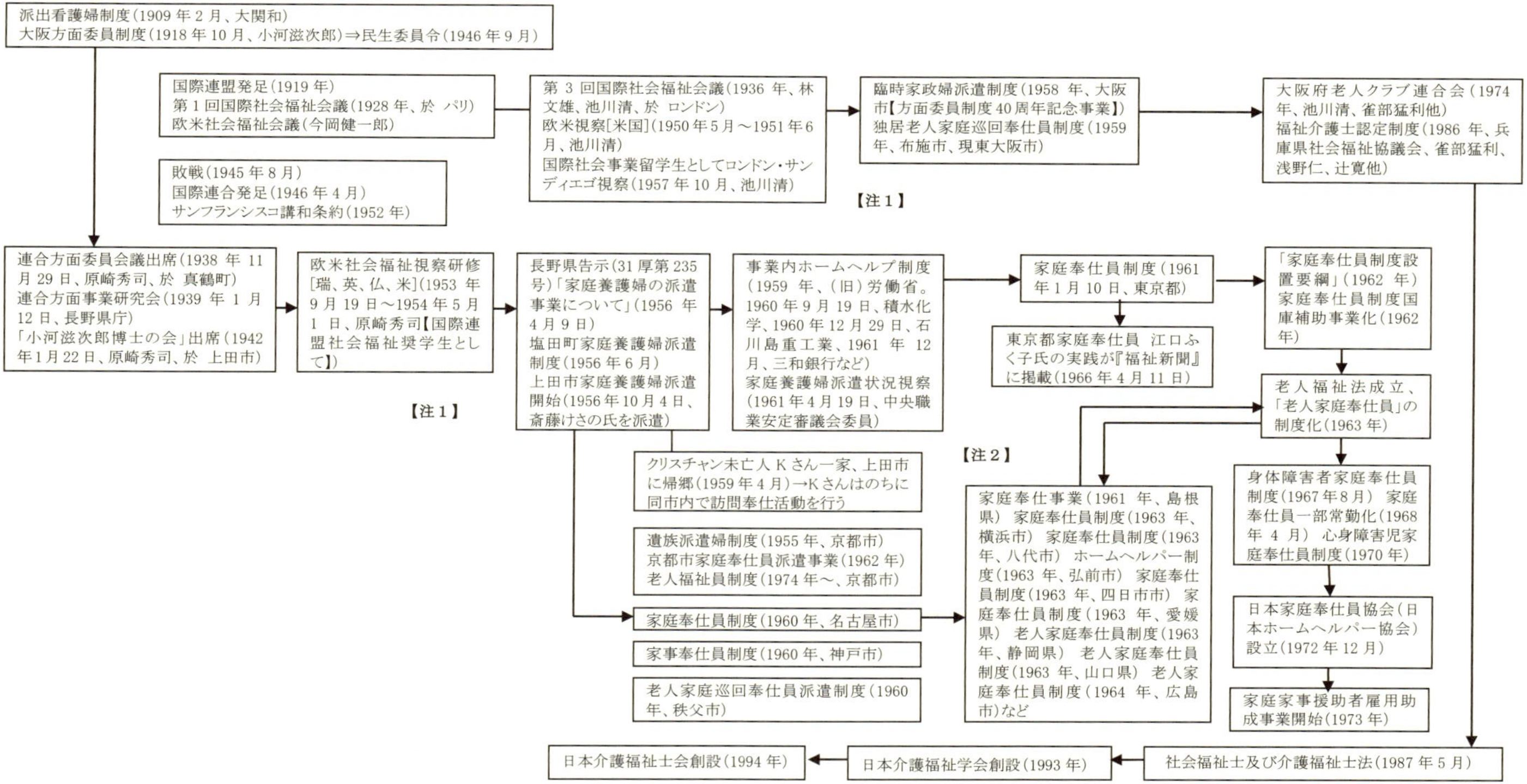

【注１】本図から、長野県型と大阪市型のホームヘルプ制度が二大潮流として法制度化を促進したことが窺える。
【注２】名古屋市の家庭奉仕員制度（1960年）が基点となり、全国展開していった様が窺い知れる。
【出典】なお、同図は、中嶌　洋「家庭奉仕員制度創設と女性のキャリア形成」『日本獣医生命科学大学研究報告』第63号、2014年、78頁に掲載されている。

表序-1　老人福祉法成立前後のホームヘルプ事業の創設

開始年	ホームヘルプ事業開始自治体名（都道府県名、開始月日）
1955(昭和30)年	上田市（長野県、7月）、京都市（京都府、11月）
1956(昭和31)年	長野県（6市5町12村、4月9日）
1958(昭和33)年	大阪市（大阪府、4月1日）
1959(昭和34)年	布施市（大阪府）
1960(昭和35)年	秩父市（埼玉県、4月1日）、名古屋市（愛知県、6月）、神戸市（兵庫県、6月）
1961(昭和36)年	東京都（12月）、釧路市（北海道、4月）、自治体名不明（島根県）
1962(昭和37)年	千葉市（千葉県、5月28日）、福井市、小浜市、三国町、松岡町（福井県、9月）、自治体名不明（佐賀県）
1963(昭和38)年	岐阜市（岐阜県、1月1日）、自治体名不明（石川県、4月1日）、呉市（広島県、5月）、自治体名不明（愛媛県、5月21日）、本渡市（熊本県、6月）、秋田市など2市（秋田県、6月）、富山市、高岡市（富山県、7月1日）、弘前市、十和田市、三沢市、陸奥市（青森県、8月）、大津市（滋賀県、8月25日）、前橋市、高崎市、桐生市（群馬県、10月）、静岡市（静岡県、10月）、徳島市ほか3市（徳島県、12月）、宇都宮市、足利市など（栃木県）、水戸市、日立市、土浦市（茨城県）、自治体名不明4市（神奈川県）、四日市市、尾鷲市、亀山市（三重県）、宇部市、下関市、徳山市、防府市、山口市、岩国市（長門市）（山口県）宮崎市、都城市、小林市（宮崎県）、鹿児島市、川内市、鹿屋市（鹿児島県）
1964(昭和39)年	岡山市（岡山県、5月）、盛岡市（岩手県）、門司区、小倉区、若松区、八幡区、戸畑区（福岡県）
1965(昭和40)年	佐世保市（長崎県、4月1日）、新潟市、弥彦村（新潟県）、別府市（大分県）
1966(昭和41)年	山形市（山形県）、自治体名不明6市2町（福島県）、大川郡引田町、香川郡香川町、三豊郡高瀬町（香川県）
1967(昭和42)年	高知市、宿毛市（高知県、4月）、西伯町（鳥取県）、仙台市、塩釜市、気仙沼市（宮城県）、平良市（沖縄県）、自治体名不明（和歌山県）
1968(昭和43)年	自治体名不明2市町村（山梨県）
1987(昭和62)年	自治体名不明44市町村（奈良県）

【出典】2008（平成20）年4月－7月、筆者が行った「わが国のホームヘルプ事業の発祥に関する全調査」結果を一部加筆・修正。

表序-2　聞き取り調査の回答者一覧

地域名	氏名	性	現所属（元所属）	勤務年数	所有資格	調査日	調査場所	調査時間
北海道（釧路市）	佐々木眞知子氏	女	釧路市社会福祉協議会	30年	介護福祉士 介護支援専門員	2015. 9. 4	釧路市社会福祉協議会（釧路市）	2時間30分
青森県（つがる市）	成田時江氏	女	つがる市立養護老人ホームぎんなん荘（施設長） 青森県ホームヘルパー連絡協議会会長	32年	介護福祉士 介護支援専門員	2015. 7. 20	養護老人ホームぎんなん荘1階（つがる市）	1時間30分

秋田県（秋田市）	石川安子氏	女	元秋田県ホームヘルパー協議会会長、元秋田市家庭奉仕員	24 年	ホームヘルパー（家庭奉仕員）	2015. 5. 19	―――	―――
山形県（天童市）	三沢文子氏	女	元日本家庭奉仕員連絡協議会会長、元天童市福祉事務所（家庭奉仕員）	22 年	ホームヘルパー（家庭奉仕員）	2015. 7. 19	三沢文子氏宅（天童市）	3 時間
新潟県（南魚沼市）	大沢紀恵氏	女	元新潟県家庭奉仕員連絡協議会副会長、外部評価調査員、日常生活自立支援員	33 年	ホームヘルパー（家庭奉仕員）	2015. 6. 28	南魚沼市広域働く婦人の家 1 F 相談室（南魚沼市）	2 時間
長野県（上田市）	上村富江氏	女	元長野県介護福祉士会副会長、元全労済在宅介護サービスセンター所長	30 年	介護福祉士 ホームヘルパー（家庭奉仕員）	2006. 12. 13	全労済長野県本部 3 階（長野市）	1 時間 10 分
石川県（能美市）	仁地美代氏	女	元石川県ホームヘルパー協議会会長、能美市辰口高齢者支援センター 主任介護支援専門員	25 年	介護福祉士 介護支援専門員	2015. 8. 17	芳珠記念病院 1 階（能美市）	2 時間
静岡県（静岡市）	小松原征江氏	女	独立型・特定居宅介護支援事業所ケアマネジメント「かがやき」所長	32 年	主任介護支援専門員 介護福祉士 福祉用具プランナー	2015. 8. 19	ケアマネジメント「かがやき」1 階（静岡市）	2 時間
島根県（出雲市）	黒松基子氏	女	（有）えるだー取締役	25 年	介護福祉士 介護支援専門員	2015. 9. 10	（有）えるだー 2 階（出雲市）	1 時間 20 分

【注 1】但し、秋田県については聞き取り形式でなく、電話及び書面調査で協力を得、後日郵送という形をとった。
【注 2】47 都道府県中 9 道県から調査協力が得れたので、回答可能都道府県割合は 19・1%。回答者は全員女性で、平均勤務年数 28・1 年、平均調査時間約 2 時間。
【注 3】氏名などの個人情報の公開については、9 人の回答者から事前に許可を得た。
【出典】筆者作成による。

表 1-6-1　民生委員による利用者状況報告の実例

永野民生委員による利用者状況報告	稲垣民生委員による利用者状況報告
訪問経路図　（略） △△も眼病 昭和33年6月眼病となり、東京順天堂病院に入院、網膜剥離の手術を行い、8月9日に退院した。健康保険を使用しても尚、10万近い借財となった（同院領収書による）と言う。 妻□□の病状 本年、子宮筋腫となり、4月24日三浦病院に入院手術を行い、5月5日退院したが、医師の話では3か月位は安静にしなければならないと言う。貧血が強く全く家事に手を出すことができないと言う。貞夫が勤めを休んだりして居るが、3週間位の養護婦の派遣が願いだ。 扶養義務者について 世帯主貞夫の母は昭和21年に死亡し身寄りはない。妻の実家では母親が病気で手助けには来られないので親類の援助は望めない。 家屋其の他 借家で家賃1、000円電気定額3灯とラジオ水道専用 収入について 世帯主が柳屋に勤めて一日400円、月23日位の稼働であると言う。従って月収9、000円位。 他法 柳屋の健康保険加入 本人の希望 午前8時頃より午後5時頃まで炊事、洗濯、掃除等で20日間位お願いしたい。負担金は1日100円位で願いたい。 相談結果 以上の状況であるので、家庭養護婦派遣家庭基準に該当するものと認められるので、社会福祉協議会竹内主事に連絡申請の手続きを指導した。	○○○○○ 五十歳 マッサージ業 右の者、突発脳出血にて倒れ、働けなくなりました。又一ヶ月の安静を要する病人でありますに、妻□□さんは組合公に工員として働いて生計を立てている家庭でありますので、若し妻が休んで看護いたすとなると、全然無収入となりますので、生活が立たなくなります。又、娘は千曲高校三年でありますが、学費は親類の援助を受けて通学させている有様で来春卒業を控へて休学させるわけにはゆかず、又近親も漸く生計を立てている状況で母親も中風で寝たきりで弟の世話になって居る由、誠にお気毒の家庭でありますので、是非家庭養護婦を派遣して頂きたく、私からもお願いいたします。それも、全額負担にして頂きたく合せてお願いいたします。尚、本人は身体障害者であります。 昭和三十六年五月十五日 上田市民生児童委員 稲垣みづほ 印
【出典】上田市社会福祉協議会『家庭養護婦書類綴』年月日・頁数不詳。	【出典】上田市社会福祉協議会『昭和三十六年度 家庭養護婦派遣申請書綴』頁数不詳。

表 1-6-2　草創期家庭養護婦（10 人）の家庭状況と生活課題

	年齢	家庭状況	生活状況・課題	希望勤務時間帯	紹介者
①	43	夫（宮之湯勤務、50 歳）、長男（菓子製造員見習）、外子ども 4 人	多子家庭につき、貴会家庭養護婦派遣事業実施に鑑み、家庭養護婦として雇用下されたく申込みます。	10:00-17:00	民生委員
②	41	未亡人、長男（専売公社勤務、23 歳）、外子ども 2 人在学中	家族に頸腺結核患者あり、加療中（子女）。本人の胸部写真は異常なしとの事。現在、和裁内職をしている。	8:00-19:00	民生委員
③	51	未亡人、長男（衛生関係業務、30 歳）、外子ども 3 人在学中	多子家庭につき、貴会家庭養護婦派遣事業実施に鑑み、家庭養護婦として雇用下されたく申込みます。きれい好きでない人である。	8:00-17:00	民生委員
④	60	未亡人、単独家庭にて病人の看護を希望	単独世帯ですが自由な身。60 歳の年齢ですが積極的意欲あり。病人の看護に慣れており、派出婦を希望。住み込みの希望あり。最低日数 250 日。	8:00-	面接員
⑤※	26	娘さん、積極的希望あり	（不 詳）	8:00-17:00	（不 詳）
⑥	48	離婚した人（入院中）、長男（冷蔵庫関係勤務）、外子ども 2 人勤務	夫が安藤病院に入院中であり、子ども 3 人とも勤務。	8:00-17:00	相談員
⑦	40	夫（無職、病身、45 歳）、長女（小学 6 年生、13 歳）、長男（保育園児）	日雇人夫をしていた夫が現在無職であり、幼少の子どももいるため。これまで和裁内職をしていた。1 日置き又は 2 日置きに労務に服したい。神経症は全治し、勤務差し支えなし（医師 関澤欣三）。	8:00-17:00	市公会堂
⑧※※	50	未亡人、長女中学 2 年在学中	未亡人会会員（民生委員 中島きくいの紹介による）。塩尻農協住み込み決定。	9:00-17:00	民生委員
⑨	48	未亡人、長男（高校生、18 歳）、長女（高校生、1 7 歳）、次男（中学生、15 歳）、三男（小学生、8 歳）	未亡人会会員（民生委員 中島きくいの紹介による）。農業の家を希望する。連絡場所 斎藤魚屋。	8:00-17:00	民生委員
⑩	51	夫（日雇労務者、病身、57 歳）、長女（蚕種社員、23 歳）、医療単給の次女（家庭療養中、20 歳）、三女（小学 5 年）、義弟（日雇労務者、24 歳）	お子守を主にしていた。1 日置きか又は 2 日置きにしてほしい。職業安定所登録済（1956 年 1 月 9 日提出済）。血圧最高 180 − 最低 100 を数え、血圧治療後でないと肉体的労務は不可と認む（医師 関澤欣三）。尚、家族に結核患者あり、療養中。連絡場所 大脇家公園前。	8:00-17:00	市公会堂

【注】※は「面接後登録する」とされ、※※農協への入所勤務が決定し実際に家庭養護婦として勤めなかった。

【出典】上田市社会福祉協議会『家庭養護婦書類綴』年月日不詳を基に、筆者が加筆修正。

表 1-6-3 世帯別にみた派遣対象家庭の特徴（1960 年度の事例から）

種類	派遣を必要とする理由	主な職務内容	費用負担	雇用期間	勤務時間	賃金	家庭の状況	家計調書	派遣家庭養護婦との類似点
A（父子家庭）	父子家庭の被保護家庭。8歳、9歳の子ども2人を抱えて、日雇で労務に服さねばならぬ現状であるので派遣を必要とする。	縫い、つくろい及び洗濯	無料	1957.10.20-11.20(30日間)、但し、1回／週	週1回(木曜):00-18:00(9時間)	30円／時、但11/1から35円／時	世帯主(日雇、51)、長女(9)、長男(8)	収入6,280円、支出(生活費、住宅費、教育費)6,503円、差引-233円	一人親家庭…②③④⑥⑨ 日雇労働者の支援…⑩
B（障害家庭）	夫は教員にて勤務している。妻、中風により病臥し、家事に従事出来ずにいる。よって派遣を必要とするため(家族次女S信濃整肢療護院入院治療中)。	家事、食事用意、洗濯及び清掃、その他	一部自己負（5円）	1958.1.13-2.12(30日間)	毎日8:30-17:30(9時間)	35円／時	世帯主(教員、50)、妻(46)、長男(21)、長女(16、入院中)、次男(10)、次女(7)	収入23,069円 支出(生活費、住宅費、教育費、医療費、施設負担)22,726円 差引343円	多子家庭(子ども4人以上)…①⑨ 障害児をもつ…⑩
C（老齢・単身盲人家庭）	老齢（盲人）単身世帯にして身の廻りの整理不能のため。長男～三男は住所不定、四男留置中。	食事準備、洗濯、掃除、身の廻りの世話等	無料	1958.12.28-1959.1.6(3日間休む)	毎日9:00-16:00(7時間)	35円／時	世帯主(母親、盲人)、長男(43、住所不定)、次男(養子に入る)、三男(32、住所不定)、四男(30、留置中)	収入1,000円支出(生活保護法適用中、基準額)1,967円差引-967円	単身世帯…④⑤ 障害(盲人)世帯…⑩
D（母子家庭）	未亡人家庭にて子供3人あり。末子（小学2年生）腎臓病にて入院のため派遣申請。	家事全般、食事用意、洗濯等	無料	1960.11.22-12.30(30日間)	毎日9:00-17:00(8時間)	35円／時	世帯主(母親、40)、長女(12)、長男(10)、次男(8)	通常収入は8,000円程度たるも現在はなし。世帯主は保険外交員であり、月収は事業実績によるため、現在無収入。	一人親家庭…②③④⑥⑨ 未亡人世帯…②③④⑨ 病弱の子どもをもつ⑩

【注】因みに、1954（昭和 29）年の社会人初任給（平均は 8,700 円、精米 1,320 円であったことから、B を除いては、「家計調書」欄に記された収入額が必ずしも十分なものであったとはいえないと考える。

【出典】上田市社会福祉協議会『家庭養護婦書類綴』年月日不詳を基に、筆者作成。

表 1-6-4 家庭養護婦派遣事業の積極的対策及び得られた収穫

家庭養護婦派遣事業で得た収穫	家庭養護婦派遣事業の積極的対策
一 被保護世帯との対人関係 特に被保護世帯は「貧困」によってその人格的価値をも貧困に陥し入れている。かかる世帯において、養護婦との対人関係のなかにまた養護婦の奉仕と教養を通して世帯更生への積極的心境のひらめきが見られる。 二 生活保護法との関連 一日の養護婦賃金は現在の男子日雇労務者賃金にほぼ等しい。よって派遣事業は生活保護適用下の世帯指導に於いて単に経済的処遇のみをその対策とするのではなく、彼等に安心して労働に服せしむる環境を与えている。之は更生意欲の向上に資するところ大である。	一 家庭養護婦の教養向上について 最前線にある社会福祉奉仕者指導者としての座にある養護婦が地区担当の社会福祉主事、民生委員と共に極めて貴重な存在である。養護婦は寧ろその対人関係のなかにその世帯について発見出来なかったヒントを見出している。之等を善処するには常に養護婦自らの教養技術を高めなければならない。（関係者連絡、料理裁縫研修校外指導等） 二 積極的広報啓発の展開 社会福祉関係者へのPRはもとより一般地域社会へのPRも併せて考えたい。

【出典】上田市社会福祉協議会『家庭養護婦書類綴』年月日・頁数不詳。

表 2-10-1 頻出語リスト（頻出 40 語）

頻出語	頻度	頻出語	頻度	頻出語	頻度	頻出語	頻度
人	566	分かる	124	出る	90	出来る	61
言う	456	時間	114	当時	89	最初	60
思う	385	来る	114	見る	88	行う	59
ヘルパー	305	本当に	110	訪問	85	資格	59
今	262	介護	98	研修	75	多い	59
仕事	247	先生	98	お金	72	違う	58
行く	198	聞く	98	生活	72	書く	58
自分	191	話	95	利用者	72	前	58
入る	170	社協	92	考える	67	一緒	56
年	142	時代	90	家庭奉仕員	64	作る	56

【出典】筆者作成による。

表 3-1 竹内吉正論文（1974）と二人の K さんの足跡との齟齬

竹内吉正(1974:51-69)		クリスチャン未亡人Kさん・娘さん(長女)の証言(2007年8月16日・17日、於上田市Kさん宅)		木町のおばさん、K 小出　許(1909-1997.10.26)	
大正10年1月15日	上田市水道町に、花里吉次郎、きのいの次男として誕生。	大正9年4月8日	上田市袋町に、金子喜一郎(呑風)、柳の次女として誕生。	明治42年	長野県下に誕生。
昭和27・28年頃	上田市木町在住のクリスチャン未亡人Kさんが奉仕活動を始める(約3年間)。	昭和27・28年頃	東京都大田区大森において、Kさんは家族5人で暮らしていた。	大正6年	8歳のころ、野麦峠へ丁稚奉公に。
昭和29年12月	上田市社会福祉協議会が発足	昭和29年頃	(同上)		
昭和30年秋	上田市中央地区民生委員会月例会で、Kさんの奉仕活動が報告され、表彰することに。	昭和30年頃	(同上)	(時期不詳)	結婚して、子ども3人を授かる。
昭和30年　9月	上田市社協が在宅家庭へのボランティア活動「家庭養護ボランティア事業」を開始。	昭和30年頃	(同上)	昭和20年代～30年代	上田市木町の鉄砲長屋に居住。夫婦ともに面倒見がよく、優しかった。こまめな性格で、よく雪かきをしてくれた。安藤病院への患者の付添婦をしたり、武家屋敷跡に住んでいた一人暮らし高齢者の世話や、全盲の按摩師の世話をよくしていた。
昭和31年　4月9日 10月4日	長野県告示「家庭養護婦の派遣事業について」(31厚第235号) 家庭養護婦派遣事業を開始(上田市社協)	昭和31年頃	(同上)		
昭和33年 4月16－17日	家庭養護婦派遣事業運営研究集会開催(上田市社協)	昭和33年11月	Kさんの夫が癌で病死。Kさん未亡人となる。		
昭和34年4月	――――	昭和34年4月	Kさんは子ども3人を連れて、上田市袋町にあった実家の鮨屋「武蔵野」に帰郷(店主は実父の金子呑風)。		
昭和35年4月	――――	昭和35年4月	Kさんら家族4人は、現住所である上田市Tに移住。やがてKさんは、同市内の上田聖ミカエル及諸天使教会(聖公会)で、竹内吉正らの呼びかけにより、教会活動の一環として、訪問奉仕活動に協力する。	昭和33年5月22日	社会福祉事業功労者として上田市社会福祉協議会から表彰される(上社発第24号)。
昭和38年7月	老人福祉法制定に伴い、家庭養護婦派遣事業は、老人家庭奉仕員制度に移行。	昭和38年7月	(同上)	平成9年10月26日	死去(88歳)。

【出典】中嶌 洋『日本における在宅介護福祉職形成史研究』みらい、2013 年、64 頁、及び中嶌 洋「ホームヘルプ事業史における K さんモデル説の年代別検討」『東北社会福祉史研究』第 39 号、2021 年、22-32 頁。

参考資料 表1 上田市家庭養護婦派遣事業における家庭養護婦と勤務状況報告書特記事項

年度	手当、集会、異動等	勤務状況報告書欄外の特記事項	担当家庭養護婦	派遣対象世帯
1956年10月	時給30円		1人(斎藤)	無料1世帯(老人)
1956年11月	時給35円	「一寸の息つくひまもなく過ごした」(11月5日、斎藤)、 「病人は朝から水一滴も飲まないから一日中仕事」(11月6日、斎藤)、 「病人ひるおもらし、夕方おしめの洗濯で遅くなる」(11月8日、斎藤)、 「毎日一枚ずつの洗濯」(11月12日、斎藤)、 「布団、寝巻きは全部やりかへた」(11月13日、斎藤)	1人(斎藤)	無料1世帯(その他)、全額負担1世帯(その他)
1956年12月	時給35円		2人(斎藤、東海)	無料1世帯(その他)、全額負担1世帯(その他)
1957年1月	時給35円、1月14日審査選考委員会開催		2人(山田、斉藤)	無料1世帯(その他)
1957年2月	時給35円	「懇談会の為早退」(2月18日、斉藤)	2人(山田、斉藤)	無料1世帯(その他)
1957年3月	時給35円、3月18日家庭養護婦懇談会開催		3人(斎藤、斉藤、山田)	無料2世帯(その他)
1957年4月	時給30円	「録音とりました」(4月1日、斉藤)、「家庭訪問有」(4月22日、斉藤)	2人(山田、斉藤)	無料1世帯(その他)
1957年5月	時給30円	「竹内(吉正)さんが子供の遠足のおやつを持って来てくれました」(5月7日、斉藤)、「おばさん寝床の上に居りました」(5月16日、斉藤)	2人(山田、斉藤)	無料1世帯(その他)
1957年6月	時給30円	「子供の勉強ヲ見テヤル」(6月29日、斉藤)	3人(斎藤、斉藤、山田)	無料2世帯(その他)
1957年7月	時給30円	「民生委員との協議の結果、養護婦交替の必要を認む」(山田)	2人(斉藤、山田)	無料1世帯(その他)
1957年8月	———	———	———	———
1957年9月	時給30円		1人(東海)	無料1世帯(その他)
1957年10月	時給30円	「患者の具合が悪化した為氷枕等患者に付添する」(10月4日、東海)、 「患者死亡の為、葬式の用意」(10月7日、東海)	2人(東海、山田)	無料1世帯(その他)
1957年11月	時給35円		1人(山田)	無料1世帯(その他)
1957年12月	時給35円	「モチ米とぐ(1斗2升)」(12月16日、山田)、 「1時～4時モチツキ」(12月27日、山田)	1人(山田)	無料1世帯(その他)

1958年1月	時給35円、1月30日斎藤→永井交替派遣		2人(山田、斎藤)	無料1世帯(その他)、一部負担1世帯(その他)
1958年2月	時給35円、2月3日山本登録、2月10日永井→山本交替派遣、2月19日野沢登録、2月22日北添登録		3人(高橋、永井、山本)	無料1世帯(その他)、一部負担1世帯(その他)
1958年3月	時給35円	「3名来客の食事仕度」(3月17日、永井)、「バス往復20円」(3月30日、久保田)	2人(永井、山本)	一部負担1世帯(その他)
1958年4月	時給30円	「バス賃20円」(4月1日～30日、久保田)	3人(高橋、斎藤、山本)	無料1世帯(その他)、一部負担1世帯(その他)
1958年5月	4月16日・17日斎藤、高橋、同事業運営研究集会参加(出頭依頼は、斎藤、山崎、山本、高橋)		4人(山本、高橋、斎藤、永井)	無料1世帯(その他)、一部負担1世帯(その他)
1958年6月	時給30円、6月7日山崎登録	「主人留守の為、熱がありおそくなりました」(6月21日、山崎)、「病人が熱を少し出し少し早くとのことで出ました」(6月22日、山崎)	3人(山崎、山本、斎藤)	無料3世帯(老人・障害者・その他)、一部負担1世帯(障害者)
1958年7月	時給30円	「先生に往診していただき色々と指導していただきました」(7月15日、山崎)	4人(東海、山崎、山本、斎藤)	無料3世帯(老人・障害者・その他)、一部負担1世帯(障害者)
1958年8月	時給30円	「勤務世帯が11日以後につき、民生委員と社協関係者が協議する」(8月1日、山本)	3人(東海、山崎、山本)	無料3世帯(老人・障害者・その他)
1958年9月	――	――	――	――
1958年10月	――	――	――	――
1958年11月	――	――	――	――
1958年12月	時給35円		2人(山崎、山本)	無料3世帯(母子1・老人1・その他1)
1959年1月	時給35円	「役所へ衣類をいただきに行きました」(1月5日、山崎)	3人(山崎、東海、山本)	無料4世帯(母子1・老人1・その他2)

1959年2月	時給35円	「病状が変わり先生を二度迎へに行きました」(2月10日、山崎)、「母子寮内世帯7世帯の洗濯。建物を合わせて務むる」(2月12日、東海)、「病状が変わり、入院用意で遅くなりました」(2月21日、山崎)	3人(山崎、東海、山本)	無料4世帯(母子1・老人1・その他2)
1959年3月	時給35円	「三児悪性感冒にかかり有り」(3月5日、斎藤)、「保健所へ児童相談に行きました」(3月12日、山崎)、「午後より世帯主病臥する」(3月14日、斉藤)、「児童一人快方に向かう。かゆを普通食にする。他の二名はまだ病臥中」(3月22日、斉藤)、「児童一名下痢、まだ病臥」(3月23日、斉藤)、「世帯主起きる。かゆ二食普通食一食」(3月26日、斎藤)、「一児童快方に向かい、かゆ解る」(3月27日、斎藤)、「悪性感冒を再確認」(3月28日、斎藤)	7人(東海、山崎、久保田、高橋、山本、斎藤、斉藤)	無料6世帯(母子1・老人1・その他4)
1959年4月	時給30円	「祖母さんと皆で話合い」(4月12日、久保田)、「急にお母さんの病気がわるく、加藤先生をたのみに……電報うつ」(4月22日、久保田)、「家庭にふとんがないので上紺屋町までふとんを借りに行ってきた」(4月23日、久保田)、「東京から来た娘さんをつれて加藤先生の所え」(4月24日、久保田)、「お借りしていたふとんをかへしに上紺屋町まで」(4月28日、久保田)、「おばさんと祖母さんをリヤカーにて下紺屋町まで選挙につれて行った」(4月30日、久保田)	6人(山崎、小野塚、荻久保、東海、久保田、山本)	無料5世帯(母子1・老人1・その他3)

【注】上田市社会福祉協議会『家庭養護婦勤務状況報告書綴』(年月日不詳)及び上田市社協所蔵書類を基に筆者作成。なお、同表は、中嶌 洋「昭和30年代の長野県下ホームヘルプ事業の活動分析——その事業内容と成果の検証」『日本の地域福祉』第23巻、2010年、160頁に掲載されている。

参考資料 表2 家庭養護婦派遣事業補助査定額の比較一覧(昭和32年)

市町村名／区分	対象家庭数	派遣延時間計		賃金(1時間当り)		査定額(円)
		冬	夏	冬(円/時)	夏(円/時)	
南佐久郡野沢町	8	345	227	35	35	10,010
小県郡塩田町	30	350	660	35	30	6,825
諏訪郡茅野町	37	330	410	35	30	9,350
諏訪郡富士見町	44	514	267	35	30	7,000
東筑摩郡塩尻町	45	720	630	35	35	15,750
東筑摩郡坂井村	28	200	320	28	28	3,360

東筑摩郡本城村	25	720	600	35	25	4,300
東筑摩郡広岡村	44	380	820	25	25	7,500
東筑摩郡朝日村	25	300	300	25	25	5,000
東筑摩郡生坂村	30	325	325	35	35	7,000
東筑摩郡四賀村	15	570		35	35	9,975
東筑摩郡坂北村	18	700	1,500	20	20	11,000
東筑摩郡洗馬村	18	700	1,500	20	20	11,000
東筑摩郡山形村	40	270	360	28	28	3,780
東筑摩郡宗賀村	3	——	720	——	25	3,000
東筑摩郡波田村	15	900	——	25	25	7,500
上水内郡柵村	31	250	600	30	25	9,250
上田市	23	1,280	1,100	35	30	24,400
諏訪市	100	1,905	1,395	32	32	24,000
駒ヶ根市	35	995	1,170	35	35	23,800
飯山市	130	325	325	35	35	9,450
岡谷市	20	500	500	30	30	15,000
中野市	50	250	250	35	35	8,750

【注 1】1957（昭和 32）年度における上記 23 市町村の平均的な傾向としては、対象家庭数 35.4 世帯、派遣延時間（冬）584.1 時間、派遣延（夏）665.7 時間、賃金（冬）31.0 円／時、賃金（夏）30.6 円／時、査定額 1 万 304 円となり、特にこれらの数値と上田市の場合を比較すると上田市の実践では、比較的少数の家庭（23 世帯）に長時間（冬 1,280 時間、夏 1,100 時間）、家庭養護婦を派遣する方策がとられ、このことが査定額の高まり（ 2 万 4,400 円）に繋がっていること窺える。

【注 2】当該一次資料の使用許可を、2008 年 7 月 9 日及び 2009 年 12 月 25 日付で、同市社協事務局長の宮之上孝司氏より得ることで、倫理的配慮をした。

【出典】上田市社会福祉協議会『家庭養護婦書類綴』年月日不詳を基に、筆者再整理。なお、同表は、中嶌 洋「家庭養護婦派遣事業の支援システム形成に関する研究 —— 1950 年代の竹内吉正の役割の検討を基に」『日本の地域福祉』第 24 巻、2011 年、73 頁に掲載されている。

参考資料 表3 家庭養護婦派遣事業の展開における竹内吉正の役割

宛先	年月日	標題（資料名）	肩書（当時）	備考（付記事項）
各民生委員常務委員、各審査委員	昭和31年1月14日（上社協発第4号）	審査選考委員会開催について	主事	
家庭養護婦	昭和31年1月18日（上社協発号外）	市社協事務局への出頭依頼について	主事	面接時間午前10時半から 担当は竹内社協主事
市社協会長（関澤欣三）	昭和31年6月21日（上社協発100号）	家庭養護婦（ホームヘルプ）の申込みについて	主事	提出期限は6月31日,記載例に従い申し込む
各理事	昭和31年8月15日（上未発第9号）	上田市さつき会理事会議事録	主事	議題は「家政婦の問題について」、90分間
（不 詳）	昭和31年9月22日	家庭養護婦派遣事業実施に関する災害補償について（県社会福祉事業会提出議題）	（不 詳）	今春、全国児童福祉大会開催前、県の提唱により、家庭養護婦派遣事業が実施される事となり、……（略）。
上田市長	昭和31年12月14日（上社協発第195号）	家庭養護婦派遣事業の実施状況について	主事	
家庭養護婦	昭和32年1月23日（上社協発号外）	市社協事務局への出頭依頼について	主任	面接時間は午前9時から 担当は竹内社協主事
（不 詳）	昭和32年3月16日	家庭養護婦懇談会開催について	主任	18日、家庭養護婦に関する監査実施後、当事業を県下に最初に実施した当市の実際をよくとらえ、新年度の方策を研究協議したく……（略）。
（不 詳）	昭和33年2月3日	家庭養護婦としての希望者申請に関する伺い	主任	身体の状況、精神病、伝染性疾患について或る程度の申告又は医師の検診をした方がよい（関澤）
家庭養護婦4名	昭和33年2月13日（上社協発212号）	家庭養護婦派遣に関する検診実施について	主任	
（不 詳）	（不 詳）	家庭養護婦としての希望者申請に関する伺い	（不 詳）	
（不 詳）	昭和33年2月19日	家庭養護婦に関する伺い	主任	住込み（勤務）してもよい
（不 詳）	昭和33年2月22日	家庭養護婦として希望者申請に関する伺い	主任	是非のときは住込みしてもよい

（不 詳）	昭和 33 年 4 月 10 日	家庭養護婦休養者に対する見舞金支給について	（不 詳）	休養者2人の病名は「神経衰弱」「高血圧」
（不 詳）	（不 詳）	家庭養護婦雇用に関する伺い	（不 詳）	病院看護、旅館手伝い経験有り
（不 詳）	昭和 33 年 6 月 7 日	左記家庭養護婦としての登録申込がありましたが、養護婦として登録して宜しいですか	主任	但し、1 年間保留しておくものとする。付添婦 6 年経験有り
上田市長（水野鼎蔵）	昭和 33 年 8 月 28 日（上社協発 81 号）	昭和 33 年度家庭養護婦派遣事業追加補助申請について	主事	追加補助申請額は 6 万円。別紙に「追加補助申請の理由」有り
長野県知事（林虎雄）	昭和 34 年 4 月 2 日	家庭養護婦派遣事業成績について（報告）	主任	事業成績書 1 通、市社協決算書抄本 1 通
家庭養護婦 7 名	昭和 34 年 12 月 8 日（上社協発 155 号）	登録上の再調査実施について（通知）	市社協事務局長	登録家庭養護婦の現状と今後を相談することを目的とする
（不 詳）	昭和 35 年 11 月 26 日	家庭養護婦の災害の補償について	主任	「右下肢犬噛傷」治療代 725 円
家庭養護婦利用者	昭和 36 年 3 月 13 日（上社協発号外）	家庭養護婦派遣にともない下記の通り賃金支払をしたことを証明します	市社協事務長	支払賃金総額 2 万 4,660 円
上田市長（堀込義雄）	昭和 36 年 3 月 30 日（上社協第 247 号）	家庭養護婦派遣事業に関する委託料交付について（依頼）	主任	
上田市長（堀込義雄）	昭和 36 年 3 月 30 日（上社協第 248 号）	家庭養護婦派遣事業書類について	主任	

【注 1】倫理的側面を考慮して、家庭養護婦や肩書きのない民間人氏名は、個が特定されぬよう省略した。なお「宛先」欄に記載される堀込義雄（元上田市長）は、大正期から昭和初期に行われた信濃（上田）自由大学の事務局を担当していことから、大正デモクラシー期の自由教育思想の強い影響を受けていたことが考えられる。自由教育思想の要点は、同地住民が自分たちに必要なものを自分たちの手で自由に形成していくという豊かな創造力と逞しい精神力を植え付けた点にあり、ホームヘルプ事業の創設もその例外ではなかった。したがって、同表から、自由教育思想とホームヘルプ事業との関連性の一端が解読できる（典拠『後期自由大学講座案内』1928 年 3 月 4 日発行、長野大学附属図書館蔵）。

【注 2】当該一次資料の使用許可を、2008 年 7 月 9 日及び 2009 年 12 月 25 日付で、同市社協事務局長の宮之上孝司氏より得ることで、倫理的配慮をした。

【出典】上田市社会福祉協議会『家庭養護婦書類綴』年月日不詳、を基に筆者再整理。なお、同表は、中嶌 洋「家庭養護婦派遣事業の支援システムの形成に関する研究── 1950 年代の竹内吉正の役割の検討を基に」『日本の地域福祉』第 24 巻、2011 年、77 頁に掲載されている。

参考資料 表 4 大都市における家庭奉仕員事業（1969 年 12 月現在）

		東京都（特別区）	横浜市	名古屋市	京都市	大阪市	神戸市	北九州市
実施年月日		（老）37.1. （ね）44.9.1 （身）41.10	（老）37.5 （身）44.11	（老）37.4.1 （身）42.12.1	（老）37.5.1 （ね）44.10.1 （身）43.5.1	（老）33.4.1 （身）43.3.1	（老）36.4.1 （身）43.2	（老）39.7 （身）44.4.1
奉仕員数		（老）82 （身）60	（老）30 （身）20	（老）43 （身）6	（老）70 （身）13	（老）39 （身）43	（老）28 （身）10	（老）45 （身）7
派遣対象者数		（老）690	（老）170 （身）20	（老）258 （身）36	（老）（身）	（老）266 （身）127	（老）206 （身）64	
奉仕の待遇	身分	区・職員	市・職員	社協・職員	民連・職員	（老）市・準職員 （身）区社協パートタイマー	社協・職員	社協・嘱託
	給与（月）	（初）23,876 円 （現）28,058 ～ 40,027 円	（初）28,298 円 （現）36,572 ～ 40,477 円	一律21,500円 （37.4.1～44.12.26）	一律 25,000 円	（老）22,927 円 （身）1 日 530 円	（初）21,454円 （21,454円～25,818円）	一律 19,000 円
	勤務時間	区・職員と同じ	市・職員と同じ	市・職員と同じ	市・職員と同じ	（老）9:15-17:30 （身）1 日 4 時間	市・職員と同じ	市・職員と同じ
	期末手当	都・職員と同じ	市・職員と同じ	年 70,950 円	年 約 5 カ月	（老）市・職員と同じ （身）なし	年 約 4.5 カ月	市・職員と同じ
	通勤手当	都・職員と同じ	市・職員と同じ	なし	市・職員と同じ	（老）市・職員と同じ （身）なし	市・職員と同じ	市・職員と同じ
	その他の手当	特勤手当・日額 80 円	市・職員と同じ	年 23,650 円	なし	なし	扶養手当	派遣手当 20 円
	有給手当	1 年目～ 15 日 2 年目～ 20 日	市・職員と同じ	年 10 日	6 日 +（継続年数 -1）日	（老）10日 +（勤続年数-1）日 （身）なし	8日 +（勤続年数 -1）× 2日	なし
	社会保険	都・職員と同じ	市・職員と同じ	健・失（県共済）	健・失（政管）	（老）市・職員と同じ （身）なし	健・失（県共済）	健・失
	定 年	なし	なし	なし	なし	（老）60 歳 （身）なし	58 歳	なし
	派遣旅費	日額 140 円	実費	月 1,200 円	実費	（老）月 1,000 円 （身）1 日 60 円	実費	実費

	派遣諸費・制服	年額 奉仕員1人39,000円	奉仕員1人年額13,750円（夏・冬に制服2年に1着）	奉仕員1人年額5,700円（夏・冬に制服2年に1着）	必要と認められるものをすべて支給	(老)奉仕員1人315円(月)。夏2年に1着、冬3年に1着。（身）なし	奉仕員1人月額750円制服貸与はなし	必要に応じて支給
老人福祉指導主事 身体障害者福祉司		23区中→23名 23区中→23名	14区→0名 14区→14名	14区→0名 14区→0名	9区→9名 9区→9名	22区→0名 22区→7名	8区→0名 8区→8名	5区→0名 5区→0名
備考		39.4都社協職員→区・非常勤職員。43.4区・非常勤職員→区・正規職員。	44.1.1社協職員から市職員に身分切替。45年度に老人主事14区に配属。		週5日制（土曜休暇）45.4.1民連嘱託から市嘱託に身分切替。	奉仕員の補充・増員は今後社協職員として採用。	46.4.1社協職員から市職員に身分切替。	月18日勤務。44.4.1市社協に1本（以前は各区社協）

【注】本表における実施年月日は池川の研究によるものであり、1969（昭和44）年12月時点のものである。本書では、さらなる追跡調査を行い、表序－1や付録「戦後日本ホームヘルプ事業史と関係法制年表（1945年～1994年）」に新規事項を追記したり、過去の記述を史的根拠の下に修正した箇所があるため、年月日が異なっている場合がある。

【出典】池川清『家庭奉仕員制度』大阪市社会福祉協議会、1971年、58頁（付録2）。なお、同図は中嶌 洋「家庭奉仕員制度創設と女性のキャリア形成」『日本獣医生命科学大学研究報告』第63号、2014年、83頁に掲載されている。

【付録】戦後日本ホームヘルプ事業史と関係法制年表［1945年～1994年］

凡　例

1　構成と内容

(1) 本年表は、終戦後から新ゴールドプランが策定された1994（平成6）年までを収めた。

(2) 各欄の掲出事項は、ホームヘルプ事業史関係を中心に、近接する分野の事項（社会福祉・社会保障・看護・保健・医療・教育）についても主要な事項を適宜載せた。

(3) 各年の冒頭に、ホームヘルプ事業史とは直接関係はないが、時代背景となる国際・国内政治、社会・経済その他に関連する事項のなかからその年の主要なトピックを抜き出して掲載した。

(4) 各欄の掲載事項のうち、必要と思われるものについては、その内容をスペースの許す限りにおいて、括弧内で具体的に説明した。

(5) 各欄の事項は、できる限り該当した欄に入れるように努めたが、スペースの関係で他の欄に入れたもの、また欄の区切りを取り払って記述している箇所もある。

2　年・月・日

(1) 年の記載は西暦を主とし、元号は括弧内で示した。

(2) 月日については、分かる範囲で○月○日と記し、月のみ分かる場合は○月と記述した。月日ともに不明のものについては◎を付し、基本的にはその年の末尾に位置づけた。月日の分かる事項と不明のもの（◎）との時間的な前後関係は分からない。

(3) 法令・制度・施策等については、国会での可決成立、公布、施行の時点の別があり、さらに法制化以前に予算事業として実施されるものもある。できる限りそれらの別が分かるように努めたが、不明のものについては、「制定」「創設」「発足」「施行」「通知」「通達」等、適宜使い分けた。

3　その他

(1) 人名については、歴史上の人物、公職者、著名人などとともに、民間人についても敬称を略した。

(2) 人名はできる限りフルネームで記載するようにしたが、不明もしくは氏名の表記が不適切と思われるものについてはイニシャル表記か苗字のみとした。

(3)「精神薄弱」「精薄児」「身障者」「未亡人」「売春婦」「老人」「障害」等、今日では差別用語、不適切用語として使用しないものを記載している箇所があるが、当時の状況や福祉観を表現するために元の資料の記載事項をそのまま収録しているからであって、他意はない。

法制度・政策		通知・通達・要綱		調査・研究		国連・国際・ホームヘルプサービス協会	
1945（昭和20）年　2/19 米軍、硫黄島に上陸開始　3/9 東京大空襲　4/1 アメリカ軍、沖縄本島に上陸　8/6 広島に原爆投下　8/8 旧ソ連、日本に宣戦布告　8/9 長崎に原爆投下　8/15 日本、無条件降伏　8/30 連合国軍総司令部最高司令官マッカーサー到着　10/23 第1次読売争議							
10月27日	厚生省官制改正（第3条厚生省ニ左ノ六局ヲ置ク）	5月31日	保健婦規則	3月	長谷川良信、浄土宗教育資団の「東京保育学校」校長に就任	8月17日	インドネシア共和国独立宣言（大統領スカルノ）
10月27日	臨時厚生省に臨時防疫局設置	11月10日	職業紹介業務規定	9月1日	原崎秀司、軍人援護主任者会議に参加	10月24日	国際連合、正式に発足（20カ国が調印）
12月10日	社会保険制度審議会（厚生省）設置、軍人恩給停止後の善後措置を諮問	12月28日	社会保険制度審議会答申（俸給生活者厚生年金制度について）	9月11日	原崎秀司、兵士主任会議を警察と共催	11月20日	ニュルンベルク国際軍事裁判開廷（翌年10月1日迄）

12月15日	労働組合法、「生活困窮者緊急生活援護要綱」閣議決定	12月31日	日本政府、連合国軍総司令部に回答し、「救済福祉ニ関スル件」の計画書提出	11月1日 ◎	全国人口調査、総人口7,200万人 全国方面委員緊急大会開催	12月27日	ブレトン＝ウッズ国際通貨基金協定調印
1946（昭和21）年　1/4 連合国軍総司令部、軍国主義者などの公職追放を指令　2/19 天皇、神奈川県を巡幸　3/5 チャーチル元英首相、「鉄のカーテン」演説　5/1 11年ぶりのメーデー　5/3 東京裁判開始　5/22 吉田茂内閣発足　5 東京通信工業（現·ソニー）設立　8/16 経済団体連合会発足　11/3 日本国憲法公布　11 日本商工会議所設立							
1月26日	厚生年金保険法等の改正（国籍に基づく被保険者資格の差別撤廃）	1月	天皇、人間宣言	1月	新日本婦人消費者組合発足	1月10日	国連第1回総会開会
3月2日	退職手当金、年金などの給休の制限に関する件公布（ポツダム勅令）	2月2日	娼妓取締規則廃止（1900年10月内務省令）	2月9日	日本農民組合結成	2月8日	国連、スペインの加入を拒否
				3月	長谷川良信、淑徳女子農芸専門学校創立（初代校長就任）		
4月1日	戦後初めての養老院、大阪の「悲田院」に付設	2月27日	連合国軍総司令部覚書、指令775号「社会救済」を提起	5月	全国社会事業代表者会議開催	4月13日	国際連盟解散
5月23日	方面委員は勤労署連絡委員となる	4月30日	日本政府、救済福祉に関する報告を連合国軍総司令部に提出	5月12日	世田谷区、「米よこせ区民大会」開催	6月29日	スウェーデン、国民年金法成立
6月21日	ララ物資援助開始	5月1日	公衆衛生院官制	夏頃	生死不明であった竹内吉正が復員（帰還後、すぐに三菱重工業菱和機器に就職。しかしその後、両肺粟粒結核・痔ろう潰瘍のため長野赤十字病院に長期入院）	7月22日	世界保健機関（WHO）憲章採択
						7月22日	UNICEF（国連児童基金）発足
9月9日	旧生活保護法公布（施行は10月1日）	9月4日	産婆規則改正	8月27日	郡連合婦人会、初の役員会を開催（原崎秀司の所長室にて）	8月	イギリス、国民保険法制定
9月13日	民生委員令公布（方面委員を民生委員に改称）	10月15日	恩給法臨時特例	9月26日	全日本方面委員連盟発足	9月27日	世界銀行第1回総会開催（ワシントン、加盟国は38ヵ国）
9月27日	労働関係調整法公布	10月19日	戦時補償特別措置法	9月	糸賀一雄、近江学園創設		
11月3日	日本国憲法公布	11月3日	「大赦令」「減刑令」「復権令」	11月9日	日本社会事業専門学校（現、日本社会事業大学）開校（初代校長　葛西嘉資）	12月	UNESCO設立（本部はパリ、日本は1951年に加盟）
11月18日	全国都道府県に民生部設置	11月5日	厚生省官制等改正			12月14日	国連総会決議に基づき、社会経済理事会の一事業として、「外国社会事業研究の機会（社会事業従事者の国際的交換計画）」始動（一国の社会事業の中堅職員に、外国の社会事業の短期間の研究によって、自国の社会事業の進展に寄与させることが目的）
				11月18日	第1回全国民生委員大会（京都市）		

1947（昭和22）年　1/4 公職追放令　1/18 全官公庁労組共闘委員会　1/31 マッカーサー、2・1ゼネスト中止命令　3/31 教育基本法・学校教育法公布　4 労働基準法公布　4/20 第1回参院選挙　5日経連設立　6/1 片山哲内閣発足　9/14 キャスリーン台風襲来							
1月10日	戦時補償特別措置法改正	1月15日	婦女に売淫をさせた者等の処罰に関する勅令	1月15日	関澤欣三、上田市内に関澤小児科医院を開業	2月10日	連合国、イタリア等旧枢軸5カ国との講和条約調印
4月1日	健康保険法改正	1月	中央社会事業委員会、旧厚生大臣に「児童保護事業を強化徹底する上の具体策について」答申	4月1日	中央社会事業協会が日本社会事業協会と改称（現、全国社会福祉協議会）	7月1日	オーストラリア、社会サービス（統合）法及び社会保障法制定
				4月	長谷川良信、淑徳与野高等女学校を創立（初代校長に就任）		
6月25日	連合国軍総司令部、社会事業専門家養成を示唆し、「社会事業教育懇談会」発足	2月5日	昭和21年の災害被害者に対する租税の減税、徴収猶予等に関する勅令	10月1日-3日	第1回全国社会事業大会開催（東京）	7月26日	スウェーデン、老人ホーム制度の抜本的改革
7月	池川清、大阪市民生局福利課長就任	5月2日	厚生省官制改正	11月25日	戦後第1回共同募金、募金運動を開始	10月4日-9日	国際社会保険会議開催（名称を国際社会保障協会［ISSA］と改称）
12月22日	児童福祉法公布、改正民法公布（家制度の廃止）	10月9日	社会保険制度調査会、社会保険制度要綱を答申（最低生活保障、全国民対象の総合的制度を提言）	12月	日本社会事業協会、「児童福祉施設最低基準案」まとめる	11月29日	国連総会、パレスティナ分割案を採択（12月17日にアラブ連盟、分割を武力で阻止すると表明）
1948（昭和23）年　1/26 帝銀事件発生　3/10 芦田均内閣発足　3 新警察制度発足。110番を設置　4/28 サマータイム開始　6/13 太宰治、入水自殺　7/31 政令201号公布　8/13 大韓民国成立　9/9 朝鮮民主主義人民共和国成立							
1月20日	原崎秀司、長野県渉外課長就任（1年間勤務）	3月	旧厚生省、「児童福祉法施行に関する件」通知（当面、精神薄弱児特殊児童の福祉を重点とする等）			1月30日	インドでガンジーが殺害される
				7月23日	上田市連合婦人会創立		
6月30日	国家公務員共済組合法公布（7月1日施行）	6月19日	衆参両院、教育勅語・軍事勅諭等の失効・排除に関する決議案可決	8月	上田明照会甘露園創設（代表者・横内浄音）	3月15日	第2次欧州復興会議、旧西ドイツ政府樹立方針決定
7月1日	民生委員法公布・施行	7月7日	福井市で初の公安条例公布	9月1日-7日	第1回身体障害者雇用促進週間	4月7日	世界保健機関（WHO）憲章発効
7月10日	厚生年金保険法改正法公布	9月	「浮浪児緊急対策要綱」閣議決定	10月	全国民生委員、児童委員大会開催（以後毎年）	7月5日	イギリス、ゆりかごから墓場まで、「国民保険法」等、社会保障制度実施

8月	池川清、大阪市民生局調査課長に就任	10月7日	米国家安全保障会議、「アメリカの対日政策についての勧告（NSC13-2）」決定（占領政策を転換、冷戦体制へ日本を組み込む）	10月10日	戦後第1回全国養老事業大会開催（東京、浴風園）	7月29日	第14回オリンピック（ロンドン、12年ぶりに開催。58カ国参加。日本は敗戦国のため参加できず）
12月21日	児童福祉法公布	11月12日	東京裁判、25被告に有罪判決	10月11日	原崎秀司、第1回渉外課長会議に参加（甲府市）	8月20日	国際難民機関（IRO）発足（16カ国加盟）
12月23日	社会保障制度審議会設置法公布	12月18日	連合国軍総司令部、経済安定9原則を発表（歳出引き締め、均衡予算、徴税強化など）	10月18日	原崎秀司、長野県知事に同伴し軍政部教育官会議に出席	12月10日	国連第3回総会、「人権に関する世界宣言」（世界人権宣言）採択
				11月21日	日本保育学会発足（初代会長・倉橋惣三）		
1949（昭和24）年　3/1 GHQ経済顧問ドッジ、経済安定9原則声明　4 1ドル360円の単一為替レート実施　5/10 シャウプ税制調査団来日　6/27 旧ソ連からの引揚げ開始　7/6 下山事件　7/15 三鷹事件　8/17 松川事件　8/26 シャウプ勧告発表　10『きけわだつみのこえ』発刊　11 湯川秀樹. ノーベル物理学賞受賞							
3月31日	原崎秀司、長野県社会部厚生課長就任（1956年3月31日までの7年間勤務）	1月20日	旧厚生省児童局長、「昼間里親の運営に関して」通知	4月1日	東京都児童福祉協会、芝児童館を設立	4月4日	国共和平会議始まる（21日に決裂）、NATO（北大西洋条約）調印
4月21日	静岡市厚生事業協会設立（のちの養老施設「静岡老人ホーム」「鹿山荘」などを経営）	5月	未亡人及び戦没者遺族の福祉に関する国会決議	5月	未亡人代表者協議会開催	4月12日	デンマーク、家庭福祉援助法制定（一時的疾病、老人家庭にホームヘルパーを派遣）
5月1日	生活保護法施行規則に不服申立制ができる	6月	厚生省、社会事業従事者訓練要綱決定	6月14日	青少年問題対策協議会設立	5月9日	フランス、法律によりホームヘルパーを専門職種と認める
5月20日	緊急失業対策法公布			6月	長谷川良信、マハヤナ学園の養護施設を板橋区に移転（「撫子園」新築）		
9月	池川清、大阪市民生局児童課長就任（児童課長でありながら、高齢者福祉分野に関心をもつ）	9月13日	社保審、「生活保護制度の改善強化について勧告」	8月	全国母子家庭一斉調査実施	10月7日	ドイツ民主共和国（東ドイツ）成立
		11月14日	社保審、「社会保障制度確立のための覚え書」を提言	9月8日	原崎秀司、末子と再婚	11月28日	国際自由労連結成大会（ロンドン）
12月26日	中央社会事業審議会（旧厚生省）設置（のちに、中央社会福祉審議会と改称）	11月29日	連合国軍総司令部、社会福祉6原則を指示	9月	旧労働省婦人少年局、「未亡人・未帰還者家族の生活調査」実施	12月2日	国連、「人身売買及び他人の売買からの搾取禁止条約」採択
12月26日	身体障害者福祉法公布	11月30日	閣議決定「母子福祉対策要綱」（母子家庭に対する公的扶助・母子寮の整備等）	10月	母子福祉対策中央協議会設立	12月16日	日本婦人会会議開催（北京でアジア婦人会議開催）
1950（昭和25）年　1/7 聖徳太子の千円札発行　2/9 アメリカでマッカーシー旋風　4/28 国民民主党結成　6/25 朝鮮戦争勃発　6 住宅金融公庫設立　7/2 金閣寺、放火で全焼　7/8 マッカーサー、警察予備隊創設を指示　7/11 日本労働組合総評議会結成　7 朝鮮特需起こる　10/31 沖縄で社会大衆党結成　11/10 政府、旧軍人3,250人の追放解除　12/7 池田大蔵大臣、「貧乏人は麦を食え」発言が問題化　12 地方公務員法公布							
5月1日	精神衛生法公布（精神衛生相談所、訪問指導、仮入院、仮退院制度の新設等）	1月	「社会福祉事業基本法案要綱」を連合国軍総司令部に提出（黒木利克の試案）	2月	関澤欣三、「童謡人生社」復活	1月26日	米韓相互防衛援助協定調印

5月4日	新生活保護法公布	1月	旧厚生省、「児童福祉施設最低基準の特例に関する省令」	3月14日	日本社会事業短期大学発足（初代学長・葛西嘉資）	3月15日	ストックホルムで和平擁護世界会議委員会開催（ストックホルムアピール）
				4月	大阪の社会事業学校、短期大学に改組（初代学長・四宮恭二）		
5月15日	社会福祉主事の設置に関する法律公布・施行	3月17日	旧厚生省児童局長、戦災孤児等合宿教育所の養護施設への転換について通知	4月	女子農芸専門学校、淑徳短期大学に昇格(初代学長・長谷川良信)	6月7日	第33回ILO総会、ILO勧告88号採択（身体障害者を含む成年者の職業訓練に関する勧告）
5月17日	特別未帰還者給与法の一部を改正する法律公布	4月30日	旧厚生省社会局長、授産事業の刷新について通知（戦後急増の授産施設の不良施設設備について、GHQの意向）	5月17日	池川清、国際社会事業留学生として、ロンドンで初めて老人クラブを見学する（帰国は1951年初め）	7月7日	国連軍結成決議、国連軍最高司令官にマッカーサー任命
6月	社会福祉事業法の厚生省社会局案成る	6月12日	社保審、「社会保障制度要綱」を作成	10月1日	国勢調査実施、国民総人口8,320万人（60歳以上は7.6%）	10月3日	国連軍、朝鮮の38度線を突破
9月20日	全日本民生委員連盟、日本社会事業協会、同胞援護会の3団体を解消し、新たに「社会福祉協議会」結成	10月16日	社保審、「社会保障制度に関する勧告」（老齢者ホームの設置の勧告）	10月	大阪に日本初の老人クラブ「老友クラブ」「常盤老人クラブ」誕生	10月	アメリカ、精神薄弱者の親の会発足
11月7日	全国養老施設協議会結成	10月	社会福祉協議会組織の基本要綱決定	11月	全国未亡人団体協議会結成大会（湘南アフターケア協会発足、友愛十字会発足等）	11月16日-22日	ワルシャワで第2回世界平和擁護者大会開催(18カ国から2,065人参加)
1951（昭和26）年　1/3 第1回NHK紅白歌合戦放送　1/25 ダレス米講和特使来日　3/9 三原山大噴火　4/22 国電桜木町事件　4 マッカーサー元帥解任　6/21 日本、ILO(国際労働機構)とユネスコに加盟　7/4 第1回プロ野球オールスター開幕　9/8 対日講和条約調印、日米安全保障条約調印　9/15 「としよりの日」制定　10/28 日本人初のプロレス試合（力道山登場）							
1月8日	東京都社会福祉協議会設立	1月	旧文部省、「異常児童鑑別基準作成委員会」設置	2月	上田市立図書館内に点字図書部開設	2月1日	国連総会、中国を侵略者と決議
1月11日	中央社会福祉協議会発足（のちの全国社会福祉協議会）	2月	旧厚生省、「精神薄弱児施設における年齢超過者の保護について」通知（救護施設に収容し、生活保護を適用）	9月15日-21日	としよりの福祉週間	2月21日	世界平和評議会、第1回総会をベルリンで開催
3月27日	厚生年金保険法特例	4月	措置費に「教育費」を創設	10月3日	上田市福祉事務所発足	3月4日	第1回アジア大会開催（インド、11カ国参加）
3月29日	社会福祉事業法公布（社福審の設置を決定）	7月	旧厚生省児童局長、保育所の入所措置等についての通知（保育所の幼稚園化を是正）	10月	関澤欣三、上田市議会内に赤痢対策委員会を設置	4月11日	トルーマンアメリカ大統領、マッカーサー国連軍司令官を罷免
3月31日	結核予防法公布	8月28日	天皇、アメリカの寛大な講和への感謝をリッジウェイ最高司令官を通じてアメリカに伝達	11月1日-7日	社会福祉週間	5月16日	日本、WHOに加盟。ILO総会が日本加盟を承認

5月5日	児童憲章制定宣言
5月31日	身体障害者福祉法改正（18歳未満の身体障害児への手帳交付）
9月8日	対日平和条約、日米安全保障条約調印
10月26日	社会福祉事務所発足（全国で約800ヵ所）

9月15日	「としよりの日」全国規模で制定（中央社会福祉協議会）
10月4日	出入国管理令公布（朝鮮民主主義人民共和国などの社会主義国との出入国の取締りが目的）
10月20日	社保審、「社会保障制度推進に関する第2次勧告」
11月6日	政府、アメリカの統制撤廃延期を表明

11月8日	第1回全国社会福祉事業大会（社会福祉事業法成立記念、東京、約2,500人参加）
11月	日本初の民間有料老人ホーム「憩の寮」が東京に創設
12月20日	英国の老人福祉テキスト『老人なお望みあり』（池川清訳、鉄道弘済会大阪支部）出版
12月	第1回身体障害者実態調査実施（以後、5年ごとに実施）

6月21日	ユネスコ総会、日本加盟を承認
7月10日	朝鮮休戦会議開催（開城）
9月4日	サンフランシスコ講和会議開催
11月1日	世界平和評議会第2回総会（ウィーン）

1952（昭和27）年　3/6 吉田首相「自衛のための戦力は合意」と答弁　4 GHQ廃止　5/1 メーデー　6 会社更正法公布　7 住民登録実施　7/19 ヘルシンキオリンピック開催（16年ぶりに日本参加）　7 東京外国為替市場開設　10/15 保安隊発足

4月	日本、独立を回復（GHQ廃止）
4月7日	ポツダム宣言受諾に伴い発する命令に関する件に基づく労働省関係諸命令の廃止に関する法律公布
4月30日	戦傷病者戦没者遺族等援護法公布
5月10日	中央社会福祉協議会、（福）全国社会福祉協議会連合会として発足
6月	総理府、恩給法特別審議会設置
6月21日	ユネスコ活動に関する法律公布
8月	旧労働省婦人少年室発足

2月19日	旧厚生省、「児童福祉事業を含むことを目的とする社会福祉法人又は民法法人等と学校教育との関係について」通知
2月19日	厚生事務次官「児童の人身売買事件の対策について」通知
4月1日	身体障害者の雇用促進に関する重要事項について閣議決定
5月2日	旧厚生省社会局長、「小地域社会福祉協議会組織の整備について」を都道府県知事宛に通知
6月	中央教育審議会設置
9月	厚生事務次官会議、中央官庁・地方公共団体が身体障害者を優先雇用すべきことを決定

3月	マハヤナ学園（創立者・長谷川良信）社会福祉法人格取得
4月	関澤欣三、上田市医師会理事に就任（1964年3月まで）
4月	加藤千加子ら母親3人、「手をつなぐ親の運動」開始（東京都千代田区神竜小学校特殊学級）
4月頃	原崎秀司、欧米社会福祉視察研修のための準備（英会話、行程など、1953年9月18日迄）
9月	旧厚生省「全国母子世帯調査」実施
9月	東京の新宿生活館で東京初の老人クラブ誕生
11月10日	全国社会福祉事業大会開催、「老人憲章」を提案
11月	全国未亡人団体協議会第1回全国母子福祉大会開催
◎	上田明照会（会長　横内浄音）の社会福祉法人組織変更が認可される
◎	椎尾弁匡、大正大学学長に就任

3月20日	南アフリカ最高裁、「有色人種の有権者名簿区別作成は不法」と判決
6月14日	ILO第35回総会、社会保障の最低基準に関する条約（102号）採択
7月	第1回ストーク・マンデンビル競技大会開催（イギリス、パラリンピックの発祥）
◎	ホームヘルパーの第1回国際会議開催（ロンドン）
◎	国際家族計画連盟結成（M・サンガー、ラーマ・ラウ、加藤シズエらが提唱。国連NGOの認定段階、本部ロンドン）
10月2日-14日	北京でアジア太平洋平和会議開催（37カ国参加）
12月12日-19日	ウィーンで諸国民平和大会開催（85カ国から1,888人参加）

12月29日	母子福祉資金の貸付等に関する法律公布	12月23日	社保審、「厚生年金保険、公務員の恩給、軍人恩給等年金問題に関する意見書」提出（年金制度が公平性を欠くとの指摘あり）	◎	大阪府の社会福祉主事資格認定講習会「児童福祉」の講義で、テキストとして『児童福祉概論・第三分冊・家政婦サービスの概要』を出版・使用（これは池川が持ち帰った『HOMEMAKER SERVICE a method of child care』が原典）。その後、被保護世帯で出産家庭に無料で派遣する制度を立案したが、財政難及び福祉事務所長会議で反対にあい、立ち消え	12月17日	NATO理事会、インドシナ戦争におけるフランス支持を再確認
1953（昭和28）年　2/1 NHKテレビの本格放送開始　3/14 衆院、バカヤロー解散　3 スターリン死去の影響による株価暴落　4 日米友好通商航海条約調印　6/13 内灘闘争開始　7/27 朝鮮休戦協定調印　8/28 日本テレビ、民放初の本格放送　10/2 池田・ロバートソン会談　11/29 日本自由党結成							
3月16日	児童福祉法の一部を改正する法律	1月	旧厚生省、「新療養所規則案」実施企画（患者自治活動の禁止等）	4月	関澤欣三、上田市議会民生委員長・住宅委員長を兼務	3月2日-16日	「国際社会保障会議」開催（ウィーン、社会保障綱領採択）
7月15日	MSA（相互防衛援助）協定日米交渉開始	2月	児童福祉施設最低基準に定める保育所の保母の特例に関する省令	9月18日	上田市社会福祉協議会発足（初代会長 関澤欣三、同副会長 横内浄音、同事務局長 竹内吉正）	6月5日	世界婦人大会開催（コペンハーゲン）
7月25日	青少年問題協議会設置法公布	2月6日	長谷川保、第15回国会衆議院厚生委員会で答弁（憲法第89条について）	9月19日	原崎秀司、国際連盟社会事業奨学生として羽田を出発（留学は1954年5月1日迄）	7月27日	朝鮮休戦協定調印
8月1日	恩給法一部j改正（軍人恩給の復活）	4月2日	日米友好通商航海条約調印（発効は10月30日から）	9月22日	原崎秀司、国際連盟欧州事務局（スイス・ジュネーヴ）到着	8月8日	米韓安保条約調印
8月19日	社会福祉事業振興会法公布（1954年4月1日施行）	6月8日	旧文部省、「教育上特別な取扱いを要する児童生徒の判別基準」設置	9月25日-10月2日	原崎秀司、国際連盟の社会福祉奨学生訓練コースを受講(8日間)	9月15日	欧州会議、西独再軍備計画を容認
9月1日	町村合併促進法公布（標準人口8,000人以上）	8月19日	旧厚生省児童局長通知「混血児問題対策要項実施」	11月	上田市社会福祉協議会理事会,初会合	10月2日-30日	池田-ロバートソン会談
9月1日	独占禁止法改正公布（不況・合理化カルテルの認可などの緩和措置）	10月	「盲学校及びろう学校の就学に関する部分の規定の施行期日を定める政令」公布	◎	神奈川県が全国初の公立有料老人ホームを鎌倉市に開設（現在の軽費老人ホームの先駆け）	10月22日	フランス・ラオス友好連合協定調印
11月9日	次官会議、精神薄弱児対策基本要綱決定	12月10日	社保審、「年金制度の整備改革に関する件」勧告（抜本的な改革を吉田首相に勧告）	12月24日	竹内吉正、上田聖ミカエル及諸天使教会（日本聖公会）で受洗	12月4日	米・英・仏首脳会談開催（バミューダ）
		12月24日	奄美群島返還に関する日米協定に調印	◎	ドイツの5人のディアコニッセ「浜松ディアコニッセ母の家」(キリスト教婦人奉仕団体)設立(聖隷保養園)		

1954（昭和29）年　1 50銭以下の小銭廃止　2/1 マリリン・モンロー来日　2/23 造船疑獄　3/1 第5福竜丸、ビキニの水爆実験で被爆　6/9 陸・海・空3軍の自衛隊発足　9/26 青函連絡船洞爺丸転覆　10 日中貿易協定調印　11/24 日本民主党結成

3月31日	児童福祉法の一部を改正する法律（身体障害児の育成医療の給付）公布	1月4日	社会保障予算案大幅削減（生活保護、児童福祉関係）	1月1日	原崎秀司、文化振興会を訪問	1月25日	米・英・仏・ソ4カ国外相会議開催（アジア問題解決のためのジュネーヴ会議開催で合意）
				1月11日	全国社会福祉緊急大会開催（昭和29年度予算案に対する陳情運動を展開）		
3月31日	母子福祉資金の貸付等に関する法律の一部を改正する法律公布	2月11日	旧厚生省、生活保護法の適用に濫給ありと医療扶助適正実施について通達（5月8日入退院基準通達）	1月25日	原崎秀司、ブリストル市を中心に、社会福祉施設、ホームヘルプ制度を視察・見学（その後、日誌『歌稿 第一輯』内に「感深し国に帰りて始めんと我をゆさぶるいたれる制度［HOME・HELP］」と記す）	◎	国連第9回総会、インド他6カ国の共同提案になる「世界子どもの日」（概ね毎年10月の第1月曜日）
4月27日	らい予防法の一部を改正する法律公布	2月27日	社保審、厚生年金の定額引上げ答申			2月18日	4カ国外相会議終了（ベルリン）
						2月26日	旧西ドイツ連邦議会、再軍備のための基本法改正案を可決
						3月1日	アメリカ、ビキニで第1回水爆実験
				2月26日-3月	原崎秀司、大英博物館図書室等で英文報告書を作成	4月22日	国連経済社会理事会、日本のアジア極東経済委員会（ECAFE）加盟承認
5月19日	厚生年金保険法公布（老齢年金の引上げ）	5月8日	旧厚生省社会局長通知、外国人に対し生活保護法準用	3月	原崎秀司、ロンドン大学のエリザベス・ハンターに最終報告書（英文）の校閲を依頼		
6月10日	労働基準法の一部を改正する法律公布	8月1日	旧厚生省「児童局保育課」を「母子福祉課」に改称	4月15日	原崎秀司、パリ市内を見学		
6月22日	地方自治法の一部を改正する法律公布	9月	旧文部省、「肢体不自由児及び身体虚弱児実態調査」実施	4月19日	原崎秀司、ニューヨークのダウンタウン、イーストサイド、身体障害者施設（全盲）を見学		
6月23日	質屋営業法の一部を改正する法律公布	10月	旧文部省、「養護施設運営要領」施行	4月22日	原崎秀司、マンチェスター福祉事務所を訪問	7月21日	ジュネーヴ会議終了、インドシナ休戦協定調印
		11月12日	旧厚生省孤児・母子家庭児童等の就職援護に関する対策要綱実施	5月9日	日本社会福祉学会発足（初代会長　四宮恭二）	9月8日	東南アジア条約機構（SEATO）結成、調印
7月1日	市町村職員共済組合法公布	12月	中央教育審議会、「特殊教育及び僻地教育振興について」答申	11月	手をつなぐ親たち、精薄児育成会創立記念研究発表会開催	10月23日	パリ協定調印

1955（昭和30）年　1/7 トヨタ自動車工業、トヨタ・クラウン発表　3/19 第2次鳩山内閣成立　4/18 アジア・アフリカ会議（バンドン会議）　6/7 第1回母親大会　6/22 最高裁、三鷹事件判決　6 1円アルミ硬貨発行　8/6 第1回原水爆禁止世界大会　9/10 日本、GATT（関税および貿易に関する一般協定）に正式加盟　11/15 保守合同

1月1日	市町村職員共済組合法施行	2月	旧厚生省、「救護院要領」施行	4月	全国未亡人団体協議会、第1回新生活運動福祉指導者研修会開催	2月19日	SEATO発効（23日、バンコクで第1回理事会開催）
4月27日	全国社会福祉協議会連合会、全国社会福祉協議会に改組	7月	児童福祉審議会、「混血児対策について」答申	7月25日	上田市新生活建設運動推進委員会、初の開催（会長は関澤欣三）	4月18日	アジア・アフリカ会議（バンドン会議、29カ国、平和10原則採択）

7月11日	厚生省設置法の一部を改正する法律	7月	特殊学級設置奨励の建築費補助開始	9月	東京都新宿区在住の笹原美寿の投書（朝日新聞）をきっかけに、高齢者問題の調査・研究が進む	6月	ILO、「障害者の職業リハビリテーションに関する第99勧告」採択
9月	長野県上田市社協「家庭養護ボランティア事業」発足（ボランティア活動の組織化、在宅家庭への組織的ボランティア活動の実施）	8月1日	世帯更正資金運営要綱制定の事務次官通知	10月1日	日本初の国立老人ホーム、簡易保険・郵便年金加入者ホーム「熱海荘」開設	7月18日-23日	ジュネーヴ4国巨頭会談開催
11月19日	旧厚生省、社会保障5カ年計画試案として、全国民の健康保険強制加入、老齢年金創設など内定	9月30日	文部・厚生・労働3省「義務教育諸学校における不就学及び長欠児童生徒（30万人）対策要綱」発表	10月24日	上田市未亡人会の相互救助機関「互助会」運営委員会（於 安藤病院会議室、互助会基金の増額がテーマ）	8月8日	ジュネーヴ、第1回国際原子力平和利用会議（日本参加）
11月	京都市、「遺族派遣婦制度」創設（独居高齢者、病弱な高齢者世帯、その他援護が必要な世帯を対象とする。学区遺族会会長が申請窓口。派遣期間は原則3週間以内）	12月	旧厚生省、「保育所行政の適正対策のため保育所の認可等」通知	12月	関澤欣三、上田市公民館長に就任	◎	アメリカ、全米ソーシャルワーカー協会設立（ネバダ州児童扶養制度制定、これで全米にて実施）
12月	長野県社会福祉協議会、「世帯更正資金貸付事業」開始			12月20日	中央共同募金会、お年玉付年賀葉書5億枚分の寄付金の用途を決定（養老施設の新設など）		
1956（昭和31）年　2 中野好夫、『文藝春秋』に「もはや戦後ではない」を発表　5/24 売春防止法公布　7/17 経済企画庁、経済白書発表　11/3 熊本県水俣湾の魚介類常食者に奇病多発と水俣病熊本大研究班発表　11 日本南極観測隊出発　12/18 国連総会で日本の国連加盟が全会一致で可決　12/23 石橋湛山内閣成立　12 日ソ国交回復交渉妥結							
2月14日	政府、地方公務員法改正案決定	1月18日	上田市、家庭養護婦雇用申請者の選考（於 市庁内宿直室）	3月4日	東信地区母子福祉研究集会開催（於 上田市公会堂、主題は①学校給食婦には未亡人を、②母子のための低家賃の住宅を）	1月1日	日本、国際児童福祉連合に加盟
3月22日	大分県議会、全国初の老齢年金県条例を可決（県内該当者は423人）	1月18日	市社協事務局への出頭依頼について（上社協発第号外、上田市社協会長 関澤欣三）	3月27日	鉄道弘済会、生活保護法による養老施設「東京弘済園」を開設	1月27日-28日	ワルシャワ条約政治協議委員会をプラハで開催
3月30日	学校給食法の一部を改正する法律公布	1月18日	市町村社会福祉協議会家庭養護婦派遣事業実施要綱案、家庭養護婦服務心得	3月31日	原崎秀司、長野県社会部厚生課長退任	2月6日	米・アラバマ州立大学入学の黒人学生ルーシー登校停止、反黒人デモ暴徒化
4月	長野県上田市・諏訪市など13市町村で「家庭養護婦派遣事業」創設（上田市の初期家庭養護婦は9人［うち未亡人4人、平均年齢45.3歳］、派遣期間は原則1カ月、派遣第1号家庭養護婦は斎藤けさの［上田市木町在住、当時］）	3月1日	長野県広報「本県社会福祉事業の現況－なくしたい生活苦」	3月	上田市婦人学級発足	3月12日	英下院、殺人罪の死刑廃止法案可決
		4月9日	長野県家庭養護婦派遣事業補助要綱（長野県告示第156号、「家庭養護婦の派遣事業について」、長野県知事 林虎雄）	3月	全国精神薄弱者育成会「山下清と特殊児童の作品展」開催（以後全国各地で）		

5月2日	京都市、全国初の市民憲章を制定	4月	長野県、「家庭養護事業（ホーム・ヘルプ・サービス）のしおり（その仕組のあらまし）」を作成	4月1日	原崎秀司、松筑地方事務所長に就任	5月5日	第1回「世界子どもの日」実施
5月24日	売春防止法公布			4月10日	働く婦人座談会（於 長野県別所温泉、主題は家庭を明るくするには、家庭内の娯楽、母娘の時代の差）	5月8日	WHO 第9回総会で日本、WHO 執行理事会の理事国に選出される（任期1年）
6月6日	公共企業体職員等共済組合法公布（7月1日施行）	5月31日	生活保護法による保護施設運営上の取扱いについて（昭 31.5.31 施発第19号）（課長通知）			6月13日	スエズ駐留英軍、74年間のスエズ運河地帯占領終結、最終撤退
6月10日	「塩田町家庭養護婦派遣事業」実施（上田市社協初代事務局長、竹内吉正の当時の居住地（塩田町）で実験的に実施されたもの）	6月21日	「家庭養護婦（ホームヘルプ）の申込みについて」（上社協発第100号、上田市社協会長 関澤欣三）	6月21日	上田市未亡人会、「さつき会」と改称（会長 木下暉子）	7月	アメリカ、老齢遺族障害年金保険（APTD）制定
6月20日	母子福祉資金の貸付等に関する法律の一部を改正する法律	8月15日	上田市未亡人会「さつき会」理事会開催について（上未第9号）	8月17日	上田市社会福祉協議会と上田市未亡人会「さつき会」が会談し、さつき会への従来の補助金8,000円をホームヘルプ事業（家庭養護婦事業）に充当することを決定	◎	デンマーク、国民年金法を制定
7月2日	国防会議構成法公布	8月28日	昭和33年度家庭養護婦派遣事業追加補助申請について（上社協発第81号、上田市社協会長 関澤欣三）	9月13日	第1回老人大会開催（新宿生活館、約300人参加、老齢年金制度確立、軽費老人ホームの建設、老人憲章の制定、老人クラブへの援助など）	8月16日 -23日	第1次エイズ問題国際会議開催（ロンドン）
10月1日	上田市社会福祉協議会理事会で、家庭養護婦派遣事業の実施要綱及び予算（事業計画）を決定	12月6日	長野県家庭養護婦派遣事業補助要綱（第156号）の一部改正（長野県告示第701号、長野県知事 林虎雄）	10月1日	上小地方事務所に婦人相談員を配置	11月2日 -10日	国連緊急総会開催
10月4日	上田市内派遣第1号の家庭養護婦として斎藤けさのを派遣（上田市社協は同事業を10月11日に開始したと誤識している）	12月6日	長野県通知「補助金の交付・事業計画の変更について」（31厚第952号）	10月5日	旧厚生省、初の『厚生白書』発行	11月6日	アイゼンハワー、アメリカ大統領に再選
10月19日	日ソ国交回復に関する共同宣言調印	12月8日	家庭養護婦派遣事業計画の変更について（上社協発第194号、上田市社協会長 関澤欣三）	10月18日	須坂市婦人会員による奉仕活動（於 須坂市立養老院寿楽園、約60名参加、着物の仕立て直し）	11月22日 -12月6日	第16回オリンピック開催（メルボルン）

12月20日	身体障害者福祉法等の一部を改正する法律	12月14日	家庭養護婦派遣事業の実施状況について（上社協発第195号、上田市社協会長 関澤欣三）	12月8日-9日	第1回日本ジェロントロジー学会開催（日本医師会館、約500人参加、老人福祉法制定への提案など）	12月18日	国連総会、日本の国連加盟を全会一致で可決
1957（昭和32）年 2 石橋内閣総辞職、岸信介内閣成立 6/19 岸首相、米大統領アイゼンハワーと会談 6/21 日米共同声明 6 神武景気、ピーク（谷1954.11～山1957.6） 8/1 米国防総省、在日米地上戦闘部隊の撤退を発表 8/27 原子力研究所、JRR-1原子炉の火が灯る 10.4 インド首相ネルー来日 10 5千円札発行 12.10 100円硬貨発行							
3月29日	労働省設置法の一部を改正する法律公布	1月8日	家庭養護婦派遣事業計画書及び予算書送付について（上社協発第1号、上田市社協会長 関澤欣三）	4月20日	全社協、「生活苦にあえぐ人々の実態調査」（低所得者約192万人、潜在的失業者の2割が母子世帯・老人世帯など）	3月25日	ローマ、欧州経済共同体（EEC）、欧州原子力共同体（EURATOM）創設の条約調印
4月12日	国民皆保険推進本部（旧厚生省）設置	3月	旧厚生省、「児童相談所執務必携」作成	5月18日-20日	民生委員制度40周年記念全国社会福祉大会	◎	A・グリーンウッド「専門職の属性」発表、F・バイスティック「7原則」を提唱
4月15日	母子福祉資金の貸付等に関する法律の一部を改正する法律公布	5月	中央福祉審議会、「児童福祉行政の欠陥、今後の方向について」意見具申	7月27日	大阪府立家事サービス職業補導所開所式（祝辞「池川メモ、家事サービスについて」）	5月	イギリス王立委員会、精神衛生及び精神疾患関係法規について報告書提出
4月25日	児童福祉法の一部を改正する法律公布（精神薄弱児通園施設を明記等）	5月6日	厚生事務次官、社会局長、「低所得者に対する医療費の貸付について」（制度要綱及び運営要領）通知	7月31日	池川清、『家事サービスについて』という10冊の冊子をプリントし、関係者に配布（日本生命済生会の支援による）	7月	国際地球観測年開始
5月8日	旧厚生省に5人の「国民年金委員」設置（国民年金制度の検討に入る）	5月29日	社保審、国民年金制度特別委員会設置	8月12日	朝日訴訟開始	7月6日-10日	第1回パグウォッシュ会議（カナダ、世界的に著名な科学者20人が参加、核兵器の脅威と社会的責任を強調）
5月20日	労働福祉事業団法公布	6月	厚生事務次官通知、「児童福祉法の一部を改正する法律の施行について」（児童福祉施設に新たに精神薄弱児通園施設を設置等）	9月12日	第1回老人の健康と福祉をたかめる国民会議開催（塚本哲、山高しげり、岡村重夫）	8月1日	南ベトナム、徴兵制度開始
6月14日	国防会議、第1次防衛力整備3カ年計画決定	8月	旧文部省、「勤務評定実施」通達（9月趣旨徹底を通知）	9月17日	第1回老人福祉家族会議（東社協主催、10月から老人クラブに活動助成することを決定）	8月31日	第1回国際学生スポーツ大会（パリ、日本から32人が参加）
10月4日	日印共同声明発表	8月	旧厚生省、児童局に児童保護監査官設置	10月	中井大阪市長に同行し、池川清、欧州視察（その際、サンディエゴ市社協に立ち寄り、ホームヘルプに関する資料入手を約束する）	10月4日	旧ソ連、人工衛星スプートニク1号打ち上げに成功

12月17日	政府、新長期経済計画を決定（高度成長政策を継承、年率6.5%の経済成長を目標）	9月28日	外務省、「わが外交の近況」（いわゆる「外交青書」）を初めて発表	11月10日	上田市社会福祉協議会、『うえだ社協ニュース』創刊（発刊のことば：「皆さんとのかけ橋に」関澤欣三［上田市社協初代会長］）	11月22日	社会主義12カ国共同宣言
◎	なべ底不況始まる（～1958年末迄）	12月	旧文部省、小中教頭職制化	11月22日	上田市社会福祉協議会定例総会開催	12月26日	アジア・アフリカ諸国民会議（カイロ、45カ国参加、「アジア＝アフリカ人民連帯会議宣言」）
				◎	日本カトリック看護協会（JCNA）発足（初代会長・井深八重）		
1958（昭和33）年　3/30 アジア大会東京大会開催（国立競技場落成）　4/1 売春防止法施行（全国3万9,000軒、約12万人の従業婦が消える）　8日清食品「チキンラーメン」発売　9/11 藤山・ダレス会談　10/8 政府、警職法改正案提出　国鉄（JR）、東京-神戸間に特急こだま運転開始　11/27 明仁皇太子と正田美智子さん婚約　12/1 1万円札発行　12/23 東京タワー完成（333m）							
3月25日	売春防止法の一部を改正する法律公布	2月13日	家庭養護婦派遣に関する検診実施について（上社協発第212号、上田市社協会長 関澤欣三）	1月	池川清、『家政婦サービス事業のあらまし』（大阪市保護課、民生委員連盟）という小冊子を出版	2月	スウェーデン、無拠出制国民年金大幅改善の10年計画と補足的所得比例年金制度の基本原則に関する法案提出
3月31日	身体障害者福祉法の一部を改正する法律公布	3月18日	旧文部省、小中学校「道徳」の実施要綱を通達	1月26日	日本盲教育研究会発足（のちの全日本盲学校教育研究会）	4月15日	第1回アフリカ独立諸国会議（ガーナ・アクラ）開催
4月1日	社会福祉事業法の一部を改正する法律公布	3月26日	国民年金委員、国民年金制度検討試案要綱発表	4月16-17日	家庭養護婦派遣事業運営研究集会開催（於 上田市点字図書館）	4月26日	第1回海洋法会議開催（スイス・ジュネーヴ）
4月1日	大阪市、民生委員制度40周年記念事業として、「臨時家政婦派遣制度」創設（民生委員連盟に委託、1カ月目・3カ月目に派遣の効果測定を行う。資格は①老人福祉に深い理解・熱意があること、②骨の折れる仕事に耐えられることの2点。従来の民生委員活動の体系化がねらい）	3月27日	昭和33年度家庭養護婦派遣事業補助申請について（上社協発第226号、上田市社協会長 関澤欣三）	4月21日	東京都養老院付属病院完成	5月14日	IOC第54回総会開催（東京）
4月1日	国民年金準備委員会（旧厚生省）設置	4月2日	家庭養護婦派遣事業昭和32年度決算及び事業成績について（上社協発第229号、上田市社協会長 関澤欣三、委託料総額3万9,510円）	5月	日本初の国立知的障害児施設秩父学園創設（初代園長・管修）	6月25日	ILO、「雇用及び職業についての差別待遇禁止に関する条約」（第111号条約）採択
		4月9日	家庭養護婦派遣事業運営研究集会の開催について（長社協第207号、長野県社協会長 倉島至）	8月2日	児童福祉法施行10周年記念の「上田市児童福祉大会」開催	8月8日	国連緊急総会、アラブ10カ国の米英軍撤退決議に全会一致で可決
		4月11日	家庭養護婦派遣事業運営研究集会の開催について（上社協第232号、上田市社協会長 関澤欣三）	9月12日	老人の健康と福祉をたかめる国民会議（全社協主催、東京丸の内、約200人参加）	9月1日	第2回原子力平和利用会議開催（66カ国参加、スイス・ジュネーヴ）
		5月1日	公立小中学校の学級定員50人制	9月	社会保障推進協議会、総評はじめ各組合、患者、医療関係48団体の参加により結成		

5月1日	国家公務員共済組合法公布（7月1日施行）	5月22日	市社協代議員選出依頼について（上社協発第24号、上田市社協会長 関澤欣三）	10月15日	上田市で初の老人クラブ「新屋むつみ会」結成	9月16日	第13回国連総会開催（中国加盟案は棚上げ）
◎	布施市（現、東大阪市）、「独居老人家庭巡回奉仕員派遣事業」を開始			11月	全国社会福祉協議会、「重症心身障害児対策促進委員会」設置（第1回委員会開催）	11月30日	第9回国際社会事業会議開催（東京、参加国42、国際団体16、参加者1,500人、主題は「社会的ニードを満たすための資源の動員」）
◎	「企業内ホームヘルプサービス制度」創設（旧労働省指導）						
◎	厚生省児童家庭局企画の「家庭奉仕員制度」（構想のみに終わる）					◎	EEC（欧州経済共同体）発足
12月27日	国民健康保険法公布（国民皆保険の基礎が成立）	9月24日	旧厚生省、「国民年金制度要綱第1次案」発表	12月	第6回精神衛生全国大会で、「訪問指導員制度設置」提案		

1959（昭和34）年　1/1 メートル法施行　1 キューバ革命　4/10 皇太子、結婚パレード　4 最低賃金法・国民年金法成立　9/26 伊勢湾台風、中部地方を襲う（死者5,041人、被害家屋57万戸、明治以後最大）　11/19 学童の交通整理を担当する「緑のおばさん」登場　11/27　安保阻止第8次統一行動、国会請願のデモ隊約2万人が国会構内に突入

2月10日	風俗営業取締法の一部を改正する法律公布	1月7日	昭和33年度家庭養護婦派遣事業補助申請について（上社協発第172号、上田市社協会長 関澤欣三）	3月23日	全国精神薄弱者育成会、社会福祉法人全日本精神薄弱者育成会となる	◎	国際連合が児童の権利に関する条約を採択
3月3日	未帰還者に関する特別措置法公布	3月	中教審、「育成奨学及び援護に関する事業の振興方策について」答申	3月31日	政府・自民・育成会で精神薄弱者福祉法制定連絡協議会発足	2月1日	スイス、「婦人参政権」国民投票で否決
4月16日	国民年金法公布	3月28日	家庭養護婦派遣事業に関する委託料交付について【依頼】（上社協発第229号、上田市社協会長 関澤欣三）	◎	原崎秀司、長野県児童福祉審議会委員、防災会議委員会委員に就任	3月	ILO年次報告、日本の雇用問題に警告
◎	大阪市、「臨時家政婦派遣制度」を「家庭奉仕員派遣制度」に改称	4月	特殊学級整備10カ年計画策定（毎年750学級）	◎	原崎秀司、長野県社会福祉協議会理事、長野県人事委員会事務局長に就任	◎	デンマーク、1959法。B・ミッケルセンの尽力で「ノーマライゼーション」理念が盛り込まれる
5月1日	旧厚生省、年金局を設置	6月	旧厚生省、「精神薄弱援護施設の設置及び管理基準について」通知	9月1日	上田市社会福祉大会開催	◎	国際ホームヘルプサービス協会創立（オランダ・ウッドショータン）
5月15日	国家公務員共済組合法改正（恩給制廃止、国家公務員の退職年金制度が適用）	7月	旧文部大臣、中教審に「特殊教育振興について」を諮問	9月19日	積水化学において、事業内ホームヘルプ制度を開始（福利厚生施策の一環）	8月	イギリス、精神衛生法公布

6月1日	坂田厚生大臣、諮問機関「国民年金審議会」設立	12月7日	中央教育審議会、「特殊教育の充実振興について」答申	11月7日-8日	第1回日本老年学会開催（東京）	9月18日	フルシチョフ、国連総会で全面完全軍縮提案
11月	母子寡婦年金及び母子福祉年金制度創設	12月8日	家庭養護婦登録上の再調査実施について【通知】（上社協発第155号、上田市社協事務局長 竹内吉正）	11月11日-13日	全国社会福祉大会、東京で開催（高齢者福祉部会が独立して論議される）	11月20日	国連総会、完全軍縮82カ国決議案可決
11月1日	国民年金法施行（無拠出制の老齢・母子・障害各種福祉年金の支給決定）	12月10日	中央青少年問題協議会、「精神薄弱者対策について」意見具申	12月29日	石川島重工業において、事業内ホームヘルプ制度開始（旧労働省婦人少年局の指導、6カ月間のテストケース。申請主義、利用料は1日200円。派遣期間は原則連続6日間以内）	11月20日	国連総会、「児童権利宣言」決議
1960（昭和35）年　1/19 日米相互協力および安全保障条約（新安保条約）　2/23 皇太子妃、男子（浩宮徳仁）を出産　3/28 三池炭鉱争議（～7月）　4/30 ソニー、世界初のトランジスタテレビを発表　6/23 新安保条約批准書交換、発効、岸首相、退陣表明　8/25 ローマオリンピック大会開会　9/10 カラーテレビの放送開始　10/12 浅沼稲次郎社会党委員長、日比谷公会堂で右翼少年に刺殺される　11/20　総選挙　11 アメリカ大統領選ケネディ当選　12/27 池田勇人内閣、国民所得倍増計画を決定							
1月	日米安全保障条約締結	3月3日	老齢·母子福祉年金支給開始（全国で230万人受給）	1月	池川清、『老人福祉』（日本生命済生会）を出版	2月2日	ノルウェー、総合的社会保険制度として疾病、廃疾、社会復帰扶助を含む法律制定
3月	精神薄弱者福祉法公布	3月30日	家庭養護婦派遣事業成績について【報告】（上社協発第247号、上田市社協会長 関澤欣三）	3月	東京、旭出学園教育研究所開設（6月、旭出養護学校認可）	3月27日-4月2日	アメリカ、第6回ホワイトハウス児童会議開催（アイク大統領主催）
3月	旧厚生省、無拠出の福祉年金支給開始	3月30日	家庭養護婦派遣事業に関する委託料交付について【依頼】（上社協発第248号、上田市社協会長 関澤欣三）	6月	旧労働省、ヘルパー講習会受講者募集し、900人の応募のなか、30人が新規採用された	4月1日	国連安保理、南アフリカ共和国に対して人種差別廃止要求決議案を採択
4月1日	秩父市、「老人家庭巡回奉仕員制度」を創設（久喜文重郎市長と宮城清治市福祉事務所長との会合が発端。「秩父市老人家庭巡回奉仕員運営規則」に基づく。第一号派遣奉仕員は清水一江、他1人、対象世帯は12世帯、平均訪問世帯は43世帯／月）	4月	旧厚生省、「母子福祉センター設置要綱」通知	6月	神戸市で、ホームヘルパー（家事補助者）講習会開催の呼びかけ（『市民の福祉』による）	5月12日	フランス、医道法制定（医師の良心的診療と経済的公正等を義務付け）
6月	名古屋市、伊勢湾台風被害激甚地区（熱田区、中川区、港区、南区の4区。4区の当時の保護率は71.0%）への支援活動の延長として「家庭奉仕員制度」を創設（一人親世帯・病身世帯）	6月	旧厚生省、「精神薄弱者職親委託制度制定について」通知	8月6日	原崎秀司、潮音大会（短歌集団）に参加	6月	ユネスコ、「教育における差別を禁止するユネスコ条約」「特別なニーズの教育に関するサラマンカ宣言と行動のための大綱」採択

6月	神戸市、「ホームヘルパー（家事奉仕員）派遣制度」を創設（“愛のヘルパさん”“家事補助者”等と呼称される。奉仕員は市社協に常駐。派遣は原則、1回半日で同一世帯に対し、月3回が上限。奉仕員の要件は心身とも健康な50歳未満の女子。一人親世帯・老人世帯などに派遣、のちにホームヘルパー講習会開催）	7月14日	「家庭養護婦の派遣について」【通知】（35厚第437号、県社会部長）	9月12日	第4回老人福祉国民会議（全社協主催）開催（東京、老後の生活設計が主テーマ）	7月14日	国連安保理、ベルギー軍のコンゴ撤退・国連軍派遣決議
		7月14日	家庭養護婦派遣事業補助金交付要綱【告示】（長野県告示第380号、長野県知事 西沢権一郎）	10月19日	東京地裁、「朝日訴訟」で現行生活保護水準は違憲と判決	9月13日	アメリカ、社会保障法改正、老齢者医療扶助制度制定（低所得高齢者の高額医療費補助、メディケイドの前身）
		8月	中央児童福祉審議会、「児童福祉行政刷新強化に関する意見」具申	10月25日	旧厚生省、「拠出制国民年金届出状況の第1回全国集計（10月13日現在）」発表（全国の届出数は約200万件で予定の9.9%と低調）	9月20日	第15回国連総会開幕（14カ国新規加盟承認で、計96カ国となる）
7月25日	身体障害者雇用促進法公布						
8月13日	同和対策審議会設置法公布						
8月24日	旧厚生省、生活保護扶助基準の昭和36年度26%引上げ方針を決定	10月	旧厚生省、「国立療養所の再編計画」策定（重度障害者等への病床転用を促進）	11月15日	原崎秀司、日本赤十字社長野県支部事務局長就任（1966年9月迄）	12月14日	国連総会、植民地独立宣言採択
12月26日	福岡県でホームヘルパー制度発足	12月	政府、被保険者遺族に一時給付などの国民年金改正大綱をまとめたと発表	11月	日本ソーシャルワーカー協会設立（初代会長・竹内愛二）	◎	国連、精神衛生年を決議
12月	岩手県沢内村、全国初の65歳以上の老人医療費無料化を実施（翌年には対象年齢を60歳以上にまで拡大）	12月24日	神奈川県民生部長「家庭奉仕員制度の実施状況について（照会）」（名古屋市長宛）	12月	三和銀行において、事業内ホームヘルプ制度を実施（福利厚生施策の一環）	◎	WHO、ハンセン病患者の隔離をやめるよう勧告、差別法の撤廃と外来治療への転換を提唱

1961（昭和36）年 4/12 旧ソ連の宇宙飛行士ユーリ・ガガーリン少佐が宇宙から地球を見る 6/1 国立がんセンターを設置 6/12 農業基本法公布 6 全国的に小児麻痺が大流行 9/1 日本赤十字社、愛の献血運動を開始 9/26 大鵬と柏戸が揃って横綱昇進 9 経済協力開発機構（OECD）発足 11/15 日紡貝塚女子バレーボールチーム、ヨーロッパ遠征より帰国、「東洋の魔女」と呼称される 12/12 元軍人によるクーデター計画「三無事件」発覚 12 岩戸景気、ピーク（谷1958.6～山1961.12）

4月1日	無拠出国民年金正式発足、国民健康保険を各市町村で実施（国民皆保険体制が発足）	3月30日	家庭養護婦派遣事業に関する委託料交付について【依頼】（上社協発第247号、上田市社協会長 関澤欣三）	1月	寝たきり高齢者施設「十字の園」を静岡県浜松市に開設（特別養護老人ホームの先駆け）	1月4日	アフリカ諸国首脳会議開催（8カ国参加、カサブランカ・アフリカ憲章発表）
4月18日	精神衛生法の一部を改正する法律公布（措置入院経費国庫負担2分の1から10分の8に引き上げ）	3月30日	家庭養護婦派遣事業成績について【報告】（上社協発第248号、30世帯、人員80名、上田市社協会長 関澤欣三）	3月9日	全国初の盲老人ホーム「慈母園」を奈良県高取町に開設	2月7日	WHO第14回総会（ニューデリー）、日本、WHO執行理事会の理事国となる（任期1年）
5月1日	失業保険法の一部を改正する法律公布	7月1日	旧厚生省、「厚生省行政長期計画構想試案」発表（所得倍増に見合ったプラン）	3月31日	竹内吉正、上田市社会福祉協議会事務局長（初代）を退任（長野県社会福祉協議会組織課長に栄転）		

5月1日	釧路市、「家庭福祉員派遣制度」開始（1960年に山本釧路市長が北欧を視察し、進んだ社会保障制度を見て取り入れようとしたもの。母子家庭、老人家庭、低所得者家庭などが対象。初期家庭福祉員は5人。無料派遣で家事の一切を代行）	9月1日	九州社協連合会、老人福祉法試案発表	4月19日	中央職業安定審議会委員視察（於 上田市福祉事務所、審議会委員4人、労働省保官1人参加、家庭養護婦派遣状況視察）	6月23日	南極条約発効（12カ国加盟）
◎	島根県、1961年度より18市町村で「老人家庭奉仕員制度」開始（1966年9月から老人家庭奉仕員事業を本格的に実施し［通知あり］、1967年では8市町（松江市、浜田市、増田市、大田市、安東市、江洲市、平田市、木次町）で9人の奉仕員を配置）	10月10日	横浜市民生局長、「老人福祉事業の実施状況について」（名古屋市民生局総務課宛）	5月17日	第1回老人大会（全国老人クラブ連絡協議会主催、東京日比谷、老人福祉法制定要求などを決議）	9月18日	ハマーショルド国連事務総長没
10月	自民党、老人福祉法要綱試案発表	10月31日	八代市長（坂田道男）、「老齢者福祉対策について」（名古屋市民生局総務課、見沼恭一宛）	5月	長谷川良信、マハヤナ学園「撫子園」を新築し、学園創立40周年を挙行	11月	アメリカ、第1回ホワイトハウス老人問題会議開催（「老人憲章」採択、要支援老人の支援のみならず予防を）
11月	児童扶養手当法公布	11月	旧厚生省、「厚生行政長期計画基本構想」発表	5月	原崎秀司、日本赤十字社長野支部事務局長就任（1966年9月まで）	12月15日	国連総会、中国代表権問題重要事項指定
12月16日	東京都民生局、「家庭奉仕員（ホームヘルパー）派遣事業」を1962年1月11日から開始すると発表（初年度派遣人数65人、1カ月延訪問件数1,500件）	12月28日	弘前市福祉事務所長（玉田繁吉）、「ホームヘルパー制度実施について照会」（名古屋市社会福祉協議会長宛）	8月25日	上田市社会福祉大会開催	12月	第5回世界労働組合大会開催（社会保障憲章採択）
				10月27日	上田市社会福祉協議会、全国社会福祉協議会から「表彰状」を受ける	◎	デンマーク、国民扶助法制定
				◎	井深八重、第18回フローレンス・ナイチンゲール記章受賞		

1962（昭和37）年　2/1 東京都の人口が常時1,000万人突破　3/1 テレビ受信契約者1,000万人突破　3/29 民法改正公布　5/3 常磐線三河島駅付近で脱線事故（死者160人の大惨事）　5/17 大日本製薬、サリドマイド系睡眠薬を自主的に出荷停止　6 北陸トンネル開通　7/17 経済企画庁、経済白書「景気循環の変貌」を発表　8/6 原水爆禁止世界大会、旧ソ連の核実験をめぐって社共対立・分裂へ　9 キューバ危機、10月回避へ　9/29 富士ゼロックス、初の国産電子複写機を完成（コピー時代の幕開け）　12 東京にスモッグが続き、問題化

4月1日	埼玉県行田市で「老人家庭巡回奉仕員派遣事業」実施（奉仕員2人、対象世帯13世帯）	2月2日	四日市市立寿楽園長、「家庭奉仕員制度について」（名古屋市民生局総務課宛）	1月10日	原崎秀司、長野県身体障害者福祉審議会副会長に就任	1月3日	スカルノ・インドネシア大統領、西イリアンはインドネシアの1州と宣言
4月16日	児童扶養手当法の一部を改正する法律公布	2月27日	旧文部省、学校教育法施行令の一部を改正する政令	4月5日	全国老人クラブ連合会結成大会、東京にて開催（老人クラブの初の組織化、「老権」をめざす、約1,200人参加）	2月1日	ケネディ・アメリカ大統領、議会に福祉教科書を送る（老齢者・失明者・障害者・児童に対し、ニーズ変化に対応したサービス重視を強調）

4月28日	国民年金法改正法公布・施行	4月20日	老人家庭奉仕事業運営要綱（昭37.4.20厚生省発社第157号）	4月7日	原崎秀司、点訳講習会に参加（上田市）	4月1日	スイス、「核武装禁止に関する憲法改正案」国民投票で否決
4月	国による老人家庭奉仕事業開始（東京都・5大都市）、国庫補助の対象福祉事業として、250人分の家庭奉仕員活動費（月額1万1,700円）を予算化	4月20日	愛媛県民生部長、「家庭奉仕員事業内容について」（名古屋市民生局総務課　近藤恵美子宛）	4月20日	旧厚生省、全国一斉に老人ホーム調査を実施（老朽化する施設の増改築を検討）	6月6日-28日	ILO第46回総会会議（ジュネーヴ）、条約第117号「社会政策の基本的な目的及び基準に対する条約」「社会保障における内国民及び非内国民の均等待遇に関する条約」採択
5月	東京都、京都市、横浜市などで「老人家庭奉仕員制度」創設	4月	全社協、「社会福祉協議会基本要綱」策定	6月13日	民生委員の全国会議を名古屋で開催（老人クラブの結成・育成について）	6月26日	ILO総会、週40時間制勧告を採択（日本政府「漸進的実現を」）
5月29日	千葉市、「家庭奉仕員制度」創設（1965年時点で、老人家庭奉仕制度もまだ千葉、茂原、佐原、習志野、野田の5市にあるだけ。しかも、千葉市に5人いるほかは各市1人か2人といった貧弱なもの）	6月4日	家庭養護婦派遣事業研究会の開催について【通知】（37厚号外、県社会部長・県社協会長）	7月	映画『ある老人家庭奉仕員の記録』（総理府・厚生省企画）	7月9日-14日	モスクワで全面完全軍縮と平和世界大会
		7月31日	社福審小委員会、老人福祉法を制定し、所得と医療の保障を図るとともに高齢者の社会参加を促す中間報告を行う	7月	「第17回被保護者全国一斉調査」（老人ヘルパー派遣の要否等の調査）	9月30日	アメリカ大統領命令、連邦保安官警護のもと黒人学生ミシシッピ大学へ入学手続き完了
9月	福井市、小浜市、三国町、松岡町において「老人家庭奉仕事業」開始［福井市（奉仕員3人）、小浜市（奉仕員1人）、三国町（奉仕員1人）、松岡町（奉仕員数1人）］	8月	社保審、「社会保障の総合調整に関する基本方策についての答申及び社会保障制度の推進助長に関する勧告」答申及び勧告	8月17日	上田市社会福祉大会開催	12月	中ソ論争表面化
						◎	スウェーデン、国民保険法公布（国民年金と付加年金を一本化）
				9月15日	「とりよしの日」を記念して老人福祉大会開催（東京日比谷公会堂）		
10月8日	第4回岐阜市議会定例会で、新規事業である家庭奉仕員事業の予算化が了承される	10月	旧厚生省、社会福祉施設緊急整備公団構想発表			◎	国際ホームヘルプサービス協会第1回総会（フランス・パリ）
	1962年度より、佐賀県では「老人家庭奉仕員制度」開始	11月6日	島根県厚生部長、「家庭奉仕事業の運営について」（名古屋市民生局総務課　近藤恵美子宛）	12月	原崎秀司、豊科病院の人的改造依頼のために信州大学を訪問	◎	フランス、ラロック委員会報告。高齢者対策としてホームヘルプサービス利用の一般化を強調
11月24日	旧厚生省、老人福祉法案大綱をまとめる（高齢者福祉推進の総合対策を確立するねらい）	12月	旧労働省、東京都社会福祉協議会に老齢者就労あっせん事業許可	◎	旧労働省婦人少年局、『婦人関係業務資料No.1 事業内ホームヘルプ制度——その方式と運営について』刊行		

1963（昭和38）年　1/1 テレビアニメ「鉄腕アトム」放送開始　2 日ソ貿易協定調印　3/31 村越義展ちゃん誘拐事件　4/27 サントリービール発表　4 自動車総生産台数100万台突破　5/4 埼玉県狭山市で女子高生誘拐殺人事件　7/16 経済企画庁、経済白書「先進国への道」を発表　7 名神高速道路開通　8/15 政府、第1回全国戦没者追悼式（日比谷公会堂）　9/12 最高裁、松川事件再上告審で上告棄却　11/23 初の日米間テレビ宇宙中継受信実験に成功（ケネディ大統領暗殺ニュースを受信）　12/8 プロレスラーの力道山が刺殺される

1月1日	岐阜市において「家庭奉仕員制度」開始（生活保護世帯の老人家庭に対して週1回程度巡回して家庭的な世話をする制度）	1月7日	社会福祉施設と保健所との連繋について（昭38.1.7 厚生省発衛第1号）（局長連名通知）	1月	総評、第1回社会保障研究会集会	1月22日	独仏協力条約調印（長期にわたる敵対関係の緩和）
1月	佐賀県武雄市、多久市、佐賀市において「老人家庭奉仕員制度」開始［武雄市（奉仕員1人）、多久市（奉仕員1人）、佐賀市（奉仕員数不明）において実施］	2月	社保審、「老人福祉要綱について」答申	2月8日	東社協、高齢者無料職業紹介所開所（都民生局調査では4万人以上が働く場を求めていると報告）	2月10日	旧ソ連、中ソ共産党会談提唱
◎	東京都社会福祉協議会、「家庭奉仕員事業」委託を都に返還	2月	旧文部省、「寮母等に関する勤務について」通知	3月	サリドマイド被害児の保護者の会結成（1964年に「子どもたちの未来をひらく父母の会」と改称）	2月28日	アメリカ、公民権に関する大統領特別教書を発表
4月1日	石川県で「老人家庭奉仕員派遣事業」開始（申込窓口は市町村であり、同年10月から金沢市で2人の家庭奉仕員によって事業が実施）	2月1日	静岡県民生労働部厚生課社会係長、「老人家庭奉仕員の運営状況について」（名古屋市民生局保護課老人福祉担当係長宛）	4月	全国心身障害者をもつ兄弟姉妹の会発足	3月14日	WHO、国際的白血病調査で、「広島・長崎被爆者の発病率高い」と報告
5月	広島県呉市で「家庭奉仕員派遣事業」創設［当初呉市（奉仕員3人）、その後、1963年11月には三次市（奉仕員1人）が、翌1964年1月には広島市（奉仕員5人）が当該事業を開始］	2月2日	山口県徳山市長、「老人家庭奉仕員設置に関する資料について（照会）」（名古屋市民生局総務課　近藤恵美子宛）	5月	国立療養所東京病院付属リハビリテーション学院開設（3年制）	4月2日	イギリス労働党、「社会保障のニュー・フロンティア」を発表
5月21日	愛媛県で「家庭奉仕員制度」創設（中予福祉事務所・越智周桑福祉事務所・南予福祉事務所に計10人の家庭奉仕員を配置、派遣開始は6月1日から）	3月	旧厚生省、「母子休養ホームの設置について」通知	6月	池川清、大阪市東区長に就任	5月25日	アフリカ統一機構（OAU、エチオピア）発足
6月	熊本県本渡市、「ホームヘルプ制度」発足（実働は12月から）	4月5日	愛媛県民生部、「家庭奉仕員派遣事業について」（名古屋市民生局総務課 近藤恵美子宛）	6月	小さな親切運動開始	6月19日	ケネディ・アメリカ大統領、公民権法案を議会に提出

6月	秋田市他1市で「老人家庭奉仕員制度」創設（奉仕員への報酬は国、県、市町村が分担し、当時は月額1万2,000円ぐらいであった。何分、老人福祉施策として初めてのことであったから、初年度は秋田市など2市で2人と少なかった）	5月15日	長野県広報（第215号、「生活改良普及員」）	7月	全国社会福祉協議会内に重症心身障害児問題懇談会発足	7月5日	国際捕鯨委員会、全面禁漁決定（小型を除くシロナガスクジラとザトウクジラの禁漁）
7月1日	富山市（3人）、高岡市（2人）で「老人家庭奉仕員制度」を開始（1963年に身体障害者家庭奉仕員を、1968年に老人家庭奉仕員を市雇用の非常勤嘱託職員として設置）	6月21日	広島市厚生局援護課・広島市長、「老人家庭奉仕員の設置状況について」（名古屋市民生局総務課 近藤恵美子宛）	7月16日	経済企画庁、『経済白書』で「先進国への道」を発表	7月15日	南アフリカ共和国、国連アフリカ経済委員会（ECA）から脱退
7月11日	老人福祉法（昭38.7.11 法律第133号、施行は8月1日）	6月	旧文部大臣、中教審に「後期中等教育の拡充整備について」（期待される人間像等）諮問	8月1日	特殊児童援護協会、生命保険とのタイアップ方式で、「終身保護補償制度」開始	8月5日	米英ソ3国部分的核実験停止条約正式調印
8月1日	山口県山口市に老人家庭奉仕員（社協職員）1人設置	7月11日	老人福祉法施行令（昭38.7.11 政令第247号）	8月	全日本精神薄弱者育成会、盲精神薄弱児研究開始	8月9日-11日	第1回世界老人会議、コペンハーゲンで開催（日本から9人が参加）
8月10日	埼玉県川越市で「老人家庭巡回奉仕員派遣事業」実施（奉仕員1人、対象世帯は6世帯）	7月11日	老人福祉法施行規則（昭38.7.11 厚生省令第28号）	8月17日	上田市社会福祉大会開催（10周年）	8月28日	アメリカ・キング牧師、奴隷解放宣言百周年記念の公民権運動大集会（リンカーン記念堂前、約30万人参加）
8月	弘前市（5人）、十和田市（1人）、三沢市（1人）、陸奥市（1人）で「家庭奉仕員制度」開始	7月15日	老人福祉法の施行について（昭38.7.15 発社第235号）（次官通達）	9月13日	精神薄弱3団体連絡協議会発足	8月28日	アメリカ、人種差別撤廃のワシントン大行進（約20万人参加、代表、ケネディ大統領と会見）
8月25日	滋賀県大津市で2人のヘルパーを派遣	8月1日	老人福祉法の施行に伴う留意事項等について（昭38.8.1 社発第525号）（局長通知）	9月	第1回障害者雇用促進月間実施	8月	ケネディ・アメリカ大統領、「州立及び私立施設の精神遅滞者へのケアの水準を改善する」と表明
9月1日	埼玉県深谷市で「老人家庭巡回奉仕員派遣事業」実施（奉仕員1人、対象世帯13世帯）	8月1日	老人福祉法施行事務に係る質疑応答について（昭38.8.1 社施第27号）（課長通知）	9月15日	老人クラブ奉仕銀行発足（東京都新宿福祉事務所内）		
10月1日	埼玉県飯能市で「老人家庭巡回奉仕員派遣事業」実施（奉仕員1人、対象世帯8世帯）	8月1日	老人ホームの運営について（昭38.8.1 社施第30号）（課長通知）	10月21日-23日	愛護協会「第1回全国精神薄弱施設研究協議会」開催（名古屋）		

10月　群馬県内の前橋市、高崎市、桐生市で「老人家庭奉仕事業」を開始（各市2名、1966年度には10人に増員、老人家庭奉仕事業は、老衰その他の事由により独立で生活を営むことの困難な老人世帯に対し、奉仕員を派遣し、老人に健全で安らかな生活を営ませることを目的とし、昭和38年10月から前橋、高崎、桐生の3市に各2名の奉仕員を設置し、24万円の補助金を交付）

10月　静岡県静岡市で「老人家庭奉仕員派遣事業」開始（当初9人の老人家庭奉仕員。概ね6世帯対象、第一号派遣家庭奉仕員、稲葉とら、48歳。その後、1973年度には160人［うち、社協職員126人、市町村職員34人］に拡大）

10月　金沢市で家庭奉仕員2人が従事

10月16日　埼玉県熊谷市で「老人家庭巡回奉仕員派遣事業」実施（奉仕員1人、対象世帯11世帯）

10月23日　埼玉県浦和市で「老人家庭巡回奉仕員派遣事業」実施（奉仕員2人、対象世帯10世帯）

10月25日　埼玉県川口市で「老人家庭巡回奉仕員派遣事業」実施（奉仕員2人、対象世帯19世帯）

11月　広島県三次市で「家庭奉仕員制度」開始（当初1人）

12月1日　埼玉県羽生市で「老人家庭巡回奉仕員派遣事業」実施（奉仕員1人、対象世帯10世帯）

12月1日　埼玉県狭山市で「老人家庭巡回奉仕員派遣事業」実施（奉仕員1人、対象世帯4世帯）

12月　徳島市（奉仕員は2人）ほか3市（各1人）で「家庭奉仕員制度」開始

◎　栃木県内の宇都宮市、足利市などで「老人家庭奉仕事業」開始（奉仕員5人、設置箇所5箇所、保護対象世帯347世帯［うち、老齢単身世帯160］、平均訪問件数99.5世帯。１９６７年時には奉仕員は宇都宮市1人、足利市2人、栃木市1人、佐野市1人、鹿沼市1人、小山市2人となっていた）

◎　茨城県内の水戸市、日立市、土浦市で「老人家庭奉仕員制度」開始［水戸市（奉仕員2人、対象世帯12世帯、県補助額16万円）、日立市（奉仕員3人、対象世帯20世帯、助額19万2,000円）、土浦市（奉仕員2人、対象世帯8世帯、県補助額12万8,000円）］

10月　旧厚生省、「社会保障研究所設立」決定

10月　国立秩父学園付属精神薄弱指導職員養成所開設

10月　国立精神衛生研究所に「デイケアセンター」開設

10月　国立久里浜療養所にアルコール中毒特別病棟を開設

11月　東京地裁、「朝日訴訟」で生活保護基準は違法でないと二審決敗訴

11月4日　東京高裁、「朝日訴訟」で国側勝訴の判決

11月20日　国連第18回総会、「人種差別撤廃に関する国連宣言」採択

◎　デンマーク、1963年までに全自治体でホームヘルパー制度を採用することを義務付ける

◎	神奈川県内の4市で「家庭奉仕員制度」開始（18人の奉仕員、補助123万2,000円、自治体名不明、因みに、同県内では①老人福祉法に基づく老人家庭奉仕員と、②有料ホームヘルパー派遣という二つの発展経路により展開。1971年時点では、横須賀市、川崎市、平塚市、鎌倉市、藤沢市、小田原市、茅ヶ崎市、逗子市、相模原市、三浦市、秦野市、厚木市、大和市、伊勢原市の14市に拡大）						
◎	三重県内の四日市市（奉仕員3人）、尾鷲市（奉仕員1人）、亀山市（奉仕員1人）で「家庭奉仕員制度」開始（施設に収容は要しないが、老衰、傷病により、日常生活に支障をきたす老人であって十分な介護を受けられない状態にあるものに対しては、家庭奉仕員を派遣して、その家事、介護を行う措置を講ずる）						
◎	山口県内の宇部市、下関市、徳山市、防府市、山口市、岩国市の6市で「老人家庭奉仕員制度」開始（奉仕員は11人）［因みに、山口市では当初は老人家庭奉仕員（社協職員）を1963年8月1日より1名設置、1969年4月より3名配置］						
◎	宮崎県内の宮崎市、都城市、小林市で「家庭奉仕員制度」開始（奉仕員は合計で9人）						
◎	鹿児島県内の鹿児島市、川内市、鹿屋市でモデル的に「老人家庭奉仕員派遣事業」を実施（3市で14人の奉仕員、115世帯を対象）						
1964（昭和39）年　4/1 日本、IMF8条国に移行　4/28 日本、OECDに加盟（先進資本主義国の一員になる）　6/16 新潟地方でM7.7の大地震発生　8/11 政府、南ベトナムへの緊急援助を決定　9/17 東京モノレール、浜松町-羽田空港間開業（初の営業モノレール）　10/10-10/24　東京オリンピック開催（94カ国、5,541人参加）　11/10 総同盟・全労会議解散、同盟発足							
1月	広島県広島市で「家庭奉仕員制度」開始（当初奉仕員5人）	2月11日	老人福祉法施行事務に伴う疑義照会について（昭39.2.11 社施第5号）（課長回答）	2月	日本肢体不自由者リハビリテーション協会設立（1970年日本障害者リハビリテーション協会に改称）	◎	デンマーク、廃疾・老齢年金受給者福祉法制定
4月1日	旧厚生省、社会局老人福祉課新設	3月	旧厚生省社会局長「重度身体障害者収容授産施設の設備及び運営について」通知	3月	東社協、「高齢者就労実態調査」で「働けなければ暮らせない人」がもっとも多いことを指摘	3月23日-6月16日	ジュネーヴで国連貿易開発会議（UNCTAD）開催
4月1日	家庭奉仕員派遣事業および老人クラブ助成事業、東京都の直営事業となる	4月1日	公営有料老人ホームに対する融資について（昭39.4.1 社発第187号）（局長通知）	6月1日	東社協、東京都老人クラブ芸能コンクールを開催（朝日講堂）	5月28日	パレスチナ解放機構（PLO）設立
5月	岡山市で「家庭奉仕員制度」開始（5人の家庭奉仕員、1人当たり10世帯担当、1976年度から身体障害奉仕員も兼務。但し、過重な活動に比し待遇が低く、希望者が少なく欠員状態が続き、その充実が常に要望されてきた）	4月1日	高齢世帯向公営住宅の建設促進について（昭39.4.1 社老第1号）（課長通知）	6月4日	東京都で初の特養ホーム「愛全園」を昭島市拝島町に開所（定員100人）	◎	ILO総会、121号条約採択（業務災害給付、労働災害による負傷、疾病、死亡についての医療給付を定める）
6月1日	埼玉県蕨市で「老人家庭巡回奉仕員派遣事業」実施（奉仕員1人、対象世帯4世帯）	4月	家庭児童相談室設置要綱が厚生省事務次官から通知	6月11日	東京都老人クラブ連合会開催（豊島公会堂）	10月10日-24日	第18回オリンピック開催（東京）
7月	母子福祉法公布・施行、特別児童扶養手当法施行	7月31日	社福審、老人福祉施策推進に関する意見まとめ、厚生大臣に答申	6月13日	全国重症心身障害児（者）を守る会設立	10月15日	イギリス総選挙、労働党が13年ぶりに勝利
7月	北九州市で「老人家庭奉仕員事業」を開始	8月	中央社会福祉審議会、「老人福祉施策の推進について」答申	8月15日	旧厚生省、「高齢者（65歳以上）実態調査」	10月15日	旧ソ連、フルシチョフ第1書記兼首相を解任

9月1日	政府、中高年齢者雇用促進連絡会設置を決定	8月	旧厚生省、「重度精神薄弱者扶養手当法等の施行について」通知	8月17日	上田市社会福祉大会開催	10月16日	中国、初の原爆実験に成功
◎	岩手県盛岡市で「家庭奉仕員制度」開始	10月	中央児童福祉審議会、「児童手当に関する中間報告」提出	11月1日	婦人問題東信研修会開催（於 上田清明小学校、約1,000人参加）	10月17日	イギリス、ウィルソン労働党内閣成立
◎	福岡市門司区・小倉区・若松区・八幡区・戸畑区で「家庭奉仕員派遣事業」開始	12月9日	社保審、「厚生年金のスライド制」を厚生大臣に申入れ	◎	「東京都老人家庭奉仕員業務内容調査」	12月12日	ケニア、イギリス自治領から独立、共和国宣言

1965（昭和40）年　2/10 国会で防衛庁の「三矢研究」追及される　2 アメリカ、ベトナムで北爆開始　5/18 プロボクシング、ファイティング原田、世界バンタム級王座奪取　6/22 日韓基本条約調印　9/24 国鉄「みどりの窓口」開設　10 朝永振一郎、ノーベル物理学賞受賞　11/19 戦後初の赤字国債発行

4月1日	長崎県佐世保市で「老人家庭奉仕事業」実施（奉仕員は2人、対象世帯は10世帯、週1-2回対象家庭を訪問、主として食事の世話、衣類の洗濯・補修、住居の掃除、整理整頓、身の回りの世話、および生活身上に関する相談助言等を行う）	1月	中央教育審議会、「期待される人間像」中間報告発表（各団体から反対）	4月	池川清、神戸女学院大学教授に就任（1976年まで）	4月1日	非同盟17カ国共同アピール（ベトナム戦争終結のための交渉を開始せよ）
5月25日	恩給法等の一部を改正する法律公布	2月	中央社会福祉審議会「老人福祉施策の推進に関する意見」（ホームヘルパーを早急に全市町村に配置するよう措置する必要あり）	4月	長谷川良信、淑徳大学（社会福祉学部）創立	◎	国際ホームヘルプサービス協会第2回総会（西ドイツ・ゲーニッヒシュタイン）
6月1日	厚生年金保険法改正法公布（厚生年金基金制度創設）	4月1日	老人家庭奉仕事業運営要綱（昭40.4.1　社老第70号社会局長通知）（派遣対象が「要保護」から「低所得」に拡大）	5月	誕生日ありがとう運動発足（神戸市立小学校なかよし学級担任提唱）	4月17日	アメリカ、ワシントンで初の全国動員によるベトナム反戦デモ
6月29日	理学療法士及び作業療法士法公布	4月1日	軽費老人ホーム事務費の国庫補助について（昭40.4.1 厚生省社第168号）（次官通知）	6月5日	旧労働省、「定年制実態調査」	6月	ILO87号条約批准
7月4日	長崎市社協、ホームヘルパー（家庭奉仕員）5人を決定	4月5日	老人憩いの家の設置運営について（昭40.4.5 社老第88号）（局長通知）	7月27日-29日	全国都道府県社協研修会を上田市で開催	6月4日	旧ソ連、北ベトナム援助協定調印
8月	母子保健法公布	6月	社会開発懇談会、「心身障害者のリハビリテーション及び精神薄弱者コロニーについて」中間報告	8月18日	上田市社会福祉大会開催	8月9日	シンガポール、マレーシアから分離独立
◎	新潟県新潟市（奉仕員3人）、弥彦村（奉仕員1人）で「老人家庭奉仕員制度」開始	10月	旧厚生省、コロニー懇談会発足（重症者統合収容施設建設プランを厚生大臣に提出）	9月15日	文京老後の保障を確立する会（東京都文京区）発足	◎	アメリカ、社会保障法改正（メディケア、メディケイドを創設）
				9月19日	長野県社会福祉大会が上田市で開催		

◎	大分県別府市（奉仕員3人）、日田市（奉仕員1人）で「老人家庭奉仕員制度」開始	11月	旧文部省、心身障害児判別、就学指導事務講習会開催	10月	日本老年学会で東京都の団地で60歳以上がいる約100世帯のアンケート結果発表（話し相手がいる人は2割、3割は毎月通院中）	9月15日	WHOの国際がん研究機関設立（フランス・リヨン）
◎	茨城県水戸市及び土浦市で家庭奉仕員各1人増員	12月22日	旧厚生省、コロニー懇談会、「心身障害者のためのコロニー設置についての意見」具申	11月	原崎秀司、「日本の社会福祉を進めた100人」（福祉新聞社主催）の1人に選出される	12月21日	国連第20回総会、人種差別撤廃条約採択
1966（昭和41）年 2/4 全日空ボーイング727型機、東京湾に墜落 2/27 第1回物価メーデー 4/4 NHKテレビ『おはなはん』放送開始 4/26 戦後最大規模の交通ゼネスト 4 日産自動車、プリンス自動車合併調印 6 ビートルズ来日 8/5 自由党代議士、恐喝容疑で逮捕 10/21 ベトナム反戦統一スト 11/13 全日空YS-11型機、松山で海上に墜落							
1月13日	古都における歴史的風土の保存に関する特別措置法公布	1月28日	「老人家庭奉仕事業のサービス内容について」（昭41.1.28 社老第5号、社会局老人福祉課長通知）	2月9日	VYSみすず会発足	1月3日	第1回3大陸人民連帯会議（アジア・アフリカ・ラテンアメリカの100カ国参加、ハバナ）
◎	山形市で「家庭奉仕員制度」開始。奉仕員は2人、起居不自由な老人が派遣対象（山形市に県下初の老人家庭奉仕員2名が、在宅で起居不自由な老人の身辺の世話をする目的で配置。これは「特殊寝台の貸与」とともに、単身老人や老人夫婦世帯などから高評価を得る。1969年、県社協が協力し、家庭奉仕員設置促進運動を展開し、米沢市、鶴岡市、酒田市など20市町村に30名の家庭奉仕員配置を実現。1988年には、44全ての市町村に208名が配置）	5月6日	農林省、水銀系農薬から非水銀系への切り替え通達	3月	東社協、高齢者無料職業紹介所就職斡旋利用者の体験録作成	◎	国際連合が国際人権規約を採択（1976年発効）
6月25日	「国民の祝日」法改正	5月	旧厚生省、「社会福祉協議会活動の強化について」通知	3月	『福祉新聞』において、東京都の老人家庭奉仕員、江口ふく子が取り上げられる	5月26日	核実験探知国際会議、国際探知網設置呼びかけ（ストックホルム）
6月30日	国民年金法改正法公布・施行	6月25日	国民の祝日「敬老の日」の設定について（昭41.6.25 社発第160号）（次官通知）	6月11日	社会保障推進連盟結成大会開催（社会保障関係者の政治結社）	6月26日	スイス、バーゼル州女性参政権承認

◎	福島県内の6市2町で「老人家庭奉仕員制度（ホーム・ヘルパー制度）」開始（福島市と郡山市に2人、会津若松市、喜多方市、二本松市、原町市、双葉郡楢葉町、同浪江町に各1人、奉仕員は計10人、国、県、市町村が3分の1ずつ負担して、奉仕員を雇い、市町村が経営主体となって運営）	7月8日	生活保護法による保護の実施における敬老金の取扱いについて（昭41.7.8 社保第200号）（局長通知）	7月11日	新生活運動「東日本地帯別研究集会」を上田市で開催	8月6日	イギリス、社会保障省発足
		7月	「養護老人ホーム及び特別養護老人ホームの設備及び運営に関する基準」施行				
		7月12日	「敬老の日」を中心とする行事について（昭41.7.12 社老第85号）（課長通知）				
◎	香川県大川郡引田町、香川郡香川町、三豊郡高瀬町で「老人家庭奉仕事業」開始（奉仕員は各1人、老衰その他の事由により、独力で生活を営むことの困難な老人の属する家庭に対し、無料で老人の日常生活の世話を行わせることを目的とする）	7月19日	「敬老の日」の英語訳について（昭41.7.19 社老第84号）（課長通知）	9月12日	原崎秀司（63）、胃癌のため永眠（死後、勲四等瑞宝章受章）	10月21日	非同盟3国首脳会議開催（ニューデリー）
		8月9日	敬老金の取扱いについて（昭41.8.9 社老第100号）（課長通知）	9月15日	初の「敬老の日」（制定を祝って日比谷公会堂で政府主催の式典）	11月8日	アフリカ統一機構（OAU）、イギリスにローデシアに対して武力制裁要請
◎	茨城県、家庭奉仕員を石岡市2人、龍ヶ崎市1人、水海道市2人設置						
10月1日	厚生年金基金制度発足（昭和41年11月30日に初めて87基金を認可）			11月1日	愛知県豊田市老人クラブ連合会（約3,500人）が視覚障害者のための角膜を提供することを決議（初の敬老の日を祝して）	12月12日	国連総会特別委員会「南アフリカ共和国に対する経済制裁決議案」可決
10月	東京都、身体障害者のための「家庭奉仕事業」開始			◎	大阪市委託事業「職親開拓事業」実施（1971年廃絶）	12月16日	国連第21回総会「経済的、社会的及び文化的権利に関する国際規約」「市民的及び政治的権利に関する国際規約」選択議定書を採択（日本は1979年に批准）

1967（昭和42）年　1/29 総選挙、第2次佐藤内閣発足　2/11 初の建国記念日　3/31 国鉄当局、5万人合理化案提案　4/5 小林純岡山大教授、富山県の奇病（「イタイイタイ病」）は三井金属の工場排水が原因と発表　7 ヨーロッパ経済共同体（EC）発足　8 東南アジア経済連合（ASEAN）発足　9/1 四日市ぜんそく患者が公害訴訟　10/8 第1次羽田事件　10/20 吉田茂元首相（89）永眠　12 第2次羽田事件

2月9日	高知県議会厚生委員会で西村厚生労働部長が1967年度の福祉行政の重点施策として、老人対策の強化を打ち出す	2月11日	初の建国記念日	2月4日	旧厚生省、初の原爆被爆者実態調査発表（生存被爆者は29万8,500人、1965年11月1日現在）	◎	イギリス、ロンドンで聖クリストファー病院で末期がん患者対象のホスピス事業開始（欧州、アメリカに普及）
4月	高知市で「老人家庭奉仕員（ホームヘルパー）制度」創設（県下初）。3人の老人ホームヘルパーが誕生（7人の応募あり。家庭奉仕員の行うサービスの内容は、食事の世話、被服の洗濯及び補修、掃除その他身のまわりの世話を行うほか、老人に対して日常生活上の相談に応ずることなどであり、1世帯に週2回程度訪問する）	2月13日	旧厚生省、「在宅重症心身障害児（者）訪問指導要綱」通知	2月15日	特養ホーム「寿楽荘」、東京都奥多摩町に開所	1月27日	米・英・ソ、宇宙平和利用条約調印
		2月	身体障害者巡回相談実施				
4月12日	高知市老人ホームヘルパー、高橋氏が利用者宅を訪問奉仕する			3月25日	政府、「ひめゆり部隊」などの沖縄戦の戦死女子学生88人に叙勲	◎	アメリカでベトナム反戦運動が広がる
4月	高知県宿毛市で地区民生委員と社会福祉協議会とが協議し、ホームヘルパー（2人）を選考。その結果、吉川コトセ（55歳、沖ノ島を担当）と小田豊美（34、片島・大島を担当）が採用され、訪問奉仕に従事（1日2世帯を巡回訪問、2人で17世帯を担当）	4月7日	旧厚生省、全国33カ所の保育所に0歳児入所決定	5月24日	最高裁、「朝日訴訟」の判決で、健康で文化的な最低限度の生活の判断は旧厚生大臣に裁量権ありとの見解を発表	◎	ILO、128号条約採択（廃疾、老齢、遺族給付、日本は未批准）
4月21日	政府、定年のない公務員に定年制導入案の検討に入る（総評は反対表明）	6月	旧文部省、「第1回児童生徒の心身障害に関する調査」実施	6月	通所授産施設「豊職業センター」設立準備	4月15日	ニューヨーク、サンフランシスコでベトナム反戦デモ（約50万人参加）
4月	市町村社協に福祉活動専門員設置補助	6月	旧厚生省、「重症心身障害児施設計画」発表	8月	旧厚生省、「全国母子世帯実態調査」実施	4月27日	モントリオール万国博開幕
5月	鳥取県西伯町で「家庭奉仕員制度」開始（西伯町に設置されたのをきっかけに、1968年度には、鳥取市、米子市、境港市、東伯町、赤碕町、西伯町の6市町に設置）	8月1日	「身体障害者家庭奉仕員派遣事業運営要綱」（昭42.8.1 社更240の2社会局長通知）	8月	上田市役所に市民相談室を設置	6月5日	第3次中東戦争開始（アラブ諸国・イスラエル間での戦闘）
				8月27日-9月4日	ユニバーシアード東京大会（アジア初の開催）		

8月　「身体障害者家庭奉仕員制度」発足（身体障害者福祉法第21条）

8月　高知市のホームヘルプ制度、開始5カ月で月平均15件の依頼に留まる（最多時でも20件）。私生活覗かれる不安か？

9月　高知県下2市のみの実施状況を鑑み、県厚生課及び宿毛市福祉事務所（下村昌史所長）がPR方法、待遇などの問題を提起

◎　栃木県内における家庭奉仕員派遣希望老人は約4,000人で、当時の家庭奉仕員は8人（宇都宮市1人、足利市2人、栃木市1人、佐野市1人、鹿沼市1人、小山市2人）

◎　宮城県内の仙台市、塩釜市、気仙沼市で「家庭奉仕員派遣制度」創設（奉仕員は翌1968年で仙台市10人、塩釜市2人、気仙沼市2人）

◎　沖縄県平良市（現、宮古島市）で「老人家庭奉仕員派遣事業」を開始（奉仕員は1人、老衰、心身の障害、傷病等の理由により臥床している等、日常生活を営むのに支障がある概ね65歳以上の者のいる家庭であって、その家庭が老人の介護を行えないような状況にある場合に派遣。派遣回数等は、対象者の身体的状況、世帯の状況等を勘案して決定される）

◎　和歌山県内で「老人家庭奉仕員制度」開始（自治体名不明、奉仕員は5人、1975年106人、1977年113人、1978年50市町村で実施）

9月7日　旧厚生省、「重症心身障害者対策5カ年計画」発表

9月　行政管理庁、旧厚生省に「共同募金に関する勧告」（社協の人件費、事務費への配分見直しを勧告）

9月　全国農業会議所「農業者老齢年金等について」農林大臣に答申

10月　旧労働省、精神薄弱者の可能作業の調査結果発表

10月　旧厚生省、「共同募金の実施について」各県知事宛に通知

11月　旧厚生省、「母子健康センター設置要綱」施行

12月　精神薄弱者審議会、「当面推進すべき精神薄弱者福祉対策」意見具申

8月27日　上田市社会福祉大会開催

9月12日　全国初の「寝たきり老人の実態調査」実施（75歳以上の5.6%が寝たきり、3割が未診療）

9月15日　第1回高齢者集会（東京九段会館、約1,500人参加）

9月　東社協、「高齢者就労実態調査」で「求職者の38%が『健康保持』を理由に求職している」ことを明らかに

9月　生活科学調査会、お年寄りがもっともほしがっているものは「お小遣い」との結果を明らかに

10月　高知市、民生委員の協力の下、市内の身体障害者の実態調査実施（市内の要援護身体障害者は約50人という結果）

7月1日　ヨーロッパ共同体（EC）成立

8月8日　ASEAN（東南アジア諸国連合）結成

8月15日　アメリカ・キング牧師、アフロアメリカ人の連邦政府に対する「集団的不服従」運動を呼びかける

10月9日　ボリビア陸軍、ゲリラ戦闘中の前キューバ工業相チェ・ゲバラの死を発表（39歳）

10月10日－24日　第1回発展途上諸国首脳会議（77カ国グループ、アルジェリア・アルジェ）。24日「アルジェ憲章」を採択

10月21日　ベトナム人民支援国際統一行動（世界各地でデモ）

◎	群馬県伊勢崎市、大間々町、新町で老人家庭奉仕員設置（計14人となる）	12月	中央児童福祉審議会、「児童福祉に関する当面の推進すべき対策について」「情緒障害児短期治療施設運営について」意見具申	◎	高知県社会福祉協議会大会老人福祉部会で「全市町村にヘルパーを配置してほしい」という要望が出る	11月7日	国連総会、女性差別撤廃宣言採択
12月1日	名古屋市で「身体障害者のための家庭奉仕員制度」開始	12月	「精神薄弱者に対する職場適応訓練実施について」通知	12月15日	朝日新聞社追跡調査で、「55歳定年後のサラリーマンの7割近くが再就職している」ことを指摘	12月3日	南アフリカ共和国で初の人間の心臓移植手術実施（患者は12月21日に死亡）

1968（昭和43）年 2/20-24 金嬉老、静岡県清水市で2人射殺 4/5 日米両国政府、小笠原諸島返還協定に調印 5/27 日大で全学共闘会議結成 6 笠原諸島、日本に復帰 7/1 郵便番号制度実施 7/7 参院選挙、石原慎太郎、青島幸男、大松博文、横山ノックらが当選 9/26 旧厚生省、熊本水俣病、新潟水俣病を公害と認定 10/17 川端康成、ノーベル文学賞受賞 10/23 明治百年記念式典 12/10 東京府中市で三億円事件発生

1月	高知市に身体障害者ヘルパーを1人配置（豊永博子、40歳＝高知市上町3丁目）	1月	旧厚生省、消費者米価値上げに伴い児童福祉施設措置費等の増額決定	2月15日	総理府調査、高齢者人口の3%（約20万人）が老人ホーム入居を望んでいると公表	4月4日	アメリカ黒人運動の指導者キング牧師、メンフィスで暗殺される
				3月	東社協、「老人ホームの生活実態調査」で「退職後1年足らずで養護ホームに入居する人が半数」と言及		
2月	神戸市で「身体障害者のための家庭奉仕員事業」開始	2月	旧厚生省、「精神薄弱者実態調査」発表			6月5日	ロバート・ケネディ・アメリカ大統領、暗殺される
3月1日	大阪市で「身体障害者のための家庭奉仕員事業」開始	3月	全社協、「市町村社協当面の進行方策」策定	◎	「ヘルパー現況調査」（全社協、老人家庭奉仕員1,850人対象）	6月6日	デンマーク、廃疾・老齢年金受給者福祉法制定（64年法改正）
5月1日	京都市で「身体障害者のための家庭奉仕員事業」を開始	4月15日	旧厚生省、「精神薄弱者相談員設置要綱」施行（2,000人）決定	8月27日	上田市社会福祉大会開催	◎	イギリス、シーボーム報告。自治体における対人福祉サービスの強化を強調
◎	群馬県、10市町村20人の老人家庭奉仕員を設置	4月22日	社保審、「老人ホーム・老人向住宅の整備拡充に関する意見書」提出	9月9日	東社協、「高齢者就労実態調査」で、働く理由は「生計維持・家計維持が高く、就労後2年以内の退職者が6-7割」と指摘	◎	スウェーデン、1968年法制定（ノーマライゼーションの推進）
◎	山梨県内の2市町村で3人の老人家庭奉仕員を設置（1968年度に2市町村3名、1969年度に30市町村32名、1970年度に32市町村36名が、寝たきり老人の老人家庭奉仕員として設置され、甲府市においては、その設置が1969年8月であった）	4月	旧厚生大臣、「共同募金のあり方とこれに関連して社会福祉協議会のあり方について」を中央社会福祉審議会に諮問	9月13日	対話集会「老人のしあわせのために」都庁で開催	◎	国際社会福祉会議、ヘルシンキで開催。国際社会事業会議から改称（41年に決議）
		4月	中央社会福祉審議会、「老人ホーム、老人住宅の整備拡充に関する意見」具申	9月13日	全社協、「居宅寝たきり老人実態調査」中間報告（寝たきり高齢者数約19万人、家族以外に世話になっている人8,000人）		

7月	同和対策事業特別措置法施行	7月	旧厚生省、「重度精神薄弱者収容棟の設備及び運営について」通知	9月15日	住友生命社会福祉事業団「老人問題に関する意識調査」（東京・大阪の30歳までの1,000人対象）実施	11月20日	国連、「児童権利憲章」を採択
						◎	デンマーク、高齢者のための高齢者による全国ボランティア組織「エンドラセイエン」発足
9月26日	旧厚生省、熊本水俣病・新潟水俣病を公害病と認定						
1969（昭和44）年　1/19 東大安田講堂封鎖解除に機動隊投入される　2/4 沖縄県民共闘会議　2 専売公社、「セブンスター」発売　4/28 沖縄デー、沖縄返還問題で初の統一中央大会　5/23 政府、初の公害白書刊行　5 東名高速道路全通　7/21 アポロ11号の月面着陸をテレビ放映　11/5 山梨県大菩薩峠で訓練中の赤軍派53人を逮捕　11/19 佐藤首相、米大統領ニクソンと会談　11日銀、新500円札を発行　12/28 衆院総選挙、社党100議席を割る							
4月1日	福岡市、「家庭奉仕員派遣事業」を開始	4月	在宅重度・重複障害児への「家庭訪問指導」を地方公共団体で試行	1月14日	全社協、民生委員の協力の下、「居宅寝たきり老人実態調査」（約388万戸訪問）、寝たきり老人の18人に1人、その3分の1は話し相手もなく、半数が未診療）	1月18日	ベトナム和平拡大パリ会談（初会合）
4月1日	北九州市で「身体障害者のための家庭奉仕員事業」を開始	4月	旧厚生省、「3歳児の精神発達精密検査審査の実施について」通知（大幅公費負担）	1月19日	看護婦50人が発起人となり、「婦人福利協会」設立	2月6日	フランス、長期・高額医療を必要とする患者に100％の医療費償還を強化
4月	山口市に老人家庭奉仕員3人設置	5月	厚生大臣、中央社会福祉審議会に「老人問題に関する総合諸施策について」諮問	2月4日	沖縄県民共闘会議開催	4月17日	チェコスロバキア共産党中央委員会総会開催
4月	老人家庭奉仕員事業（奉仕員4,145人）が国庫補助となる	5月	旧厚生省「寝たきり老人対策の実施について」通知	4月	全日本精神薄弱者育成会、国会法務委員会に、「精神薄弱の人々の非行犯罪防止のアフターケアについて」陳情	5月	国際ホームヘルプサービス協会第3回総会（ベルギー・ブリュッセル、15カ国44団体、369人が参加。日本から1人初参加）
4月17日	旧厚生省、老人家庭奉仕員にパートタイマーを認める（老人家庭奉仕員の4,600人増員を決定したが、待遇低く、常勤職員希望者が少ないため）	5月17日	「老人家庭奉仕事業運営要綱」の変更（昭44.5.17 社老第62号社会局長通知、派遣回数概ね週2回に変更）	4月	沖縄母子福祉会結成（全国母子寡婦福祉団体協議会、名実共に全国組織となる）	6月6日	南ベトナム解放民族戦線と平和勢力連合、人民共和国代表大会開催
8月	甲府市、寝たきり老人家庭奉仕員を設置	5月17日	「ねたきり老人家庭奉仕事業運営要綱」（昭44.5.17　社老62号社会局長通知）	4月28日	沖縄デー	7月20日	米アポロ号、人間を乗せ初の月面着陸成功
9月1日	東京都、「寝たきり高齢者のための家庭奉仕員事業」開始	5月30日	政府、新全国総合開発計画を決定	6月13日	兵庫県いなみ野学園開設（全国初の高齢者用教育施設）	9月1日	リビアで軍部クーデター

◎	山形県社協、市町村社協とともに「家庭奉仕員設置促進運動」を展開（その結果、米沢市、鶴岡市、酒田市など20市町村に30人の家庭奉仕員設置を実現）	8月28日	身体障害者住宅等整備補助事業（県、市要綱）実施	◎	「ねたきり老人調査」（横浜市）	9月2日-13日	ILOアジア地域会議開催（東京）
◎	群馬県、「寝たきり老人家庭奉仕員制度」開始（県下に寝たきり老人家庭奉仕員61人設置）	9月29日	旧厚生省、「自閉症児の療育について」通知	8月24日	上田市社会福祉大会開催	9月14日	スイス・チューリッヒ州婦人参政権承認、シャフハウゼン州拒否
◎	佐世保市、老人家庭奉仕員2人増員（合計4人）		東京都社会福祉審議会「東京都におけるコミュニティ・ケアの進展について」	8月29日	旧厚生省・人口問題研究所、「人口は着実に増え続け、老人対策は緊急の課題になってくる」と指摘	◎	スウェーデンのB・ニイリエがノーマライゼーションの原理を提唱
◎	山梨県、30市町村に老人家庭奉仕員32人を設置	10月1日	公明党、老人福祉対策大綱発表（60歳以上に月額2万円年金など）	9月	旧厚生省「全国老人実態調査」で、「60歳以上で有職者は47.6%、有職者の42%が農業、平均月収5,000円未満24.5%、全体の7割が健康」と発表	◎	ILO総会、130号条約採択（医療・疾病給付）
10月1日	京都市で「寝たきり高齢者のための家庭奉仕員事業」開始	11月7日	年金審農民年金問題専門部会、「農業者年金制度」案まとまる	9月	旧厚生省、スモン調査研究協議会発足	10月15日	アメリカ、ベトナム反戦200万人デモ
11月	横浜市で「身体障害者のための家庭奉仕員事業」開始			10月	旧厚生省、「全国家庭児童調査」実施	11月17日	米ソが戦略兵器制限交渉（SALT）予備会談開始
12月1日	東京都、70歳以上の高齢者の医療費無料化	12月	旧厚生省、「心身障害者扶養保険制度」創設	10月	沖縄育成会、「教育、福祉本土なみ運動」展開	11月20日	国連、子どもの権利宣言採択（児童権利宣言10周年）
12月	厚生年金保険法・国民年金法改正法公布（夫婦受給制限撤廃、いわゆる2万円年金実施へ）	12月	中央児童福祉審議会、「児童福祉に関する当面の推進策について」意見具申（心身障害児母子保健等の改善について）	11月1日	「精神薄弱者授産施設に関する調査」実施	12月18日	英上院、死刑廃止の時限法を無期限に延長する案を全会一致で可決（イギリスの死刑廃止確定）

1970（昭和45）年　1/1-4 日本医師会、医療費値上げ問題で、全国一斉休診　3/14-9/13 日本万国博覧会、大阪吹田市で開催　3/31 赤軍派学生9人、日航機よど号ハイジャック　6/23 日米安全保障条約、自動延長　7 いざなぎ景気、ピーク（谷1965.10～山1970.7）　8 歩行者天国出現　11/25 三島由紀夫と楯の会会員4人が、東京の自衛隊東部方面総監部に乱入　11/29 公害被害者団体による総評、初の公害メーデー　12/20 沖縄コザ市で大規模な反米運動（群集約5,000人）

5月4日	心身障害者福祉協会法公布（コロニーの設置主体として、特殊法人心身障害者福祉協会設立）	1月7日	社福審、「緊急に実施すべき老人対策について」の中間答申（児・者一貫対策、通勤寮の増設等）	2月12日	都立第1号の特養ホーム「和風園」完成（2年後までに500人分のホームを創る予定）	2月7日	アラブ5カ国首脳会議開催（アラブ連合・イラク・シリア・スーダン・ヨルダン、パレスチナ解放のため）
5月21日	心身障害者対策基本法公布、施行	4月18日	日本放送協会放送受信料免除基準の一部改正について（昭45.4.18社更第34号）（局長連名通知）	3月	重症心身障害児療育施設「秋津療育園」創設（わが国初の成人病棟開設）	3月10日	国連、68年の世界人口は34億8,000万人と発表

6月1日	老人性白内障手術費支給事業（65歳以上の低所得者対象）	6月10日	老齢者の所得税法の取扱いについて（昭45.6.10 社老第69号）（局長通知）	7月	上田市しいのみ園（重度肢体不自由児通園施設）開園	5月19日	ILO、『貧困白書』発表（世界人口の15％が栄養失調と指摘）
6月4日	国民年金法等の一部を改正する法律公布	7月16日	「ねたきり老人家庭奉仕事業運営要綱」の変更（派遣対象65歳以上、非常勤奉仕員可能、新任者の研修など）（昭45.7.16 社老62号　社会局長通知）	7月23日	全日本労働総同盟、「福祉ビジョンと政策――70年代の生きがい保障」中間報告発表	5月29日	東南アジア開発閣僚会議、日本の援助量拡大を明記する共同声明（ジャカルタ）
8月	「心身障害児家庭奉仕員制度」発足	7月16日	「ねたきり老人対策の実施について（通知）」（昭44.5.17 社老62号　社会局長通知の3の(4)）	8月	長野県社会福祉協議会、『老人福祉シリーズ5 "老人家庭奉仕員とともに"（老人家庭奉仕員研修会から）1970年8月』刊行	8月26日	アメリカ、婦人参政権実現50周年記念集会（ニューヨーク、5万人デモ）
8月	宇都宮市、「在宅老人入浴サービス」（浴槽車式）開始	8月	「心身障害児家庭奉仕員の派遣事業について」（昭45.8 厚生省発児103号　事務次官通知）	8月	「埼玉県における老人家庭奉仕員の実態」	9月8日	第3回非同盟諸国首脳会議開催（ザンビア、ポルトガルの植民地支配非難を決議）
9月1日	上田市社会福祉協議会、「重症児家庭奉仕員委託事業」開始	8月	「心身障害児家庭奉仕員派遣事業運営要綱」「心身障害児家庭奉仕員派遣事業の実施について」（発児448号）	9月15日	住友生命、「老後の生活設計に関する意識調査」（都内の70歳以上の人の7割が勤労意欲を持ち、「老年」を70歳からと考える人が多い）	9月22日	アメリカ、上院大気汚染防止法（マスキー法）案可決（自動車業界が反対）
9月3日	旧厚生省、老人福祉センターに「福祉110番」の設置計画を発表	10月26日	老人ホーム被収容者の健康管理について（昭45.10.26 社老第117号）（課長通知）	9月20日	豊かな老後のための国民会議開催（政府支援）	◎	デンマーク、福祉行政法制定
◎	群馬県、54市町村、89人の老人家庭奉仕員を設置	10月	旧厚生省、「厚生行政の長期構想」	10月16日	武蔵野市社協、「経験を社会のお役に」と高齢者ボランティア開始	◎	フィンランド、子どもの親に対する扶養義務廃止
◎	青森県木造町で「家庭奉仕員制度」開始（当初は5人のヘルパーで始動し、のちに7人が追加、養成研修に励み、専門職への道を歩む）	10月	旧厚生省、「ホームヘルパー」制度化	◎	上田市社会福祉協議会、「奉仕員派遣家庭実態調査」実施	◎	スウェーデン、「7クローナ改革」（受診時に7クローナ支払い、1973年13クローナ、1976年15クローナ、1978年20クローナ）
◎	佐世保市、老人家庭奉仕員2人増員（合計6人）	11月	中央社会福祉審議会「老人問題に関する総合的諸施策について」（増員と教育内容・処遇の改善）	11月	全国未亡人団体協議会、創立20周年記念、全国母子福祉大会（『20年のあゆみ』発行）	◎	イギリス、慢性病患者及び身体障害者法公布

◎	山梨県、32市町村に36人の寝たきり老人家庭奉仕員を設置	11月25日	社福審、答申「老人問題に関する総合的施策について」（老人医療費の軽減、社会福祉施設の整備などの意見が盛り込まれた）	12月	長野県社会福祉協議会、『老人福祉シリーズ3 文集“ねたきり老人とともに思う”（家庭奉仕員の手記から）1970年12月』刊行	◎	国際リハビリテーション協会、「リハビリテーション10年宣言」を採択

1971（昭和46）年　4/16 天皇・皇后、初めて広島の原爆慰霊碑を参拝　6/17 沖縄返還協定調印　6/30 富山地裁、イタイイタイ病第1次訴訟判決（原告勝訴）　7/1 環境庁発足　7 マクドナルド日本1号店オープン　9/28 東京ごみ戦争　10/21 沖縄協定批准反対の中央大会開催（代々木公園）　11・17　自民党、衆議院で沖縄返還協定強行採決　12/18 土田警務部長宅に爆弾投下　12円切り上げドル308円

3月	高知県社会福祉協議会、一人暮らし老人対策として“茶飲み友だち”の仲介	4月	旧建設省、「心身障害者世帯向公営住宅の建設等について」通達（公営住宅優先入居の推進等）	5月3日	「定年退職者の生活実態調査」（93％が定年延長を要望、再就職者の60％が収入減）	1月	国連主催の向精神剤に関する議定書採択のための全権会議開催（ウィーン）
3月11日	旧厚生省、老齢者対策プロジェクトチーム発足	5月25日	老人向公営住宅の建設促進について（昭46.5.25 社老第65号）（課長通知）	6月8日	旧厚生省、「老人実態調査」（高齢者世帯の3分の1は病気がち、誰の世話も受けていない人は8万5,000人）	2月7日	スイス、婦人参政権を国民投票で承認
3月18日	自民党、老齢福祉対策推進要綱発表（老人医療費の無料化など）	7月5日	老齢者の地方税法上の取り扱いについて（昭46.7.5 社老第77号）（局長通知）	7月21日	ホームヘルパーの代表が「家庭奉仕員の身分安定、待遇改善」などを訴えた要望書を厚生大臣に提出	2月11日	海底軍事利用禁止条約、日本を含む40カ国調印
4月1日	国民年金10年年金支給開始	7月	旧文部省、「養護学校の整備計画について」通知	8月6日	上田市社会福祉大会開催	7月12日	チリ、鉱物資源の国有化決定
5月25日	中高年齢者等雇用促進特別措置法公布（1971年10月1日施行）	7月	旧厚生省、「児童福祉施設における事故防止について」通知	8月	「老人問題に関する世論調査」（総理府）	8月	第6回聾唖者世界大会（パリ、「聴覚障害者の権利宣言」決議）
5月27日	児童手当法公布	9月	社保審、「医療保険制度の改革について」答申	8月	「実態調査」（旧厚生省が県指定都市行政を通じてヘルパー調査を行う）	10月	国際ホームヘルプサービス協会第1回国際セミナー
12月1日	東京都板橋区、75歳以上の独居者をマンツーマンでお世話する訪問員制度を発足	10月	中央児童福祉審議会、「保育所における幼児教育の在り方について」意見具申	9月13日	旧厚生省、「老人問題をどう考えるか」（全国20歳以上を対象とした意識調査）（老人医療費無料化希望60％、老後不安を感じる人36％、子どもとの同居希望者49％）	10月25日	国連総会本会議、アルバニアなど23カ国提案の中国招請・台湾（中華民国）追放決議を可決。中華人民共和国の国連加盟決定（中華民国脱退）
12月	「ねたきり老人訪問看護制度」（東京都東村山市、白十字病院委託による）	11月	中央社会福祉審議会職員問題専門分化会起草委員会、「社会福祉士法制定試案」公表	9月14日	全国退職者の会連絡会議準備会、東京霞ヶ関で開催	11月9日	汎太平洋リハビリテーション会議開催（東京）

◎	神奈川県内の横須賀市、川崎市、平塚市、鎌倉市、藤沢市、小田原市、茅ヶ崎市、逗子市、相模原市、三浦市、秦野市、厚木市、大和市、伊勢原市の14市に老人家庭奉仕員設置	12月9日	社福審職員問題専門分科会、社会福祉士法制定試案を発表	12月8日-10日	高知県ホームヘルパー研修会を開催（3日間、於　県庁正庁ホール）。同日、フジ衛材株式会社（合田智子社長）から紙おむつ（約13万円相当）の贈呈あり	12月18日	10カ国大蔵大臣会議、金1オンス＝38ドルを決定、スミソニアン体制発足
◎	群馬県、59市町村に101人の老人家庭奉仕員を配置	12月11日	中央社会福祉審議会、「コミュニティ形成と社会福祉（地域福祉の推進について）」を答申	12月	高知県ホームヘルパー連絡協議会結成	12月20日	第26回国連総会（国際連合が「知的障害者の権利宣言」を採択）
◎	佐世保市、老人家庭奉仕員2人増員（合計8人）			◎	新潟県ホームヘルパー協会設立		
1972（昭和47）年　1/7 ワシントンで佐藤・ニクソン会談　1/24 グアム島密林内で元日本兵士、横井庄一発見　2/3 第11回冬季オリンピックを札幌で開催　2/19 連合赤軍の5人が軽井沢で篭城　3/15 山陽新幹線、大阪-岡山間開通　4/16 川端康成、自殺　5/15 沖縄の施政権返還、沖縄県発足　6/11 田中角栄通産大臣「日本列島改造論」発表　7/7 第1次田中角栄内閣成立　9/25 日中共同声明に調印（国交正常化）　11/5 中国政府寄贈のパンダ2頭、上野動物園で公開							
4月1日	重症心身障害者（児）医療費給付事業実施	2月12日	社保審、70歳以上の老人医療費無料化を含んだ老人福祉法改正案を旧厚生省に答申	1月	スイスから理学療法士ボバース来日（ボバース療法の指導）	2月	第1回盲人タイピスト大会開催（ソウル）
5月1日	身体障害者自動車運転免許取得助成事業実施（県、市要綱）	2月26日	旧厚生省、軽費老人ホーム設置運営要綱通知（新たに自炊原則の軽費老人ホームB型を設置）	3月4日	旧厚生省、「国民生活実態調査」で50歳以上対象の老後意識で、半数以上が「老後自炊できない」との回答を得る	4月26日	ブラジル・コロンビア共同アマゾニア開発推進計画発表
6月23日	老人福祉法改正法公布（施行は1973年1月1日、70歳以上の老人医療費の無料化を実施）	4月11日	老人福祉のための有線電話通信設備の設置等に関する措置について（昭47.4.11 社老第36号　課長通知）	5月29日	総理府、「老人対策について」の国政モニター報告書を発表（老後、子どもと同居したいが65%）	5月21日	アフリカ統一機構（OAU）、解放委、ローデシア民族解放ゲリラに軍事援助開始
7月1日	勤労婦人福祉法公布	6月1日	「在宅老人福祉対策事業の実施及び推進について」（昭47.6.1 社老62号　社会局長通知）別添：「老人家庭奉仕員運営要綱」「介護人派遣事業運営要綱」	6月1日	板橋区の東京都養育院付属病院、日本初の老人専門病院として開院	5月26日	OECD閣僚理事会、公害防止費用の汚染者負担原則（PPP）承認
7月	重度心身障害者の日常生活用具給付事業（県、市要綱）実施	6月1日	老人保護措置費の国庫負担について（昭47.6.1 厚生省社第451号）（次官通知）	◎	「ホームヘルパー訪問対象老人の生活実態」（島根県社協）	6月1日	第1回国連人間環境会議開催（ストックホルム、112カ国参加）
		8月23日	旧厚生省、「心身障害児通園事業について」通知	6月	旧厚生省調査報告	8月30日	第1回南北朝鮮赤十字本会談（ピョンヤン、家族捜し等で合意）

10月	大阪市社協、「ホームヘルプ制度改革についての意見」提出	8月	旧厚生省、「重度障害児・者に対する日常生活用具給付等」実施	8月	高知県ホームヘルパー連絡協議会機関誌『しあわせ』創刊	◎	アメリカ、社会保障法改正（連邦の老人・補足年金の対象に低所得障害者を入れる）
8月1日	旧労働省、65歳定年制の構想を明かし、閣僚会議で方針を検討予定	9月	旧厚生省、「児童の慢性腎炎、ネフローゼ及びぜんそくの治療研究事業について」通達	8月10日	独居高齢者に食事を届ける「給食サービス」を東京都武蔵野市で開始（保谷市でも8月17日に開始）	10月1日-4日	第5回国際精神薄弱者援護団体連合会（ILSMH）（カナダ・モントリオール）
10月1日	東京都、「寝たきりの高齢者への老人福祉手当制度」発足	9月14日	社会党、明るい老後を保障するための八大目標発表（安心して暮らせる年金制度の確立など）	9月14日	埼玉県浦和市、高齢者専用の「老人公園」開設	10月2日	デンマーク、国民投票でEC加盟決定
	群馬県、一般の老人家庭奉仕事業を寝たきり老人対策に一本化	12月	中央心身障害者対策協議会、「総合的な心身障害者対策の推進について」答申	11月	岡山県家庭奉仕員連絡協議会結成（会長 横山眞佐子）	10月27日	ニクソン・アメリカ大統領、リハビリテーション法改正案の署名を拒否
12月26日	全国革新市長会、厚生大臣に「老人福祉対策の強化」を申入れ	12月23日	社福審老人福祉専門分科会、「老人ホームのあり方」の意見書を厚生大臣に提出（老人ホームを「収容の場」から「生活の場」へ）	12月	日本家庭奉仕員協会創立（36都道府県）	12月18日	国連総会で1975年を国際婦人年にすることを宣言

1973（昭和48）年　2/5 東京のコインロッカーから嬰児の死体発見　2 変動為替相場制に移行　3/20 熊本地裁、水俣病訴訟でチッソの過失責任を認定　4/6「国民の祝日」法改正（振り替え休日制）　8/8 韓国大統領候補・金大中、東京のホテルから強制連行（金大中事件）　10/23 江崎玲於奈、ノーベル物理学賞受賞　10/25 第1次オイルショック　11 セブン・イレブンジャパン設立　12/22 国際生活安定緊急措置法・石油需給適正化法公布

1月1日	政府、70歳以上の老人医療費の無料化を開始（国が3分の2、地方自治体が3分の1を負担）	1月5日	「ねたきり老人、ひとり暮らし老人等の事故防止対策について」（昭48.1.5 社老第1号　課長通知）	1月9日	福祉予算確保緊急全国大会（全社協主催）、新年度の「福祉元年」ムードを盛り上げようと港区で開催	1月1日	イギリス・デンマーク・アイルランド、ECに加盟
1月20日	東京都清瀬市、70歳以上の独居者を対象に、「老人福祉電話制度」を開始	3月	旧厚生省、障害者モデル都市設備費計上	1月22日	22婦人団体の参加による「売春問題と取り組む会」結成（外国への買春ツアー問題化）	1月27日	アメリカ、南ベトナム、北ベトナム、ベトナム和平協定に調印
1月	上田市社会福祉協議会、ひとり暮らし老人宅に非常ベルを設置	3月2日	「老人家庭奉仕員の健康管理について」（昭48.3.2 社老第24号）	3月10日	豊かな老後を求める3.10日比谷集会（約1,000人参加）	5月11日	国連食糧農業機関（FAO）、西アフリカ6カ国の干ばつで食糧の空輸を呼びかける
4月1日	東京都三鷹市、「寝たきり老人訪問ドクター制度」開始	4月13日	社会福祉施設における火災防止対策の強化について（昭48.4.13 社施第59号　局長連名通知）	5月17日	老人問題懇談会（田中首相の私的諮問機関）初会合（高齢者福祉対策の総合的推進、定年延長、医療充実など）	5月	国際ホームヘルプサービス協会第4回総会（イギリス・ロンドン、16カ国46団体が参加、日家協が加盟する）

4月13日	総理府に老人対策室を設置	5月7日	社会保障長期計画懇談会（厚生大臣の私的諮問機関）発足	5月	聖隷福祉事業団（理事長・長谷川保）、浜名湖エデンの園（有料老人ホーム）開園	5月22日	南アフリカ共和国、「改正バントウー労働法」成立（アフリカ人労働者に一定限度のストライキ権付与）
7月1日	東京都、老人医療費支給年齢を65歳に引下げ、国は70歳から支給	5月	「母子家庭及び寡婦自立促進対策事業実施要綱」決定	7月11日	「豊かな老後をめざす国民大行進」のキャラバン隊、旧厚生省に請願書を提出	6月	アジア精神薄弱者福祉連盟（AFMR）設立
◎	静岡県、老人家庭奉仕員160人（社協職員126人、市町村職員34人）	6月1日	「京都市心身障害児訪問療育指導員派遣事業実施要綱」市長決定	8月25日	上田市社会福祉大会開催	◎	デンマーク、福祉サービス不服審査制度法制定（医療保障法、医療保険制度を廃止し、租税による医療保障を法定化）
				◎	大阪府立女子大、明山和夫、野川照夫による調査		
◎	群馬県、69市町村に135人の老人家庭奉仕員を配置	9月26日	社会保障長期計画懇談会、社会保障5カ年計画策定のため、基本的方向について報告	8月19日	中野区で高齢者の社交場として「老人憩いの家」制度開始を区報で呼びかけ（部屋の提供者が殺到）	9月26日	ニクソンアメリカ大統領、「73年リハビリテーション法」に署名、成立
10月1日	東京都、独居高齢者へ友愛訪問事業開始	9月27日	旧厚生省、「療育手帳制度要綱」通知	9月15日	国電中央線に初めて「シルバーシート」登場	◎	OECD、「リカレント教育－生涯学習のための戦略」を発表
12月10日	（社）中高年齢者福祉管理協会発足（高齢者の働く場づくりをめざす）	11月29日	老人問題懇談会、「家庭奉仕員を1万3,000人増やせ」と首相に建議を提出	10月14日	第1回全国老壮マラソン大会開催（大阪、240人参加）	11月19日-23日	第1回アジア精神薄弱者会議開催（マニラ）
12月	「身体障害者介護人材派遣制度」創設	11月	中央児童福祉審議会、「当面推進すべき児童福祉対策について」中間報告	12月12日	全社協、「社会福祉施設危機突破緊急全国大会」開催	11月-12月	ILO、アフリカ地域会議開催（ナイロビ）
1974（昭和49）年　1/11 閣議、石油・電力の第2次使用節減対策決定　3/12 フィリピン・ルバング島で救出された小野田寛郎少尉帰国　4/11 春闘、史上最大のゼネスト決行　6/10 モナリザ展大人気（入場者数150万人）　9/1 台風猛威、東京都狛江市で64年ぶりに多摩川決壊　10/8 佐藤栄作前首相、ノーベル平和賞受賞決定　10/13 サリドマイド訴訟、和解成立　10 巨人軍長嶋茂雄現役引退　11 アメリカのフォード大統領来日　12/18 岡山県水島コンビナートの三菱精油所から重油流出事故（3万7,300kl）							
4月	「同和地区福祉資金貸付制度」創設	2月12日	社会保障長期計画懇談会、社会福祉施設緊急整備5カ年計画改定のための意見書、提出	5月31日	竹内吉正の論稿「ホームヘルプ事業の沿革・現状とその展望――長野県の場合を中心に」が第1回老人福祉文献賞に入選（全国老人福祉事業会議）	2月24日	イスラム諸国首脳会議、「ラホール宣言」（第三世界の連帯、天然資源の恒久主権等）
6月22日	特別児童扶養手当等の支給に関する法律公布（心身障害者福祉手当制度の創設）	4月	旧厚生省、身体障害者福祉モデル都市に前橋市、松本市、静岡市、四日市市、岡山市、広島市等を指定	6月13日	日本レクリエーション協会、高齢者レクリエーションワーカー養成セミナーを全国15ヵ所で開催	3月13日	OPEC石油大臣会議開催（第4次中東戦争来対米禁輸解除で合意）

6月24日	厚生年金保険法等の年金額改定政令、決定	6月10日	昭和49年度社会福祉施設の運営指導について（昭49.6.10 社施第110号）（局長連名通知）	6月28日	東京都高齢者事業団設立準備会開催	6月	国連障害者生活環境専門家会議、「バリアフリーについての報告書」作成
7月	高知市、ホームヘルパーの身分を社協委託から公務員化へ（全国の自治体に先駆けて）。同時に待遇面の改善も図る	7月11日	斉藤厚生大臣、社保審に「老齢化する日本社会の年金・保障のあり方について」研究するよう要請	6月	全社協と全民児協、「1人暮らしで死亡した高齢者の実態調査」実施（発見者の過半数は近所の人）	7月8日	石油消費国会議（ブリュッセル、12カ国緊急時相互融通措置で合意）
8月14日	厚生大臣の私的諮問機関として、年金問題懇談会発足	8月20日	社会福祉施設における宿直勤務の取扱いについて（昭49.8.20 社施第160号）（課長連名通知）	7月20日	総理府、「老後の生活と意識調査」（60歳以上は満足感が高いが、50歳代後半で老後生活に不安をもっていると指摘）	9月	第1回世界身体障害者競技大会開催（ロンドン、日本人14人参加）
8月	東京都中央区、区内在住の60歳以上に対し、身体が不自由になった場合、無料で家庭奉仕員を派遣することを決定（原則、週1日）	9月	旧厚生省、「短期児童里親制度」実施	8月20日	東京都、「独身の中高年婦人の意識と実態調査」（収入が低く、42.6%が老後に不安）	10月26日	アラブ20カ国首脳会議（ラバト、パレスチナの代表がPLOであることを承認）
9月	京都市、「老人福祉員制度」創設（一人暮らし高齢者世帯を対象）	10月	母子家庭介護人派遣事業制度新設	8月24日	旧厚生省、「厚生行政基礎調査」（核家族化の進行は変わらず、独居高齢女性世帯の増加を指摘）	12月8日	ギリシャ、国民投票で王政廃止（142周年の王政廃止し共和国へ）
◎	仙台市が「単身老人福祉住宅」を設置	10月7日	社保審、「当面の社会保障施策について」（月額1万円は低すぎるとして、福祉年金増額を盛り込む）	◎	「老人家庭奉仕員実態調査」（厚生省監修、老人福祉開発センター、6,147人対象）	◎	デンマーク、生活支援法制定（福祉関係法を一本化し、利用者主体のサービス提供体制に）
12月28日	労働者災害補償保険法等の一部を改正する法律公布	10月28日	老人問題懇談会、ビジョン「10年以内に西欧並みの福祉」作成	11月16日	第1回社会福祉施設近代化機器展開催	◎	イギリス、「住居法」「国民保健サービス再編法」公布
12月28日	雇用保険法公布（失業保険法の廃止）	11月28日	中央児童福祉審議会、「当面推進すべき児童福祉対策について」答申（在宅対策、地域福祉強化、障害児者施策の強化等）	12月18日	東京都高齢者事業団正式発足	◎	第29回国連総会、「緊急事態及び武力紛争における女子及び児童の保護に関する宣言」採択
1975（昭和50）年　2/1 農林省、農業センサス実施　3/10 新幹線岡山 - 博多間開通　4/30 インドシナ30年戦争終幕　5/7 英国のエリザベス女王夫妻来日　7/17 皇太子夫妻、沖縄・ひめゆりの塔で火炎瓶を投げられる　7/19 沖縄海洋博覧会　9/30 天皇・皇后、アメリカ訪問（日本国交史上初）　11/26 公労協が史上最大の統一スト（最大8時間、12/4 中止）							
3月28日	市町村の合併の特例に関する法律の一部を改正する法律公布	2月	旧労働省、「社会福祉施設労働条件改善協議会の設置について」通知	2月	第1回静岡市社会福祉大会開催（功労者への表彰に加え、社会福祉の啓発・普及事業と位置づけられた。以後、毎年2月上旬に開催）	1月	国連、1975年を国際婦人年と定める
4月1日	寡婦医療費無料化制度（長崎県大村市、ひとり暮らしの婦人の医療費無料化制度開始）	4月3日	療育手帳交付事業（県要綱）実施	4月5日	福岡で、「ねたきり老人教室」が市民グループにより開始	4月	国際ホームヘルプサービス協会第2回セミナー（旧西ドイツ・フランクフルト、10カ国より、64人参加）

4月21日	神奈川県内に「ユー・アイ協会」が発足（有償ボランティアの会）	4月	措置費改善（施設職員研修費新設等）	6月11-12日	高知県ホームヘルパー連絡協議会、全員研修会・総会を開催（2日間、於　青少年センター、香美郡野市町）	4月	第1回国際身体障害者スキー親善大会開催（カナダ、日本は第3回大会から参加）
6月13日	国民年金法等改正法公布（老齢福祉年金月額7,500円から1万2,000円に引上げ、所得制限緩和など）	7月	旧厚生省、難聴幼児通園施設の設備及び運営の基準施行	6月	高知県ホームヘルパー連絡協議会の月刊誌『しあわせ』が日本家庭奉仕員協会主催の機関誌コンクール団体の部で第1位に入賞	6月4日-25日	第60回ILO総会、世界の貧困追放呼びかけ、「婦人労働者の機会均等宣言」「心身障害者の職業更正及び社会復帰に関する決議」
11月	特養によるケアセンター（ショートステイ、入浴デイサービス等、東京都緑寿園）開設	8月12日	社会保障長期計画懇談会、「今後の社会保障のあり方について」提言（人口高齢化に対し、社会保障を進める必要性を強調）	10月	福岡県春日市、月1万3,000円の負担で、独居高齢者や高齢者夫婦に対する毎日の給食サービスを開始	6月15日	メキシコで国際婦人年世界会議開催、世界行動計画等を採択
◎	大阪府、「医療ヘルパー制度」発足（1974年から始まった「老人医療費無料制度」を受け、老人の医療ニーズの顕在化を予測しての措置）	12月1日	社保審、高齢化社会の社会保障について、福祉中心の経済構造への転換を三木首相に提唱	◎	キリスト教ミード社会館コミュニティカレッジがホームエイド養成開始（岡本千秋が主導、スウェーデンのホームヘルパー資格をもっている人が経験を踏まえ、さらに6カ月間の研修を受ける。ホームエイド養成基礎コースは1年間）	12月9日	国際連合が「障害者の権利宣言」を採択
1976（昭和51）年　1/8 周恩来（78）、死去　1/31 日本初の5つ子が鹿児島市で誕生　4/5 中国天安門事件発生　5/8 植村直己、北極圏1万2,000キロを16カ月かけ、犬ぞりひとり旅、成功　7/17 モントリオールオリンピック開幕　7/27 田中角栄、ロッキード事件で逮捕　9/9 毛沢東（82）、死去　9 ソ連戦闘機ミグ25亡命レコード事件　11/10 天皇在位50年式典開催　12/7 三木内閣退陣　12/24　福田新内閣誕生　12 ジャンボ宝くじ発売							
2月2日	「社会保障の最低基準に関する条約」（ILO102号条約）を批准登録	4月	精神薄弱者職業相談員制度創設（5月31日設置について通知）	2月1日	神奈川県民生部老人福祉課・障害福祉課、『家庭奉仕員活動事例集』『神奈川県家庭奉仕員名簿』発行	3月	第1回冬季パラリンピック開催（スウェーデン）
4月1日	東京都、「寝たきり高齢者への訪問看護」開始	5月21日	「在宅老人福祉対策事業の実施及び推進について」（昭51.5.21社老第28号 社会局長通知）別添：「老人家庭奉仕員派遣事業運営要綱」	4月	池川清、聖和大学教授に就任（1980年まで）	5月	WHO第29回世界保健会議、「障害の防止とリハビリテーション」採択
4月1日	上田市、「ひとり暮らし老人医療費給付事業」実施	5月31日	神戸市、「神戸市民の福祉を守る条例要綱」発表（福祉理念を条例化し、企業参加の福祉活動をめざす）	5月17日	東京都民生局、「被保護世帯生活実態調査」（単身者、平均年齢65歳、病弱・寝たきりが58.9%、「現状のままがいい」が86%）	◎	デンマーク、社会扶助法大幅改正（支出権限と財源を地方・地域に委譲）

4月9日	「働く婦人の家」完成（長野県上田市）	6月	中央職業訓練審議会答申、「第2次職業訓練基本計画、生涯訓練の基礎づくり」	6月2日-4日	全国老人福祉施設会議を名古屋市で開催（約2,000人参加）	5月31日	国連人間居住会議開催（バンクーバー、134カ国参加、6月11日、人間居住に関する「バンクーバー宣言」採択）
5月18日	戦傷病者戦没者等援護法等の一部を改正する法律公布	7月	旧厚生省、「在宅重度障害児（者）緊急保護事業補助要綱」施行（10月実施）	7月4日	総理府、「老後の生活設計調査」（子どもより年金に頼りたいという希望が明確化）	6月	世界雇用会議、「ベーシック・ヒューマン・ニーズ戦略に関する行動原則ならびに行動計画宣言」採択（1977年10月承認）
6月5日	厚生年金保険法等の一部を改正する法律公布	9月	旧厚生省、産休代替職員制度実施	8月	日本看護協会、「訪問看護制度確立」のために、視察団を欧州・北米などに派遣	8月3日-11日	第5回パラリンピック（トロント大会から脊髄損傷者のほかに切断者、視覚障害者参加）
6月22日	国際連合大学本部に関する国際連合と日本国との間の協定の実施に伴う特別措置法公布	10月22日	防衛計画の大綱を政府決定	8月21日	上田市社会福祉大会開催	8月23日	安楽死国際会議開催（東京）
◎	高知県下で、老人家庭奉仕員と身体障害者（児）家庭奉仕員とを一体的に運営	11月	社保審、老人ホームを生きがいある施設に発想転換せよと意見具申	10月12日	武蔵野市老人のための明るいまちづくり推進協議会発足（東京都武蔵野市）	9月30日	アメリカ・カリフォルニア州で「安楽死法」成立（1977年1月1日発効）
◎	「老人・身障・心障児家庭奉仕員」の統合化（一体的効率的運用の観点から、運営要綱が改正された）	11月	中央社会福祉審議会、厚生大臣に「社会福祉教育のあり方」の建議書を提出（施設職員養成について）	10月29日	旧厚生省と旧労働省が第1回総合福祉懇談会議開催（定年延長など）	12月16日	国連第31回総会、1981年を国際障害者年とすることを決定
8月	旧厚生省、老人医療費無料化制度の堅持を前提に、在宅の寝たきり高齢者を対象とする訪問看護制度新設	12月	社会保障制度審議会、「今後の高齢化社会に対応すべき社会保障のあり方について」建議書	11月	上田市社会福祉協議会、「ボランティアグループ調査」実施	12月21日	国連第31回総会、児童の権利宣言採択20周年を記念し、1979年を国際児童年とすることを宣言
12月6日	上田市、「心身障害児（者）タイムケア事業」実施	12月	中央児童福祉審議会、厚生大臣に「今後における保育所のあり方について」中間報告提出	12月14日	高齢者・低所得者の暮らしを守る集会（東京千駄ヶ谷、福祉見直し論への反対など、約8,000人集合）	◎	イギリス、保健サービス法改正（民間医療施設規制強化）
1977（昭和52）年　1/4 青酸入りコーラ殺人事件　1/27 東京地裁でロッキード・丸紅ルート初公判　3 日本、200カイリ宣言　4/29 山下泰裕、史上最年少（19歳）で全日本柔道選手権優勝　6/2 ロッキード事件で児玉誉志夫初公判　8/7 北海道、有珠山が噴火　9/28 日本赤軍、ボンベイ上空でハイジャック　9 王貞治、ホームラン世界記録（756本）　10/5 福岡地裁、カネミ油症訴訟で患者側が全面勝訴の判決							
3月	旧厚生省、「都市型特養ホーム構想」（ショートステイ・入浴サービスを含む）を発表	4月	全国ボランティア活動振興センター設置（中央ボランティア・センターの改組・強化）	1月	東京都神経科学総合研究所社会学研究室、『ホームヘルプ事業に関する調査報告書』発表	4月1日	アメリカ、上院「議院倫理綱領」可決（個人財産の公表等）

4月	「学童・生徒のボランティア活動普及事業」に国庫補助（社会福祉協力校指定事業）	4月	社会経済国民会議、提言「高齢化社会の年金制度」を発表	4月	旧労働省婦人少年局、「寡婦等雇用実態調査」実施	5月18日	国連、「環境破壊兵器禁止条約」調印式（ジュネーヴ、33カ国調印）
4月1日	「母子家庭等家庭協力員派遣事業」実施（県、市要綱）	5月	中央社会福祉審議会、厚生大臣に「今後の老人ホームの在り方について」意見書提出	5月1日	旧労働省、「高年齢労働者（55歳以上）雇用実態調査」（高齢者雇用が掛け声倒れになっている）	6月	アメリカ、リハビリテーション法公布（差別撤廃法）
4月18日	社会保険庁、年金相談センターを開設	6月24日	旧厚生省、「1歳6ヶ月児健康診査制度」通知	7月	花里吉見（竹内吉正の実兄）、第3代上田市社会福祉協議会事務局長に就任（1980年9月迄）	9月16日	盲聾青年・成人に関する世界会議、「盲聾者の権利に関する宣言」採択
6月1日	「車いす貸出事業」開始	8月1日	老人福祉法による老人福祉センターの設置及び運営について(昭52.8.1 社老第48号)（局長通知）	◎	「ねたきり老人介護実態調査」（全民児協）	11月1日	アメリカ、ILO正式脱退（1980年復帰）
6月26日	上田市ボランティア連絡協議会結成	12月	中央児童福祉審議会の児童手当部会、厚生大臣に「児童手当に関する当面の改善について」意見書提出	8月21日	総理府、「老人年代に関する総合調査――地位と役割」（全国3,000人対象、老人医療費無料化を望む声77%）	◎	国際ホームヘルプサービス協会第5回総会（スイス・モントルー）
8月1日	老人福祉センターを小規模化した老人福祉センターB型を新設	12月19日	社会保障制度審議会「皆年金下の新年金体系について」提言を首相に建議	8月21日	上田市社会福祉大会開催	11月7日-11日	第3回アジア精神薄弱会議開催（インド・バンガロール）
9月12日	旧文部省、高齢者の知識・技能などを社会教育に生かす「古老の知恵登録制度」を1978年度より開始すると発表	12月	旧厚生省、「養護児童等実態調査」実施	◎	「家庭奉仕員実態調査」（和歌山県ホームヘルパー連絡協議会）	12月10日	国際アムネスティにノーベル平和賞
12月15日	老人保健医療制度準備室（旧厚生省）設置	12月	旧文部省、教育課程審議会に「特殊教育部会」設置、「盲学校、聾学校及び養護学校の小学部、中学部及び高等部の教育課程の基準の改善について」諮問	◎	「在宅障害老人ホームヘルプサービス調査」（東京都老人総合研究所）	12月	国連第32回総会、国際障害者年のプログラム草案検討の「国際障害者年諮問委員会」設置決定
1978（昭和53）年　1/14 伊豆大島近海地震発生　3/26 社会民主党連合結成　4/5 池袋サンシャイン60完成　4/30 植村直己、犬ぞりで単独北極点到達　5 成田空港開港　6/12 宮城県沖地震発生 7/25 英国で世界初の試験管ベビー誕生　8/12 北京で日中平和友好条約調印　12/7 大平内閣発足　12 米中国交正常化							
3月24日	厚生年金基金連合会、企業年金問題懇談会設置（将来構想など論議）	4月4日	社会経済国民会議、提言「高齢化社会の人間的医療保障」を発表	4月	「聖隷福祉医療ヘルパー学園」（浜松衛生短期大学付属）が発足（初代学園長 津久井十、6カ月間、定員30人、424時間の教育・12週間の実習）	5月23日	国連初の軍縮特別総会開催

4月	旧厚生省、「寝たきり老人の短期保護事業（ショートステイ）」新設	4月	年金制度基本構想懇談会、厚生大臣に「わが国年金制度の改革の方向」報告	4月	上田市で老人の結婚相談所が開所	6月	特殊教育世界会議（スコットランド）
◎	家庭奉仕員活動費の新設	5月	旧労働省、「労働時間短縮」の行政指導強化について通達	5月9日	毎日新聞社、「高齢化社会に関する全国世論調査」（全国20歳以上の3,000人を対象、国民の7割が定年後も働きたい、過半数が「高福祉・高負担やむを得ない」と回答）	6月	デンマーク、重度身体障害者・精神障害者の特別扶助制度の責任を1980年1月以降、地方公共団体に移す法律を制定
9月1日	上田市、「低所得者老人医療費給付事業」実施	7月20日	中期労働政策懇談会（労働大臣の私的諮問機関）、提言「労働政策の中長期的課題と展望の方向」を提出	8月	旧厚生省、「全国母子世帯等調査」実施	8月20日-25日	第11回国際老年学会、東京で開催（老年の諸問題を多角的に掘り下げようと、45カ国から約1,000人参加）
9月14日	東社協老人福祉部会、「老人ホーム建設反対地区住民はホーム入所拒否もありうる」と決議	8月12日	旧文部省特殊教育研究調査協力者会議「軽度心身障害児に対する学校教育の在り方」報告	◎	上田市社会福祉協議会、「独居老人介護者の調査」実施		イギリスのウルフェンデン報告。福祉多元主義を提唱
9月20日	旧厚生省、老齢年金の課税軽減を提言（1979年度から実施）	9月	中央児童福祉審議会、当面する心身障害児福祉施策をまとめる（地域社会、在宅での福祉重視、施設入所児に対する医療を強調）	9月18日	上田市心身障害者の生活圏を広める推進会議の発足	9月6日	WHO、プライマリ・ヘルスケアに関する国際会議開催（旧ソ連、アルマ・アタ）
10月1日	「重度心身障害者介護慰労金支給事業」（県、市要綱）実施	11月	社会経済国民会議、「総合的福祉政策の理念と方向――日本的福祉社会の提唱」発表	11月25日	総理府、「老人の社会参加に関する調査」（60歳以上、1万4,000人対象）	10月1日-6日	第7回世界精神薄弱者会議（ウィーン）
10月1日	「希望の旅事業」実施（県要綱）	◎	老人保健医療総合対策開発事業創設	12月	「家庭奉仕員連絡協議会実態調査」（日家協）	10月	WHO喫煙制限専門委員会議、たばこの子どもへの影響を訴え喫煙制限立法等提案
12月	旧厚生省、特養ホーム定員1割以内のオーバー分に支給していた措置費を1979年度から打ち切ると決定	12月2日	厚生大臣、別建ての老人保健医療制度創設を提言	12月	毎日新聞社、「老後に関する全国世論調査」（半数以上が60-65歳まで働きたいと考えている、特に中高年層ほど65歳まで働きいたいという希望あり）	11月	ユネスコ協会、「特殊教育分野におけるユネスコ活動の拡大に関する報告」採択
				◎	井深八重、昭和52年度朝日社会福祉賞受賞（現役を退き、名誉婦長となる。81歳時）		

1979（昭和54）年 1/17 イラン革命により、第二次石油危機 3/21 水俣第二次訴訟（チッソ元社長など有罪） 3/28 米・スリーマイル島の原発事故発生 4/24 元号法可決（6/12 公布） 5 イギリスのサッチャー、先進国初の女性首相に 6/28 第5回主要先進国首脳会議（東京サミット） 7 喫茶店でインベーダーゲーム大流行 ソニー、「ウオークマン」発売 10/26 韓国・朴大統領暗殺 11/9 第2次大平内閣誕生 11/18 初の女子フルマラソン大会開催 12/27 旧ソ連がアフガニスタンを侵略 12 藤子・F・不二雄『ドラえもん』100万部売れる（テレビ放映では視聴率25-30%）

1月30日	旧厚生省、高齢者「生きがいと創造計画」(1980年度から2年計画で開始、趣味活動への補助)	4月2日	旧厚生省、「精神薄弱児入所児童の処遇と就学機会の確保について」通知	1月26日	(財)日本シルバーボランティアズ(JSV)、東京で旗揚げの会開催	3月27日	第53回OPEC臨時総会、原油値上げ決定、1バレル14.54ドル
4月4日	日本中高年同盟、旧労働省に65歳定年制の法制化を要望	4月5日	老人保護措置費の国庫負担(除雪費)の取扱いについて(昭54.4.5社老第17号)(局長通知)	4月14日	旧厚生省調査、寝たきり高齢者は39万人、そのうち35%が介助が必要と報告	5月	国際ホームヘルプサービス協会第3回国際セミナー(アメリカ・ワシントン)
5月8日	厚生省設置法の一部を改正する法律公布	4月	精神薄弱者福祉ホーム制度創設(7月11日要綱通知)	4月28日	旧厚生省、「社会福祉施設調査」(老人福祉施設が満員状態であることが判明)	6月6日	ILO第65回総会、「身体障害者の雇用に関する決議」採択
6月	旧厚生省、「障害福祉都市」を制定(20市)	8月	身体障害者通所授産施設創設(手話通訳指導者の養成研修事業)	8月26日	上田市社会福祉大会	6月	国際連合、国際児童年
10月1日	「父子家庭医療費給付事業」実施	9月3日	社保審厚生年金保険部会、「厚生年金保険制度改正に関する意見書」提出	9月14日	朝日新聞調査、東京都内の老人訪問看護制度が14区、10市で実施されていると報告	7月	第65回ILO総会、「身体障害者に関する決議」採択
10月19日	厚生大臣、老人保健医療制度の創設についての私案を発表	10月18日	社保審、「高齢者の就業と社会保険年金」の建議書を提出(年金と雇用の連携策を模索)	11月1日	東京都江戸川区、寝たきり高齢者のための「無料病室」を開設	12月17日	国連総会、国際障害者年のテーマを「完全参加と平等」に改め、国際障害者年行動計画を採択
◎	新潟県大和町、「心身障害児訪問療育指導員派遣事業実施要綱」作成(大沢紀恵が主導)	11月20日	社保審、養護ホームおよび特養ホームに係る費用徴収基準の当面の改善について意見具申	12月2日	総理府老人対策室、「高齢者に適した作業活動に関する調査」	12月18日	国連第34回総会、女性差別撤廃条約採択
1980(昭和55)年　2/13 冬季オリンピック、レークルプラシッドで開催　2 ダイエー、小売業初の年商1兆円実現　3/6 浜田幸一議員辞職　3/7 山口百恵婚約　5/31 大平首相、心不全で死去　7/17 鈴木内閣成立　7/20 モスクワオリンピック開催(日本など不参加)　8/14 富士山落石で12人死亡　8/19 新宿西口バス放火事件　10/12 巨人軍王貞治引退　12/2 名古屋市女子大生誘拐殺人事件　12 日本の自動車生産台数がアメリカを抜く							
1月	旧厚生省、職親制度検討委員会設置	1月	旧厚生省、「社会福祉施設における地震防災応急計画の作成について」通知	1月21日	行政管理庁実態調査、70歳時の高齢者受診率が急上昇、無料化を含む老人医療費の見直しを旧厚生省に勧告	1月1日	デンマーク、社会サービス法を施行
						◎	WHOが国際障害分類(ICIDH)を採択
4月23日	旧厚生省に、有料老人ホーム問題懇談会設置	2月	旧厚生省、「保育所における障害児の受入れについて」通知	1月	ぼけ老人を抱える家族の会発足(京都)		
6月2日	労働安全衛生法の一部を改正する法律公布	2月	社会保険審議会、厚生大臣に「65歳支給」を盛り込んだ厚生年金改正の諮問案について答申	4月	武蔵野市で資産を担保に老後保障をしようとする「公社」設立準備開始	3月7日	国連人権委員会、「人権を恒常的に著しく侵害している国」発表(アルゼンチン、インドネシア、韓国等9カ国)
7月9日	厚生大臣、老人保健医療制度の新設とその財源として老人福祉税構想を発表	3月	旧労働省、「重度障害者特別雇用対策研究会」設置	7月13日	全国厚生年金受給者団体連合会、「厚生年金受給者の実態調査」(受給者の3割は有職者で、そのきっかけは3割が生きがいのため)	5月	ユネスコ1980年委員会、「児童の障害――その予防とリハビリテーション」を採択

7月13日	全国町村会、新しい老人保健医療制度構想を発表（65歳以上は7割給付、70歳以上は10割給付という案）	3月	旧厚生省、「児童福祉施設最低基準の一部を改正する省令の施行について」通知（自閉症児施設の創設）	7月	「家庭奉仕員派遣老人の生活実態と家庭奉仕員の業務・意識に関する調査」（全社協）	6月	国際障害者年リハビリテーション協会（RI）世界会議（カナダ、「80年代憲章」制定）
7月	旧厚生省、老人ホームに新しい費用徴収制度導入	9月13日	「大和町心身障害児ホームヘルパー服務規程」（昭和55年9月13日、規程第2号、新潟県）	7月	「全国ホームヘルパー協議会」発足	6月	ユネスコ主催、初の軍縮教育世界会議開催
9月7日	旧厚生省、老人保健医療制度試案を発表（40歳から全国民に健診、70歳以上の7～8割を無料）	9月26日	旧厚生省、「在宅障害者デイサービス事業実施について」通知	9月8日	第一勧銀、「高齢者にみる三世代同居の実態、意識調査」（首都圏に居住の60歳以上の男女500人を対象）	7月14日	国連、「国連婦人の10年中間世界会議」開催（コペンハーゲン、140カ国参加、「女性の地位向上のための行動計画」採択）
10月31日	厚生年金保険法等の一部を改正する法律公布	9月	旧労働省、「心身障害者雇用促進運動」実施（以後毎年）	9月	ぼけ老人を抱える家族の会発足（東京）	7月17日	コペンハーゲンでの国連会議で日本、「女性差別撤廃条約」に署名（日本代表、高橋展子）
12月5日	労働者災害補償保険法等の一部を改正する法律公布	10月	旧厚生省、「社会福祉法人及び社会福祉施設に対する指導監督の強化について」（社庶150号）	10月	聖隷福祉事業団ホスピス準備室、静岡県浜松市郊外でホスピス開始を計画	8月20日-29日	国連、国際障害者年諮問委員会開催（ウィーン）
12月10日	健康保険法等の一部を改正する法律公布	10月31日	公営住宅法の一部を改正する法律の運用について（昭55.10.31社生第129号）（課長連名通知）	10月31日	関澤欣三（70）、上田市国立東信病院で永眠	◎	WHO、「国際障害分類試案」発表（「機能障害」「能力低下」「社会的不利」の3レベルに分類。2001年障害の概念改正で、環境重視）
12月25日	身体障害者雇用促進法の一部を改正する法律公布（納付金制度に基づく助成金拡充、能力開発事業の助成等）	12月12日	社保審、老人保健医療対策について基本的な考えを答申（70歳以上の原則無料の見直し等）	12月1日	東京・武蔵野市福祉公社発足（資産担保に終身お世話、翌年4月から実施）	◎	イギリス、児童ケア法制定・社会保障法改正（年金は物価スライドのみとする）
1981（昭和56）年　1/17 先代貴乃花引退　1/20 レーガン米大統領就任　3/2 旧厚生省の招待で、中国残留孤児47人、初の正式来日　3/20 神戸ポートピア'81開幕　3/31 ピンクレディ最終公演　4 スペースシャトル打ち上げ成功　6/17 深川通り魔殺人事件　6 イラン大地震、死者不明者5千人以上　7/21 千代の富士が横綱昇進　7/29 英国皇太子チャールズとダイアナが結婚　8/22 向田邦子、台湾の飛行機事故により死去　10/19 堀井謙一、ノーベル化学賞受賞							
3月10日	旧厚生省、老人医療の一部負担制を含む「老人保健法案」を社保審に諮問（1982年度からの実施をめざす）	1月17日	年金審・保険審、「老齢福祉年金の引上げ」を答申	1月25日	「ぼけ老人を抱える家族の会」1周年記念集会を開催（京都）	1月9日	アメリカ連邦政府、植物人間の「死ぬ権利」に関する新規則を発表
4月25日	戦傷病者戦没者遺族等援護法等の一部を改正する法律公布	3月	社会保障制度審議会、厚生大臣に「国民年金制度の改正について」答申（難民条約関連）	2月14日	総理府世論調査、老後の年金について、国民の4人に1人が不安を抱えていると報告	2月13日	非同盟諸国外務大臣会議、「アフガニスタンとカンボジアからの外国軍の撤退を求める」動議採択

4月	長野県、「長野県ボランティア活動振興基金」設置	3月	旧労働省、「労働基準法施行規則の一部改正（労働時間の特例の廃止）について」通達	2月	「鎌倉市在宅老人生活ニード調査」（全社協、神奈川県社協、鎌倉市社協）	3月	世界リハビリテーション機器展開催（フランス）
5月	「老人保健法案」国会へ提出	4月	旧厚生省、「社会福祉施設整備費基準」改定（精神薄弱児施設の拡張等）	2月	東京都小金井市、福岡県春日市などで高齢者の給食サービス好評	5月4日	WHO 総会、日本を WHO 執行理事会の理事国に選出（～1984年）
6月8日	有料老人ホーム問題懇談会、有料老人ホームの健全育成と利用者保護に関する当面の改善方策を発表	7月	旧厚生省児童家庭局、「夜間保育の実施について」通知	4月1日	武蔵野市福祉公社、サービスを開始	6月	アフリカ人権憲章採択される
6月11日	母子及び寡婦福祉法公布（母子福祉法を改正）	7月	旧厚生省、「無認可保育施設に対する指導基準」設定	5月19日	東京都労働研究所、「高年齢者の労働と老後生活の実態」（老後の幸福感について、自営業者が大きく、雇用者が小さい）	7月20日	オタワサミット開始、「オタワ宣言」採択（旧ソ連の脅威、西側の協調と連帯を確認）
6月15日	児童福祉法の一部を改正する法律公布（ベビーホテル等の無認可施設の規制強化）	7月14日	福祉電話設置事業について（昭56.7.14 社老第76号）（局長通知）	6月6日	「ぼけ老人を抱える家族の会アンケート調査」で、痴呆性高齢者の家庭介護は、家族の重い負担によることが判明	8月13日	アメリカ、81年予算一括調整法により社会保障は大幅減額
10月	家庭奉仕員派遣対象世帯の拡大（5年間で、派遣世帯・ヘルパーの大幅増加を計画）	7月14日	公衆電気通信法の一部改正に伴う老人、身体障害者福祉電話使用料の取扱について（昭56.7.14 社老第77号）（課長連名通知）	8月9日	（財）健康・体力づくり事業団、「長寿者保健栄養調査」（100歳以上1,009人対象）	9月4日	国連緊急特別総会、南アフリカ共和国の討議参加拒否決議（1974年以来総会から締め出し）
10月1日	上田市社会福祉協議会、「高齢者無料職業紹介所」開設	9月8日	旧厚生省、全国高齢者名簿を発表（100歳以上が1,006人）	9月14日	総理府、「老人の生活と意識に関する国際比較調査」（欧米に比べ、日本は子世代との同居希望が多く、働く意欲が高い）	10月	第1回国際アビリンピック（東京）
10月22日-29日	国会で老人保健法案を審議	12月10日	社福審、「当面の在宅老人福祉対策のあり方について」意見具申（老人家庭奉仕員事業を課税世帯にも拡大し、費用負担制の導入を提言、福祉サービスを「買う」次代へ）	◎	福祉寮母セミナー開催（以後、毎年。福祉寮母研修のフォローアップが目的）	12月	国際連合、国際障害者年（「完全参加と平等」）

1982（昭和57）年　2/8 東京都千代田区のホテル・ニュージャパン火災（33人死亡）　3/21 北海道日高地震　4/1 500円硬貨発行　6/23 東北新幹線大宮 - 盛岡間開通　7 商業捕鯨全面禁止案可決　8/14 戸塚ジュニアヨットスクールで死者が出る　8/18 参院比例代表制導入の公選法参議院で可決　9/17 サッチャー英首相来日　10/12　鈴木首相、退陣を表明　11/15 上越新幹線大宮 - 新潟間開通　11/25 中曽根康弘、自民党総裁に就任　11/27 第1次中曽根内閣成立　12 テレホンカード使用開始

2月10日	国民年金協会、国民年金制度改革に関する意見を厚生大臣に提言（サラリーマン妻の強制加入、老齢福祉年金の物価スライド）	4月26日	旧厚生省、介護を必要とする在宅高齢者家庭へ有料で家庭奉仕員を派遣する事業要綱を都道府県に通知（利用料1時間580円、中低所得者層・寝たきり高齢者は半額、低所得者は無料）	1月4日	旧厚生省調査、「高齢者世帯が7%、独居高齢者激増」と発表	1月	レーガン・アメリカ大統領、一般教書で「新連邦主義」を表明（福祉をはじめ公共部門の諸事業における連邦と州の役割分担の見直し）
				2月	（社）全国有料老人ホーム協会発足		
4月1日	上田市、「視覚障害者・脳性麻痺等全身性障害者ガイドヘルパー派遣事業」実施	6月7日	児童及び老人の交通事故防止対策の推進について（昭57.6.7 社老第61号・児育第13号・児福第17号）（課長連名通知）	4月	上田市社会福祉協議会、「ひとり暮らし老人実態調査実施」（65歳以上を対象）	1月11日	NATO緊急外相理事会、対ソ制裁措置の警告（ポーランド情勢に関して）
8月10日	戦傷病者戦没者遺族等援護法等の一部を改正する法律公布	9月8日	「老人家庭奉仕員派遣事業運営要綱」の改正（昭57.9.8 社会局長通知 厚生省社老第98号）	4月	聖隷福祉事業団、ホスピス活動開始（理事長は長谷川保）	7月23日	国際捕鯨委員会、「捕鯨全面禁止」決定（日本異議申し立て）
8月17日	老人保健法公布（70歳以上の医療費無料制廃止、外来月400円、2カ月に限り入院1日300円負担等）	9月8日	「老人家庭奉仕員派遣事業運営の改正点及び実施手続等の留意事項について」（昭57.9.8 社老第99号　老人福祉課長通知）	7月5日	東社協、痴呆症の高齢者を抱えた家族の悩みについて電話で答える「ぼけ老人てれほん相談」を開設	7月26日-8月6日	高齢者問題世界会議（国連主催）ウィーンで初開催（123参加国、人口高齢化率7%以上を高齢化社会、14%以上を高齢社会と規定）
8月31日	厚生省設置法の一部を改正する法律公布	10月18日	身体障害者及びひとり暮らし老人用の電話機器の新料金設定に伴う取扱いについて（昭57.10.18 社更第190号）（課長連名通知）	10月	ホームヘルパー派遣判定のあり方検討委員会（全社協）	11月22日-28日	第8回世界精神薄弱会議（ケニア・ナイロビ）
9月10日	旧厚生省に老人保健部設置	11月19日	「家庭奉仕員派遣事業について」（昭57.11.19 社老第120号　老人福祉課長通知）	10月	上田市社会福祉協議会、市町村社協法制化実現運動（社会福祉事業法に市町村社協を明記し法的に位置づけることをめざす）	12月3日	第37回国連総会、「国際障害者年世界行動計画」及び「障害者に関する世界行動計画の実施」を採択し、「国連・障害者の10年」（1983-1992年）を宣言
11月21日	旧厚生省、厚生年金と国民年金の1984年度統合をめざす「21世紀の年金を考える」発表	11月19日	「家庭奉仕員講習会推進事業の実施について」（昭57.11.19 社老第120号 社会局長、児童家庭局長連名通知）	◎	上田市社会福祉協議会、「ひとり暮らし老人実態調査」実施	◎	国連総会、1987年を「国際居住年」とすることに決定

1983（昭和58）年　2/12 横浜市内で中学生10人がホームレス男性を襲撃　4/4 NHKテレビ・朝ドラマ『おしん』大人気（最高視聴率65%）　4/15 東京ディズニーランド、入場者6ヶ月間に615万人　5/26 日本海中部地震　6/13 ヨットスクール校長、戸塚宏を傷害容疑で逮捕　6/28 練馬区一家5人惨殺事件　7/15 免田栄死刑囚に無罪判決　8 金融機関の第2土曜、休日がスタート　9/1 大韓航空機、サハリン沖で撃墜される　10/12 ロッキード裁判丸紅ルートで田中被告に懲役4年の有罪判決　11/9 レーガン米大統領来日

2月1日	老人保健法施行（70歳以上の医療費一部有料化）	4月5日	旧労働省、職業安定局に「障害者雇用対策室」設置	4月	上田市社会福祉協議会、「身体障害者実態調査」実施	1月3日	国連中南米経済委報告、「中南米の対外債務過去40年で最悪」
2月	旧厚生省、各都道府県1カ所の保健所で、老人精神衛生相談事業を発足	4月	旧厚生省、「授産施設に対する施設事務費補助の特別措置について」通知	4月7日	総理府、「老後生活や社会福祉に関する世論調査」（67%の人が老後生活に不安）	1月18日	先進10カ国蔵相・中央銀行総裁会議、IMFの貸出枠を71億ドルから190億ドルに拡大合意
4月	旧厚生省、「老人介護者教室」設置	6月	旧厚生省、「在宅心身障害児（者）療育事業実施要綱」施行	5月9日	東京都、「独居老人調査」（高齢者はテレビが友達、外部との接触は電話だけ、生活保護頼みという実態が浮かび上がる）	5月5日	GATT、1982年の6大債務国発表（ブラジル、メキシコ、韓国、アルゼンチン、ポーランド、ユーゴスラビア）
5月4日	戦傷病者戦没者遺族等援護法等の一部を改正する法律公布	7月	中央児童福祉審議会、「今後の母子施策の在り方について」意見具申	6月	コープくらしの助け合い活動（灘神戸生協）発足（高齢者の在宅ケアにホームヘルパーを有料で提供）	6月	ILO第69回総会、「職業リハビリテーション及び雇用に関する条約」（159号条約）を採択
6月17日	社会福祉事業法改正（施行は10月1日、市町村社協の法制化）	8月	旧労働省、「60歳定年延長の見解」発表	7月	「家庭奉仕員制度実態調査」（全社協、老人福祉開発センター）	11月7日-11日	第6回アジア精神薄弱会議開催（インドネシア・ジャカルタ）
11月28日	厚生大臣、厚生年金と国民年金の一本化など高齢化社会に対応する制度改革を保険審・年金審に諮問	9月	旧労働省、「第3セクターによる重度障害者雇用企業・精神薄弱者能力開発センター育成事業」実施	9月	老人福祉法20周年、各地で高齢者パワーが集結（全国老人クラブ大会、全国福祉施設大会等）	11月	世界盲人連合（WBU）設立（サウジアラビア）
◎	静岡市で、「有料家庭奉仕員制度」実施（課税世帯や身体障害者世帯への派遣拡大のため。利用料は1時間290－580円）	12月	旧厚生省、「社会福祉施設における防災対策の強化について」通知	11月	旧厚生省調査、高齢者の家庭内事故死が増加（1982年に床で滑り679人死亡）	11月	DPI第1回アジア・太平洋地域会議開催

1984（昭和59）年　1/17 児玉誉士夫（72）死去　2/19 植村直己、マッキンリーで消息を絶つ　3/18 江崎グリコ社長誘拐事件　5 日本初の衛星放送始まる　7/7 新潟市の病院で日本初のエイズ患者発表　7/11 松山事件の再審で無罪判決　7/28 ロサンゼルスオリンピック開幕　8/3 日本専売公社、民営化法案可決成立　11/1 新札（一万円、五千円、千円）発行　12/10 グリコ・森永事件脅迫犯「かい人21面相」を取り逃す

1月25日	社保審、年金一元化の改正案を了承（旧厚生省はこれを受けて、2月に国民年金法改正案を国会へ提出）	3月	婦人少年問題審議会婦人労働部会、「男女雇用平等法（仮称）案」同審議会に提出、労働大臣に建議	3月31日	山形県家庭奉仕員連絡協議会、『山形県家庭奉仕員連絡協議会10周年記念誌　豊かなコミュニティーづくりをめざして』刊行（天童市、三沢文子が協力）	2月8日	冬季オリンピック大会開催（ユーゴスラビア・サラエボ）

4月1日	上田市、「介護者慰労金事業」実施	3月	旧厚生省、「社会福祉法人の認可について」通知（基本財産・理事の要件等）	6月	東京都老人総合研究所、「高齢者を抱えた主婦の生活と意識調査」(418人対象、平均年齢44歳)	6月	ILO第70回総会「雇用政策勧告」採択（ジュネーヴ）
8月9日	身体障害者福祉法改正（身体障害者の範囲拡大）	6月	旧労働省、「母子家庭の母等就業援助促進活動実施要綱」通知	8月1日	東京都台東区で「おとしより公社」開始（利用者は点数券を公社から購入し、それを協力者に払う。協力者は公社へ点数券を渡し、報酬をもらうという高齢者介護サービス開始、11月11日～）	8月5日-11日	カナダ、モントリオールで国際社会福祉会議開催。主題は「危機下の世界における社会福祉、その現状と社会福祉の責任」
						8月15日	ジュネーヴの国連人権委員会で差別防止・少数者保護小委員会開催
9月16日	旧厚生省、福祉と医療の機能を併せ持った「中間施設」構想を検討開始	9月20日	旧厚生省、「老人ホームの入所判定について」通知	9月14日	総務庁老人対策室、「中年層の老親扶養に関する調査」（老親と同居すべきだと考えている人は76%）		
10月	東京都、「老人緊急通報システム」を開設	9月	中央児童福祉審議会、「家庭における児童養育の在り方と、これを支える地域の役割」意見具申	9月	全社協、「武蔵野市福祉公社についての研究・調査」（公社の姿勢や職員、ヘルパーの態度に高い評価を与えたが、低所得高齢者への対応に課題とも指摘）	◎	セルフ・アドボカシー国際会議開催（アメリカ）
12月19日	社福審老人福祉専門分化会、原則として養護・特養ホーム入居者の食費を負担させるなど、応能負担を進める意見書提出	10月	旧文部省、各都道府県に「ボランティアバンク」設置へ（行政による社会教育の一環としての管理体制）	11月10日	東京都監察医務院調査、1983年度の都内の「孤独死」は1,000人、そのうち、60歳以上が約4割と指摘	10月29日	OECD労働社会問題委員会社会政策部第1回会議開催（パリ、人口高齢化と社会支出医療費抑制再討議）
◎	大阪市婦人団体が中心となり、「大阪ホームヘルプ協会」設立（有料ホームヘルプ事業の開始）	12月	精神薄弱者福祉工場制度予算化	◎	大阪コミュニティワーカー専門学校（コミュニティケア科）を開校し、臨床福祉のケアワーカー養成開始（全日制2年間、定員50人、2,400時間の教育内容）	11月	世界精神薄弱者育成会連盟総会開催（マドリード）
1985（昭和60）年 1/10 グリコ・森永事件の「かい人21面相」の不審な男の似顔絵を公開 3/16 科学万博「つくば'85」開会 4/1 民営化でNTTと日本たばこ産業（株）発足 8/12 日航ジャンボ機が群馬県御巣鷹山に墜落（死者520人） 9/11「ロス疑惑」事件で三浦和義逮捕 10/2 関越自動車道、全線開通 11/2 阪神タイガース21年ぶりに日本一 12 ファミコンが年間650万台売り上げる							
1月19日	東京都中野区、痴呆性の高齢者を医療機関・施設で日中8時間預かり、介護するデイケア制度の創設を発表	1月	自治省、「地方行革大綱」発表	1月	旧厚生省、「養護児童等実態調査」まとめる（「ボラントピア計画」実施へ）	4月	タイ、労災リハビリテーションセンター設立（日本ODA無償援助）

2月	上田市社会福祉協議会、「身体障害者デイサービス事業」開始
3月18日	老健審、老人保険制度の全面的な見直し開始
4月1日	上田市、「福祉電話等使用料補助事業」実施
◎	「主任家庭奉仕員制度」発足（全国188人、家庭奉仕員20人に対し1人のチーフヘルパーを配置）
4月	福岡県春日市社協、大分県湯布高原に全国初の「高齢者向けペンション」を開設
5月1日	国民年金法改正法公布
6月1日	男女雇用機会均等法公布
7月2日	長寿社会対策関係閣僚会議（政府）設置決定
8月2日	旧厚生省中間施設に関する懇談会、中間施設を「在宅老人のためのサービスと、重症者のための入所サービスを提供する所」と位置づける
8月21日	旧厚生省、老人保健法改正法案発表

1月24日	社会保障制度審議会、「老人の在り方」について首相に建議
2月	旧厚生省、社会福祉全面見直し、社会福祉3審議会合同企画委員会開始
5月11日	「主任家庭奉仕員（チーフヘルパー）設置事業の実施について」（昭60.5.11 社老第53号 社会局長、児童家庭局長連名通知）
5月21日	旧厚生省、「精神薄弱者福祉工場の設置及び運営について」通達（福祉工場設置）
6月	旧厚生省、「授産事業基本問題研究会報告」発表
7月	旧厚生省、「精神障害者小規模保護作業所調査結果の概要」発表
8月	旧労働省、「障害者雇用対策の推進について」発表（精神障害回復に職業適応訓練制度適用へ）
9月	旧労働省身体障害者雇用審議会、「精神薄弱者雇用率適用問題」審議開始
9月	旧厚生省、「先天異常の発生予防のための監視システムの導入」（全国にモニター病院設置、異常児の発生を常時報告）
11月1日	旧厚生省社会局老人福祉課にシルバーサービス振興指導室設置

2月2日	旧厚生省、「国民生活実態調査」（一世帯あたりの平均所得金額は210万8,000円と発表）
4月	全国社会福祉協議会・心身障害児福祉協議会を「心身障害児者団体連絡協議会」に改組
6月	全国社会福祉協議会「人間復権の場をめざして－福祉作業振興方策への提言」まとめる
7月	第1回全国夜間保育園経験交流研修会開催（京都）
7月	自閉症患者更正施設「けやきの郷　初雁の家」開設（埼玉県川越市）
8月	第1回日米障害者競技会開催
8月	全国母子寡婦福祉団体協議会創立35周年記念季刊『母子展望』創刊（1987年第8号まで）
10月	日本弁護士連合会、第28回人権擁護大会で「学校生活と子どもの人権に関する宣言」採択
12月12日	旧厚生省、「昭和60年度上半期の医療費調査結果」（70歳以上の老人医療費は12.6%増えた）
12月19日	旧厚生省、「厚生行政基礎調査」（高齢者世帯は311万世帯で、前年より8万9,000世帯増、過去最高）

5月2日	第11回先進国首脳会議開催（旧西ドイツ・ボン）
5月28日	第8回南北赤十字会議が12年ぶりに再開（ソウル）
6月13日	イギリス、ベヴァリッジ報告以来の抜本的な社会保障改革案発表（所得比例年金の廃止、企業・個人年金への加入義務化、補足給付制度の合理化）
7月15日	ナイロビで「国連・婦人の10年」、85年世界会議開催（国連・婦人の10年の最終年）
11月19日	ジュネーヴでレーガン・ゴルバチョフ会談（6年ぶりの米ソ首脳会談）
12月8日	南アジア7カ国、南アジア地域協力機構を結成
12月	国連、スポーツ分野における反アパルトヘイト国際条約を採択
12月20日	WHO、国別推定平均寿命を発表（日本男性74.8歳、女性80.7歳）
12月	アメリカ最大の介護サービス会社、ビバリー・エンタープライズ社が日本進出（清水建設と合併でビバリー・ジャパンを設立）
◎	アメリカ、ワークフェア制度提案（公的扶助受給者に労働義務）

9月14日	旧厚生省に高齢者対策企画推進本部を設置	12月	旧厚生省、「特別障害者手当制度の創設等について」通知	◎	和泉老人福祉専門学校を神奈川県相模原市で開校（クラーク学園が母体、全日制2年間、定員80人、花村春樹、高瀬智津子、豊福義彦ら明治学院大学大学院同窓生が尽力）	◎	第40回国連総会、「少年司法の運用のための国際連合最低基準規則（北京原則）」採択
1986（昭和61）年　1/28 アメリカ・スペースシャトル打ち上げ後爆発　2/11 熱海温泉火災事故（24人死亡）　4/8 アイドル岡田有希子が飛び降り自殺　4/28 旧ソ連のチェルノブイリ原発事故発生　4/29 天皇在位60周年記念式典　5/4 東京サミット　7/22 第3次中曽根内閣発足　11/15 伊豆大島の三原山噴火							
1月16日	「老人保健施設（中間施設）」の実施計画概要がまとまる（70歳以上の寝たきり高齢者が対象）	2月14日	中央最低賃金審議会答申、「従来の最低制廃止」	1月14日	旧厚生省、「国民生活実態調査」（高齢者世帯の収入伸び率は1.8%で物価上昇率を下回った）	◎	UNICEF、カンボジアでCBRプロジェクトを始める
4月	60歳定年法成立	3月	「DPI日本会議」発足	2月27日	健康づくりシステム検討会が旧厚生省に発足	2月2日	南アフリカ共和国、ボタ大統領「パス法」（黒人の自由な移動を制限）を7月1日までに廃止すると発表
4月1日	特別障害者手当、障害児福祉手当支給事業実施	4月8日	旧厚生省高齢者対策企画推進本部、「人生80年時代の社会保障制度のあり方について最終報告」を提出	2月	旧労働省、「身体障害児・者の実態調査」実施	4月21日	EC　21カ国外相緊急会議、対リビア外交制裁（リビア外交官の削減等）
4月26日	地域高齢者住宅計画（旧建設省）とホームヘルパー制度（旧厚生省）を組み合わせた「シルバーハウジング構想（仮称）」を推進することで合意	4月9日	老人問題懇話会報告書、「今後の高齢者対策の基本的方向について」（生きがい重視）	3月6日	旧厚生省、「全国62の有料老人ホーム入居者実態調査」（ほぼ満足が86%）	5月4日	第12回主要先進国首脳会議（東京サミット）開催、リビアのテロを非難する声明採択
4月30日	中高年齢者等の雇用の促進に関する特別措置法改正法公布（企業の60歳定年を努力義務とする）	4月24日	生活審総合政策部会報告書、「長寿社会の構造」	4月	兵庫県、福祉介護士認定制度研究会発足（雀部猛利委員長、浅野仁副会長中心。4回の研究会と6回の小委員会開催。	7月	イギリス、社会保障法、障害者（援助・助言・代表）法制定
4月	「全国ホームヘルプ研究会」発足（東京都、在宅高齢者を支える活動の充実・向上を目標にしたヘルパーの自主研究組織）	6月6日	政府、閣議で「長寿社会対策大綱」を決定	9月9日	旧厚生省、「全国高齢者名簿」発表（100歳以上は1,851人）	8月22日-9月5日	第9回国際福祉精神薄弱者福祉団体連盟世界会議開催（ブラジル・リオデジャネイロ）
6月	東京都文京区、「歯科医が寝たきりの在宅高齢者を訪問治療する制度」発足（23区初）	6月6日	旧厚生省・資産活用検討会、「資産活用による充実した老後保障」報告	9月	長寿社会文化協会（(WAC）設立（高齢者ボランティアや主婦ら300人より組織）	8月27日-9月5日	国際社会福祉会議開催（東京）
				9月29日	中高年雇用・福祉事業団全国連合会発足		

8月27日	旧厚生省、痴呆性老人対策推進本部創設	7月11日	公衆衛生審議会、「保険事業の見直しに関する意見」	11月8日	東京都老人総合研究所、全国1,500余の特養ホームを対象に、医療・看護に関する初のアンケート調査結果発表（医師、看護婦不足）	◎	第41回国連総会、「国内の又は国際的な里親委託及び養子縁組を特に考慮した児童の保護及び福祉についての社会的及び法的な原則に関する宣言」採択
12月22日	老人保健法改正法公布	12月23日	公衆衛生審議会精神衛生部会、「精神衛生法改正の基本的な方向について」中間メモ、「精神障害者の社会復帰について」意見書提出	12月	辻哲夫（旧厚生省シルバーサービス振興室長）と辻寛（兵庫県高齢課長）とが連携し、介護福祉の国家資格化を目ざす	◎	フィンランド、重度障害者のサービスと支援に関する法律制定
1987（昭和62）年　1/17 旧厚生省、神戸の女性を日本初の女性エイズ患者と認定　2/3 政府、売上税法案決定　4 国鉄分割・民営化決定　7/4 NHK、24時間放送の衛星テレビ放送開始　7/4 自民党幹事長、竹下登、経世会結成　9/21 プロ野球衣笠祥雄引退表明　10/12 利根川進、ノーベル医学・生理学賞受賞　10 NY市場ブラックマンデー株暴落　11/29 大韓航空機がビルマ沖で消息を絶つ　12/31 横綱・双羽黒廃業							
5月1日	障害者の雇用の促進等に関する法律公布	2月25日	第13回日本学術会議、社会福祉・社会保障研究連絡委員会にて、「社会福祉におけるケアワーカー（介護職員）の専門性と資格制度について」意見報告書提出（一番ヶ瀬康子中心、2年間の研究成果）	2月25日	（社）シルバーサービス振興会設立（福祉分野にも民間活力をという趣旨）	2月22日	G5（5カ国蔵相会議）に、カナダ、イタリアを加えたG7開催（パリ、但し、イタリアはボイコット）
5月12日	旧厚生省、「健康と福祉の祭典（仮称）」（後に「ねんりんぴっく」に決定）開催決定（1988年11月30日開催）	4月1日	臨時教育審議会、教育改革に関する第3次答申で「障害児教育の振興」提言	3月	福島県家庭奉仕員協会、「家庭奉仕員実態調査報告書」発表（272人が対象、回収率75.4%。無資格者の多さ、所属ごとの差の拡大等の問題が指摘される）	2月23日	国連環境委員会開催（東京、地球環境保全を目指す）
5月26日	社会福祉士及び介護福祉士法公布（日本初の福祉分野の国家資格法誕生）	4月	旧厚生省、「在宅精神薄弱者短期保護事業」開始（緊急一時保護、短期入所対応）、「在宅重度障害者ショートステイ」通知	5月23日	旧労働省、勤労者の老後生活安定対策研究会開催	4月9日	国連安保理事会、「南ア強制制裁決議案」採択（賛成多数となるが、常任理事国［米・英］の拒否権により否決）
9月26日	精神保健法公布（精神衛生法の改正）	6月18日	高齢者総合相談センター運営事業の実施について（昭62.6.18健政発第330号・健医発第733号・社老第80号　局長連名通知）	6月21日	総理府、「実年に関する世論調査」（3,000人対象、55.9%の人が自分世代を働き盛りと感じ、83.6%が満足と答える）	5月15日	WHOが4月7日を「世界禁煙デー」と決議
◎	奈良県内44市町村で「家庭奉仕員派遣事業」を開始（奉仕員は123人）	9月16日	旧厚生省、寝たきり高齢者などを対象にした民間業者の在宅介護・入浴サービスについてのガイドラインを作成し、都道府県に通知	8月	三重福祉会・リバティハウス、三重県四日市市に開設（国の資金を低金利で借り、家賃などを安くする「特定老人ホーム」の全国第1号）	8月	国連世界行動計画専門家会議開催（スウェーデン）

◎	家庭奉仕員講習会の実施（360時間の講習）	10月17日	全国健康福祉祭開催要綱（昭62.10.17 厚生省発政第22号）（厚生大臣官房長通知）	9月8日	旧厚生省、「全国高齢者名簿（長寿番付）」発表（100歳以上は2,271人）	11月14日-19日	第8回アジア精神薄弱会議（シンガポール）
◎	沖縄県、「老人家庭奉仕員派遣事業」を51市町村で展開（奉仕員163人、奉仕員設置率は96.2%）	11月2日	老健審、「老人保健施設の基準について」答申（地域・家庭との結びつきを重視した施設）	9月14日	総務庁老人対策室、「老後の生活と介護に関する調査」（60歳代で老後生活の場を老人ホームと考えている人は35.7%。自立意識の高さが目立つ）	◎	第18回北欧会議（スウェーデン・ウプラサ）に知的障害者が多数参加
11月20日	（財）シニアプラン開発機構設立	12月7日	福祉関係3審議会合同企画分科会「社会福祉施設費用徴収基準の当面の在り方について」意見具申（20歳以上は親対象外）	10月1日	上田市社会福祉協議会、託老所「さつきの園」開所	◎	第42回国連総会世界行動計画、後期に「機会均等」に重点確認

1988（昭和63）年　3/13 青函トンネル開業　3/17 東京ドーム落成式　4/10　瀬戸大橋開通　4 マル優原則廃止、預金利子20%課税　5 牛肉・オレンジの自由化をめぐって日米摩擦激化　6/18 川崎市でリクルート疑惑発覚　9/17 ソウルオリンピック開幕　9/18 昭和天皇、吐血（19日に重体）　11/10 消費者関連法案、衆院可決（12/24 参院可決成立）　12/9 宮沢喜一大蔵大臣、リクルート疑惑で辞任

		1月30日	旧厚生省、「在宅高齢者デイサービス事業の実施について」通知	1月	全社協、「高齢者の介護手当の支給実態全国調査」（半数近い自治体が何らかの手当を支給）	2月2日	GATT理事会、日本の農作物10品目の輸入制限をGATT違反とし、輸入自由化勧告
4月11日	いきいきとした高齢社会を創るための都対策本部、初会合	5月27日	老人保護措置費の国庫負担（費用徴収基準）の取扱いについて（昭63.5.27 社老第74号）（局長通知）	2月25日	個室の特養ホーム建設を計画している東京都保谷市「東京老人ホーム」に、武蔵野市・保谷市が助成金を出すことを決定	5月19日	経済協力開発機構（OECD）閣僚理事会、日本に内需拡大求めるコミュニケ採択
4月21日	住宅金融公庫法改正	6月29日	老人保護措置費の国庫負担（費用徴収基準）の取扱いに関する疑義解釈について（昭63.6.29 社老第96号）（課長通知）	4月	聖隷介護福祉専門学校開校（初代校長は津久井十、ヘルパー学園は閉鎖）	◎	セルフ・アドボカシー国際会議開催（ロンドン）
				5月9日	上田市社会福祉協議会、「ふれあいランチ」有料給食サービス開始		
				6月7日	旧労働省、付添婦、家政婦を対象に高齢者介護の講習会を全国で展開		
5月	シルバーサービス振興会、倫理綱領作成（シルバーサービスの健全な育成を図る）	7月1日	旧厚生省大臣官房に老人保健福祉部新設（保健医療老人保健局と社会局老人福祉課統合）	7月	山形県家庭奉仕員連絡協議会、『在宅介護15周年誌　ひとりにしないで』刊行（山形県家庭奉仕員連絡協議会会長、三沢文子が主導）	◎	A・センが『福祉の経済学』を刊行

7月9日	旧厚生省、寝たきりの在宅高齢者を対象とした歯科の巡回診療開始に先立ち、大阪府豊中市等全国7カ所をモデル地区に指定	9月9日	高齢者の交通安全総合対策について（昭63.9.9）（交通対策本部決定）			6月3日	国際捕鯨委員会、日本の沿岸小型捕鯨船のミンク鯨の暫定枠は認めない（事実上捕鯨を認めない）決定
8月11日	旧厚生省、長寿社会対策推進会議発足（「明るい長寿社会づくりセンター（仮称）」設置計画）	9月16日	民間事業者による在宅介護サービス及び在宅入浴サービスのガイドラインについて（昭63.9.16老福第27号・社更第187号）（部長・局長連名通知）	9月28日	第3回老人保健施設フォーラム「入所者処遇の実際と運営収支」	6月19日	第14回主要先進国首脳会議（カナダ・トロント、東西関係・テロ・麻薬の3分野の政治宣言）
						7月6日	経済協力開発機構（OECD）、社会保障担当閣僚会議開催（パリ、社会保障サミット、テーマは1990年代の社会保障、個人の自助努力）
10月	旧厚生省、老人保健福祉部新設（保健、医療、福祉対策の一貫した推進体制を整えるため、老人保健課と老人福祉課を同じ部に）			10月	全国シルバー人材センター協会、普及啓発促進中央経験交流大会開催（福祉・家事援助サービスに関する調査研究実施等）		
10月25日	政府、国会に福祉ビジョン「長寿・福祉社会を実現するための施策の基本的考え方と目標について」を提示（後に「ゴールドプラン」にまとまる）	12月19日	有料老人ホーム及び在宅サービスに対する独立行政法人福祉医療機関融資制度の運用について（昭63.12.19社施第147号）（課長連名通知）	11月30日	第1回全国健康福祉祭兵庫大会「ねんりんぴっく'88」神戸市で開催	9月	第16回リハビリテーション世界会議開催（東京、精神薄弱特別分科会設置）
◎	山形県、全44市町村に208人の家庭奉仕員を設置	◎	授産施設整備補助制度創設（授産施設整備近代化のため）	11月	全国重度障害者雇用事業所協会発足（加入事業所143ヵ所）	11月5日	国際育成会連盟総会開催（メキシコ）
12月26日	旧厚生省、欧州型の食事付き集合住宅「ケアハウス」建設の方針を決定	◎	ホームケア促進事業開始（家族に介護技術修得促進）	◎	宇部短期大学・家政学科家政専攻家庭看護コースを山口県宇部市で開校（独自の教育方法により、多くの卒業生を老人ホーム・障害者施設に送り出す。西村洋子・松永房江ら主導）	11月18日	レーガン大統領「麻薬対策法案」署名（罰金最高1万ドル等厳しい内容）

1989（平成元）年　1/7 昭和天皇（87）、崩御（昭和から平成へ）　1/20 アメリカ大統領にブッシュ就任　2/24 昭和天皇大葬の礼　4/1 消費税スタート　4/27 松下幸之助（94）死去　6/2 宇野宗佑内閣発足　6/24 美空ひばり（52）死去　7/24 宇野首相、女性問題で退陣　8/9 海部俊樹内閣発足　8/26 天皇の次男、礼宮と川嶋紀子婚約内定　9/28 千代の富士に国民栄誉賞　11/9 ベルリンの壁崩壊　11/15 坂本堤弁護士一家行方不明で公開捜査開始　11/21 日本労働組合総連合発足

5月1日	長野県長寿社会開発センター発足	1月12日	中央社会福祉審議会老人問題専門部会、「当面の老人ホーム等の在り方について」意見具申	2月4日	現代総合研究集団、「普通の市民が安心できる老後生活のために」（35-60歳代の男女1,100人を対象）	1月14日	全欧安保再検討会議（ウィーン、全欧州を対象とする新通常戦力削減交渉の3月開始で合意）

5月	旧厚生省、「手話通訳士制度」創設	2月27日	年金審、国民年金・厚生年金制度改正を答申	3月	社会福祉士・介護福祉士の国家試験実施	2月20日	インディオ代表者会議開催（ブラジル・アルタミラ市、「アルタミラ宣言」採択）
6月	上田市社会福祉協議会、「社協福祉計画」の策定について諮問（社協福祉計画策定委員会発足）	3月30日	福祉関係三審議会合同企画分科会「今後の社会福祉のあり方について」を意見具申	3月	長野県上田市、東京都立川市で、寝たきり高齢者やけが人を介護人付で病院等へ運ぶ民間の救急会社が創業	3月22日	国連環境計画（UNEP）主催の会議開催（バーゼル）
7月1日	（社）シルバーサービス振興会、「シルバーマーク制度」創設	5月29日	旧厚生省児童家庭局、「家庭相談等支援事業実施について」	3月	高知市、寝たきりの在宅高齢者の歯科医師往診開始	4月26日	オゾン層保護に関するウィーン条約第1回締結国会議開催（ヘルシンキ）
				4月	全国初の痴呆症予防のための集団検診、浜松市で実施		
7月15日	旧建設省・住宅公団、介護サービス付の賃貸高齢者住宅制度を創り、建設を進めることを決定	5月29日	精神薄弱者の地域生活援助事業（グループホーム）制度化通知	5月	東京都福祉局、都内の150ヵ所の老人ホーム入居者健康実態調査を実施	7月14日	第15回先進国首脳会議（アルジェ・サミット）開催（パリ郊外）
		6月26日	旧厚生省、児童手当制度基本問題研究会、「今後の児童手当制度の在り方について」報告	5月15日	井深八重（92）、心筋梗塞のため死去	7月	スウェーデン、「老人介護手当」実施、「70歳以上入院費無料制度」廃止
12月21日	旧厚生省、厚生・大蔵・自治3大臣の了解の下に「高齢者保健福祉推進10ヵ年戦略（ゴールドプラン）」策定	8月8日	民間事業者による老後の保健及び福祉のための総合的施設の設備の促進に関する法律の施行について（平元.8.8 発老第51号）（次官通知）	8月17日	旧厚生省、「痴呆疾患対策調査研究事業」（老人痴呆性疾患の約3分の1は40-64歳までに発症）	11月20日	国連、子どもの権利条約採択（日本は1994年5月22日に批准）
◎	国庫補助率を1/3から1/2に引き上げ（ホームヘルパーの手当てを介護中心型、家事援助型に分け、大幅引き上げ）。1999年度までにヘルパー10万人を目標に整備	10月19日	高齢者の生きがいと健康づくり推進事業について（平元.10.19 老福第187号）（部長通知）	12月12日	シルバー110番、全国統一番号＊8080開始	12月	国連、市民的及び政治的権利に関する国際規約第2議定書を採択

1990（平成2）年　1/16 日本医師会生命倫理懇談会、尊厳死容認を発表　1 大学入試センター試験スタート　2/11 南アフリカの黒人解放指導者マンデラ、28年ぶりに解放　2/11 プロボクシング、ヘビー級王者マイク・タイソンがダグラスに敗北　2/28 第2次海部内閣誕生　6/26 大型景気（戦後2番目）　6/29 礼宮・川嶋紀子結婚　7/1 東西ドイツ、経済統合　8/2 イラク軍、クウェート侵略　9/30 韓ソ国交樹立　10/15 ゴルバチョフ旧ソ連大統領にノーベル平和賞　11/22 サッチャー首相辞意表明　12/2 日本人初の宇宙飛行

4月1日	母子家庭等児童入学、卒業祝い金支給事業実施（県要綱）	3月28日	脳死臨調発足（首相諮問機関）	1月12日	全社協・都道府県社協、在宅介護者リフレッシュ事業開始（各地で「介護者の集い」を開催）	2月23日	国連特別総会初の「麻薬」総会（1991年-2000年を「麻薬乱用根絶の10年」とした）

4月13日	旧厚生省、ゴールドプランに必要な老人福祉法等、社会福祉関係8法の改正の方向について、社保審に諮問	6月	旧厚生省、「保健医療・福祉マンパワー対策本部」設置	3月3日	総理府、「高齢者のライフスタイルに関する世論調査」(2020年の高齢化社会に対して、福祉が不十分という見解が過半数)	3月18日	ノーベル財団、1990年からノーベル各賞の賞金を400万クローナ（約1億円）にすると発表
4月17日	高年齢者雇用安定法一部改正案、閣議決定	6月18日	生活保護施設等における単身赴任手当の加算について(平2.6.18社施第87号)（局長・部長連名通知）	3月25日	全社協、「住民参加型在宅福祉サービス活動実態調査」（全国で活動しているのは271団体と判明）	5月	国連専門家会議（フィンランド）で2000年以降の「長期戦略」の必要性を確認
5月16日	旧厚生省、在宅介護支援センターの設置基準を決定	7月27日	医療費控除の対象となる在宅療養の介護費用の証明について（平2.7.27老福第145号）（課長連名通知）	4月1日	託老所「さつきの園」が上田市からの委託事業になる（上田市社会福祉協議会）	7月26日	アメリカ、障害をもつアメリカ人法（ADA）成立（雇用･交通･公共施設等における障害者差別の禁止）
6月22日	老人福祉法など、社会福祉関係8法が一括改正	8月1日	老人福祉法等の一部を改正する法律の施行について（平2.8.1厚生省社第377号）(次官依頼通知)	6月30日	第1回全国老人保健施設大会開催(全国老人保健施設協会主催、主題は「寝たきりからの解放」)	9月	「世界子どもサミット」開催(ニューヨーク国連本部)
8月31日	旧厚生省、全国に福祉人材情報センター設置を決定（実施は1991年3月9日から）	9月1日	旧厚生省、「老人保健福祉計画」ガイドラインをまとめ、通達	9月28日	東京都中野区、福祉オンブズマン制度開始（福祉サービスに関する公的な苦情処理機関は初）	11月	開発途上国における障害者問題に関する国際会議開催（北京）
11月23日	旧厚生省、「健康・生きがい創造士」の養成へ（退職後のサラリーマンの生きがいの増幅を支援する）	12月28日	老人福祉法等の一部を改正する法律の一部の施行（平成3年1月1日）及びそれに伴う政省令の改正について（平2.12.28老福第249号・社庶第237号・児発第988号）(部長･局長連名通知)	10月1日	東京都中野区、有償在宅福祉制度「ほほえみサービス」開始（介助が必要な区民すべてが対象）	12月	国連、すべての移住労働者及びその家族の権利保障に関する条約採択
				10月	日本労働研究機構、デイサービスを利用しながら、高齢者介護をしている家族の実態と意識を調査		
12月11日	旧労働省、「高齢者職業安定対策基本方針」決定（65歳までの継続雇用制度普及をめざす）	12月	旧労働省、『婦人労働白書』発表（女性の3人に1人は働いている）			12月	国連経済社会理事会、障害者の機会均等化に関する基準規則の必要性の確認

1991(平成3)年　1/17 イラク軍クウェート撤退期限直後、多国籍軍がイラクを空爆　2 バブル景気、ピーク(谷1986.11～山1991.2)　4/11 国連安保理、イラクの停戦決議受諾承認(戦争終結)　4/19 プロボクシング、ヘビー級王者イベンダー・ホリフィールド、フォアマンを破り、初防衛　6/3 長崎県雲仙普賢岳東斜面で大規模な火砕流発生（死者40人）　8/19 ソ連邦、消滅　9/17 南北朝鮮が国連加盟　10/5 海部首相退陣表明　10/30 中東和平会議開幕　11/5 宮沢喜一内閣発足　12/11 欧州連合創設合意

3月9日	旧厚生省、福祉人材情報センター設置	1月17日	在宅福祉対策事業推進功労厚生大臣表彰について（平3.1.17老福第11号）（部長通知）	1月6日	旧厚生省、「国民健康保険実態調査」	1月3日	WHO、世界のエイズ患者20万人を突破と発表
4月1日	兵庫県芦屋市、寝たきり高齢者に介護用ベッドを無料貸し出し（全国初）	4月	旧厚生省、「健康で明るい長寿社会をめざして」作成	4月	島根県出雲市で、65歳以上の高齢者に「福祉カード」によるサービス開始	1月5日	経済相互援助会議（COMECON）解散

4月9日	東京都板橋区におとしより保健福祉センター創設	6月3日	高齢者保健福祉推進特別事業について（平3.6.3 自治政第56号・厚生省発政第17号）（次官連名通知）	5月	全家連、「全国精神保健福祉センター」開所	2月	国連経済社会理事会社会開発委員会、「障害者の機会の均等化に関する標準規則を策定するためのアド・ホック作業部会」設置
4月	ふれあいのまちづくり事業開始（旧厚生省の社協委託事業）	6月7日	消費税法の一部を改正する法律（平成3年法律第73号）の施行について（社会福祉関係）（平3.6.7 老福第131号・健医発第737号・社庶第135号・児発第530号）（部長・局長連名通知）	6月5日	旧厚生省、「老人保健施設全国利用実態調査結果」発表（入居者の平均年齢80.7歳、約6割に痴呆症状がみられる）	5月	第1回ソウル国際リハビリテーション機器展開催
7月	旧労働省、介護に関する企業内福祉制度についてのガイドライン検討会議発足	6月27日	「ホームヘルパー養成研修事業の実施について」（平3.6.27　老福第153号 老人保健福祉部長、社会局長、児童家庭局長連名通知）	6月23日	日本ケアシステム協会設立（香川県高松市発祥の制度が全国ネット組織になる）	7月8日	北朝鮮、国連加盟を申請
7月	（財）横浜市ホームヘルプ協会に所属している男性ヘルパー5人が、「男性ヘルパーの会」設立（横浜市以外のメンバーも加わり、1992年には23人の組織になる）	7月12日	（社）シルバーサービス振興会、有料老人ホームにもシルバーマーク交付を決定	7月	（財）生命保険文化センター、「高齢者の介護に関する調査」実施	7月15日	第17回主要先進国首脳会議開催（ロンドン、国連強化を謳う政治宣言採択、議長声明で日本の北方領土問題を明記）
		7月	中央心身協、「『国連、障害者の10年』の最終年に当って取り組むべき重要施策について」意見具申				
8月	旧労働省、「継続雇用移行事業準備奨励金制度」設置を発表			8月	総務庁、「高齢者対策に関する行政監察」	7月	第11回「世界ろう者会議」開催（東京）
9月13日	全国在宅介護支援センター協議会発足	10月	旧厚生省、「障害老人の日常生活自立度（寝たきり度）判定基準」作成委員会報告書公表	9月	旧厚生省、「老人の生活と意識に関する国勢調査」（80歳で歯を20本残すことを提起）	8月	国連、アジア太平洋経済社会委員会、「国連障害者の10年における成果の見直しと評価に関する専門家会議」開催
9月27日	老人保健法改正法公布（老人訪問看護制度、初老期痴呆症患者対策等が重点項目）	10月	障害者雇用審議会、「身体障害者雇用納付金の額の改訂等について」答申	10月27日	上田市社会福祉大会開催	9月1日	アムネスティ世界大会（横浜、アジア初）
◎	ホームヘルパー段階的研修システムの導入（ホームヘルプ講習会推進費の内容改善）	12月	「精神薄弱者JR運賃割引制度」	10月	全国シルバー人材センター、普及啓発促進中央経験交流大会開催	9月6日-7日	「女性の女性によるすべての人のための高齢化国際シンポ」開催（「東京マリオン宣言」採択）

◎	「ホームヘルプサービスチーム運営推進事業」の創設（初年度500チーム）	◎	障害者雇用審議会、「障害者雇用対策の今後の方向について」意見提出	11月	高齢者福祉の民間団体、「さわやか福祉推進センター」設立（堀田力が主導、ボランティア切符制度の普及を目指して）	◎	フランス、総合福祉拠出金制度実施
12月24日	育児休業法公布	◎	自治省、地域福祉推進特別対策事業（福祉の街づくり支援）	12月	竹内吉正、『長野県ホームヘルパー協会二十年のあゆみ』に「ホームヘルプ制度発足の周辺」を寄稿	12月	国連第46回総会、「精神病者の保護及びメンタルヘルスケア改善のための原則」採択
1992（平成4）年　1/22 臨時脳死及び臓器移植調査会　1/26 大相撲の貴花田、史上最年少優勝　3/1 民事介入暴力を規制する暴力団対策法が施行　4/29 ロサンゼルス暴動　5 国家公務員の完全週休2日制実施　6/3 地球サミット（ブラジル・リオデジャネイロ）　6/15 国際連合平和維持活動等に関する法律（PKO）成立　7/1 山形新幹線開通　7/6 ミュンヘンサミット閉幕　9/12 学校週5日制開始　9/12 スペースシャトル「エンデバー」打ち上げ　10/23 天皇・皇后初の中国訪問　12/12 宮沢改造内閣誕生							
1月	上田市、「緊急通報装置設置事業」実施	1月	旧厚生省、「ホームヘルプサービスチーム運営方式推進事業の実施について」通知	1月22日	富士ゼロックス（静岡市）が介護休暇・休職制度を導入	1月	スウェーデン、エーデル改革
3月	厚生省、「ホームヘルプ事業運営の手引き」を発行（民間の常勤ヘルパーを新たに社会福祉施設職員退職手当共済制度の加入対象とする）	1月16日	年金在宅ケア割増貸付制度の新設について（平4.1.16 老計第4号　課長通知）	2月21日	健康生きがい開発財団、「健康生きがいづくりアドバイザー」のモデルアドバイザー養成講座を開始（全国100人の応募者から47人が第1期生に）	2月7日	欧州共同体（EC）12カ国「欧州連合条約」調印（オランダ・マーストリヒト、経済・通貨統合、政治統合等）
4月1日	上田市、「身体障害者入浴サービス事業」実施	2月25日	老人保健福祉計画策定に当っての痴呆性老人の把握方法等について（平4.2.25 老計第29号・老健第14号課長連名通知）	3月	全国社会福祉協議会、「新・社会福祉協議会基本要項」決定	2月21日	国連安保理、ユーゴスラビアへ平和維持軍（PKF）派遣決定（1万4,000人規模）
5月25日	（財）国民旅館指導センター、「シルバースター登録店制度」創設（高齢者が利用しやすい旅館サービスの普及が目的）	3月2日	在宅福祉事業費補助金の国庫補助について（平4.3.2 厚生省発老第19号）（次官通知）	3月	旧厚生省、老連大学校（老人大学院ともいえるもの）設立決定	2月28日	国連安保理、カンボジアへ平和維持軍（PKF）派遣計画承認（2万人規模、軍人・文化）
5月	旧厚生省、「ミドルステイ事業」を計画	4月22日	介護実習・普及センター運営事業の実施について（平4.4.22 老企第137号）（部長通知）	4月5日	旧厚生省、「老人保健施設の経営実態調査」実施（373施設対象）	3月2日-13日	ワシントン条約京都会議開催（クロマグロ規制提案妥協成立）
6月26日	社会福祉事業法及び社会福祉施設職員退職手当共済法の一部を改正する法律公布（民間の常勤ヘルパーを制度の対象、ホームヘルパー手当見直し、介護、家事の一本化）	5月26日	介護実習・普及センターにおける介護機器普及事業の実施について（平4.5.26 老振第36号）（課長通知）	4月7日	東京海上火災保険、介護ホームヘルパー費用補助制度を社員向けに新設	4月15日	日本、中国とともに「アジア・太平洋障害者の10年」を国連・アジア太平洋経済社会委員会に共同提案、決議を採択

6月26日	看護婦等の人材確保の促進に関する法律公布	5月29日	「在宅老人福祉対策事業の実施及び推進について」（平4.5.29 老計第79号 老人保健福祉部長通知）	4月17日	全国初の完全個室と医療・福祉・保健を統合した老人総合福祉施設「ケアポート庄川」設立（富山県庄川町）	6月13日	国連平和維持活動（PKO）法案成立
6月	旧厚生省、「介護ボランティア等の時間貯蓄制度に関する研究会」発足	6月30日	「老人ホームヘルプサービス事業の委託について」（平4.6.30 老計第92号 老人福祉計画課長通知）	4月	日本社会事業大学、4年制の介護福祉士履修コースを開講		
7月1日	旧厚生省老人保健福祉部、老人保健福祉局に昇格	6月30日	旧厚生省、「老人保健福祉計画について」通知	5月	全国介護福祉士・介護福祉研究会設立総会（東京、300人参加）	8月30日-9月3日	世界高齢者団体連盟（IFA）初の世界会議（インド）
8月	福岡市コムスンが、全国初の夜間巡回介護サービスを開始	10月5日	「老人ホームヘルプサービス事業運営要綱」の改正（平4.10.5 老計第143号 老人保健福祉局長通知、実施主体に農協が加わる）	8月2日	上田市社会福祉大会開催	11月8日	OECD、第2回社会保障閣僚会議開催（パリのOECD本部にて）
12月9日	東京都、訪問看護制度を拡充（全国の自治体で初めて対象者を現行の65歳から40歳に引下げ）	10月15日	農業協同組合等の行う老人福祉事業について（平4.10.15 老計第143号）（局長通知）	9月26日	東京都老人総合研究所、1976年から東京都小金井市の70歳の人を対象にした15年間の追跡調査結果を発表	12月	国連、障害者の10年最終評価会議開催（北京）アジア・太平洋障害者の10年に向けてアジェンダ・フォア・アクション［行動計画］策定、107項目の目標設定

1993（平成5）年　1/1 欧州共同体（EC）発足　1/6 皇太子妃に小和田雅子内定　1/15 北海道釧路沖地震　2/17 東京佐川急便事件で小沢一郎、竹下登を証人喚問　3/2 江夏豊、覚醒剤所持容疑で逮捕　5/15 日本プロサッカーJリーグ開幕　6/9 皇太子・小和田雅子結婚　7/7 東京サミット開催　8/6 土井たか子、女性初の衆院議長に　8/27 コカイン所持容疑で角川春樹逮捕　9/20 社会党委員長に村山富市　12/7 細川首相、コメ部分開放の調整案受け入れ表明　12/16 田中角栄元首相（75）死去　12 法隆寺、屋久島等が世界遺産に

1月13日	上田市社会福祉協議会、巡回心配ごと相談開始	1月8日	老人保健福祉計画作成状況（原案作成済市町村8.8%、作成中88.6%）	1月	旧厚生省、「老人保健施設調査」（661施設、5万5,000人を対象）	1月1日	欧州共同体（EC）統合市場発足（12カ国参加）
2月1日	上田市社会福祉協議会福祉推進委員を委嘱	2月	社保審、社会保障将来像委員会、「第一次報告・社会保障の理念等の見直しについて」発表	3月2日	全社協セミナー、「在宅福祉サービスに従事しているボランティアの主婦のうち、66%が報酬を受けることに肯定的である」と発表	4月14日-15日	先進国7カ国外相・蔵相会議開催（東京、対ロシア支援、日本18億ドルの追加支援表明、エリツィン大統領の改革支持、包括支援策434億ドル決定）

3月	旧厚生省、老人保健福祉計画の進捗状況発表	4月1日	老人福祉法第10条の4第2項の規定に基づく日常生活上の便宜を図るための用具の種目（平5.4.1厚生省告示第101号）	4月6日	全国農業協同組合中央会、高齢者福祉活動の基本方針発表（ホームヘルプサービス・デイサービスの推進、研修の実施）	4月29日	先進国7カ国蔵相会議・中央銀行総裁会議開催（ワシントン、為替安定への緊密な協力確認の声明採択）
5月6日	福祉用具の研究開発及び普及の促進に関する法律制定	4月	旧労働省、「障害者雇用対策基本方針」告示	4月29日	日本介護福祉学会設立準備研究集会開催（東京、約450人参加）	4月	ESCAP「アジア太平洋障害者の10年」（1993年－2002年）行動課題決定
6月18日	短時間労働者の雇用管理の改善等に関する法律公布	5月29日	「老人家庭奉仕員派遣事業運営要綱」の改正（平元.5.29厚生省老福第102号 老人保健福祉部長通知、在宅福祉サービス実施における市町村の責任の明確化）	5月	竹内吉正、花里家の記録『和を以て貴しと為す』を執筆（編者は宮坂亮一）	5月26日	ドイツ連邦会議、難民の大量流入を規制する基本法改正案可決
9月9日	旧厚生省・高齢者施策の基本方向に関する懇談会、70歳以上（現行65歳以上）を高齢者として60歳代は現役で働き続ける環境づくりを提言	7月	社福審、「将来的なボランティア活動のあり方」を提言（有償活動を評価）	7月10日	全国老人ケア研究会発足（看護と介護の交流をめざす）	7月7日-9日	第19回先進国首脳会議開催（東京）
10月14日	高齢社会福祉ビジョン懇談会初会合（福祉と財源について検討）	8月18日	政府管掌健康保険の行う在宅介護支援事業の積極的活用について（平5.8.18老計第113号・老健第99号）（課長連名通知）	7月	旧厚生省、「国民生活基礎調査」（要介護高齢者は全国で83万6,000人、そのうち16%が寝たきり）	8月23日-27日	世界精神保健連盟93世界会議開催（千葉、幕張メッセ）
11月19日	保健婦助産婦看護婦法の一部を改正する法律公布	10月12日	年金審、年金支給を65歳からとするのが大方の意見と明記した意見書をまとめる	9月21日	老人福祉法30周年記念「全国老人保健福祉大会」開催（日本武道館）	11月5日	国連、自由権委員会、日本政府に対し国際人権規約の履行状況に関する勧告を採択
12月3日	障害者基本法公布	10月26日	「痴呆性老人の日常生活自立度判定基準」の活用について（平5.10.26老健第135号）（局長通知）	9月	旧厚生省、「健康・福祉サービス需要実態調査」（要望の多い割りに充足率は低い、在宅介護・ホームヘルプサービスは8.3%）	11月17日	第5回アジア太平洋経済協力会議（APEC）開幕（アメリカ・シアトル）

12月	旧厚生省、厚生年金改革案発表	12月22日	老人保健施設等に係る消費生活協同組合法第12条第3項ただし書の規定に基づく員外利用の許可について（平5.12.22 社援地第223号）（課長通知）	10月23日	日本介護福祉学会設立大会開催（東京、約500人参加、初代会長・一番ヶ瀬康子）	◎	スウェーデン、社会庁を施設解体の責任当局として明確化
1994（平成6）年 1/17 ロサンゼルス大地震 1/24 郵便料値上げ 4/25 細川内閣総辞職 5/6 英仏海峡トンネル開通 6/27 松本サリン事件 6/30 自・社・さ連立村山内閣発足 7/8 金日成死去 8/28 初の気象予報士国家試験 9 関西国際空港開港 10 大江健三郎ノーベル文学賞受賞 12/20 狭山事件石川一雄被告、31年ぶりに仮出獄							
1月	主任児童委員を設置	1月30日	「ホームヘルプサービスチーム運営方式推進事業の実施について」（平4.1.30 老計第12号 老人保健福祉部長、社会局長、児童家庭局長連名通知）	1月1日	手をつなぐ編集委員会、原則として「知的障害」という表現は避けることを発表	1月	国連、「国際家族年」採択
1月5日	上田市社会福祉協議会、塩田西デイサービス事業センター「さつきの園」開所	1月30日	「在宅老人福祉対策事業の実施及び推進について」（平4.1.30 老計第13号 老人保健福祉部長通知）	3月	静岡市社会福祉協議会非常勤ヘルパー自主勉強会、『自主勉強会の記録 とんぼのめ――よりよいケアを目指して』刊行（小松原征江が主導。以降も、自主勉強会や他市との合同勉強会を継続）	6月7日-10日	特別ニーズ教育世界会議開催（スペイン・サマランカ、92カ国の政府と25の政府間機関が参加、インクルーシヴ教育の原則確認）
4月22日	政府、「児童の権利に関する条約」を批准	3月2日	福祉入浴援助事業を行う公衆浴場の設備に関する基準について（平6.3.2 衛指第33号）（課長通知）	4月1日	『うえだ社協ニュース』が『社協情報・福祉うえだ』に改称	6月10日	サマランカ宣言採択
6月29日	高齢者、身体障害者等が円滑に利用できる特定建築物の建築の促進に関する法律（ハートビル法）	6月23日	人にやさしいまちづくり事業制度要綱（建住街発第64号）（次官通達）	6月	全国社会福祉協議会等、広がれボランティアの輪連絡会議発足	8月	第10回国際エイズ会議開催（横浜）
12月16日	旧文部省・厚生省・労働省・建設省、「今後の子育て支援のための施策の基本的方向（エンゼルプラン）」策定	10月29日	建設省、「高齢者・身体障害者の利用に配慮した建築設計標準」策定	8月7日	上田市社会福祉大会開催	9月	国際人口開発会議開催（カイロ）
12月18日	旧厚生省・大蔵省・自治省、「高齢者保健福祉推進10カ年戦略の見直しについて（新ゴールドプラン）」策定	11月17日	高齢者向け公共賃貸住宅整備計画について（平6.11.17 老振第91号）（局長通知）	12月	全国社会福祉協議会地域福祉部「事業型社協推進事業」指針発表	12月23日	第49回国連総会、障害者の社会への完全統合に向けて「障害者の機会均等化に関する標準規則」と「2000年及びそれ以降への障害者に関する世界行動計画を実施するための長期戦略」の実施採択

参考文献

本表の作成にあたっては多数の文献・資料を参照したが、そのうち主要なもののみを記載しておく。


今岡健一郎・星野貞一郎・吉永清『社会福祉発達史』ミネルヴァ書房、1973年。

介護福祉学研究会監修『介護福祉学』中央法規出版、2002年。

神田文人・小林英夫編『戦後史年表 1945-2005』小学館、2005年。

菊池正治・清水教恵・田中和男・永岡正己・室田保夫編著『日本社会福祉の歴史　付・資料』ミネルヴァ書房、2003年。

高知県社会福祉協議会60周年史製作委員会編『高知県の社会福祉の変遷』高知県社会福祉協議会、2011年。

高知新聞社『高知新聞』1967年2月10日-1980年3月18日。

浄土宗総合研究所仏教福祉研究会編『浄土宗の教えと福祉実践』ノンブル社、2012年。

信濃毎日新聞社『信濃毎日新聞』1950-1975年。

杉本　章『障害者はどう生きてきたか――戦前・戦後障害者運動史［増補改定版］』現代書館、2008年。

全国社会福祉協議会・全国ホームヘルパー協議会編『ホームヘルプ活動ハンドブック』全国社会福祉協議会、1984年。

全国社会福祉協議会・高年福祉部『ホームヘルプ事業運営の方法――ホームヘルプ事業運営の手引き』全国社会福祉協議会、1993年。

建部久美子『現代社会福祉年表』明石書店、2004年。

田中由紀子『訪問介護の実際――ホームヘルプサービスをする人へ』旬報社、2002年。

中嶌　洋『シリーズ福祉に生きる67　原崎秀司』大空社、2014年。

中嶌　洋監修『現代日本の在宅介護福祉職成立過程資料集　第3巻　家庭養護婦派遣事業――長野県上田市資料①』近現代資料刊行会、2014年。

中嶌　洋監修『現代日本の在宅介護福祉職成立過程資料集　第4巻　家庭養護婦派遣事業――長野県上田市資料②』近現代資料刊行会、2014年。

中嶌　洋監修『現代日本の在宅介護福祉職成立過程資料集　第2巻　家庭養護婦派遣事業を支えた人々』近現代資料刊行会、2015年。

長野県『長野県職員録』1954年。

長野県厚生課『厚生時報　昭和39年度版』1965年。

西村洋子・太田貞司編著『介護福祉教育の展望――カリキュラム改正に臨み』光生館、2008年。

日本学術会議事務局編『学会名鑑 2007－9年版』日本学術協力財団。2007年。

日本赤十字社長野県支部『百年を迎えて：日本赤十字社長野県支部創立100周年記念誌』1991年。

長谷川匡俊『シリーズ福祉に生きる24　長谷川良信』大空社、2005年。

長谷川匡俊編『戦後仏教社会福祉事業史年表』法藏館、2007年。

福祉文化学会編『高齢者生活年表 1925-1993』日本エディタースクール出版部、1995年。

吉田久一『改訂　日本社会事業の歴史』勁草書房、1966年。

吉田久一『現代社会事業史の研究』勁草書房、1979年。

吉田久一（長谷川匡俊・永岡正己・宇都榮子編）『日本社会事業思想小史――社会事業の成立と挫折』勁草書房、2015年。

歴史学研究会編『日本史年表』岩波書店、1966年。

老人福祉関係法令研究会監修『老人福祉関係法令通知集＜平成16年版＞』第一法規、2004年。

初出一覧

序章―三

「戦後日本におけるホームヘルプ事業の全国展開の諸相――全国調査（二〇〇八）に基づいた拡張過程の解明」『日本獣医生命科学大学研究報告』第六〇号、二〇一一年、一三七‐一四六頁。

第一部第一章

「長崎県社会事業協会による社会事業費共同募金運動の背景――長崎県知事、赤星典太の思想へのアプローチを中心に」『日本獣医生命科学大学研究報告』第六四号、二〇一五年、五〇‐六二頁。

第一部第二章

「第一章　小河滋次郎――感化事業と方面委員制度の創設者」『ホームヘルプ事業草創期を支えた人びと――思想・実践・哲学・生涯』久美、二〇一四年、一四‐二二頁。

第一部第三章

「全日本方面委員連盟書記としての原崎秀司が果たした役割――ホームヘルプ事業の先覚者と方面事業との関係性へのアプローチを中心に」『社会福祉学』第五六巻第一号、二〇一五年、三八‐四九頁。

第一部第四章

「昭和二〇年代の『信州民報』が報じた未亡人問題とその打開策の解明」『帝京平成大学紀要』第二七巻、二〇一六年、三九‐五五頁。

第一部第五章

「ホームヘルプ事業の黎明としての原崎秀司の欧米社会福祉視察研修（一九五三‐一九五四）――問題関心の所在と視察行

程の検証を中心に」『社会福祉学』第五二巻第三号、二〇一一年、二八 - 三九頁。

第一部第六章

「草創期における家庭養護婦派遣事業と家庭養護婦」『社会事業史研究』第四五号、二〇一四年、三一 - 四五頁。

第一部第七章

「戦後日本におけるホームヘルプ事業の全国展開の諸相――全国調査（二〇〇八）に基づいた拡張過程の解明」『日本獣医生命科学大学研究報告』第六〇号、二〇一一年、一三七 - 一四六頁。

第二部第十章

「ホームヘルプ事業史を支えた在宅介護職者に関するオーラル・ヒストリー研究――九道県の事例における質的アプローチを基に」『介護福祉学』第二三巻第二号、二〇一六年（刊行予定）。

第三部-三

「高齢社会の生涯学習」香川正弘・鈴木眞理・佐々木英和編『よくわかる生涯学習』ミネルヴァ書房、二〇〇八年、六二頁。

第三部-七

『日本における在宅介護福祉職形成史研究』みらい、二〇一三年、一四一頁。

第三部-一〇

「高齢社会の生涯学習」香川正弘・鈴木眞理・佐々木英和編『よくわかる生涯学習』ミネルヴァ書房、二〇〇八年、六三頁。

第三部-一二

『日本における在宅介護福祉職形成史研究』みらい、二〇一三年、一三〇 - 一三二頁。

第三部-一三

「長野県上田市における家庭養護婦派遣事業のモデルに関する仮説検証」『学苑』第八六二号、二〇一二年、一四 - 四三頁。

『日本における在宅介護福祉職形成史研究』みらい、二〇一三年、六四頁。

『ホームヘルプ事業草創期を支えた人びと――思想・実践・哲学・生涯』久美、二〇一四年、一〇四‐一〇七頁。

第三部‐二四

『ホームヘルプ事業草創期を支えた人びと――思想・実践・哲学・生涯』久美、二〇一四年、六一‐一〇九頁。

『現代日本の在宅介護福祉職成立過程資料集　第二巻　家庭養護婦派遣事業を支えた人々』近現代資料刊行会、二〇一五年、四二‐四五頁。

第三章‐二六

「わが国の介護福祉士制度の一源流――兵庫県における福祉介護士認定制度（一九八六年）の歴史的意義の考察」『介護福祉学』第十四巻第二号、二〇〇七年、一五一‐一六二頁。

第三章‐二八

中嶌洋「生きがいとボランティア活動の相関性に関する分析――中高年生きがい調査の意識面を中心に（承前）」『生涯学習フォーラム』第六巻第二号、二〇〇三年、三四‐六六頁。

付録（年表）

『シリーズ福祉に生きる六七　原崎秀司』大空社、二〇一四年。

『現代日本の在宅介護福祉職成立過程資料集第三・四巻　家庭養護婦派遣事業――長野県上田市資料①②』近現代資料刊行会、二〇一四年。

『現代日本の在宅介護福祉職成立過程資料集第二巻　家庭養護婦派遣事業を支えた人々』近現代資料刊行会、二〇一五年。

あとがき

二〇一五（平成二十七）年七月に、筆者は医学書院から『初学者のための質的研究二六の教え』という研究方法論に関する著書を出版した。これまで全国百人以上の方々に対して行った聞き取り調査の経験を裏付けに刊行されたものである。幸い多くの反響があり、質的研究への関心の高さを実感することができた。同書は、必ず何らかの結果が得られる量的調査に対し、必ずしも求めている成果が挙がるとは限らないリスキーな調査を質的調査と位置づけ、一見容易に見えてもやはり敷居の高い質的研究の手順、コツ、留意点を初学者向けに書き下ろした入門書であり、質的研究の平易さという点では類書がないものであろう。同書の作成過程で、改めて筆者自身の聞き取り調査体験を省察する機会に恵まれ、多くの関係各位のご協力・ご配慮があったことに平身低頭の思いがした。と同時に、その一方で、歴史的事項や人々の語りの伝承という点においては、依然として少なからぬ不満が胸中に渦巻いていた。得られた質的データを断片的にしか伝えきれていないという不満である。その不満を少しでも解消すべく、調査対象を敢えて全国の方々とし、得られた聞き取りデータの全容を分析・検討するというスタンスの下に生まれたのが本書であった。

本書が何とか刊行に漕ぎ着けたのは、第Ⅱ部の証言編に登場された九人の家庭奉仕員・初期ホームヘルパーの方々の深いご理解と熱いお志があったからである。資料・文献からは得られない現場に根ざした生々しい情報・知見を得られたことは大きな学びとなった。三八都府県の方々への聞き取り調査という課題は残されたものの、当時の事業、活動、生活実態などを当事者から学び、後世へと伝承するべく、形にできたことに少し安堵している。併せて、付録として、「戦後ホームヘルプ事業史と関連法制年表（一九四五年～一九九四年）」を第五部資料編に収録できたのは、そもそも筆者の研究に理解を示し、資料収集にご協力下さった、全国の関係各位のお陰と言っても過言ではない。

本研究テーマを設定するきっかけを与えて下さった故 一番ヶ瀬康子先生に御礼申し上げる。また、研究姿勢として、〝現場主義〟や〝地域比較〟を重視し、事毎に諭して下さった大学院時代の恩師の香川正弘先生（上智大学名誉教授）、秋山智久先生（福祉哲学研究所所長）、清水隆則先生（龍谷大学教授）にも深謝したい。

さらに、商業ベースに合いそうもない本書に対し、隅々までご配慮下さった株式会社 現代書館社長の菊地泰博氏、同編集部の吉田秀登氏、小林律子氏にも感謝申し上げる。

最後に、いつも筆者の研究・教育活動を陰ながら支えてくれている妻 知恵、長男 秀太郎と、常にライバルとして競い合っている次兄 剛、並びに故郷の兵庫県たつの市よりエールを送り続けてくれている両親、長兄に謝意を表する次第である。

二〇一六年九月

中嶌 洋

〔付記〕 本研究は、平成二八 - 三〇年度文部科学省科学研究費〔基盤研究C〕（研究代表者 中嶌 洋、課題番号 一六K〇四一七九）の助成を受けたものである。

❖中嶌　洋（なかしま・ひろし）
一九七四年　兵庫県生まれ。
二〇一五年　一橋大学大学院社会学研究科博士後期課程修了（博士［社会学］）。
現在　中京大学現代社会学部教授。社会福祉士、精神保健福祉士。
専門　社会福祉学、社会事業史、ボランティア論、質的研究法。
著書　単著に『日本における在宅介護福祉職形成史研究』（みらい、二〇一三年）、『ホームヘルプ事業草創期を支えた人びと――思想・実践・哲学・生涯』（久美、二〇一四年）、『シリーズ福祉に生きる六七　原崎秀司』（大空社、二〇一四年）、『初学者のための質的研究二六の教え』（医学書院、二〇一五年）。共編書に『保育・社会福祉学生のための相談援助演習入門』（萌文書林、二〇一五年）、他。監修に『現代日本の在宅介護福祉職成立過程資料集一　戦前期における在宅介護福祉職の基盤形成』（近現代資料刊行会、二〇一六年）他。
論文多数。

地域福祉《ちいきふくし》・介護福祉《かいごふくし》の実践知《じっせんち》
――家庭奉仕員《かていほうしいん》・初期《しょき》ホームヘルパーの証言《しょうげん》

2016年9月20日　第1版第1刷発行
2025年3月20日　第1版第2刷発行

著者　中　嶌　洋
発行者　菊　地　泰　博
組版　プ　ロ・ア　ー　ト
印刷所　平　河　工　業　社（本文）
　　　　東　光　印　刷　所（カバー）
製本所　鶴　亀　製　本
装幀　奥　冨　佳　津　枝

発行所　株式会社　現代書館
〒102-0072　東京都千代田区飯田橋3-2-5
電話 03(3221)1321　FAX03(3262)5906
振替 00120-3-83725　http://www.gendaishokan.co.jp/

校正協力・渡邉　潤子
 ISBN978-4-7684-3549-6

山口道宏 編著
介護漂流
――認知症事故と支えきれない家族

○七年に起きた認知症鉄道事故による裁判で家族に損害賠償支払い命令が下され、一六年三月の最高裁で「JR逆転敗訴」となるまでの経過を辿り、特養入居待機、病院追い出し、老老介護、介護離職など、地域での受け皿が整わずに在宅介護の負担が増す現状を当事者への取材で明らかにする。　１６００円＋税

山口道宏 編著
「申請主義」の壁！
――年金・介護・生活保護をめぐって

年金、介護、施設利用、生活保護、高額医療費還付も保育所も、日本の福祉制度利用は申請しなければ何事も始まらない。しかも制度は複雑で、生活保護のように申請すらさせない給付抑制が行われている。立法・行政に対する国民の不信感を煽る申請主義の弊害を暴く。　１７００円＋税

山口道宏 編著
無縁介護
――単身高齢社会の老い・孤立・貧困

「無縁死3万2千人」の衝撃！「地縁」「血縁」「社縁」が薄れ、福祉サービスにたどり着けない〝無縁介護〟の状態が〝無縁死〟を引き起こし、貧困の拡大がこの状況に拍車をかけている。「無縁死」あるいはその一歩手前の実態を、在宅介護・医療の現場から洗い出す。　１６００円＋税

白崎朝子 著
介護労働を生きる
――公務員ヘルパーから派遣ヘルパーの22年

ヘルパー不足のなか、失業者、若年非就労者を介護にシフトする案が出ているが、対人援助の複雑な感情労働である介護労働はそんなに単純なものではない。自身と7人の介護労働者の体験から、混沌の介護現場を支える介護労働者の労働実態を明らかにし、未来を展望する渾身のルポ。　１６００円＋税

小笠原和彦 著
出口のない家
――警備員が見た特別養護老人ホームの夜と昼

特別養護老人ホームの警備員となった著者が見た入所者・職員がおりなす壮絶な日々。利用者同士のいじめ、誰とも会話のない男性利用者、キューピー人形を抱く元三味線のお師匠さん。一年で一六人が亡くなり、半分の職員が辞めていく終いの棲家の実態。特養ホームの選び方付。　１９００円＋税

高山俊雄 編著
現場で磨くケースワークの技
――「バイステックの原則」を基に

福祉援助職・相談業務の専門職が教科書としてきたバイステックの『ケースワークの原則』を紐解き、医療ソーシャルワーカー、生活保護のケースワーカーが相談対応の在り方を原則に則り具体的に検証。福祉専門機関や相談業務に携わるNGOだけでなく、職場の人間関係の指南書にもなる。　２０００円＋税

杉本　章 著
〔増補改訂版〕障害者はどう生きてきたか
――戦前・戦後障害者運動史

従来の障害者福祉史の中で抜け落ちていた、障害当事者の生活実態や差別・排除に対する闘いに焦点を当て、膨大な資料を基に障害者運動、障害者福祉政策・法制度を綴る。障害者政策を無から築き上げてきたのは障害者自身であることを明らかにした、障害者福祉史の基本文献。詳細な年表付き。　３３００円＋税

（定価は二〇一六年九月一日現在のものです。）